Prüfungsbuch für Fachverkäufer/-innen im Lebensmittelhandwerk Schwerpunkt Bäckerei/Konditorei

Fragen und Antworten

- für die Vorbereitung auf die Zwischenprüfung und Abschlussprüfung
- zur Wiederholung
- zum Nachschlagen

Helmut Nuding
Klaus Ulbrich
Wolfgang Wannenmacher

9., überarbeitete Auflage

Handwerk und Technik – Hamburg

Bildquellen:

aid infodienst, Ernährung, Landwirtschaft, Verbraucherschutz e.V., Bonn: S. 169; 191
Boehringer Backmittel GmbH & Co. KG, Bingen: S. 209
dpa-Picture Alliance GmbH, Frankfurt a.M.: S. 436
Kramer, Angelika, Stuttgart: S. 16; 51; 194
Lackner, Jürgen, Stuttgart: S. 144
Nuding, Helmut, Stuttgart: S. 344; 345; 346
Verlag Handwerk und Technik GmbH, Hamburg: S. 196

Sofern im Text nicht anders vermerkt, stammen die übrigen
Abbildungen von Hans-Hermann Kropf, Syrgenstein

Das vorliegende Prüfungsbuch enthält des Öfteren Berufsbezeichnungen und Gruppenbe-
zeichnungen nur in der männlichen Form. Wir bitten, diese sinngemäß als Doppelbezeichnun-
gen wie z. B. Kunde/Kundin, Käuferin/Käufer usw. zu interpretieren und anzuwenden. Dem
Anteil der weiblichen Angehörigen in Beruf und Bevölkerung soll auf diese Weise entsprochen
werden, gleichzeitig jedoch soll die Übersichtlichkeit nicht zusätzlich beeinträchtigt und der
Lesefluss nicht unnötig gehemmt werden.

ISBN 978-3-582-34007-8   Best.-Nr. 7250

Verlag Handwerk und Technik GmbH, Lademannbogen 135, 22339 Hamburg;
Postfach 63 05 00, 22331 Hamburg – 2019
E-Mail: info@handwerk-technik.de – Internet: www.handwerk-technik.de

Satz und Layout: LFC print+medien GmbH, 72768 Reutlingen
Umschlagsfoto: mauritius images, 82481 Mittenwald
Druck: Standartu Spaustuvé, 02189 Vilnius (Litauen)

Vorwort

Das Prüfungsbuch Fachverkäufer/-innen im Lebensmittelhandwerk Schwerpunkt Bäckerei/Konditorei enthält alle wichtigen Fragen der Fachtheorie, die zum erfolgreichen Ablegen der theoretischen und praktischen Prüfungen beherrscht werden sollten. Darüber hinaus dient es als Wegbegleiter während der gesamten Ausbildung.

Entsprechend den neuesten Lehrplänen besteht es aus den Teilen **Berufstheorie** (Umgang mit Waren, Verkauf und Beratung, Betriebswirtschaftliches Handeln [Mathematik] sowie Dekoratives Gestalten) und **Wirtschaftskompetenz**. Hinweis: Die Fachinhalte werden zwar z.T. in den einzelnen Bundesländern unterschiedlich benannt, sind aber inhaltlich weitgehend gleich.

Zudem finden Sie Beispiele von **Originalabschlussprüfungen** auf farbigem Hintergrund. Ihre Bearbeitung erfordert zum Teil handlungsorientiertes Vorgehen. Die Lösungen dieser Aufgaben finden Sie auf grauem Hintergrund.

Ein **Lernfeldkompass** am Ende des Werkes zeigt Ihnen, in welchen Kapiteln Ihres Prüfungsbuches die Inhalte der jeweiligen Lernfelder behandelt werden. Der Zusammenhang zwischen Fachwissen und Lernfeld wird dabei deutlich. So ist der Lernfeldkompass ein wertvolles Hilfsmittel, das Ihr Prüfungsbuch abrundet.

Mit Ausnahme der Mathematik ist das Buch in zwei Spalten aufgeteilt. Die linke Spalte ist die Frage- bzw. Aufgabenspalte, in der rechten finden Sie die entsprechenden Antworten bzw. Lösungen. Diese Anordnung ermöglicht es den Prüfungskandidatinnen, durch Abdecken der rechten Seite ihren jeweiligen Kenntnisstand selbst zu überprüfen.

Für manche Fragen oder Aufgaben ist eine umfangreiche Lösung erforderlich. Hier lässt es sich nicht immer vermeiden, dass ein Teil der Lösung auf der folgenden Buchseite fortgesetzt wird. Solche Lösungen erkennen Sie daran, dass die Seite mit einem Hinweispfeil (→) endet. Auf der folgenden Seite finden Sie dann den Vermerk „▷ *Fortsetzung der Antwort* ▷".

Ein umfangreiches **Sachwortverzeichnis** soll helfen, alle Wissensgebiete rasch aufzufinden.

Zum Dekorativen Gestalten ist im selben Verlag ein Arbeitsbuch im Format A4 erhältlich (**Titel: Moderne Plakatschrift**), das zahlreiche Übungsmöglichkeiten enthält (Best.-Nr. 7200).

Für die Arbeit mit dem Buch und für die nachfolgenden Prüfungen wünschen wir viel Erfolg und sind für Anregungen dankbar.

Die Verfasser

Inhaltsverzeichnis

Berufstheorie: Umgang mit Waren, Verkauf und Beratung

handwerk-technik.de

Berufstheorie: Betriebswirtschaftliches Handeln (Mathematik)

Berufstheorie: Dekoratives Gestalten

Wirtschaftskompetenz

Originalabschlussprüfungen mit Lösungen

Sachwortverzeichnis

Lernfeldkompass

Berufstheorie: Umgang mit Waren, Verkauf und Beratung

Arbeitsplatzgestaltung in Bäckerei und Konditorei

Standortbestimmung

1 Welche Faktoren beeinflussen die Standortwahl eines Bäckerei- bzw. Konditoreibetriebes?

a) die *Einwohnerzahl* im Einzugsgebiet
b) die *Lage* des Betriebes, z. B. ob
   – Dorf oder Stadt
   – Stadtrandgebiet oder Zentrumslage
   – Fußgängerzone
c) das *örtliche Umfeld* wie z. B. Schulen, Büros, Krankenhäuser, Bahnhöfe, Bushaltestellen, Kuranlagen, Strandpromenaden, Kinos, Fabriken

2 Welche Vorüberlegungen und Erhebungen sollten erfolgen, bevor in einem bestimmten Gebiet ein Betrieb geplant wird?

a) Erhebung bzw. Schätzung der täglichen Passantenzahl
b) Erfragen von Kundenwünschen
c) Ermittlung von Verzehrgewohnheiten im entsprechenden Gebiet
d) Art und Anzahl von Mitbewerbern
e) Auswahl von Lieferanten

3 Der Standort kann erheblichen Einfluss auf die Planung eines Betriebs haben. Belegen Sie diese Aussage durch drei Beispiele.

1. In Fußgängerzonen bietet sich häufig der Verkauf vom Laden zur Straße an.
2. In Geschäftsvierteln sind Stehcafés sehr beliebt.
3. Beruhigte Zonen, Kur- und Urlaubsgebiete eignen sich für gemütliche Cafés, auch mit Terrassen.

Betriebstypen

4 Entsprechend dem Unternehmensschwerpunkt unterscheidet man drei Betriebstypen. Nennen Sie diese.

1. Bäckerei
2. Konditorei
3. Bäckerei- bzw. Konditoreicafé

5 Man unterscheidet verschiedene Arten von Verkaufsstellen.
Zählen Sie diese auf.

Man unterscheidet **Verkaufsstellen**
– mit direktem Kundenzugang von der Straße, den typischen Ladenverkauf
– mit weit geöffneter Ladenfront, z. B. in Einkaufspassagen
– im „Shop-in-shop-System", z. B. in Supermärkten, Ladenzentren, Verbrauchermärkten
– im Verbundsystem, z. B. gemeinsam mit einer Fleischerei
– mit zusätzlichem Gastraum, z. B. Konditorei- oder Bäckerei-Café
– mit Verzehr im Verkaufsraum, z. B. Stehcafé, Snackbar
– in einem Kiosk, z. B. in einer Tankstelle
– auf Märkten
– in Fahrzeugen
– mit Backstellen im Laden

6 Welches Warensortiment ist in einer Bäckerei üblich?

Der Schwerpunkt des Angebots liegt auf *Brot* und *Kleingebäck*. Außerdem umfasst das Angebot in der Regel *Feingebäck* und *Dauergebäck*.

7 Wodurch unterscheidet sich grundsätzlich das Angebot einer Konditorei vom Bäckereiangebot?

Bäckereien bieten in erster Linie Grundnahrungsmittel (Brot und Brötchen) an. Beim Angebot von Konditoreien steht der Genusswert der Ware im Vordergrund; außerdem spielt das Aussehen der Ware eine deutlich größere Rolle.

8 Zählen Sie mindestens fünf Beispiele für die Produktpalette einer Konditorei auf.

1. Viele verschiedene Kuchen
2. Torten in großer Vielfalt und für verschiedene Anlässe
3. Speiseeis
4. Pralinen
5. Desserts und Petits Fours
6. Feine Backwaren aus verschiedenen Teigen (Hefe-, Blätter-, Plunder-, Mürbeteig) und Massen (Biskuit-, Wiener-, Sand-, Rühr-, Hippen-, Brandmasse, usw.)
7. Lebkuchen

9 Weshalb müssen Laden und Café voneinander abgetrennt werden?

Aus hygienischen Gründen; insbesondere dann, wenn im Gastronomiebereich ein separater Raucherraum vorhanden ist, damit der Tabakrauch nicht mit den Waren im Laden in Verbindung kommt.

10 Welche Produkte werden im Café meist zusätzlich zu den Waren des Ladens angeboten?

a) Getränke verschiedener Art
   – Heiß- und Kaltgetränke
   – alkoholfreie und alkoholhaltige Getränke
   – Mixgetränke
b) Frühstücksgedecke
c) Kleine Gerichte (Snacks, Suppen, Toasts, etc.), zum Teil auch Tagesessen
d) Eisbecher, Milchshakes

Verkaufsformen

11 Welche Verkaufsformen werden unterschieden?

1. Bedienungsverkauf
2. Selbstbedienung
3. Teilselbstbedienung

12 Untersuchen Sie
a) den Bedienungsverkauf,
b) die Selbstbedienung und
c) die Teilselbstbedienung
   auf ihre Anwendbarkeit in Bäckerei und Konditorei.

a) Die typische Verkaufsform in Bäckerei, Konditorei und Café ist der **Bedienungsverkauf**. Er ermöglicht fachliche Beratung und eine freundliche Atmosphäre durch persönlichen Kundenkontakt. Außerdem vermeidet er unnötige, aufwendige Fertig- →

▷ *Fortsetzung der Antwort* ▷

verpackungen und aufwändige Deklarationen der Waren.

b) Der Verkauf durch reine **Selbstbedienung** widerspricht dem Charakter des Handwerksbetriebes mit entsprechender Fachberatung. Außerdem müsste die Ware aufwändig verpackt werden, wodurch viele Produkte deutlich an Genusswert verlieren würden.

c) Für das Zusatzsortiment oder für Salatbüfetts im Café bietet sich die **Teilselbstbedienung** an. Der Kunde kann Angebot und Preise in Ruhe vergleichen, ohne dabei Personal zu beanspruchen. Waren, die Beratung oder Zubereitung erfordern, sind allerdings nur für den Bedienungsverkauf geeignet.

Betriebsräume

[13] Erstellen Sie den Grundriss einer Bäckerei/Konditorei mit Café. Achten Sie bei der Grundrissgestaltung darauf, dass die Planung alle erforderlichen Räumlichkeiten enthält und dass sie einen sinnvollen Arbeitsablauf ermöglicht.

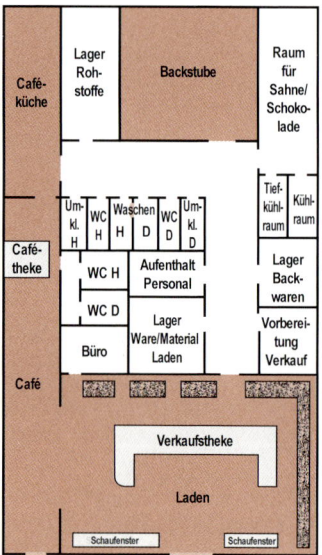

Einrichtungsgegenstände

14 Nennen Sie typische Einrichtungsgegenstände und Maschinen im Verkaufsraum einer Bäckerei/Konditorei.

a) Verkaufstheke, unterteilt nach Warengruppen
b) Kühlvitrine für Krem- und oder Sahneartikel
c) Körbe für Kleingebäcke
d) Brotregale (Bäckerei)
e) Kaffeemühle
f) Speiseeisvitrine
g) Pralinenvitrine
h) Elektronische Waage
i) Registrier-, Computerkasse
j) Evtl. Regale für Zusatzsortiment (Teigwaren, Kaffee, Tee, Süßigkeiten, usw.)
k) Evtl. Kühlvitrine für Getränke

15 Nennen Sie typische Einrichtungsgegenstände und Maschinen im Café bzw. in der Caféküche einer Bäckerei/Konditorei.

a) Kaffee-, Tee-, Espressomaschine
b) Herd, Mikrowellengerät
c) Kühlschrank, Tiefkühlschrank
d) Spülmaschine
e) Toaster, Kontaktgrill
f) Brotschneidemaschine
g) Kaffeemühle

16 Nennen Sie typische Einrichtungsgegenstände und Maschinen in der Backstube einer Bäckerei/Konditorei.

1. Backofen
2. Gärraum
3. Fettbackgerät
4. Knetmaschine, Rühr- und Anschlagmaschine
5. Teigausrollmaschine
6. Teigteil- und Wirkmaschine
7. Temperiergeräte (Wasser-, Kuvertüretemperiergerät)
8. Kühlschrank, Tiefkühlschrank
9. Speiseeismaschine
10. Baumkuchenmaschine
11. Sahnebläser
12. Mühlen (Getreide-, Mohnmühle)
13. Spülmaschine

17 Welche Anforderungen soll eine Ladentheke erfüllen?

Eine **Ladentheke**

- ermöglicht eine *optimale Warenpräsentation.* Deshalb hat sie große Glasflächen zur Kundenseite, verschiedene Präsentationsebenen und eine optimale Ausleuchtung.
- gestattet es, viele *verschiedene Waren zu präsentieren,* da sie mehrere Präsentationsebenen enthält.
- lässt *verschiedene Formen der Warenpräsentation* zu. Darum hat sie z. B. schräge Flächen für Bleche und verschiedene Ebenen zur Präsentation von Kuchen und Torten.
- enthält *Kühlzonen und klimatisierte Bereiche* für die Präsentation von sahne- und kremhaltigen Produkten oder von Pralinen.
- ist *einfach zu befüllen,* d. h. der Bedienungsablauf und die Kunden werden dadurch nicht gestört.
- ist *einfach zu reinigen und zu pflegen.*
- entspricht den *hygienischen Vorschriften,* d.h. sie schließt eine Warenbeeinträchtigung durch Kunden aus, besteht z. B. aus korrosionsfreiem Material.
- sollte *ergonomisch* sein, also den Bedürfnissen des Personals angepasst sein.

Bedingungen für den optimalen Verkaufsablauf

18 Warum ist ein optimaler Verkaufsablauf für Verkaufspersonal und Kundschaft wichtig?

Ein optimaler Verkaufsablauf erspart unnötige Wege und Handgriffe. Dadurch wird Zeit frei, die dem Kunden gewidmet werden kann. Dieser verlässt das Geschäft zufriedener, wenn er gut und zügig bedient wurde.

19 Verschiedene Maßnahmen können dazu beitragen, dass der optimale Verkaufsablauf erreicht wird.
Zählen Sie mindestens fünf davon auf.

1. Der Arbeitsraum hinter der Theke bietet ausreichend Platz.
2. Verpackungsmaterial liegt unter der Verkaufstheke bereit.
3. Abfallbehälter für verschiedene Materialien (Papier, Kunststoffe, Restmüll, etc.) sind unter der Theke angebracht oder stehen am Boden bereit.
4. Die Theke ist für den Verkaufs- und Verpackungsvorgang frei:
   - Dekorationsgegenstände, die behindern, werden anderweitig aufgestellt.
   - Der Abstreifbehälter für Messer ist in der Theke eingelassen.
5. Ein Handwaschbecken ist gut erreichbar.
6. Alle gängigen Waren sind gut zu erreichen.
7. Im Kundenbereich können keine Engpässe entstehen.

Warengruppierung im Laden

20 Welchen Einfluss hat die Warenpräsentation (Warenplatzierung) auf den Verkaufsablauf?

a) Bei gelungener Warenpräsentation überblickt der Kunde das Angebot schnell und kann gezielter seine Wünsche äußern.
b) Eine durchdachte Warenpräsentation ist Voraussetzung für einen optimalen Verkaufsablauf. Häufig benötigte Waren sind schnell erreichbar und das Verkaufspersonal behindert sich nicht gegenseitig, wenn die Waren sinnvoll gruppiert wurden.

21 Welche Überlegungen sollten der Auslage der Ware vorangehen?

a) Bei der Einrichtung eines Ladens sollte grundsätzlich ein „**Möblierungsplan**" erstellt werden. Das heißt, es muss geplant werden, wo welche Möbel, Theken, Regale, usw. stehen.   →

▷ *Fortsetzung der Antwort* ▷

b) Damit eine gute Präsentation erzielt und ein optimaler Verkaufsablauf erreicht wird, sollte ein **„Thekenplan"** erstellt werden. Darin wird festgelegt, wo welche Warengruppen platziert werden. Zu beachten ist dabei:
   – Der Verkaufsschwerpunkt (Hauptsortiment) wird so platziert, dass der Kunde ihn rasch überblicken kann.
   – Alle Waren werden so nahe wie möglich beim Kunden ausgelegt.
   – Artikel des Grundbedarfs sollten nicht so nahe beim Kunden sein, um ihn auf seinem (Blick-)Weg dorthin an anderen Waren vorbeizuführen.
   – Waren, die sich nicht so leicht verkaufen, werden in den Vordergrund (als Blickfang) gestellt.

c) Der letzte Schritt ist die Feinplanung, der **Auslageplan**. Hier wird genau festgelegt, wie der Artikel platziert und wie er präsentiert wird, z. B. ob geschichtet, schräg gelegt, einzeln ausgelegt, usw. Außerdem wird entschieden, welche Dekoration verwendet wird, z. B. Papierfarbe, Körbe, usw.

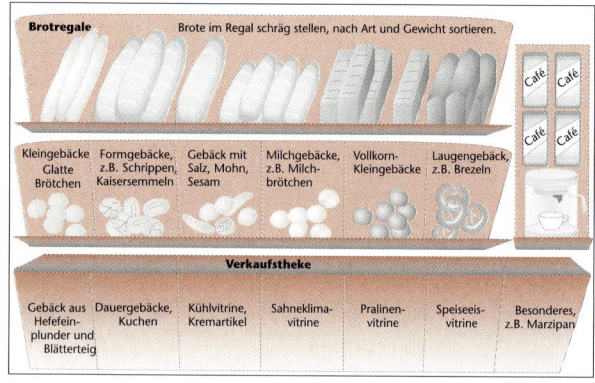

| Brotregale | Brote im Regal schräg stellen, nach Art und Gewicht sortieren. |

| Kleingebäcke Glatte Brötchen | Formgebäcke, z.B. Schrippen, Kaisersemmeln | Gebäck mit Salz, Mohn, Sesam | Milchgebäcke, z.B. Milchbrötchen | Vollkorn-Kleingebäcke | Laugengebäck, z.B. Brezeln |

| Verkaufstheke |

| Gebäck aus Hefefeinplunder und Blätterteig | Dauergebäcke, Kuchen | Kühlvitrine, Kremartikel | Sahneklima-vitrine | Pralinen-vitrine | Speiseeis-vitrine | Besonderes, z.B. Marzipan |

handwerk-technik.de

22 Nach welchen Gesichtspunkten kann Brot präsentiert werden?

a) nach Brotsorten
b) nach Form
c) nach Gewicht innerhalb der Sorten
d) nach Ganz- und Schnittbrot

23 Wie können Kleingebäcke sinnvoll gruppiert werden?

a) Kleingebäcke sollten möglichst gruppenweise sortiert angeboten werden, z.B.
 – Laugengebäcke
 – Mehrkorngebäcke
 – bemehlte Gebäcke
 – nicht bemehlte Gebäcke
 – bestreute Gebäcke
b) Bestreute Kleingebäcke sollten nicht über anderen Artikeln platziert werden, damit Salz, Mohn, Sesam usw. nicht auf andere Waren herunterfallen.

Registrierkasse

24 Durch welche Ausstattungsmerkmale zeichnen sich moderne Registrierkassen aus?

Neben dem „üblichen" Funktionsumfang (Eingabe, Addition, Subtraktion, Zwischensumme, Endsumme, Kundenbon und Kontrollstreifen) haben moderne Registrierkassen oft noch folgende Funktionen:
 – Ermittlung des Rückgeldes,
 – Ausweisung und Abzug von Prozenten,
 – gesonderte Anzeige der Umsatzsteuer,
 – Korrekturmöglichkeit,
 – Speicherung für mehrere Arbeitsabläufe,
 – Umsatzzuweisung für den einzelnen Mitarbeiter bzw. die einzelne Mitarbeiterin.

Elektronische Waage

25 Nennen Sie Erzeugnisse des Bäcker- und Konditorenhandwerks, die beim Verkauf häufig abgewogen werden.

a) *Tee- und Weihnachtsgebäck* wird zum Teil direkt beim Verkauf abgewogen.
b) *Pralinen* werden häufig direkt abgewogen.
                                            →

▷ *Fortsetzung der Antwort* ▷

c) *Fertigpackungen* (Gebäck-, Pralinen-mischungen, usw.) werden vor dem Anbieten gewogen.

d) Für *Zusatzartikel* wie Obst und Gemüse, Bonbons, Geleefrüchte wird eine Waage benötigt.

Anmerkung:
Brote werden zwar nach Gewicht verkauft und unterliegen den Gewichtsvorschriften, sie werden aber selten beim Verkauf abgewogen. *Kleingebäcke* unterliegen keinen Mindestgewichtsvorschriften (es gibt lediglich „Verbrauchererwartungen"). Deshalb werden sie nicht abgewogen.

26 Welche Vorteile haben elektronische Waagen gegenüber herkömmlichen Feder- oder Zeigerwaagen?

1. Die Produktpreise können gespeichert werden.
2. Die Waage hat meist einen Rechner zur Addition von Einzelposten.
3. Elektronische Waagen haben in der Regel einen Bondrucker.
4. Mehrere Verkaufsabläufe können gespeichert werden.
5. Gewicht, Kilopreis und Kaufpreis sind für Personal und Kunden sichtbar.

27 Worauf ist zu achten, wenn Ware vor dem Kunden abgewogen wird?

Das Sichtfeld mit Gewichts-, Waren-, Tara- und Preisangabe muss für den Kunden zur Kontrolle gut zu sehen sein.

Gewerberechtliche Vorschriften

Voraussetzungen zum Führen einer Bäckerei oder Konditorei

1 Welche Voraussetzungen müssen nach der Gewerbeordnung erfüllt sein, damit eine Bäckerei oder Konditorei geführt werden darf?

1. Wer Backwaren herstellt, muss *Meister* im Bäcker- bzw. Konditorenhandwerk sein.
   Anmerkung: Seit 2004 können Gesellen/ innen, die sechs Jahre Berufspraxis besitzen (davon vier in leitender Funktion) ebenfalls einen Betrieb eröffnen.
2. Jeder Handwerksbetrieb muss in die *Handwerksrolle* der zuständigen Handwerkskammer eingetragen sein.
3. Alle Beschäftigten benötigen eine Bescheinigung des Gesundheitsamtes zur Belehrung nach dem Infektionsschutzgesetz. Die Bescheinigungen aller Betriebsangehörigen sollten beim Betriebsinhaber vorliegen.

Gesetzliche Vorschriften für den Café-Betrieb

2 Unter welchen Voraussetzungen darf in einer Bäckerei oder Konditorei ohne Gaststättenkonzession ein Stehcafé geführt werden?

a) Das Stehcafé darf nur während der Ladenöffnungszeiten betrieben werden.
b) Der Ausschank alkoholischer Getränke ist verboten.
c) Es dürfen keine Sitzgelegenheiten vorhanden sein.
Anmerkung:
Die bisher erforderliche Gaststättenerlaubnis für den Betrieb eines Cafés ist nicht erforderlich, wenn
– alkoholfreie Getränke
– unentgeltliche Kostproben
– zubereitete Speisen
ausgegeben werden.

3 Welche Regelungen müssen beim Ausschank von alkoholischen Getränken beachtet werden?

1. Bier und Wein bzw. bier- und weinhaltige Getränke dürfen an Jugendliche unter 16 Jahren nicht ausgeschenkt werden.
2. Spirituosen dürfen an Jugendliche unter 18 Jahren nicht ausgeschenkt werden.
3. An „erkennbar" Betrunkene dürfen keine alkoholischen Getränke ausgeschenkt werden.
4. Der Alkoholausschank erfordert eine Gaststättenlizenz.

4 Ein Kunde möchte im Café nur ein Stück Kuchen essen. Ist es zulässig, wenn er aufgefordert wird, dazu auch ein Getränk zu bestellen?

Grundsätzlich sollte jeder Kunde gefragt werden, ob er noch weitere Wünsche hat. Ein Trinkzwang ist jedoch unzulässig; Speisen können auch ohne Getränke verzehrt werden.

Die Arbeitsstättenverordnung

5 Welche Aufgabe hat die Arbeitsstättenverordnung?

Die **Arbeitsstättenverordnung** soll die Gesundheit der Beschäftigten schützen. Deshalb regelt sie Anforderungen an Arbeitsräume wie die Mindestraumhöhe, die Raumtemperatur oder die Raumgröße. Auch erforderliche Sicherheitsvorkehrungen sind hier festgelegt.

6 Welche Sicherheitsvorkehrungen müssen Arbeitsräume nach der Arbeitsstättenverordnung erfüllen?

Sicherheitsvorkehrungen von **Arbeitsräumen** nach der Arbeitsstättenverordnung:
– Feuerlöscher müssen vorhanden und für jeden Betriebsangehörigen leicht zugänglich sein.
– Ausreichende Mittel für die erste Hilfe müssen für jeden gut zugänglich aufbewahrt werden; in einem besonders gekennzeichneten Kasten (Erste-Hilfe-Kasten). Dieser muss gegen $\rightarrow$

▷ *Fortsetzung der Antwort* ▷

Feuchtigkeit, hohe Temperatur und Verunreinigung geschützt sein.
– Die Fußböden müssen rutschfest sein und dürfen keine Stolperstellen aufweisen.

7 Welche Sozialräume sind für alle Bäckereien bzw. Konditoreien zwingend vorgeschrieben?

Nach der Arbeitsstättenverordnung sind folgende **Sozialräume** vorgeschrieben:
– *Umkleideräume:* getrennt nach Männern und Frauen.
– *Waschräume:* ebenfalls nach Geschlechtern getrennt.
– *Toiletten:* Ab fünf Beschäftigten müssen Toiletten vorhanden sein, die ausschließlich für Betriebsangehörige zur Verfügung stehen.

8 Welche Betriebe müssen ihrem Personal einen Pausenraum zur Verfügung stellen?

Alle Betriebe, die mehr als zehn Betriebsangehörige beschäftigen. Bei der Berechnung müssen alle Personen, die im Betrieb arbeiten, mitgerechnet werden, also Bäcker, Konditoren, Verkaufs- und Bedienungspersonal usw.
Der Pausenraum muss ausreichend groß sein; seine genaue Größe hängt von der Beschäftigtenzahl ab.

9 Ein Bäckerei-Café hat zwölf Beschäftigte, davon sind fünf Männer und sieben Frauen. An einigen Tagen der Woche sind alle Beschäftigten im Betrieb. Nennen Sie die wichtigsten Vorgaben der Arbeitsstättenverordnung, die einzuhalten sind für:
– Pausenräume,
– Umkleideräume,
– Waschräume,
– Toiletten.

a) *Pausenraum:* Der Betrieb hat mehr als zehn Betriebsangehörige, die zeitweise alle im Betrieb sind. Deshalb muss ein entsprechend großer Pausenraum vorhanden sein.
b) *Umkleideräume:* Es müssen zwei Umkleideräume zur Verfügung stehen, wobei der Umkleideraum für Männer fünf, der für Frauen sieben Kleiderschränke aufweisen muss.
c) *Waschräume:* Es müssen zwei Waschräume zur Verfügung stehen, je einer für Männer und Frauen. Außerdem müssen entsprechende Waschgelegenheiten und Trockenmöglichkeiten vorhanden sein. →

▷ *Fortsetzung der Antwort* ▷

d) *Toiletten:* Da der Betrieb mehr als fünf Beschäftigte hat, müssen Toiletten vorhanden sein, die nur vom Personal benutzt werden. Da außerdem mehr als fünf Frauen beschäftigt sind, müssen die Toiletten für das Personal nach Geschlechtern vollständig getrennt sein.

Hygieneverordnung

10 Welches wichtige Rahmengesetz bildet die Grundlage für den Umgang mit Bäckereierzeugnissen, Konditoreierzeugnissen oder sonstigen Lebensmitteln?

Grundlage aller Bestimmungen ist das **Lebensmittel- und Futtermittelgesetzbuch (LFGB)** (genauer: Lebensmittel-Bedarfsgegenstände- und Futtermittelgesetzbuch).

11 Nennen Sie wichtige Bestimmungen, die dem LFGB zugeordnet sind.

Diesem Gesetz zugeordnet sind z. B.:
- die Zusatzstoff-Zulassungsverordnung und die Zusatzstoff-Verkehrsverordnung,
- die Lebensmittel-Kennzeichnungsverordnung,
- die Nährwert-Kennzeichnungsverordnung,
- die Diätverordnung,
- die Fertigpackungsverordnung und weitere Verordnungen,
- das Eichgesetz,
- das Bundes-Seuchengesetz,
- die Lebensmittelhygiene-Verordnung (Verordnungen des EU-Lebensmittelhygienepaketes).

Anmerkung: Für nahezu jedes Lebensmittel gibt es in Deutschland eine eigene Verordnung oder ein entsprechendes Gesetz. Was nicht direkt durch Verordnungen oder Gesetze geregelt wird, ist durch Leitsätze, Richtlinien oder Qualitätskataloge näher erläutert.

12 Welche Zielsetzung soll durch das LFGB erreicht werden?

Zweck des Gesetzes ist es,
- die *Gesundheit der Verbraucher sicherzustellen.* So ist es verboten, gesundheitsschädliche Erzeugnisse zu   →

▷ *Fortsetzung der Antwort* ▷

verkaufen oder zu verarbeiten. Bei verdorbenen Erzeugnissen greift die Lebensmittelhygiene-Verordnung, bei nicht zugelassenen Stoffen wird dies durch die Zusatzstoff-Zulassungsverordnung geregelt.

– den Verbraucher vor Täuschung zu schützen. So verbietet die **Lebensmittel-Kennzeichnungsverordnung**, minderwertige Produkte als höherwertige zu deklarieren wie z. B. Fettglasur als Kuvertüre oder Persipan als Marzipan.

– Verbraucher über Lebensmittel, kosmetische Mittel und Bedarfsgegenstände zu unterrichten. So soll nach dem Motto „from farm to fork" (vom Bauernhof bis zur Gabel) dem Verbraucher eine bessere Kontrolle ermöglicht werden.

---

13 **Wer ist im Betrieb für die Einhaltung lebensmittelrechtlicher Vorschriften verantwortlich?**

Grundsätzlich ist der Betriebsinhaber bzw. der Geschäftsführer verantwortlich. Bestimmte Verantwortungsbereiche können delegiert (übertragen) werden. Dies muss schriftlich, z. B. im Arbeitsvertrag, festgelegt sein. Außerdem muss die beauftragte Person dazu in der Lage sein. Einer Auszubildenden im ersten Ausbildungsjahr kann diese Verantwortung deshalb beispielsweise nicht übertragen werden.

---

14 **Die Hygienevorschriften in der Arbeitsstättenverordnung werden in drei Bereiche unterteilt. Nennen Sie diese.**

1. Betriebshygiene
2. Personalhygiene
3. Hygiene im Umgang mit Lebensmitteln, speziell mit Bäckerei- und Konditoreierzeugnissen

Betriebshygiene

15 **Wie müssen Fußböden, Wände, Decken und Einrichtungsgegenstände beschaffen sein, damit sie den Hygienevorschriften gerecht werden?**

Böden, Wände, Decken und Einrichtungsgegenstände müssen baulich einwandfrei und leicht zu reinigen sein. Beispiele:
– Putz darf nicht von Wänden bröckeln.

→

▷ *Fortsetzung der Antwort* ▷

– Es dürfen keine Löcher in den Wänden sein, durch die Schmutz verteilt werden kann.

16 **In den Hygienevorschriften werden Anforderungen an Bedarfsgegenstände gestellt. Welche Gegenstände in Bäckereien bzw. Konditoreien sind damit gemeint?**

Jeder Gegenstand, der zur Herstellung von Lebensmitteln verwendet wird oder damit in Berührung kommt, gilt als „Bedarfsgegenstand". Bedarfsgegenstände sind also nicht nur Maschinen und Geräte, sondern z. B. auch Tortenplatten, Kuchenplatten, Messer, Geschirr oder Verpackungsmaterial.

17 **Welche Anforderungen gelten für Bedarfsgegenstände?**

Bedarfsgegenstände müssen stets sauber, rostfrei, farbfest und frei von Reinigungs- bzw. Desinfektionsmitteln sein.

18 **Weshalb dürfen Tiere nicht in eine Bäckerei oder Konditorei?**

Aus hygienischen Gründen haben Ungeziefer, Mäuse und Ratten in den Betriebsräumen nichts zu suchen, ebensowenig Haustiere wie Hunde und Katzen.

19 **Ist für Betriebsangehörige das Rauchen verboten?**

In den Betriebsräumen ist das Rauchen untersagt, für Personal und Kunden. Dies gilt zumindest für die Produktionsräume und den Verkaufsraum. Natürlich dürfen Betriebsangehörige in ihrer Pause zum Rauchen einen dafür vorgesehenen Raum aufsuchen oder ins Freie gehen.

20 **Beschreiben Sie die Anforderungen für Verkaufsräume im Freien.**

Es ist darauf zu achten, dass das Verkaufspersonal vor Witterungseinflüssen geschützt ist. Die Waren müssen vor Witterungs- und Umwelteinflüssen wie Abgasen, Staub usw. geschützt sein.

21 **Wie weit muss aufgrund baubehördlicher Vorschriften der Toiletteneingang in einem Café von der Ware entfernt sein?**

Aus hygienischen Gründen muss die Entfernung mindestens zehn Meter betragen.

22 Wennen Sie hygienische Bestimmungen für den Umgang mit Lebensmittelabfällen.

Abfälle sind möglichst unverzüglich aus den Betriebsräumen zu entfernen. Sie dürfen auf keinen Fall dort gelagert werden.

23 Begründen Sie, weshalb in den Toiletten von Bäckereien und Konditoreien keine Warmluft-Gebläse zum Händetrocknen verwendet werden sollen.

Der warme Luftstrom der Gebläse würde eventuell noch vorhandene Mikroorganismen im Raum verteilen. Außerdem bietet die Wärme des Luftstroms in Verbindung mit der Feuchtigkeit der gewaschenen Hände günstige Lebensbedingungen für Mikroorganismen.

Personalhygiene

24 Welche Personen dürfen auf keinen Fall in einer Bäckerei oder Konditorei beschäftigt werden?

Personen,
– die an einer ansteckenden oder Ekel erregenden Krankheit leiden,
– die an Händen oder Unterarmen offene Wunden haben (dabei ist es gleichgültig, ob die Wunden verbunden sind oder nicht),
– die kein Gesundheitszeugnis vorweisen können,
– die an einer ansteckenden Krankheit erkrankt waren. Sie benötigen ein Zeugnis des Gesundheitsamtes, das bestätigt, dass sie wieder arbeiten dürfen.

25 Wie müssen Beschäftigte in Bäckereien und Konditoreien gekleidet sein?

a) Alle Beschäftigten müssen stets sauber gekleidet sein.
b) In den Produktionsräumen ist das Tragen einer Kopfbedeckung Pflicht.

26 Wer ist verantwortlich für die Hygiene in einer Bäckerei oder Konditorei?

Der Betriebsinhaber bzw. Geschäftsführer ist für die hygienischen Verhältnisse im Betrieb verantwortlich.

27 Wie kann man durch eigenes Verhalten zu hygienischen Verhältnissen im Betrieb beitragen?

a) Auf persönliche Sauberkeit achten, d.h. sich regelmäßig duschen bzw. waschen.

b) Nach jedem Toilettenbesuch gründlich die Hände waschen.

c) Nicht auf Arbeitstischen sitzen oder liegen. Dies ist außerdem verboten.

d) Saubere und vollständige Arbeitskleidung tragen (Kopfbedeckung usw.).

e) Verunreinigungen im eigenen Arbeitsbereich unverzüglich beseitigen.

f) Abfälle sachgerecht entsorgen.

Hygiene im Umgang mit Bäckerei- und Konditoreierzeugnissen

28 Wie müssen unverpackte Bäckerei- bzw. Konditoreierzeugnisse hygienisch einwandfrei platziert werden, damit die hygienischen Vorschriften eingehalten werden?

Unverpackte Bäckerei- und Konditoreierzeugnisse

– dürfen grundsätzlich nicht zur Selbstbedienung angeboten werden,

– müssen so platziert werden, dass sie von den Kunden weder berührt noch angehustet werden können.

29 Wie müssen Sahne- und Kremerzeugnisse aufbewahrt werden?

Alle Erzeugnisse, die leicht verderblich sind, müssen ausreichend kühl gelagert werden. Die Lagerungstemperatur ist von der Art der Erzeugnisse abhängig, z. B. ob es sich um Sahne-, Krem- oder Speiseeiserzeugnisse handelt.

30 Ein Stammkunde, der regelmäßig in größerem Umfang in der Bäckerei einkauft, bringt einen Teil der Lieferung wieder zurück.
Worauf ist bei zurückgenommenen Waren zu achten?

Ware, die nicht in fest verschlossenen und unversehrten Verpackungen zurückgegeben wurde, darf nicht mehr verkauft werden, auch nicht zu einem günstigeren Preis. Ebenso darf sie nicht mit anderen Erzeugnissen gemischt oder verarbeitet werden.

31 Wer kontrolliert die Einhaltung der Hygienevorschriften in Bäckerei- und Konditoreibetrieben?

Grundsätzlich sind Beauftragte der Lebensmittelüberwachung* befugt, die Einhaltung der Hygienevorschriften zu kontrollieren.

* In Baden-Württemberg: Landratsamt

32 Wann dürfen Lebensmittelkontrolleure in einem Betrieb Kontrollen durchführen?

Im Normalfall während der üblichen Geschäftszeiten. In dringenden Fällen dürfen auch außerhalb dieser Zeit Kontrollen durchgeführt werden. Beispiel: Der akute Verdacht liegt vor, dass vergiftete oder verseuchte Lebensmittel in den Verkehr gebracht werden.

33 Wozu sind die Kontrolleure berechtigt?

Die Befugnisse der Kontrolleure sind sehr weit reichend. Sie dürfen
- alle geschäftlichen Unterlagen des Betriebes einsehen,
- Befragungen durchführen,
- Räume, Maschinen, Geräte und sonstige Einrichtungen besichtigen,
- das Personal auf Einhaltung der Vorschriften kontrollieren (Kleidung, Arbeitsweise),
- Proben zur genaueren Untersuchung entnehmen.

34 Wie kann der Betriebsinhaber kontrollieren, ob das angezweifelte Ergebnis einer Probenuntersuchung korrekt ist?

Von jeder Probe, die von den Kontrolleuren entnommen wird, verbleibt eine amtlich versiegelte „Gegenprobe" im Betrieb. Zweifelt der Betriebsinhaber das Ergebnis der amtlichen Untersuchung an, kann er auf seine Kosten eine Untersuchung der Gegenprobe veranlassen.

Unfallgefahren – Unfallverhütung

1 **Laut Unfallstatistik sind Auszubildende besonders häufig an Arbeitsunfällen beteiligt. Weshalb sind gerade Berufsanfänger so häufig in Arbeitsunfälle verwickelt?**

a) *Fehlende Kenntnisse:* Auszubildende müssen die Gefahrenquellen im Betrieb erst kennen lernen.

b) *Fehlende Erfahrung:* Auszubildende sind im Umgang mit vielen Geräten und Maschinen noch nicht ausreichend vertraut. Das theoretische Wissen ist zwar vorhanden, die praktische Erfahrung muss aber erst noch eingeübt werden.

c) *Leichtsinn und Unachtsamkeit:* Zu schnelles und unüberlegtes Arbeiten, zum Teil unter *Nichtbeachtung der Unfallverhütungsvorschriften*, verursacht viele Unfälle, besonders bei Auszubildenden.

2 **Zahlreiche Unfälle in Bäckerei- und Konditoreibetrieben werden durch Stürze verursacht. Nennen Sie deren Ursachen und erläutern Sie, wie solche Unfälle vermieden werden können.**

a) *Rutschige Fußböden:* Fußböden müssen regelmäßig gewischt und gründlich getrocknet werden. Nicht nur bei Sahne oder Krems besteht Rutschgefahr, sondern auch Wasser kann gefährlich werden. Besondere Vorsicht ist bei Seifenlösungen geboten.

b) *Beschädigte Böden:* Wenn Erhebungen oder Vertiefungen im Fußboden auftreten, müssen diese umgehend beseitigt werden.

c) *Schlechtes Schuhwerk:* Schuhe müssen eine rutschfeste Sohle haben und Fersenhalt bieten.

d) *Hindernisse:* Arbeitswege, Treppen und Arbeitsplatz dürfen nicht von Hindernissen wie Körbe, Eimer, Bleche oder Kartons verstellt sein.

e) *Unzureichende Beleuchtung:* Arbeitsbereiche und Arbeitswege müssen ausreichend beleuchtet sein.→

▷ *Fortsetzung der Antwort* ▷

f) *Falsche Steighilfen und unsachgemäßer Umgang mit Steighilfen und Leitern:* Ungeeignetes Material, wie Kisten, Körbe oder Bürostühle mit Rollen sind keine Steighilfen. Nur geeignete Steighilfen dürfen verwendet werden. Leitern müssen auf einen sicheren Stand überprüft werden. Keinesfalls dürfen sie auf rutschige Flächen gestellt werden.

3 **Messer und Schneidemaschinen sind besonders für das Verkaufspersonal eine erhebliche Gefahrenquelle. Wie können Schnittverletzungen vermieden werden?**

1. Messer dürfen nicht herumliegen, sondern müssen sofort nach Gebrauch wieder an den vorgesehenen Platz zurückgelegt werden.
2. Messer dürfen nie von anderen Gegenständen verdeckt werden.
3. Messer und andere scharfe Gegenstände dürfen nie im Spülwasser liegen bleiben, weil sie dort kaum sichtbar sind.
4. Beim Abtrocknen von scharfen Gegenständen nicht in die scharfe Seite greifen oder darüber fahren.
5. Nicht versuchen, herabfallende Messer oder andere scharfe Gegenstände aufzufangen.
6. Nie zum Körper schneiden.
7. Niemals in laufende Schneidemaschinen greifen.
8. Vorhandene Sicherheitsvorkehrungen nicht entfernen, auch wenn die Maschine dadurch einfacher zu benutzen ist.

4 **Viele Arbeitsunfälle werden durch elektrischen Strom verursacht. Worauf ist zu achten, damit solche gefährlichen Unfälle vermieden werden?**

a) Schadhafte Kabel oder Stecker dürfen nicht mehr verwendet werden.
b) Schadhafte Strom führende Teile müssen umgehend repariert werden, aber nur durch Fachpersonal.

→

▷ *Fortsetzung der Antwort* ▷

c) Beim Reinigen von Maschinen ist der Netzstecker zu ziehen, damit die Geräte von der Stromversorgung getrennt werden.

d) Niemals in Steckdosen fassen, auch nicht mit trockenen Händen.

5 **Nennen Sie Arbeitsgeräte, die bei unsachgemäßem Umgang zu Verbrennungen führen können.**

1. Kaffeemaschinen, Espressomaschinen
2. Fettbackgeräte
3. Backöfen, Kontaktgrill
4. Mikrowelle (durch heisses Geschirr bzw. erhitzte Speisen und Flüssigkeiten)
5. Herde und darauf stehende Töpfe und Pfannen
6. Einschweißgeräte

6 **Durch welche Vorsichtsmaßnahmen können Verbrennungen vermieden werden?**

a) Nie auf heiße Platten greifen, z. B. bei Herd, Einschweißgerät oder Kontaktgrill.

b) Heiße Töpfe und Geschirr nur an den vorgesehenen Halterungen anfassen, gegebenenfalls Topflappen benutzen.

c) Heiße Flüssigkeiten wie Wasser oder Milch vorsichtig transportieren.

d) Backöfen sachgerecht beschicken und entleeren, d.h. Schieber oder Handschuhe verwenden und nicht mit dem Arm in den Ofen fassen.

e) Beim Umgang mit Fettbackgeräten die erforderlichen Sicherheitsvorkehrungen einhalten:
   – Fettbackgeräte, die mit heißem Fett gefüllt sind, dürfen niemals transportiert werden.
   – Die Geräte müssen standsicher aufgestellt werden.
   – Der elektrische Anschluss darf keinen Arbeitsweg versperren oder behindern.

→

▷ *Fortsetzung der Antwort* ▷

– Sollte das Fett brennen, darf niemals mit Wasser gelöscht werden. Für solche Fälle wird eine Löschdecke bereitgehalten.

7 Welche Personen dürfen an gefährlichen Maschinen nur unter Aufsicht arbeiten?

1. Auszubildende unter 17 Jahren dürfen an gefährlichen Maschinen wie Kneter, Zerkleinerungsmaschinen usw., nicht beschäftigt werden.
2. Auszubildende über 16 Jahren dürfen nur zur Ausbildung und nur unter Aufsicht gefährliche Maschinen bedienen oder reinigen.

Unfallversicherung – Berufsgenossenschaft

8 Ein Arbeitsunfall bringt nicht nur für den Betroffenen, sondern auch für den Arbeitgeber nachteilige Folgen mit sich. Geben Sie für jede der beiden Gruppen diese nachteiligen Folgen an.

a) Für den Betroffenen:
 – finanzielle Einbußen
 – mögliche bleibende Schäden (Behinderung)
 – evtl. Krankenhausaufenthalt
 – evtl. Berufsunfähigkeit, Erwerbsunfähigkeit oder Tod
b) Für den Arbeitgeber:
– Arbeitsausfall (Produktionsausfall)
 – Betriebsstörungen (negativer Einfluss auf die Kundschaft, Umsatzeinbuße)
 – Unfalluntersuchung durch Gewerbeaufsichtsamt und Berufsgenossenschaft
 – evtl. Zivilprozess und Strafprozess. Mögliche Folgen: Verurteilung zu Haftung oder Strafe

9 Welche Institution kontrolliert die Einhaltung der Unfallverhütungsvorschriften?

Die Berufsgenossenschaft.

10 Welche Berufsgenossenschaft ist für Bäckereien, Konditoreien und Cafés zuständig?

Die „Berufsgenossenschaft Nahrungsmittel und Gaststätten".

11 Welche Aufgaben hat die Berufsgenossenschaft neben der Kontrolle der Betriebe?

a) *Unfallverhütung*, indem sie die Betriebe berät, wie Gefahrenquellen weitgehend vermieden werden können.

b) Sie ist *Träger der gesetzlichen Unfallversicherung*, bei der alle Beschäftigten gegen Arbeitsunfälle zu versichern sind.

12 Welche Arbeitsunfälle müssen der Unfallversicherung gemeldet werden?

Jeder Arbeitsunfall, der eine Arbeitsunfähigkeit von mehr als drei Tagen zur Folge hat, muss innerhalb von drei Tagen der Berufsgenossenschaft und dem Gewerbeaufsichtsamt gemeldet werden. Als Arbeitsunfälle zählen nicht nur Unfälle im Betrieb, sondern auch „Wegeunfälle", wenn sie sich auf dem direkten Weg vom Betrieb oder zum Betrieb ereignen. Bei Auszubildenden ist auch der Schulweg versichert. Außerdem ist die Berufsgenossenschaft bei berufsbedingten Erkrankungen wie z. B. Allergien zu verständigen.

13 Wer muss die Arbeitsunfälle melden?

Arbeitsunfälle müssen vom Betriebsinhaber bzw. vom Geschäftsführer gemeldet werden.

14 Obwohl alle Arbeitnehmer in der gesetzlichen Krankenversicherung sind, gibt es die Unfallversicherung. Begründen Sie, weshalb.

Kosten, die durch Arbeitsunfälle entstehen, werden nicht von der gesetzlichen Krankenversicherung erstattet. Für diese Leistungen ist nur die Unfallversicherung zuständig.

15 Welche Leistungen erbringt die gesetzliche Unfallversicherung?

Sie übernimmt alle Kosten eines Arbeitsunfalles. Dazu zählen:

- Kosten für Heilbehandlungen wie ärztliche Versorgung, Krankenhauskosten, Medikamente, notwendige Kuraufenthalte,
- Lohnfortzahlung während der Erkrankung, sog. Verletztengeld, $\longrightarrow$

▷ *Fortsetzung der Antwort* ▷

- evtl. erforderliche Umschulungsmaßnahmen bei Berufsunfähigkeit,
- Renten
  - Invaliditätsrente bei Arbeitsunfähigkeit,
  - Hinterbliebenenrente im Todesfall.

Erste Hilfe bei Arbeitsunfällen

16 **Wie sollte man sich verhalten, wenn sich trotz aller Vorsichtsmaßnahmen ein Arbeitsunfall ereignet?**

1. Möglichst rasch „erste Hilfe" leisten.
2. Ist man selbst dazu nicht in der Lage, jemanden rufen, der Hilfe leisten kann.
3. Bei schwer wiegenderen Verletzungen sofort telefonisch Hilfe rufen. Das Gleiche gilt, wenn nicht absehbar ist, wie schwer die Verletzung ist.
   Damit Hilfe angefordert werden kann, müssen alle Mitarbeiter folgende Telefonnummern kennen:
   - Feuerwehr: **112**
   - Polizei: **110** (allgemeiner Notruf)
   - Rettungsleitstelle: **19222**

17 **Worauf ist zu achten, wenn ein telefonischer Hilferuf abgegeben wird?**

Der Angerufene muss kurz und sachlich, aber ausreichend informiert werden:

Die „5 W's" beim Telefonieren		
Wo	ist der Unfall passiert? ⟶	Die Adresse melden.
Was	ist passiert? ⟶	Die Art der Verletzung melden.
Wie	schwer ist die Verletzung? ⟶	Die Schwere der Verletzung angeben.
Wie viel	Verletzte sind es? ⟶	Die Anzahl der Verletzten angeben.
Wer	hat angerufen? ⟶	Den eigenen Namen angeben.

18 **Über wie viel ausgebildete Ersthelfer müssen die Betriebe verfügen?**

Jeder Betrieb mit bis zu 20 Beschäftigten muss mindestens einen Ersthelfer haben. In Betrieben mit mehr als 20 Beschäftigten müssen mindestens 10 % der Beschäftigten als Ersthelfer ausgebildet sein.

19 **Welche Voraussetzungen müssen erfüllt sein, damit erste Hilfe geleistet werden kann?**

a) Der Verbandskasten muss für alle Beschäftigten gut erreichbar sein.
b) Alle Beschäftigten müssen wissen, wo die Verbandskästen sind und wer im Betrieb Ersthelfer ist.
c) Nur ein zweckmäßiger und vollständiger Verbandskasten kann helfen. Deshalb müssen Erste-Hilfe-Kästen stets vollständig sein, regelmäßig kontrolliert und nachgefüllt werden. Selbstverständlich müssen sie auch ordentlich aufgeräumt sein.

20 **Wie verhält man sich grundsätzlich gegenüber Verletzten?**

a) Verletzte möglichst nicht alleine lassen, sie brauchen jemanden, der mit ihnen spricht.
b) Keine Medikamente verabreichen, deren Wirkung nicht abgeschätzt werden kann; bei Magen- oder Bauchschmerzen ist besondere Vorsicht geboten.
c) Niemals Alkohol oder Zigaretten anbieten.
d) Im Zweifelsfall immer den Notarzt herbeirufen. Selbst wenn sich nachträglich herausstellt, dass der Notarzt nicht erforderlich war, entstehen dem Anrufer keine Kosten.

Ergonomie

21 **Die Ergonomie beschäftigt sich mit allen Maßnahmen, die dazu beitragen, dass die Arbeit den menschlichen Körper so wenig wie möglich belastet. Zählen Sie Maßnahmen auf, die bei der Arbeitsplatzgestaltung helfen, die tägliche Arbeit ergonomischer zu gestalten.**

1. Ausreichende Beleuchtung des Arbeitsplatzes und der Arbeitswege.
2. Angepasste Arbeitshöhe für Arbeitstische und Theke, aber auch Maschinen.
3. Bequeme Sitzmöglichkeiten, die eine körpergerechte Haltung unterstützen.
4. Arbeitsgeräte mit körperangepassten Griffen (ausreichende Grifflänge, angenehme Griffform).

22 **Welches Verhalten hilft den einzelnen Mitarbeitern, ihre Belastungen zu vermindern?**

a) Geeignetes Schuhwerk tragen, damit die Beine und Füße nicht so schnell ermüden.

b) Langes Stehen auf einer Stelle sollte vermieden werden.
Deshalb: Die Beine abwechselnd belasten und zwischendurch einige Schritte gehen. Arbeiten, die nicht unbedingt im Stehen erledigt werden müssen, möglichst im Sitzen durchführen.

c) Lang anhaltendes Bücken vermeiden. Besser: Zeitweise in die Hocke gehen, Behälter auf einen Hocker stellen, Tätigkeit möglichst im Sitzen erledigen. Geeignetes „Werkzeug" zum Reinigen verwenden, daher auf ausreichende Stiellänge von Schrubber, Wischer oder Besen achten.

d) Beim Hochheben von Waren in die Hocke gehen und das Gewicht „mit den Beinen", nicht mit dem Rücken, hochheben. Bei gekrümmter Wirbelsäule vervielfacht sich das zu hebende Gewicht für die einzelnen Wirbel bzw. Bandscheiben.

e) Richtige Sitzhaltung einnehmen, also möglichst mit geradem Rücken. Dies wird erleichtert durch geeignete Sitzmöglichkeiten wie höhenverstellbare Stühle, Sitzkeile oder orthopädische Sitzkissen.

f) Auch beim Stehen auf entlastende Körperhaltung achten. Dadurch werden Verspannungen vermieden, die zu Schmerzen, Ermüdung und Leistungsabfall führen können.

Umweltschutz in Bäckerei und Konditorei

1 Durch welche Maßnahmen kann in Bäckereien, Konditoreien und im Haushalt dazu beigetragen werden, das lebensnotwendige Wasser zu schützen?

1. Unnötigen Wasserverbrauch vermeiden, z. B. unnötig langes Laufenlassen von Wasserhahn oder Dusche.
2. Möglichst wenig, dafür aber biologisch abbaubare Reinigungsmittel verwenden.
3. Desinfektionsmittel möglichst vermeiden. In nahezu allen Fällen können Mikroorganismen mit Essig bzw. mit Essigsäure zerstört werden.
4. Alte Fette und Öle (z. B. Siedefett) nicht in den Abfluss kippen, sie können das Abwassersystem verstopfen. Deshalb sind sie als Sondermüll zu entsorgen. Chemische Reinigungsmittel (z. B. Abflussreiniger) belasten die Kläranlage.

2 Welche Bedeutung hat das „Recycling" von Müll für den Umweltschutz?

a) Alles, was nicht entsorgt werden muss, kann auch die Umwelt nicht belasten.
b) „Recycling", also die Wiederverwertung bereits genutzter Rohstoffe, verringert den Verbrauch neuer Rohstoffe und reduziert die Gesamtmüllmenge.

3 Weshalb sollten auch die Abfälle einer Bäckerei oder Konditorei sortiert werden?

a) Um die Umwelt zu schonen.
b) Weil dadurch erhebliche Müllgebühren eingespart werden können.

4 Wie sollten die Abfälle sortiert werden?

Für die Sortierung gibt es je nach Gemeinde unterschiedliche Kriterien:
– Verpackungsmaterial
– Produkte mit dem „Grünen Punkt"
– Biomüll
– Batterien
– Restmüll
– Sondermüll

5 Wie können Bäckereien und Konditoreien dazu beitragen, dass durch Müllvermeidung oder recyclingfähige Materialien die Umwelt geschont wird?

a) Ungebleichte Papiertüten und Stofftaschen sind umweltschonender als Plastiktüten.

b) Pfandbehältnisse statt Einwegverpackungen anbieten, z. B. bei Getränken.

c) Im Servicebereich Mehrweggeschirr statt einzelverpackte Produkte anbieten. Beispiele: Kondensmilch und Kaffeesahne im Gießer statt in Plastikkännchen oder Aluminiumdose. Zucker nicht einzelverpackt. Marmeladen, Honig und Konfitüren im Glas statt in Portionspäckchen usw.

d) Stoff- oder Recyclingservietten verwenden.

6 Auch Energieverschwendung trägt zur Umweltbelastung bei.
Nennen Sie einige Maßnahmen, durch die unnötiger Energieverbrauch vermieden werden kann.

1. Licht nicht unnötig brennen lassen.
2. Kühlschränke, Gefrierschränke und -truhen nur kurz öffnen.
3. Heizplatten, Herde usw. nicht unnötig eingeschaltet lassen, sondern nur, wenn Bedarf besteht.
4. Energie sparende Lampen verwenden.
5. Gut isolierte und damit Energie und Kosten sparende Kühl- und Gefriergeräte verwenden.
6. Möglichst Energie sparende Öfen verwenden, bei denen z. B. Herde einzeln geschaltet werden können.

Hygiene

1 Kann der Begriff „Hygiene" mit Sauberkeit gleichgesetzt werden?

Der Begriff Hygiene bedeutet nicht nur Sauberkeit, sondern er umfasst alle Maßnahmen, die helfen, Erkrankungen von Menschen zu vermeiden sowie deren Gesundheit zu erhalten. Allerdings ist Sauberkeit die wichtigste Voraussetzung für Hygiene.

2 Weshalb ist es so wichtig, dass die Hygienevorschriften in Bäckereien und Konditoreien eingehalten werden?

a) Erkranken Kunden durch die Produkte eines Betriebes, dann hat dies nicht nur negative Folgen für die Erkrankten. Auch für den Betrieb können sich erhebliche Konsequenzen ergeben, schlimmstenfalls kann er sogar geschlossen werden.

b) Lebensmittel bieten günstige Lebensbedingungen für Mikroorganismen. Deshalb muss alles getan werden, um die unerwünschte Tätigkeit von Mikroorganismen so weit wie möglich einzuschränken.

3 Mikroorganismen sind eine wesentliche Ursache für den Lebensmittelverderb. Nennen Sie fünf weitere Ursachen.

1. *Verschmutzte Lebensmittel* sind verdorben, wenn sie z. B. auf den Fußboden gefallen sind.
2. *Selbstzersetzung (Autolyse):* Lebensmittel enthalten Enzyme. Wurden diese nicht zerstört oder inaktiviert, dann verderben Inhaltsstoffe wie Fette und Eiweißstoffe bei längerer Lagerung.
3. *Ranzig werden* von Fett durch Licht und Lufteinwirkung.
4. *Verbrannte Backwaren* gelten grundsätzlich als verdorben.
5. *Nicht zugelassene oder gesundheitsschädliche Zutaten* wurden verwendet. Beispiel: Backen von Berlinern in ranzigem Siedefett.

$\rightarrow$

▷ *Fortsetzung der Antwort* ▷

6. *Insekten oder Nagetiere* verderben Waren, indem sie diese anknabbern, verunreinigen oder mit Krankheitserregern infizieren.
7. *Austrocknung* durch unsachgemäße Lagerung.

Mikroorganismen

4 **Nennen Sie drei Arten von Mikroorganismen (MO).**

1. Hefen
2. Schimmelpilze
3. Bakterien

5 **Man unterscheidet nützliche und schädliche Kleinlebewesen.**
Ordnen Sie die folgenden Mikroorganismen in <u>nützliche</u> und <u>schädliche</u> Kleinlebewesen: Backhefe, Schimmelpilz (Aspergillus flavus), Clostridium botulinum, Penicillium camemberti, Essigsäurebakterien, Milchsäurestäbchen (Lactobacillus bulgaricus), Kolibakterien, Staphylokokken, Salmonellen, Kahmhefe.

a) *Nützliche Mikroorganismen:*
 – Backhefe
 – Penicillium camemberti
 – Essigsäurebakterien
 – Milchsäurebakterien
b) *Schädliche Mikroorganismen:*
 – Aspergillus flavus (Gelbschimmel)
 – Clostridium botulinum
 – Kolibakterien
 – Staphylokokken
 – Salmonellen
 – Kahmhefe

6 **Ordnen Sie die folgenden Mikroorganismen-Arten den Gruppen a-c zu: Schimmelpilze, Clostridium botulinum, Hefen, Milchsäurebakterien, Salmonellen:**
a) **Obligate Anaerobier (Sauerstoff meidende)**
b) **Fakultative Anaerobier (leben mit und ohne Sauerstoff)**
c) **Obligate Aerobier (benötigen Sauerstoff)**

a) Obligate Anaerobier:
 – Clostridium botulinum und andere Clostridien
b) Fakultative Anaerobier:
 – Milchsäurebakterien
 – Salmonellen
c) Obligate Aerobier:
 – Schimmelpilze
 – die meisten Hefearten

7 Nennen Sie fünf Lebensvoraussetzungen von Mikroorganismen und beschreiben Sie, unter welchen Bedingungen sich Mikroorganismen besonders wohl fühlen.

1. *Vorhandensein von Nahrung:* In Bäckereien und Konditoreien immer gegeben.
2. *Geeigneter Temperaturbereich:* Meist 15 °C-40 °C.
3. *Luftsauerstoff:* Je nach Art unterschiedlich.
4. *Feuchtigkeit:* Je mehr Feuchtigkeit vorhanden ist, desto stärker vermehren sich Mikroorganismen.
5. *Milieu:* Geeigneter pH-Wert, schwach sauer bis neutral.

8 Wodurch kann verhindert werden, dass Mikroorganismen ausreichend Nahrungsquellen finden?

In Bäckereien und Konditoreien finden Mikroorganismen nahezu ideale Nahrungsquellen. Umsichtiges Arbeiten und Sauberkeit können jedoch verhindern, dass sie sich im ganzen Betrieb ausbreiten. Deshalb:

– Arbeitstische gründlich reinigen und keine Mehlreste, Sahnereste usw. liegen lassen,
– regelmäßig die Fußböden putzen,
– Brotregale regelmäßig gründlich reinigen und mit Essigsäure desinfizieren,
– Arbeitsgeräte nach Gebrauch gründlich reinigen,
– Hände stets gründlich waschen,
– saubere Arbeitskleidung tragen.

9 Welche Bedeutung hat der a_w-Wert für die Haltbarkeit von Lebensmitteln bzw. für die Aktivität von Mikroorganismen?

Der a_w-Wert (Aktivitäts-Wert von Wasser) gibt an, wie viel freies Wasser ein Lebensmittel enthält.

– Je höher der a_w-Wert ist, umso stärker können sich Mikroorganismen vermehren. Außerdem können die meisten Mikroorganismen Nahrung nur in gelöstem Zustand aufnehmen. →

▷ *Fortsetzung der Antwort* ▷

– Bei einem a_w-Wert unter 0,6 können sich Mikroorganismen praktisch nicht mehr vermehren und auch die Lebensmittel nicht mehr verderben.
– Der a_w-Wert „0" ist nur bei absolut wasserfreien Stoffen zu messen.

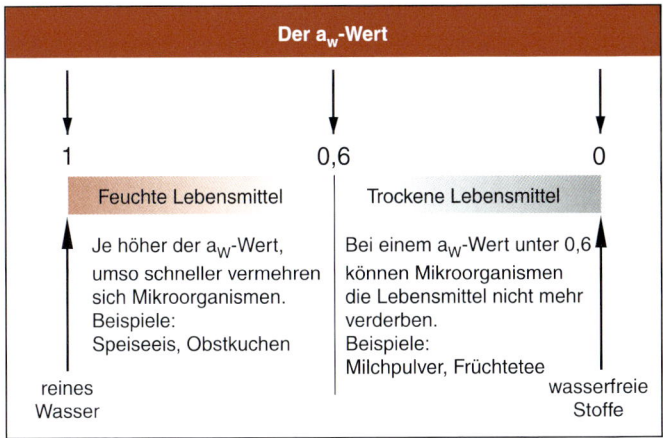

Der a_w-Wert

1	0,6	0

Feuchte Lebensmittel	Trockene Lebensmittel
Je höher der a_W-Wert, umso schneller vermehren sich Mikroorganismen. Beispiele: Speiseeis, Obstkuchen	Bei einem a_W-Wert unter 0,6 können Mikroorganismen die Lebensmittel nicht mehr verderben. Beispiele: Milchpulver, Früchtetee
reines Wasser	wasserfreie Stoffe

10 **Wodurch kann der a_w-Wert gesenkt werden?**

Der a_w-Wert kann gesenkt werden durch

– *Trocknen:* Das heißt Entzug des freien Wassers aus dem Lebensmittel. Beispiele: Trockenfrüchte, Kekse, Zwieback usw.
– *Salzen:* Salz bindet freies Wasser. Diese Möglichkeit ist für Bäckereien und Konditoreien weniger geeignet. Beispiel: Pökelfleisch.
– *Zuckern:* Zucker bindet ebenfalls das freie Wasser und verlängert dadurch die Haltbarkeit. Beispiel: Marmelade, Konfitüre.
– *Tieffrieren:* Dadurch geht Wasser in den festen Zustand über. Die Folge: Mikroorganismen können sich nicht mehr vermehren.

11 Mikroorganismen bevorzugen unterschiedliche Temperaturbereiche, in denen sie sich optimal vermehren. Dementsprechend unterscheidet man drei Gruppen. Nennen Sie diese.

Man unterscheidet grundsätzlich in:
- *Wärme liebende (thermophile) Mikroorganismen:* Sie bevorzugen Temperaturen über 40 °C, zum Teil bis über 100 °C. Die optimale Temperatur liegt bei ca. 60 °C.
- *Mittlere Temperaturen bevorzugende (mesophile) Mikroorganismen:* Ihre optimale Temperatur liegt bei 30 °C bis 35 °C. Unter 8 °C und über 48 °C vermehren sie sich nicht mehr.
- *Kälte liebende (psychrophile) Mikroorganismen:* Sie bevorzugen Temperaturen um 10–15 °C. Manche Arten können sogar noch bei unter –10°C wachsen.

12 Im Zusammenhang mit dem Verderb von Lebensmitteln spricht man vom „kritischen Temperaturbereich".
a) Zwischen welchen Temperaturen liegt dieser kritische Bereich?
b) Welche Regel muss in Lebensmittel verarbeitenden Betrieben für diesen Bereich gelten?

a) Die meisten Mikroorganismen können sich im Temperaturbereich von ca. 10 °C bis etwa 50 °C vermehren oder werden nicht erheblich eingeschränkt.
b) Dieser Temperaturbereich sollte möglichst schnell durchschritten werden, sowohl beim Abkühlen als auch beim Erhitzen. Bei der Lagerung verderblicher Erzeugnisse sollte er gemieden werden.

13 In welche Gruppen werden Mikroorganismen nach ihrem Bedarf an Luftsauerstoff eingeteilt?

a) *Aerobe Mikroorganismen:* Sie benötigen Sauerstoff. Ohne ihn wird das Wachstum gehemmt. Typisch für aerobe Mikroorganismen ist, dass sie Lebensmittel an deren Oberfläche befallen. Beispiele: Schimmelpilze und Hefen.
b) *Anaerobe Mikroorganismen:* Sie benötigen keinen Sauerstoff. Beispiel: Botulinusbakterien, die in Konserven aktiv werden können. Sie bilden ein sehr gefährliches Gift, wenn kein Sauerstoff vorhanden ist.
c) *Fakultativ anaerobe Mikroorganismen:* Sie können mit und ohne Sauerstoff leben. Beispiel: Backhefen.

14 Erläutern Sie den Begriff „pH-Wert".

Der **pH-Wert** ist eine Maßzahl für die Stärke einer Säure oder Lauge (Base). Er reicht von **0** (= sehr starke Säure) über **7** (= neutrale Lösung) bis **14** (= sehr starke Lauge oder Base).

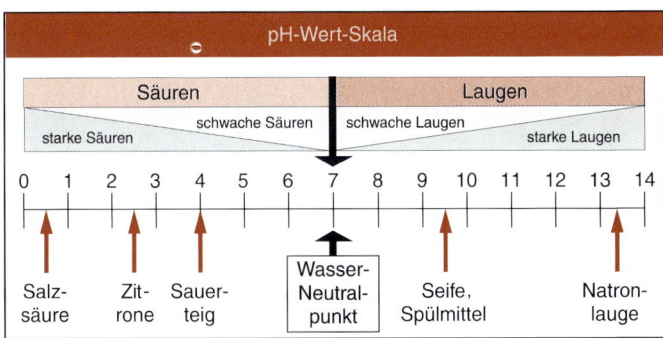

Anmerkung: Ein Punkt Änderung auf der pH-Wert-Skala bedeutet eine Zu- bzw. Abnahme der Konzentration um das Zehnfache.

15 Welcher pH-Wert-Bereich wird von den Mikroorganismen bevorzugt?

Die meisten Mikroorganismen fühlen sich im neutralen bis schwach sauren Bereich besonders wohl. Ähnlich wie der Mensch bevorzugen sie den pH-Wert-Bereich 5-7. Einige wenige Mikroorganismen, z. B. Milchsäurebakterien im Sauerteig oder in Milchprodukten, sind noch knapp unter pH-Wert 4 aktiv. Einige Schimmelpilzarten können sich sogar noch bei einem pH-Wert von mehr als 9 vermehren.

16 Wie kann durch die Veränderung des pH-Wertes die Haltbarkeit von Lebensmitteln beeinflusst werden?

1. Grundsätzlich wird der pH-Wert nur abgesenkt, d. h. das Lebensmittel wird gesäuert. Dies geschieht beispielsweise bei Milchprodukten wie Joghurt, Quark oder Käse und natürlich im Sauerteig. Bei so niedrigen pH-Werten (um pH 4) können sich schädliche Mikroorganismen nicht mehr vermehren. →

▷ *Fortsetzung der Antwort* ▷

2. Würde man den pH-Wert stark anheben (über pH 9), dann könnten zwar unerwünschte Mikroorganismen keinen Schaden mehr anrichten, aber das Lebensmittel wäre verdorben, da es stark laugig (seifig) schmecken würde.

17 Welchen Einfluss hat der pH-Wert bei der Reinigung im Betrieb?

1. *Erhöhung des pH-Wertes:*
   Reinigungsmittel sind meist Laugen (Basen). Werden sie dem Putzwasser zugesetzt, schränkt dies die Tätigkeit von Mikroorganismen erheblich ein.
2. *Senkung des pH-Wertes:*
   Eine gründliche Reinigung z. B. mit Essigsäure tötet noch vorhandene Mikroorganismen ab. Zumindest wird deren Tätigkeit so stark eingeschränkt, dass sie keinen Schaden mehr anrichten können.

Lebensmittel vergiftende Mikroorganismen

18 Nennen Sie Mikroorganismen, die an Lebensmitteln unerwünschte Veränderungen bewirken.

Die größte Rolle spielen in Bäckereien und Konditoreien
– Schimmelpilze,
– Salmonellen.
Ebenfalls wichtig sind:
– Fäulnisbakterien,
– Fadenzieher-Bazillen (Heu-Bazillus),
– Eitererreger und
– Clostridium botulinum.

19 Welche Lebensmittel werden vom Schimmel bevorzugt?

Schimmelpilze bevorzugen Kohlenhydrate (Zuckerstoffe) als Nahrungsquelle. Da in nahezu allen Lebensmitteln Kohlenhydrate enthalten sind, können auch fast alle Lebensmittel verschimmeln.

Waren, Verkauf und Beratung

20 Beschreiben Sie Lebensmittel, die weniger vom Schimmel befallen werden.

1. *Lebensmittel, deren pH-Wert sehr niedrig ist.* Deshalb werden Sauerteigbrote nicht so schnell befallen.
2. *Lebensmittel, deren a_w-Wert sehr niedrig ist.* Trockene Lebensmittel, stark gezuckerte oder gesalzene Lebensmittel können nicht schimmeln, da Schimmelpilze viel Feuchtigkeit benötigen.
3. Lebensmittel, die *luftdicht verpackt* wurden und deren Verpackung keinen Sauerstoff enthält.
4. Lebensmittel, die *stark erhitzt* (z. B. gebacken) und danach sofort luftdicht verpackt wurden. Sie können bis zum Öffnen der Verpackung praktisch nicht schimmeln, denn Temperaturen über 70 °C töten Schimmelpilze ab.

21 Weshalb ist Schimmelpilzbefall gefährlich?

a) Schimmelpilze bilden ein Geflecht (Myzel), das nahezu unsichtbar ist und ins Lebensmittel eindringt. Ein Lebensmittel ist immer viel stärker von Schimmelpilz befallen, als der sichtbare Teil, der sogenannte Schimmelrasen, erkennen lässt.
b) Schimmelpilze bilden Sporen, die sich durch die Luft verteilen und andere Lebensmittel befallen können.
c) Schimmelpilze bilden Giftstoffe (Toxine), die sich im Lebensmittel verteilen. Manche dieser Giftstoffe führen nicht nur zu Ubelkeit, Erbrechen, Kopfschmerzen oder Durchfall, sondern sie können auch krebserregend sein.

22 Wie muss mit verschimmelten Lebensmitteln verfahren werden?

a) Verschimmelte Lebensmittel müssen vollständig weggeworfen werden.
b) Ist ein Pilzbefall aufgetreten, dann müssen die befallenen Gegenstände wie z. B. ein Brotregal, gründlich gereinigt und desinfiziert werden.

23 Wodurch kann Schimmelbildung in Bäckereien und Konditoreien eingeschränkt werden?

a) Regelmäßige gründliche Reinigung und Desinfektion der Arbeitsgeräte, Körbe, Regale, usw.
b) Einhaltung der Personalhygiene, wie saubere Arbeitskleidung oder saubere Hände.
c) Sachgerechte Lagerung, nämlich kühl und trocken.
d) Verpacken von besonders gefährdeten Produkten, z. B. Schnittbrot erst nach dem Auskühlen.

24 Die Salmonellose hat in den letzten Jahren zwar abgenommen (von 84 Fällen je 100.000 Einwohner auf ca. 17,5 Fälle je 100.000 Einwohner). Jährlich werden den Gesundheitsämtern aber immer noch mehr als 14.000 Fälle gemeldet. Auch einige Todesfälle sind zu beklagen.
Nennen Sie vier typische Symptome einer Salmonelleninfektion.

a) *Anfangssymptome:*
  – Kopfschmerzen,
  – Unwohlsein, evtl. Erbrechen,
  – Leibschmerzen (beginnend im Oberbauch),
  – erhöhte Temperatur (aber selten über 38 °C).
b) *Spätere Symptome:*
  Durchfall, zum Teil sehr heftig, und Erbrechen
c) *Verlauf:*
  Die Erkrankung beginnt normalerweise nach 12 bis 36 Stunden und dauert meist zwei bis drei Tage, in besonders schweren Fällen auch länger.

25 Weshalb sind Salmonelleninfektionen für Bäckerei- und Konditoreibetriebe gefährlich und wie muss bei einer Infektion verfahren werden?

1. Salmonellen vermehren sich rasend schnell. Bakterien teilen sich bei günstigen Bedingungen alle 20 Minuten. Die Folge: aus der unbedenklichen Anzahl von 100 Salmonellen je g Lebensmittel bildet sich in weniger als fünf Stunden die krank machende Anzahl von mehreren Millionen je g Lebensmittel. Nach zwölf Stunden sind es mehrere Billionen und nach etwas mehr als 24 Stunden die unvorstellbare Anzahl von 1 Billion mal 1 Billion (1.000.000.000.000.000.000.000.000).

$\rightarrow$

▷ *Fortsetzung der Antwort* ▷

2. Salmonellen kommen hauptsächlich in tierischen Produkten vor, also in Eiern, Milchprodukten, Hackfleisch, usw. Werden solche Produkte verarbeitet, dann besteht immer die Gefahr einer Infektion.

3. Am häufigsten betroffen sind Lebensmittel, die nicht ausreichend erhitzt wurden. Beispiele: Krem, Pudding, Speiseeis (vor allem Softeis). Ebenso betroffen sind Erzeugnisse, die diese Produkte enthalten.

4. Salmonellen können sich nicht nur über die Lebensmittel verbreiten. Sind Arbeitsgeräte, Tische oder Hände mit dem infizierten Produkt behaftet, dann breiten sich Salmonellen auf alle Produkte aus, die damit in Berührung kommen.

5. Jede Salmonellen-Erkrankung muss dem Gesundheitsamt gemeldet werden.

6. Alle Erkrankten sind bis zur vollständigen Genesung arbeitsunfähig. Sind mehrere Beschäftigte betroffen, kann dies sogar zur zeitweiligen Schließung des Betriebes führen.

26 Begründen Sie die besondere Gefährlichkeit eines sogenannten „Dauerausscheiders" in Lebensmittel verarbeitenden Betrieben.

a) Ein Dauerausscheider ist eine Person, die Salmonellen in sich trägt, selbst aber keine Krankheitssymptome mehr aufweist. Die Betroffenen wissen oft gar nicht, dass sie Salmonellenträger sind. Ein Dauerausscheider kann über Wochen und Monate, manchmal sogar über Jahre, Salmonellen ausscheiden und damit andere gefährden, denn bei jedem Stuhlgang werden Salmonellen ausgeschieden.

b) Bei unvollständiger Hygiene infiziert ein Dauerausscheider alles, was er berührt. Zum Beispiel den Wasserhahn in der Toilette, die Türklinke, Arbeitsgeräte, Backwaren. Jeder,   →

▷ *Fortsetzung der Antwort* ▷

der diese Gegenstände danach berührt, wird zum Überträger. Nur eine vollständige Entfernung der Salmonellen könnte dies verhindern.

Anmerkung: Personen, die an Salmonellen erkrankt sind oder diese ausscheiden, dürfen deshalb in Lebensmittel verarbeitenden Betrieben nicht beschäftigt werden. Erst wenn ein amtliches Gesundheitszeugnis bescheinigt, dass keine Bedenken mehr bestehen, dürfen sie wieder arbeiten.

27 Durch welche Maßnahmen können Salmonelleninfektionen verhindert werden?

1. Sauberkeit ist oberstes Gebot. Arbeitsgeräte und Hände, die mit kritischen Produkten, wie Ei oder Hackfleisch, in Berührung gekommen sind, müssen gründlich gereinigt werden.
2. Alle problematischen Produkte sorgfältig erhitzen. Beispiel: Eismix.
3. Im Servicebereich, vor allem bei Büfetts, lieber auf manche Produkte verzichten. Beispiel: Tartar.
4. Nur frische Produkte verwenden. Beispiel: Eier.
5. Beim Aufschlagen von Eiern ist darauf zu achten, dass kein Hühnerkot und keine Schalen in die Schüssel geraten. Vor dem nächsten Arbeitsgang werden die Hände gründlich gewaschen.
6. Aufgetautes Eis darf ohne vorheriges Erhitzen des Eismix nicht mehr eingefroren werden.

In der Gastronomie bzw. im Haushalt:

7. Geflügelprodukte sollten immer durchgegart werden.
8. Gegenstände, die mit rohem oder aufgetautem Geflügel in Berührung kamen, werden gründlich gewaschen.
9. Besondere Vorsicht ist ebenso beim Umgang mit Hackfleisch geboten. Nicht ohne Grund gibt es eine Hackfleisch-Verordnung.

28 Die Hygiene-Verordnung verbietet, dass Personen mit offenen Wunden oder Verbänden an Händen und Unterarmen in Bäckereien und Konditoreien arbeiten.
Begründen Sie dieses Beschäftigungsverbot.

Offene Wunden und andere Verletzungen der Haut eitern zum Teil, auch wenn dies durch Pflaster oder Verbände nicht zu sehen ist. Der Eitererreger (Staphylococcus aureus) kann schwere Lebensmittelvergiftungen verursachen, weil er ein Gift (Toxin) auf das Lebensmittel überträgt.

29 Eine Kundin beschwert sich, dass ein Brot, das sie vor wenigen Tagen gekauft hat, „merkwürdige Fäden" zieht. Sie verlangt eine Erklärung und möchte ein einwandfreies Brot haben.
Welche Erklärung geben Sie der Kundin und wie verhalten Sie sich?

a) *Erklärung:*
Eine Bodenbakterie, die Heu- oder Fadenzieher-Bazillus genannt wird. Bei der Ernte kann sie in das Getreide gelangen und mitvermahlen werden. Beim Backen werden zwar alle Bakterien abgetötet, nicht aber die Sporen. Diese können in ungesäuerten Broten nach einigen Tagen auskeimen und das „Fadenziehen" im Brot bewirken. Bei gesäuerten Broten können die Sporen nicht auskeimen. Weizenbroten wird deshalb ebenfalls Säure zugesetzt, wenn die Gefahr des Fadenziehens besteht. Ein befallenes Brot kann zu Übelkeit, Erbrechen und Durchfall führen.

b) *Verhalten:*
   – Erklärung abgeben.
   – Höflich bei der Kundin entschuldigen und angemessenen Ersatz leisten.
   – Danach den Inhaber über diesen Vorfall informieren, damit Gegenmaßnahmen ergriffen werden können.

30 Eine lebensgefährliche Vergiftung kann durch den Erreger Clostridium botulinum erfolgen.
In welchen Produkten können Erreger bzw. Sporen vorkommen?

Hauptsächlich betroffen sind Nahrungszubereitungen in Dosen. An erster Stelle stehen dabei Gemüsekonserven wie Bohnen und andere Hülsenfrüchte, Spargel und Spinat. An zweiter Stelle kommen Fleischzubereitungen als Konserven. →

▷ *Fortsetzung der Antwort* ▷

Anmerkung: Der Name „Clostridium botulinum" wurde diesem Erreger durch seinen Entdecker Justinus Kerner gegeben. „Botulus" bedeutet „Wurst", da der Erreger erstmals in Wurstkonserven entdeckt wurde. Der Erreger ist wie der „Fadenzieher-Bazillus" eine Bodenbakterie, die Sporen bildet.

31 Unter welcher Voraussetzung kann es nur zu einer Giftstoffbildung durch Clostridium botulinum kommen?
Weshalb sind die Sporen von Clostridium botulinum für die Konservenherstellung und den Handel so gefährlich?

Bakterien werden durch normales Erhitzen zwar abgetötet, nicht aber die Sporen. Um die Sporen abzutöten, müssen die Produkte sehr lange, sehr hoch oder zweimalig erhitzt werden. Geschieht dies nicht ausreichend, so finden Botulinus-Bakterien in verschlossenen Behältnissen, wie z. B. in Konservendosen, ideale Lebensbedingungen. Hier haben sie ausreichend Nahrung, Sauerstoffabschluss, keine Konkurrenz. Die Folge: Sie können sich ungehindert vermehren und bilden dabei Giftstoffe (Toxine), die zu den stärkeren Giften zählen. Äußerlich kann man erkennen, dass sich die Dose aufbläht. Man spricht von einer **„Bombage"**. Da dieser Vorgang Tage bis Wochen dauern kann, bemerken ihn die Hersteller erst, wenn er bei der zurückgehaltenen Kontrollware auftritt.

Einwandfreie Konserve   Konserve mit Botulinus-Bakterien

32 Wie muss mit Bombagen umgegangen werden?

a) Infizierte Behältnisse müssen sofort geschlossen entsorgt werden.
b) Bei Reklamationen von Kunden sind die Bombagen durch einwandfreie Ware zu ersetzen.

→

▷ *Fortsetzung der Antwort* ▷

c) Handelsware ist beim Lieferanten zu reklamieren, er wird sie anstandslos austauschen.

Tierische Schädlinge

33 **Zählen Sie tierische Schädlinge auf, die in Bäckereien und Konditoreien vorkommen können.**

1. *Nagetiere:* Ratten und Mäuse.
2. *Insekten:* Fliegen, Wespen, Brotkäfer, Kornkäfer, Mehlkäfer, Getreideplattkäfer, Mehlmotte, Mehlwürmer und Schaben (Kakerlaken).
3. *Spinnentiere:* Mehlmilbe und Spinnen.

34 **Nachfolgend sehen Sie einige Schädlinge abgebildet. Benennen Sie diese.**

1. Küchenschabe (Kakerlake)
2. Mehlwurm
3. Hausmaus
4. Mehlmotte
5. Brotkäfer
6. Mehlkäfer

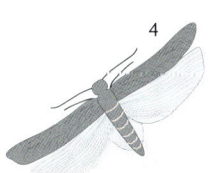

35 **Welche Schäden können durch Ungeziefer verursacht werden?**

a) Fraßschäden
b) Verunreinigungen durch abgestorbene Tiere, deren Kot oder Häutung
c) Übertragung von Mikroorganismen

36 Wodurch kann es zu Ungeziefer im Betrieb kommen?

a) Ungezieferbefall entsteht durch Unsauberkeit, entweder im eigenen Betrieb oder bei Lieferanten.

b) Besonders in der kalten Jahreszeit suchen Nagetiere und Insekten warme Brut- und Nistplätze. Bäckereien und Konditoreien bieten ausgezeichnete Voraussetzungen für Ungeziefer. Offene Türen sowie Fenster ohne Fliegengitter sind deshalb zu vermeiden.

c) Selbst in einwandfrei geführten Betrieben kann Ungeziefer durch Lieferungen eingeschleppt werden. Beispiele: Zwischen den Säcken bei Mehllieferungen, in Frischobst, in Nüssen, am Holz der Paletten.

37 Nennen Sie bevorzugte Aufenthaltsorte von Schaben in Bäckereien und Konditoreien.

1. Schaben finden sich in Ritzen von Mauern und Fliesen. Da sie nachtaktive Insekten sind, verschwinden sie bei Störungen, vor allem bei Licht, blitzschnell darin. Daher werden sie häufig erst bemerkt, wenn ihre Zahl schon sehr groß ist.

2. Schaben lieben Wärme und Feuchtigkeit. Wenn sie einen Betrieb befallen haben, sind sie daher überall anzutreffen, wo es dunkel, feucht und warm ist, also z. B.:
   – in der Nähe des Ofens,
   – in der Nähe des Gärraums,
   – hinter und unter Schränken, Kisten und Maschinen, die nicht häufig bewegt werden,
   – im Mehllager, unter Paletten, zwischen den Säcken.

38 Weshalb ist die Bekämpfung von Schaben (Kakerlaken) so wichtig, aber auch so schwierig?

Schaben
– vermehren sich rasend schnell und können daher in kurzer Zeit große Schäden anrichten,

$\rightarrow$

52

▷ *Fortsetzung der Antwort* ▷

– verunreinigen Lebensmittel nicht nur, sie sind auch Überträger von Krankheiten,

– sondern Stoffe ab, die bei manchen Menschen Allergien auslösen können,

– sind richtige Überlebenskünstler. Bedingungen, unter denen andere Lebewesen längst eingehen oder zumindest flüchten würden, überstehen Schaben lange und unbeschadet. Ihre Bekämpfung sollte daher unbedingt durch einen Fachmann erfolgen.

39 Wie kann man Nagetiere (Ratten und Mäuse) bekämpfen?

a) Sind Nagetiere in den Betrieb eingedrungen und müssen sie während der Betriebszeiten bekämpft werden, hilft nur das Aufstellen von Fallen.

b) Das Auslegen von Gift sollte Fachleuten überlassen werden und nur in den Betriebsferien erfolgen. Sonst können auch Lebensmittel vergiftet werden – durch Gift oder von verendenden Tieren.

40 Weshalb sollten auch Fliegen durch Fallen wie UV-Licht-Fallen bekämpft werden und warum ist von chemischen Insektenvernichtern, z. B. aus der Spraydose, abzuraten?

a) Fliegenfallen töten die Fliegen (und Motten, etc.) nicht nur ab, die toten Tiere verbleiben auch in der Falle bis zu deren Entleerung.

b) Chemische Insektenvernichter dürfen in Gegenwart von Lebensmitteln nicht verwendet werden, da sie sich auch auf die Waren verteilen. Außerdem beeinträchtigen diese Stoffe alle fetthaltigen Waren durch ihren Geruch, selbst wenn diese nicht angesprüht wurden.

c) Des Weiteren könnten verendende und mit Giftstoffen behaftete Insekten mit Lebensmitteln in Berührung kommen

d) Chemische Ungeziefervernichter dürfen nur in Abwesenheit von Lebensmitteln (in den Betriebsferien) verwendet werden. Sie sollten nur vom Fachmann eingesetzt werden.

Hygienische Anforderungen an die Verkäuferin

41 Von einer Bäckerei- oder Konditoreiverkäuferin erwarten die Kunden hygienisches Verhalten nicht nur im Umgang mit den Produkten und den Kunden, sondern auch ein gepflegtes Erscheinungsbild. Wie sollte eine Verkäuferin gekleidet sein, damit sie diesen Erwartungen entspricht?

Die Bekleidung sollte
– zweckmäßig, d.h. der Arbeit und Umgebung angepasst sein,
– auf jeden Fall sauber sein,
– keine Flecken aufweisen,
– ordentlich gebügelt sein und keine Knitterfalten aufweisen.

42 Welche Maßnahmen gehören zur Körperpflege einer Fachverkäuferin?

1. Regelmäßiges Händewaschen.
2. Regelmäßiges Duschen oder Baden.
3. Ordentliche Maniküre, also gepflegte Fingernägel und Hände.
4. Regelmäßig gewaschene Haare, die ordentlich frisiert sind. Lange Haare sind aus hygienischen Gründen zusammenzubinden, Zöpfe usw. müssen hochgesteckt werden.
5. Auch regelmäßig geputzte Zähne und ein angenehmer Atem gehören zu einer gründlichen Körperpflege.

43 Worauf achtet die Fachverkäuferin beim Tragen von Schmuck?

a) Ein angenehmes Erscheinungsbild fördert den Verkaufserfolg, dabei kann dezenter Schmuck helfen.
b) Fingerringe sollten eher gemieden werden, da sich darunter Nahrungsreste (z. B. Mehl) und Mikroorganismen ansammeln können.
c) Der Schmuck sollte die Arbeit nicht behindern, z. B. durch Hängenbleiben an Waren oder Geräten. Des Weiteren soll er den Kunden nicht vom Verkaufsgespräch oder der Ware ablenken.

44 Eine Kollegin tritt stark geschminkt und parfümiert ihre Arbeit an. Ihr Chef tadelt die Kollegin deshalb.
Wie beurteilen Sie die Situation?

a) Übertriebenes Schminken wirkt eher ungepflegt, vor allem passt es nicht zur Fachverkäuferin im Bäcker- oder Konditorenhandwerk. Die Waren sollen im Vordergrund stehen, nicht die Verkäuferin.
b) Gegen ein dezentes Parfüm ist nichts einzuwenden. Wenn der Parfümgeruch aber den Duft der Waren beeinflusst oder gar überdeckt, wirkt es abstoßend auf die Kunden.

Betriebshygiene

45 Begründen Sie, weshalb es notwendig ist, dass Räume, Geräte, Maschinen und die Einrichtung gereinigt und gepflegt werden.

a) Lebensmittel werden dadurch vor Verderb geschützt.
b) Regelmäßige Reinigung und Pflege bewahrt vor vorzeitigem Verschleiß und erhält somit deren Funktionsfähigkeit.
c) Ein sauberer und gepflegter Betrieb wirkt positiv auf die Kunden.
d) Auch die Hygienevorschriften verlangen saubere und einwandfreie Betriebe.

46 Wie oft muss in einem Betrieb gereinigt werden?

Grundsätzlich sind die meisten Einrichtungsgegenstände, Maschinen und Geräte, aber auch Fußböden und Theken sowie Schaufensterscheiben mindestens einmal täglich zu reinigen, bei besonderer Beanspruchung auch mehrmals täglich.
Ausnahmen:
Besonders problematische Geräte und Maschinen, die mit leicht verderblichen Waren in Berührung kommen, sind sofort nach Gebrauch zu reinigen. Beispiele: Tortenmesser, Speiseeisportionierer, Speiseeisbehälter.

47 **Beim Reinigen ist Wasser der wichtigste Hilfsstoff. Welche Eigenschaften des Wassers begünstigen den Reinigungsvorgang?**

1. Wasser ist ein gutes Lösungsmittel. Viele Stoffe wie Zucker oder Salz können im Wasser gelöst werden.
2. Wasser ist ein gutes Quellungsmittel. Schmutzteilchen, Eiweißstoffe usw. quellen beim Einweichen auf und können dann besser entfernt werden.
3. Wasser ist Transportmittel. Die gelösten oder gequollenen Stoffe können abgespült oder vom Wasser aufgenommen werden.

48 **Wodurch kann die Reinigungswirkung von Wasser beeinflusst werden?**

a) *Durch Temperaturveränderung:* Lösungs- und Quellungsvorgänge werden durch warmes Wasser beschleunigt, Fettstoffe schmelzen. **Aber**: Zu heißes Wasser (über 60 °C) lässt Eiweißstoffe gerinnen und Stärke verkleistern. Dann sind diese Stoffe schwerer zu entfernen. Die ideale Reinigungstemperatur liegt bei ca. 50 °C.
b) *Durch Reinigungsmittel:* Sie setzen die Oberflächenspannung des Wassers herab. Dadurch kann es auch in Unebenheiten und dünne Ritzen eindringen, die z. B. durch Messer an Arbeitstischen und Schneideflächen verursacht wurden. Außerdem bewirken Reinigungsmittel, dass Schmutz und Fettstoffe vom Wasser besser gelöst werden.
c) *Durch den Kalkgehalt bzw. den Härtegrad des Wassers:* Hartes Wasser kann weniger Schmutz aufnehmen. Außerdem werden Reinigungsmittel durch den Kalk gebunden. Die Reinigungswirkung verschlechtert sich.
d) *Durch Desinfektionsmittel:* Desinfektionsmittel töten Mikroorganismen ab und befreien Oberflächen vollständig davon.

49 **Begründen Sie folgende Regel:** *Ohne Reinigung keine erfolgreiche Desinfektion!*

Desinfektionsmittel sollen die Oberfläche desinfizieren, also vorhandene Mikroorganismen abtöten. Ihre Reinigungswirkung ist aber meist gering. So können Speisereste oder Schmutzteilchen von „problematischen Stellen" oft nicht vollständig entfernt werden. Zurückgebliebene Verunreinigungen können erneut verkeimen oder das Desinfektionsmittel kann nicht tief genug in die Schmutzreste eindringen und deshalb die Mikroorganismen nur unvollständig abtöten. Vor einer Desinfektion muss daher *immer* eine gründliche Reinigung erfolgen.

50 **Viele handelsübliche Reinigungs- und Desinfektionsmittel belasten die Umwelt. Welche anderen, weniger belastenden Mittel können eingesetzt werden?**

Die Umwelt weniger belastende Stoffe sind
– *Schmierseife*, z. B. für Arbeitsflächen, Wände und Fußböden.
– *Spiritus* kann z. B. für Scheiben und Spiegel verwendet werden.
– *Essigsäure*, die in der Regel statt chemischer Desinfektionsmittel verwendet werden kann.

Inhaltsstoffe der Nahrungsmittel

1 Nach der Herkunft können Lebensmittel in zwei Gruppen eingeteilt werden.
Nennen Sie diese und geben Sie zu jeder Gruppe mindestens drei Lebensmittel an.

a) Lebensmittel pflanzlicher Herkunft: z. B.: Getreide und Getreideerzeugnisse, Obst, Gemüse.

b) Lebensmittel tierischer Herkunft: z. B. Fleisch, Wurst, Eier, Fisch, Geflügel, Milch und Milcherzeugnisse.

2 Wie können die Inhaltsstoffe der Nahrung nach ihren Aufgaben im menschlichen Körper eingeteilt werden?

a) Nährstoffe (Brennstoffe, Baustoffe)

b) Reglerstoffe (Wirkstoffe, die Stoffwechselfunktionen regeln bzw. beeinflussen)

3 Die Nähr- und Reglerstoffe werden nach ihrem chemischen Aufbau in Gruppen eingeteilt. Welche Nährstoffgruppen unterscheidet man nach ihrer chemischen Zusammensetzung?

a) Kohlenhydrate (Zuckerstoffe)

b) Fettstoffe (Lipide)

c) Eiweißstoffe (Proteine und Proteide)

d) Vitamine

e) Mineralstoffe und Spurenelemente

f) Wasser

g) Ballaststoffe (sie sind chemisch den Kohlenhydraten sehr verwandt, deshalb werden sie manchmal auch diesen zugerechnet)

Kohlenhydrate

4 Zu welcher Nährstoffgruppe gehören die Kohlenhydrate
a) nach ihrer Herkunft,
b) nach ihrer Aufgabe im menschlichen Körper?

a) Kohlenhydrate sind pflanzlicher Herkunft. Sie werden hauptsächlich durch die Pflanzen aufgebaut.

b) Kohlenhydrate sind Brennstoffe bzw. energieliefernde Nährstoffe.

5 Die nachfolgende Abbildung zeigt die Fotosynthese. Erläutern Sie diesen Vorgang. (Beschreiben Sie anhand der Zeichnung die Entstehung der Kohlenhydrate am Beispiel Traubenzucker.)

Mithilfe von Licht (z. B. der Sonne) und dem Blattgrün (Chlorophyll) wandeln Pflanzen Kohlendioxid (CO_2) und Wasser (H_2O) in Traubenzucker ($C_6H_{12}O_6$) und Sauerstoff (O_2) um.

$$6CO_2 + 6H_2O \xrightarrow[\text{(Blattgrün)}]{\text{(Licht)}} C_6H_{12}O_6 + 6O_2$$

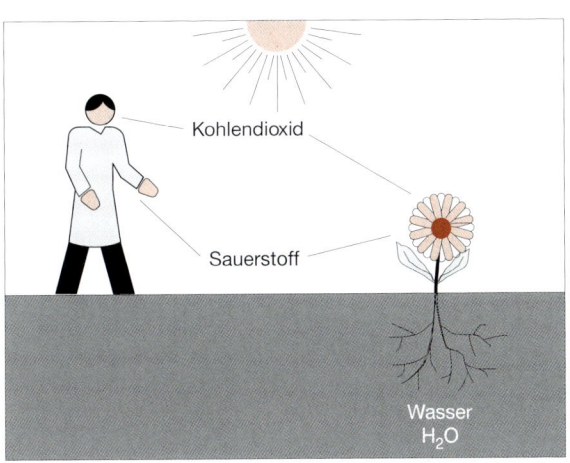

Kohlendioxid

Sauerstoff

Wasser
H_2O

6 Aus welchen Elementen sind Kohlenhydrate aufgebaut?

Alle Kohlenhydrate enthalten die Elemente:
– Kohlenstoff(C); C von Carbonium
– Wasserstoff (H); H von Hydrogenium
– Sauerstoff (0); 0 von Oxygenium

7 Unterteilen Sie die Kohlenhydrate nach der Molekülgröße in drei Gruppen.

Man unterscheidet grundsätzlich:
1. Einfachzucker (Monosaccharide)
2. Zweifachzucker oder Doppelzucker (Disaccharide)
3. Vielfachzucker (Polysaccharide)

8 Nennen Sie jeweils drei
a) Monosaccharide
   (Einfachzucker),
b) Disaccharide
   (Zweifach-/Doppelzucker),
c) Polysaccharide
   (Vielfachzucker).

a) Traubenzucker (= Clucose), Frucht-
   zucker (= Fructose), Schleimzucker (=
   Calaktose)
b) Rohr-/Rübenzucker (= Saccharose),
   Milchzucker (= Lactose), Malzzucker (=
   Maltose)
c) pflanzliche Stärke (Amylose und Amy-
   lopektin), tierische Stärke
   (= Clycogen), Zellulose, Pentosane,
   Dextrine

9 Aus welchen Einfachzuckern (Monosacchariden) sind
a) die Zweifachzucker
   (Disaccharide) Milchzucker,
   Malzzucker und Rohr-/
   Rübenzucker,
b) die Vielfachzucker
   (Polysaccharide)
   aufgebaut?

a) – *Milchzucker* (Lactose) = Trauben-
      zucker (Clucose) + Schleimzucker
      (Calaktose)
   – *Malzzucker* (Maltose) = Trauben-
      zucker (Clucose) + Traubenzucker
      (Clucose)
   – *Rohr-/Rübenzucker* (Saccharose) =
      Traubenzucker (Clucose) + Frucht-
      zucker (Fructose)
b) Dextrine, Stärke und Zellulose sind
   ausschließlich aus Traubenzuckermole-
   külen aufgebaut.

10 Ordnen Sie folgende
Zuckerstoffe (Kohlenhydrate)
nach abnehmender Süßkraft:
Dextrine, Traubenzucker,
Stärke, Milchzucker, Frucht-
zucker, Zellulose, Malzzucker,
Rohr-/Rübenzucker.

Bei der Bewertung der Süßkraft wird
Rohr-/Rübenzucker (Saccharose) als
Vergleichswert mit 100 % festgelegt. Auf
diesen Wert beziehen sich die Zahlenan-
gaben in Klammern.

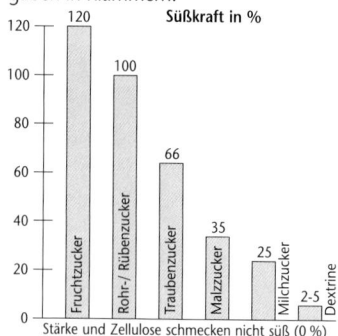

11 Welche Kohlenhydrate sind wasserlöslich?

a) Ein- und Zweifachzucker sind gut wasserlöslich.
b) Zellulose ist in Wasser unlöslich, sie quillt aber in heißem Wasser auf.
c) Der Stärkebestandteil Amylose ist nur in heißem Wasser löslich.
d) Der Stärkebestandteil Amylopektin (ca. 75 % der Stärke) ist auch in heißem Wasser unlöslich, kann aber Wasser aufnehmen (quellen).
e) Pentosane bilden zusammen mit Wasser einen zähen Schleim, sie werden daher auch Schleimstoffe genannt.

12 Beschreiben Sie den Vorgang der Stärkeverkleisterung.

Stärke liegt in Form von Stärkekörnern vor. Deren Hülle besteht aus Amylopektin, der Kern aus Amylose. In kaltem Wasser können Stärkekörner nur sehr langsam quellen; je höher die Temperatur steigt, umso schneller quillt das Stärkekorn. Ab ca. 60°C platzen die Stärkekörner auf. Stärke kann nun sehr viel Wasser aufnehmen (binden). Diesen Vorgang nennt man Verkleisterung.

13 Ein Pudding vom Vortag, der im Kühlschrank gelagert wurde, hat an der Oberfläche Wasser abgesetzt. Erläutern Sie diesen Sachverhalt.

Verkleisterte Stärke gibt in einem bestimmten Temperaturbereich (ca. –7°C bis ca. 45 °C) das „gebundene Wasser" langsam wieder ab, da sie in den Ursprungszustand vor der Verkleisterung zurückgelangen möchte. Dieser Vorgang wird Retrogradation (Rückkristallisierung) genannt. Man sagt auch: „Stärkekleister altert".

14 Wie verhalten sich Kohlenhydrate bei hohen Temperaturen?

a) Im heißen Wasser verbessert sich die Löslichkeit der Ein- und Zweifachzucker. Zellulose quillt schneller und Stärke verkleistert. →

▷ *Fortsetzung der Antwort* ▷

b) In trockener Hitze (über 100 °C) werden die Kohlenhydratmoleküle abgebaut. Die Folge → Verfärbung:
- ab 120 °C Gelbfärbung,
- ab ca. 140 °C Braunfärbung,
- um 180 °C Schwarzfärbung („sie verbrennen").

Fette

15 Unterscheiden Sie Fette nach ihrer Herkunft und geben Sie jeweils 3 Beispiele.

a) **Tierische Fette:**
z. B.: Schweineschmalz, Gänseschmalz, Fischtran, Fischöle, Rindertalg, Schaftalg, Milchfett.

b) **Pflanzliche Fette:**
z. B.: Sonnenblumenöl, Olivenöl, Rapsöl, Sojaöl, Maisöl, Weizenkeimöl, Erdnussfett.

16 Aus welchen chemischen Elementen sind Fette aufgebaut?

Fette enthalten die chemischen Elemente
- Kohlenstoff (C),
- Wasserstoff (H) und
- Sauerstoff (O).

17 Nennen Sie die Grundbausteine eines Fettmoleküls.

Nahrungsfette sind aus (unterschiedlichen) Fettsäuren und Glyzerin (Glycerol) aufgebaut, wobei auf ein Molekül Glyzerin drei (= tri) Fettsäuren kommen; daher der Name Triglyceride.

18 Zeichnen und beschriften Sie ein Fettmolekül.

G L Y Z E R I N (Rest)	Fettsäure(rest) 1
	Fettsäure(rest) 2
	Fettsäure(rest) 3

19 Wie unterscheiden sich gesättigte und ungesättigte Fettsäuren hinsichtlich Aufbau und Eigenschaften?

a) Bei **gesättigten Fettsäuren** sind an allen Kohlenstoffatomen der Kette so viele Wasserstoffatome wie möglich. Die gesättigten Fettsäuren sind stabiler, d.h. sie sind bei Raumtemperatur eher fest (höherer Schmelzpunkt) und haben höhere Siede- und Rauchpunkte. Sie sind aber auch schwerer verdaulich.

b) Bei **ungesättigten Fettsäuren** fehlt an jeweils 2 nebeneinander stehenden Kohlenstoffatomen je ein Wasserstoffatom. Zwischen den beiden Kohlenstoffatomen ergibt sich dadurch eine Doppelbindung. Ungesättigte Fettsäuren sind „biegsamer" (weicher) und leichter angreifbar. Sie haben niedrigere Schmelzpunkte und niedrigere Siede- und Rauchpunkte. Sie sind weniger als Siedefette geeignet, dafür aber besser verdaulich.

20 Nennen Sie jeweils drei Beispiele für
a) gesättigte und
b) ungesättigte Fettsäuren.

a) Buttersäure, Laurinsäure, Palmitinsäure, Stearinsäure
b) Ölsäure (einfach ungesättigt), Linolsäure (zweifach ungesättigt), Linolensäure (dreifach ungesättigt)

21 a) Erläutern Sie den Begriff „essenzielle Fettsäuren",
b) Nennen Sie dafür zwei Beispiele.

a) „Essenziell" bedeutet „lebensnotwendig". Essenzielle Nährstoffe sind Stoffe, die der menschliche Körper regelmäßig benötigt, selbst aber nicht aufbauen kann. Essenzielle Fettsäuren sind somit lebensnotwendige Fettsäuren, die dem Körper regelmäßig mit der Nahrung zugeführt werden müssen.
b) Linol- und Linolensäure (mehrfach ungesättigte Fettsäuren).

22 Erläutern Sie den Begriff „Schmelzbereich" bei Fetten.

Den Temperaturbereich, bei dem feste Fette weich bzw. streichfähig werden, nennt man Schmelzbereich. Nahrungsfette haben keinen eindeutigen Schmelzpunkt (wie z. B. Wasser), da sie aus einem Gemisch verschiedener Fettmoleküle bestehen.

23 Welche Nahrungsfette oder -öle sind nicht als Siedefett geeignet?

Nahrungsfette und -öle mit einem Rauchpunkt unter 180°C sind nicht geeignet. Beispiele: Butter, Margarine

24 Versucht man ein Fett oder Öl mit Wasser zu vermischen, so trennen sich die beiden Teile sehr rasch wieder, wobei das Fett bzw. Öl auf dem Wasser schwimmt.
Erläutern Sie diesen Sachverhalt.

a) Fette und (Die sind nicht wasserlöslich. Daher lassen sie sich dauerhaft nicht mit Wasser mischen.

b) Fette und (Die sind leichter als Wasser, sie haben eine geringere Dichte, deshalb schwimmen sie oben.

25 Durch welche Maßnahmen lassen sich Fette und Öle und Wasser „dauerhaft" zu einer Emulsion vermischen?

1. Durch Zugabe von Emulgatoren. Dies sind Stoffe bzw. chem. Verbindungen, die sowohl fettlösliche als auch wasserlösliche Bestandteile haben, wie Lezithin, Mono- und Diglyceride.
2. Durch feines Verteilen der Fetttröpfchen im Wasser (= Homogenisieren).

26 Erklären Sie den Begriff „Fetthärtung" und ihre Auswirkung.

Bei der Fetthärtung wird aus weichem Fett oder Öl ein festes oder streichfähiges Fett. Durch die Fetthärtung werden außer der Konsistenz (Festigkeit) und dem Schmelzbereich auch der Siede-/ Rauchpunkt erhöht und der Anteil ungesättigter Fettsäuren gesenkt. Das Fett verdirbt dann nicht so schnell, ist aber schwerer verdaulich.

64

27 a) **Beschreiben Sie verschiedene Möglichkeiten sachgerechter Lagerung von fetthaltigen Lebensmitteln.**
b) **Begründen Sie die Ursachen des Fettverderbs.**

a) Lagerung von Fetten:
  – kühl
  – trocken
  – luftdicht
  – lichtgeschützt (dunkel)
  – geruchsneutral (ohne Beeinflussung durch Fremdgerüche)
b) Ursachen des Fettverderbs (Ranzigwerden von Fetten):
  – Die Bindung der Fettsäuren an das Glyzerin wird durch Einfluss von Mikroorganismen, Enzymen und Sauerstoff getrennt. Die Folge: Fettsäuren werden frei.
  – Fette sind Aroma-/Geruchsträger. Deshalb beeinflussen Fremdgerüche die Genusstauglichkeit.
  – Die Doppelbindungen von ungesättigten Fettsäuren werden durch den Einfluss von Enzymen, Mikroorganismen, Sauerstoff und Wasser aufgespalten.

28 **In Nahrungsfetten sind außer Triglyceriden auch andere Fette (sogenannte fettähnliche Stoffe) enthalten. Nennen Sie drei wichtige fettähnliche Stoffe und geben Sie an, in welchen Lebensmitteln diese vorkommen.**

1. Lecithin: Vorkommen z. B. im Eigelb
2. Cholesterin: Vorkommen in tierischen Fetten
3. ätherische Öle: Vorkommen in verschiedenen Pflanzen, z. B. Kräutern, Gewürzen

29 **Welche Eigenschaften des Lecithins macht man sich bei der Herstellung von Lebensmitteln zu Nutze?**

Lecithin und andere ähnlich aufgebaute Stoffe (Mono-, Diglyceride usw.) haben aufgrund ihres chemischen Aufbaus die Fähigkeit, Fette und Wasser dauerhaft zu mischen. Sie wirken als Emulgatoren, z. B. bei der Herstellung von Speiseeis, Krems und anderen Backwaren.

Eiweiß

30 Aus welchen chemischen Elementen sind Eiweißstoffe aufgebaut?

Eiweißstoffe bestehen aus:
- Kohlenstoff (C)
- Sauerstoff (O)
- Wasserstoff (H)
- Stickstoff (N)

31 Nennen Sie die Bausteine der Eiweißstoffe.

Die kleinsten Bausteine der Eiweißstoffe sind die Aminosäuren.

32 In welche Gruppen werden Eiweißstoffe nach ihrem Aufbau eingeteilt?

1. *Proteine:* Makromoleküle (= sehr große Moleküle), die „nur" aus Aminosäuren (über 100 bis ca. 1 000) aufgebaut sind.
2. *Proteide:* Sie sind zusammengesetzte Proteine und enthalten außer den Aminosäuren noch andere Bestandteile, wie Mineralstoffe, Fette oder Kohlenhydrate.

33 Erklären Sie den Begriff „essenzielle Aminosäure".

Im menschlichen Stoffwechsel sind 20 verschiedene Aminosäuren am Eiweißaufbau beteiligt. Acht davon können im Körper nicht aufgebaut werden. Da der Körper diese acht Aminosäuren aber zum Eiweißaufbau benötigt, müssen sie regelmäßig zugeführt werden. Sie sind essenziell (lebensnotwendig). Für Säuglinge sind sogar neun Aminosäuren essenziell.

34 In welchen Rohstoffen sind folgende Eiweißstoffe enthalten:
a) Casein,
b) Kollagen,
c) Gliadin und Glutenin.

a) Casein (oder Kasein) ist der Eiweißstoff, der den größten Teil des Milcheiweißes ausmacht.
b) Kollagene sind Gerüsteiweißstoffe. Sie kommen vor in Knochen, Knorpeln, Sehnen, Haut usw.
c) Gliadin und Glutenin kommen im Weizenmehl vor. Zusammen mit Wasser bilden sie beim Kneten den „Kleber".

35 Durch welche Maßnahmen oder Vorgänge denaturieren (gerinnen) Eiweißstoffe? Beschreiben Sie die Auswirkungen beim Gerinnen.

a) Viele Eiweißstoffe gerinnen durch Hitze, bei ca. 60-70°C.
Beispiele: Albumine, Globuline, Klebereiweiß, Blut- und Fleischfarbstoff.

b) Andere Eiweißstoffe gerinnen durch Säure.

c) Casein kann auch durch Lab (ein Enzym) denaturiert werden. (Labgerinnung führt zu Käse etc.)

d) Die Zugabe von konzentriertem (hochprozentigem) Alkohol hat ebenfalls ein Gerinnen des Caseins und damit ein Ausfällen des Milchfetts zur Folge.

36 Erklären Sie den Begriff „Biologische Wertigkeit".

Die Biologische Wertigkeit gibt an, wie viel Gramm körpereigenes Eiweiß aus 100 g des entsprechenden Nahrungseiweißes aufgebaut werden können.

37 Wodurch wird die „Biologische Wertigkeit" eines Nahrungseiweißes bestimmt?

1. Die Biologische Wertigkeit eines Nahrungseiweißes ist hoch, wenn die essenziellen Aminosäuren in einem ähnlichen Mengenverhältnis enthalten sind, wie sie in den menschlichen Eiweißstoffen vorkommen.

2. Die Biologische Wertigkeit richtet sich nach *der* essenziellen Aminosäure, die im geringsten Maß im Nahrungseiweiß vorhanden ist.

Vitamine

38 **Erklären Sie den Begriff „Vitamin".**

Vitamine

– sind lebensnotwendige (essenzielle) Nahrungsinhaltsstoffe (Reglerstoffe), die der menschliche Körper benötigt, aber selbst nicht bilden – und so gut wie nicht speichern – kann. Daher müssen sie regelmäßig zugeführt werden.
– wirken bereits in kleinsten Mengen, wenige Milligramm pro Tag genügen.
– sind empfindlich gegenüber Hitze, Sauerstoff und Licht.

39 **Nennen Sie vier fettlösliche Vitamine.**

1. Vitamin A (Provitamin ß-Carotin)
2. Vitamin D
3. Vitamin E
4. Vitamin K

40 **In welchen Lebensmitteln kommen die Vitamine A und D hauptsächlich vor?**

a) Vitamin A (bzw. Provitamin β-Carotin) kommt in allen roten und gelben Gemüsen vor, z. B. Karotten. Auch Milch, Milchprodukte und Innereien (besonders Leber) spielen eine Rolle bei der Versorgung mit Vitamin A.
b) Vitamin D kommt hauptsächlich in tierischen Produkten vor, z. B. in Fisch, Leber (Lebertran), Milch und Milchprodukten sowie Eiern.

41 **Welche Bedeutung haben die Vitamine A, D, E, K für die menschliche Ernährung?**

Vitamin	Wirkung	Mangelerscheinung
A	Hautschutz und Sehvorgang	Wachstumsstörung, gestörtes Seh- und Riechvermögen, Infektionsanfälligkeit
D	Knochenbildung, Verdauung	Rachitis (Knochenerweichung)
E	Fettstoffwechsel	nicht genau erforscht
K	Blutgerinnung	schwerer stillbare Blutungen

Waren, Verkauf und Beratung

42 Nennen Sie mindestens vier wasserlösliche Vitamine.

a) Vitamin C (L-Ascorbinsäure)
b) Vitamine des B-Komplexes: B_1, B_2, B_6, B_{12}; Biotin (H), und weitere (Niacin, Folsäure, ...)

43 Als Hypovitaminose bezeichnet man einen Mangel an Vitaminen. Als Avitaminose bezeichnet man das völlige Fehlen von Vitaminen.
Nennen Sie drei schwerwiegende Mangelerscheinungen von wasserlöslichen Vitaminen und beschreiben Sie diese stichwortartig.

1. *Skorbut* entsteht durch lang anhaltendes Fehlen von Vitamin C; früher als Krankheit der Seefahrer bekannt. Folgen: innere Blutungen, Knochen- und Zahnveränderungen, Störung der Blutbildung.
2. *Beriberi* entsteht durch Fehlen von Vitamin B_1; benannt nach einer Insel, auf der diese Mangelerscheinung in großer Zahl auftrat. Folgen: Wachstumsstörungen, Nervenstörungen, Muskelschwund.
3. *Pellagra* entsteht durch Fehlen von Niacin; Pelle agra = kranke Haut. Folgen: Entzündung und Verfärbung der Haut.
4. *Dermatitis* entsteht durch Mangel oder Fehlen von Vitamin B_2. Folgen: Schädigung der Haut.
5. *Anämie* entsteht durch Mangel an Folsäure bzw. Vitamin B_{12}. Folgen: Störung der Blutbildung.

44 Welche Personen haben einen erhöhten Vitaminbedarf? Geben Sie außerdem den Grund für den erhöhten Vitaminbedarf an.

Zu den Personengruppen mit einem erhöhten Vitaminbedarf zählen
– *Heranwachsende*, da zum Aufbau von Körpersubstanz mehr Vitamine benötigt werden.
– *Schwangere* und *stillende Mütter*, da durch die Versorgung des heranwachsenden Kindes mehr Vitamine gebraucht werden. $\rightarrow$

▷ *Fortsetzung der Antwort* ▷

– *Kranke*, da Vitamine für Aufbau, Erhaltung und Stärkung des Immunsystems benötigt werden. Außerdem vermindern einige Medikamente die Vitaminaufnahme.
– *Ältere*, da Vitamine dem nachlassenden Stoffwechsel entgegenwirken.
– *Personen*, die unter *besonderer Belastung* stehen, da Sport, schwere körperliche, geistige oder seelische Belastung einen erhöhten Vitaminbedarf bedingen.
– *Alkohol- und Nikotinabhängige*, da Alkohol und Nikotin einen Teil der aufgenommenen Vitamine zerstören.

45 **Durch welche Maßnahmen können Vitaminmangelerscheinungen vermieden werden?**

Da das Nahrungsangebot in den westlichen Industrieländern sehr reichhaltig ist, kann man sich bei abwechslungsreicher Ernährung ausreichend mit allen Vitaminen versorgen.
Insbesondere gilt:
– Viel frisches Obst und Gemüse,
– Vollkornprodukte,
– Milch und Milchprodukte.
– Zusätzliche Vitaminzufuhr, z. B. durch Tabletten, ist bei uns grundsätzlich nicht notwendig.
– Bei sachgerechter Lagerung und Zubereitung der Nahrungsmittel bleiben die Vitamine weitgehend erhalten.

46 **Wie können Vitaminverluste bei der Lagerung und Zubereitung von Nahrungsmitteln klein gehalten werden?**

a) Nahrungsmittel (vor allem Obst und Gemüse) kurz unter fließendem Wasser waschen, nicht lange einweichen.
b) Nahrungsmittel besser kurzzeitig und dafür höher erhitzen.
c) Lebensmittel möglichst frisch verwenden, unnötige Lagerzeiten vermeiden.
d) Offene Lebensmittel möglichst wenig Licht und Luft aussetzen.

Mineralstoffe

47 a) Erläutern Sie den Begriff „Mengenelemente" und geben Sie jeweils drei Beispiele an.

b) Erläutern Sie den Begriff „Spurenelemente" und geben Sie jeweils drei Beispiele an.

a) Als **Mengenelemente** bezeichnet man Mineralstoffe, deren Bedarf bzw. Konzentration im Körper den Wert von 50 mg je kg Körpergewicht überschreitet. Wichtige Mengenelemente sind:

– Natrium,	– Phosphat,
– Kalium,	– Calcium,
– Chlorid,	– Magnesium.

b) Als **Spurenelemente** bezeichnet man diejenigen Mineralstoffe, die in sehr geringen Mengen (Milligramm) zugeführt werden müssen, d. h. deren Anteil im Körper den Wert von 50 mg je kg Körpergewicht unterschreitet. Wichtige Spurenelemente sind :

– Eisen,	– Mangan,
– Jod,	– Kobalt,
– Fluorid,	– Chrom.

48 Geben Sie zu den folgenden Mengenelementen mindestens eine Nahrungsquelle, eine wichtige Aufgabe und eine Mangelerscheinung an:
- Natrium,
- Kalium,
- Calcium,
- Magnesium.

Mengen-element	Nahrungsquelle	Aufgaben	Mangelerscheinung
Natrium	Kochsalz gesalzene Lebensmittel	Wasserhaushalt (Enzym-Aktivierung)	Schwäche, Kreislaufversagen
Kalium	Obst, Gemüse Milch, Kartoffeln	Wasserhaushalt Gewebespannung	Müdigkeit und Schwäche Muskelschwäche
Calcium	Milch, Milchprodukte	Knochen-, Zahnbildung Blutgerinnung Muskel- und Nerventätigkeit	Störungen im Knochenbau vor allem im Wachstum Übererregbarkeit von Muskeln und Nerven
Magnesium	Obst, Gemüse Fisch	Muskeltätigkeit (Enzym-Aktivierung)	Muskelkrämpfe Kreislaufstörungen

49 Weshalb spielt Eisen in der Ernährung für Frauen, insbesondere für Schwangere, eine große Rolle?

Eisen ist Bestandteil des roten Blutfarbstoffes und somit für die Sauerstoffversorgung der Zellen verantwortlich.
– Frauen verlieren während der Menstruation mit dem Blut erhebliche Mengen Eisen und müssen deshalb auf eine ausreichende Versorgung achten.
– Schwangere haben aufgrund der Blutbildung des heranwachsenden Kindes einen erhöhten Eisenbedarf.

50 Eine Unterversorgung mit Jod kann zur Kropfbildung führen.
Welchen Beitrag können Bäckerei- oder Konditoreibetriebe leisten, um einer Unterversorgung mit Jod vorzubeugen?

Statt herkömmlichem Kochsalz kann jodiertes Kochsalz verwendet werden.
Vor allem in Gegenden, in denen wenig Meeresfische verzehrt werden, ist dies zu empfehlen.

Wasser

51 a) Nennen Sie die drei Aggregatzustände von Wasser,
b) Benennen Sie die Übergänge der Aggregatzustände.

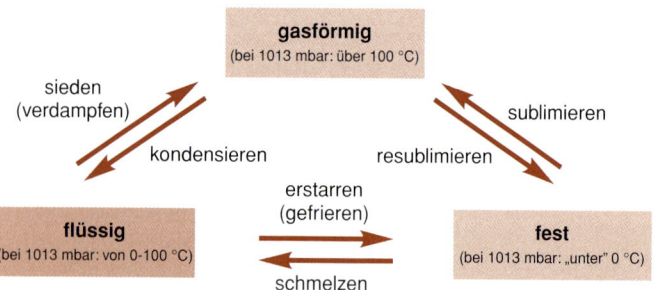

52 Wasser, das in Bäckereien und Konditoreien benutzt wird, muss Trinkwasserqualität haben.
Welche Anforderungen sind an Wasser zu stellen, damit es als Trinkwasser gilt?
Nennen Sie diese Anforderungen.

Trinkwasser muss
– rein sein,
– genusstauglich sein,
– mikrobiologischen und chemischen Anforderungen entsprechen,
Trinkwasser darf nicht gesundheitsschädigend sein.

53 a) Welche Bedeutung hat die Wasserhärte für den menschlichen Körper?
b) Welche Bedeutung hat die Wasserhärte für die Technologie?

a) – Hartes Wasser schmeckt frischer und kann bis zu 10 % des täglichen Calciumbedarfs decken.
– Sehr hartes Wasser ist als Trinkwasser ungeeignet, da sich viele Stoffe nur noch sehr schlecht lösen lassen, z. B. Kaffee oder Tee. Auch das Quellvermögen ist schlechter,
b) Wasser als Zuguss oder als Wärmeleitmittel (im Ofen):
– Extrem weiches Wasser hat ein hohes Lösungsvermögen, schmeckt aber fade.
– Je härter das Wasser, umso geringer ist das Lösungsvermögen.
Hartes Wasser belastet den Dampferzeuger, die Kaffee-, Spül- und Waschmaschine durch Kalk, der sich auf den Heizflächen absetzt.

54 Welche Aufgaben übernimmt das Wasser im menschlichen Körper?

a) *Wasser ist „Baustoff"*: Als Bestandteil jeder Körperzelle ist Wasser in freier und gebundener Form der Hauptbestandteil unseres Körpers. Über 60 % unseres Körpers bestehen aus Wasser.
b) *Wasser ist „ Lösungsmittel"*: Wasser kann viele Stoffe lösen, z. B. Zucker oder Salze. →

▷ *Fortsetzung der Antwort* ▷

c) *Wasser ist „Transportmittel"*: Als Hauptbestandteil des Blutes transportiert Wasser die Nährstoffe zu den Zellen und ermöglicht eine gleichmäßige Versorgung des Körpers. Die Stoffwechselprodukte der Zellen (z. B. Kohlendioxid), Giftstoffe, nicht verwertete Mineralstoffe usw. werden zu den Ausscheidungsorganen befördert.

d) *Wasser ist „Regulierungsstoff"*: In Verbindung mit Mineralstoffen wird die Gewebespannung reguliert. Wasser reguliert den Wärmehaushalt. Wird es uns zu warm, so schwitzen wir. Der verdunstende Schweiß entzieht der Haut und damit dem Körper Wärme, wodurch dieser abkühlen kann.

55 Im Körper hat Wasser die Funktion als *Baustoff, Lösungsmittel, Transportmittel* und *Regulierungsstoff*.
Lassen sich diese „Aufgaben" auch auf die Herstellung von Back- und Konditoreiwaren übertragen?
Ordnen Sie technologische Abläufe den „Aufgaben" des Wassers zu.

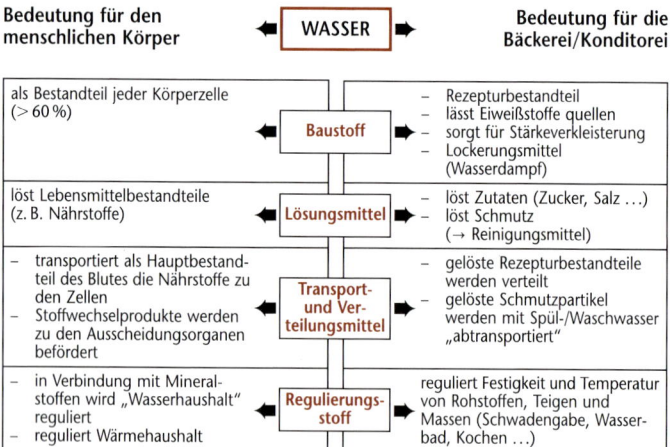

Bedeutung für den menschlichen Körper	WASSER	Bedeutung für die Bäckerei/Konditorei
als Bestandteil jeder Körperzelle (> 60 %)	**Baustoff**	– Rezepturbestandteil – lässt Eiweißstoffe quellen – sorgt für Stärkeverkleisterung – Lockerungsmittel (Wasserdampf)
löst Lebensmittelbestandteile (z. B. Nährstoffe)	**Lösungsmittel**	– löst Zutaten (Zucker, Salz …) – löst Schmutz (→ Reinigungsmittel)
– transportiert als Hauptbestandteil des Blutes die Nährstoffe zu den Zellen – Stoffwechselprodukte werden zu den Ausscheidungsorganen befördert	**Transport- und Verteilungsmittel**	– gelöste Rezepturbestandteile werden verteilt – gelöste Schmutzpartikel werden mit Spül-/Waschwasser „abtransportiert"
– in Verbindung mit Mineralstoffen wird der „Wasserhaushalt" reguliert – reguliert Wärmehaushalt	**Regulierungsstoff**	reguliert Festigkeit und Temperatur von Rohstoffen, Teigen und Massen (Schwadengabe, Wasserbad, Kochen …)

56 Wie hoch ist der durchschnittliche Wasserbedarf eines erwachsenen Menschen?

Erwachsene sollten täglich ca. 3 Liter Flüssigkeit zu sich nehmen. Etwa ein Drittel davon werden in Form von wasserhaltigen Speisen zugeführt. 1,5–2 Liter sollten täglich in Form von Getränken zugeführt werden.

Ballaststoffe

57 Weshalb sind Ballaststoffe für die menschliche Ernährung wichtig?

a) Ballaststoffe liefern keine Energie, sie fördern aber die Verdauung.
b) Ballaststoffe bewirken ein Sättigungsgefühl.

58 Welche Lebensmittel sind besonders ballaststoffreich?

Besonders viele Ballaststoffe enthalten
– Vollkornprodukte,
– Gemüse, insbesondere Hülsenfrüchte wie Erbsen, Linsen,
– Obst, besonders Trockenfrüchte und Nüsse

Anmerkung:
Wer viel ballaststoffreiche Kost zu sich nimmt, muss dem Körper auch ausreichend Flüssigkeit zuführen.

59 Welche (Verkaufs-)Argumente sprechen für ballaststoffreiche Produkte?

a) Ballaststoffreiche Ernährung, besonders Vollkornprodukte, helfen die Verdauung zu regulieren. Abführmittel werden dadurch überflüssig.
b) Der Sättigungswert ballaststoffreicher Kost ist deutlich höher als von ballaststoffarmer. Man nimmt dadurch weniger Energieträger zu sich.
c) Ballaststoffreiche Ernährung lindert Darmerkrankungen.
d) Meist haben ballaststoffreiche Nahrungsmittel auch einen höheren Anteil an Vitaminen und Mineralstoffen. Dies gilt besonders für Vollkornprodukte.

Ernährungslehre

Nährstoff bedarf

1 **Definieren Sie den Begriff „Nährstoffe".**

Die aufgenommene Nahrung wird im Verdauungstrakt aufgespalten in verwertbare und nicht verwertbare Bestandteile. Die verwertbaren Nahrungsinhaltsstoffe nennt man Nährstoffe.

Diese werden unterschieden in
– energieliefernde Nährstoffe und
– energiefreie Nährstoffe.

2 **Welche Aufgabe haben Lebensmittelbestandteile, die man als**
a) **Brennstoffe,**
b) **Baustoffe,**
c) **Wirk-/Reglerstoffe**
bezeichnet?

a) *Brennstoffe:* Deckung des Energiebedarfs (Stoffwechsel, Körperwärme, Arbeitsleistung)
b) *Baustoffe:* Erhalt bzw. Aufbau des Körpers (Wachstum, Zellerhaltung/ -erneuerung)
c) *Wirk-/Reglerstoffe:* Steuerung/Regulierung von Körperfunktionen (z. B. Nährstoffab- bzw. -umbau) und Schutzfunktionen (z. B. vor Krankheiten)

3 **Ordnen Sie folgende Nährstoffe den Brennstoffen, Baustoffen oder Wirk-/Reglerstoffen zu:**
– **Kohlenhydrate,**
– **Fette,**
– **Eiweißstoffe,**
– **Mineralstoffe,**
– **Vitamine,**
– **Wasser.**

– Kohlenhydrate → Brennstoffe
– Fette → überwiegend Brennstoffe
– Eiweißstoffe → Baustoffe (dienen auch als Brennstoffe, wenn andere nicht vorhanden sind)
– Mineralstoffe → Baustoffe und Wirk-/Reglerstoffe
– Vitamine → Wirk-/Reglerstoffe
– Wasser → Baustoff (und Reglerstoff)

4 Geben Sie die Energie-gehalte von Eiweiß (Protein), Fetten und Kohlenhydraten an.

a) 1 g Eiweiß: ca. 17 kj (Kilojoule), (ca. 4,1 kcal = Kilokalorien, alte Bezeich-nung)

b) 1 g Fette: ca. 37 kj (ca. 8,8 kcal)

c) 1 g Kohlenhydrate: ca. 17 kj (ca. 4,1 kcal)

zum Vergleich: 1 g Alkohol liefert ca. 29 kj (ca. 7 kcal)

5 Welche Umrechnungsfakto-ren gelten für die Umrechnung von Kilojoule in Kilokalorien und umgekehrt?

a) 1 kj entspricht (ca.) 0,24 kcal

b) 1 kcal entspricht (ca.) 4,2 kJ

6 Erläutern Sie die Begriffe
a) Grundumsatz,
b) Leistungsumsatz,
c) Gesamtumsatz.

a) *Grundumsatz:* Energiemenge, die benötigt wird, um die Körperfunktio-nen (Atmung, Herz-Kreislauf-System, Stoffwechsel) aufrecht zu erhalten, ohne dass sich der Mensch bewegt. Gemessen wird es bei völliger Ruhe im Liegen bei 20 °C.

b) *Leistungsumsatz:* Energiemenge, die zur Verrichtung von Bewegung (Arbeit, Sport, Essen, Gehen, usw.) erforderlich ist.

c) *Gesamtumsatz:* Summe aus Grundum-satz und Leistungsumsatz.

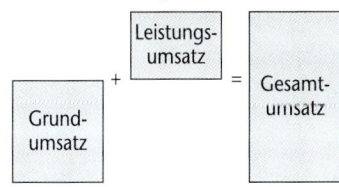

Waren, Verkauf und Beratung

7 Von welchen Faktoren hängt der Grundumsatz eines Menschen ab?

1. Alter: Je älter ein Mensch ist, umso niedriger der Grundumsatz.
2. Geschlecht: Frauen haben einen etwas geringeren Grundumsatz als Männer.
3. Körpergröße und -gewicht: Größere Menschen haben bei Normalgewicht einen höheren Grundumsatz; aber: Übergewichtige haben zwar ebenfalls einen erhöhten Grundumsatz, er steigt aber nicht gleichmäßig mit dem Gewicht an.

8 Mit zunehmendem Alter sinkt der Grundumsatz. Welche Konsequenzen ergeben sich daraus?

a) Bei gleicher Nahrungs- bzw. Energieaufnahme führt dies unweigerlich zu Übergewicht.
b) Die Energiezufuhr muss dem Alter und den anderen Faktoren angepasst, also verringert werden. Andernfalls nimmt das Gewicht zu.

9 In welchem Verhältnis sollten die energieliefernden Nährstoffe (Eiweiß, Fette, Kohlenhydrate) aufgenommen werden?

a) Eiweißstoffe: 10-15 % des täglichen Energiebedarfs
b) Fette: ca. 30 %
c) Kohlenhydrate: 55-60 %
Faustformel: ca. 1 g Eiweiß, 1 g Fette und 5 g Kohlenhydrate je kg Körpergewicht

Stoffwechsel, Verdauung

10 Erläutern Sie den Unterschied zwischen den Begriffen Stoffwechsel und Zellstoffwechsel.

a) Der Begriff *Stoffwechsel* umfasst den Gesamtvorgang, also die Umwandlung der Nahrung von der Aufnahme bis zur Ausscheidung der Endprodukte: Nahrungsaufnahme → Verdauung → Resorption (Übergang vom Verdauungstrakt in Blut-/Lymphbahn) → Zellstoffwechsel → Ausscheidung
b) Der Begriff *Zellstoffwechsel* umfasst den Abbau bzw. Umbau der Nahrungsinhaltsstoffe in den Zellen zu Energie bzw. körpereigener Substanz.

11 Beschreiben Sie stichwortartig den Abbau bzw. Umbau von
a) Kohlenhydraten,
b) Fetten,
c) Eiweißstoffen,
im menschlichen Körper mit Zwischen- und Endprodukten.

	Nährstoffe	Verdauung (Mund, Magen, Darm)							Zellstoffwechsel
a)	*Kohlenhydrate*	Stärke	→	Zweifachzucker	→	Einfachzucker	→		Kohlendioxid, Wasser und Energie
b)	*Fette*	Triglyceride	→	Monoglyceride		Glyzerin und Fettsäuren	→		Kohlendioxid, Wasser und Energie; oder Depotfett
c)	*Eiweißstoffe*	Proteine und Proteide	→	Polypeptide		Aminosäuren	→		Körpereiweiß oder Kohlendioxid, Wasser, Harnstoff und Energie

12 Beschreiben Sie die „Verbrennung" von Traubenzucker im menschlichen Körper. Geben Sie zusätzlich die Reaktionsgleichung an.

Traubenzucker + Sauerstoff $\xrightarrow{\text{(Enzyme)}}$ Kohlenstoffdioxid + Wasser + Energie

$$C_6H_{12}O_6 + 6\,O_2 \xrightarrow{} 6\,CO_2 + 6\,H_2O + \text{Energie für Wärme und Bewegung}$$

13 Unterscheiden Sie die Begriffe „Verdauung" und „Stoffwechsel".

a) *Verdauung:* mechanische (durch die Zähne), chemische (durch Magensäure) und biochemische/enzymatische (durch Verdauungsenzyme und Darmflora) Zerkleinerung der Nahrung in ihre kleinsten Bausteine, bis sie in die Blut- bzw. Lymphbahn übergehen können.

b) *Stoffwechsel:* Gesamtvorgang von Nahrungsaufnahme bis Ausscheidung der Endprodukte.

14 Benennen Sie die nummerierten Teile der Abbildung (bezeichnen Sie die Verdauungsorgane).

① Mund
② Mundspeicheldrüsen
③ Speiseröhre
④ Magen
⑤ Pförtner
⑥ Zwölffingerdarm
⑦ Dünndarm
⑧ Bauchspeicheldrüse
⑨ Leber
⑩ Gallenblase
⑪ Dickdarm
⑫ After

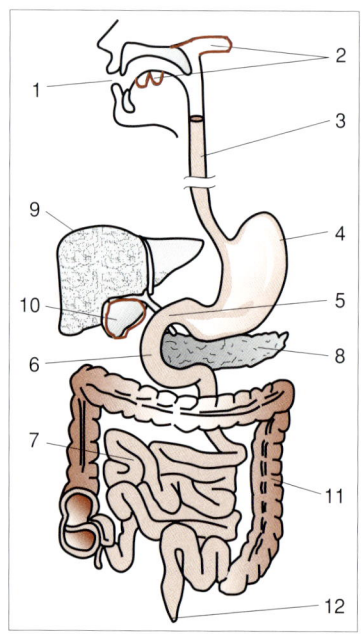

15 Weshalb schmeckt ein ungesüßtes Brot süßlich, wenn man es länger kaut?

Durch die mechanische Zerkleinerung beim Kauen wird ein geringer Teil der im Brot enthaltenen Stärke zu Dextrinen, Zwei- und Einfachzuckern abgebaut. Außerdem enthält der Mundspeichel Stärke abbauende Enzyme, die Stärke zu Malzzucker abbauen.

16 Beschreiben Sie den Abbau der Grundnährstoffe in den einzelnen Verdauungsorganen.

Verdauungs-organ	Verdauungs-säfte	Kohlenhydrate	Fette	Eiweißstoffe
Mund und Mundspeichel-drüse	Mundspeichel	mechanische Zerkleinerung, Stärkeabbau durch Amylase	mechanische Zerkleinerung	mechanische Zerkleinerung
Speiseröhre	(aktiver) Transport zum Magen			
Magen	Magensaft, Salzsäure		teilweise Abbau durch Lipasen	Denaturierung der Eiweißstof-fe; teilweise Spaltung durch Proteinasen
Zwölffinger-darm	Gallensaft aus der Leber		Emulgieren der Fette,	
	Pankreassaft (Bauchspei-chel) aus der Bauchspeichel-drüse	Aufspalten der Kohlenhydrate bis zu Zwei-fachzuckern	Spalten der Fette in Glyzerin und Fettsäuren	Aufspalten der Eiweißstoffe in Polypeptide, Peptide und Aminosäuren
Dünndarm	Darmsaft	Aufspalten bis zum Einfach-zucker	Nachwirkung des Bauchspei-chels	Aufspalten bis zu Aminosäu-ren
	Wasserentzug, teilweise Vergären von Nahrungsresten			
	Ausscheidung der unverdaulichen (nicht verwerteten) Bestandteile			

Enzyme

17 Nennen Sie einen anderen Biokatalysator Ausdruck für den Begriff „Enzym".

Biokatalysator

18 Erklären Sie den Begriff „Schlüssel-Schloss-Prinzip" im Zusammenhang mit Enzymen.

Enzyme sind Spezialisten. Für jede ab- oder aufzubauende Substanz bzw. jede Reaktion ist ein ganz spezielles Enzym notwendig. So wie es für jedes Schloss nur einen passenden Schlüssel gibt, ist für einen Ab- oder Aufbauvorgang im Körper ein ganz bestimmtes Enzym erforderlich.

19 Welche Aufgabe haben Enzyme im Körper?

Enzyme haben die Aufgabe, bestimmte Stoffe (ihr Substrat) auf- bzw. abzubauen.

20 Auf welche Weise werden die Namen von Enzymen gebildet (vergeben)?

Die Endung des Substrates (des zu verändernden Stoffes) wird durch die Endung „-ase" ersetzt oder mit der Endung „-ase" ergänzt. Beispiele: Substrat: Malt*ose* (Endung -ose)
→ Enzym: Malt*ase*
Substrat: Peptid
→ Enzym: Peptid*ase*

21 Während der Lagerung von rohen Lebensmitteln können Veränderungen in Aussehen, Geschmack und Festigkeit beobachtet werden, ohne dass äußere Einflüsse beteiligt sind. Worauf ist dies zurückzuführen?

Lebensmittel enthalten Enzyme, die Veränderungen bewirken. Zum Teil sind diese Veränderungen erwünscht. In diesem Fall spricht man von Reifung. Beispiele: Obst wird süßer, Fleisch wird zarter. Wenn die Vorgänge länger andauern, führen sie zum Verderb. Man nennt diesen Vorgang auch Autolyse (Selbstzersetzung).

22 Geben Sie für folgende Substrate die Enzyme und die Endprodukte der Reaktionen an:
a) Amylose (Stärke)
b) Saccharose (Roh-/Rüben-zucker)
c) Lipide (Fette)
d) Proteine (Eiweißstoffe)
e) Traubenzucker (bei Hefegärung)

a) Amylase	→ spaltet Stärke in Malz-zucker (Maltose)
b) Saccharase	→ spaltet Rohr-/Rüben-zucker in Fruchtzucker (Fructose) und Trau-benzucker (Glucose)
c) Lipasen	→ spalten Fette (Lipide/Triglyceride) in Glyzerin und Fettsäuren
d) Proteasen	→ spalten Eiweißstoffe in Aminosäuren
e) Zymase	→ ein Enzymkomplex der Hefe, der Traubenzucker in Kohlendioxid und Alkohol spaltet.

23 Enzyme spielen in der Lebensmittelherstellung eine große Rolle.
Welches Enzym wird bei der Käseherstellung eingesetzt?

Außer der Dicklegung durch Milch-säurebakterien (Sauermilchkäse) spielt die Verwendung von „Lab" bei der Käseherstellung eine sehr große Rolle. Zur Süßmilchkäseherstellung wird (fast) ausschließlich Lab verwendet. Lab ist ein Enzym aus dem Kälbermagen.

24 Welche Faktoren beeinflus-sen die Enzymaktivität?

1. *Der a_w-Wert:*
   Je höher der a_w-Wert, umso größer die Enzymaktivität. Unter dem a_w-Wert 0,6 gibt es nur noch sehr geringe bis keine Enzymaktivität.
2. *Der pH-Wert:*
   – pH-Wert 4-7: hohe Enzymaktivität
   – pH-Wert 1-4 und 8-10: einge-schränkte Enzymaktivität
   – unter pH-Wert 1 und über pH-Wert 10 gibt es kaum noch Enzymaktivi-tät.
3. *Die Temperatur:*
   – 30-40 °C: optimaler Temperatur-bereich
   – ab ca. 70 °C: keine Enzymaktivität (der Eiweißanteil gerinnt)   →

▷ *Fortsetzung der Antwort* ▷

– Unter 0 °C stellen die meisten Enzyme ihre Tätigkeit nahezu ein; *Aber:* Fett abbauende Enzyme arbeiten auch noch bei Gefriertemperaturen.

Ernährungsgrundsätze

25 **Die DGE (Deutsche Gesellschaft für Ernährung) teilt die Lebensmittel in 7 Gruppen ein:**
1. **Getreide, Getreideprodukte und Kartoffeln**
2. **Gemüse und Hülsenfrüchte**
3. **Obst**
4. **Getränke**
5. **Milch und Milchprodukte**
6. **Fisch, Fleisch und Eier**
7. **Fette und Öle**
a) **Welche Nährstoffe sind in den Gruppen hauptsächlich vertreten?**
b) **Von welchen Gruppen sollte man – laut DGE – weniger zu sich nehmen?**

a) In den einzelnen Gruppen kommen hauptsächlich vor
   1. Kohlenhydrate und Ballaststoffe (ebenso pflanzliches Eiweiß, Vitamine und Mineralstoffe)
   2. Kohlenhydrate, Ballaststoffe, Vitamine und Mineralstoffe
   3. Kohlenhydrate, Vitamine (Mineralstoffe, Ballaststoffe, Wasser)
   4. Wasser (Kohlenhydrate in Säften)
   5. Wasser, Eiweiß, Fette
   6. Eiweiß, tierische Fette
   7. Fette
b) Von den Gruppen 6 und 7 sollte man weniger verzehren. Bei den Lebensmitteln der Gruppe 6 sollte man auf Abwechslung achten.

26 **Welche Form der Lebensmittel sollte man vorziehen, wenn man auf „gesunde Ernährung" achten will: „Naturbelassene" oder „behandelte" Lebensmittel?**

Naturbelassene Lebensmittel wie frisches Obst und Gemüse oder Vollkornprodukte sind vorzuziehen, da die Be- und Verarbeitung von Lebensmitteln (Konservierung, usw.) immer einen Verlust von wertvollen Inhaltsstoffen (z. B. Vitaminen, Mineralstoffen) mit sich bringt.

27 Weshalb ist es sinnvoll, die tägliche Nahrungszufuhr auf mehrere, beispielsweise fünf Mahlzeiten zu verteilen?

a) Die Verdauung wird weniger und gleichmäßiger belastet;
b) Blutfett- und Blutzuckerwerte sind keinen großen Schwankungen unterworfen.
c) Der gesamte Organismus wird weniger belastet.
d) Große Nahrungsmengen in einer Portion machen träge und müde, da ein Teil der Energie für die Verdauung aufgebracht werden muss.

28 „Wer viel arbeitet, soll auch viel essen!" und „Schwangere und stillende Mütter müssen für „zwei" essen!
Sind diese Aussagen zutreffend?

Grundsätzlich gilt: Die tägliche Energiezufuhr muss dem Energiebedarf angepasst werden. → höherer Energiebedarf erfordert höhere Energieaufnahme.
Aber: Der tatsächliche Energiebedarf durch „mehr Arbeit" wird oft überschätzt. Erst bei Schwer- bis Schwerstarbeit (z. B. am Hochofen oder bei Waldarbeitern) wird der Leistungsumsatz genauso groß oder größer als der Grundumsatz. Ähnliches gilt für Sport Treibende, Schwangere und stillende Mütter.

29 Weshalb sollte man abends nicht so viel essen?

a) Die Nahrung (Energie) sollte hauptsächlich dann aufgenommen werden, wenn sie gebraucht wird und verbraucht werden kann.
b) Wird die Energiezufuhr abends „nachgeholt", wenn wenig Energie benötigt wird, so baut der Körper den Überschuss zu Fett um.

30 Nennen Sie fünf Aufgaben der Ernährung.

1. Aufbau von Körpersubstanz beim Wachstum bzw. Erhaltung der Körperzellen.
2. Regeneration der Körperzellen nach Verletzung oder Krankheit.
3. Schutz des Körpers vor Krankheiten, Mangelerscheinungen, Infektionen.
4. Bereitstellung von Energie zur Leistung von Arbeit und zur Erzeugung der Körperwärme.
5. Reserve/Vorrat für Zeiten ohne Nahrungsaufnahme.

31 Wodurch kann es zu Mangelerscheinungen kommen? Nennen Sie fünf Ursachen.

1. *Unterernährung:* zu wenig Nahrung und damit auch zu wenig Nährstoffe
2. *Fehlernährung:* einseitige Nahrungsaufnahme, zu wenig Abwechslung, kein Obst und Gemüse
3. *Krankheit:* unzureichende Verdauung oder Resorption bestimmter Inhaltsstoffe oder erhöhter Bedarf
4. *Magersucht, Bulimie (Ess-Brech-Sucht), Brechdurchfall*
5. *Medikamente:* einige Medikamente beeinträchtigen die Resorption von Nährstoffen
6. *erhöhter Bedarf*

32 Welche Personen haben einen erhöhten Bedarf an bestimmten Nährstoffen? Nennen Sie mindestens drei.

1. Schwangere
2. stillende Mütter
3. Sportler und Schwerarbeiter
4. Kranke
5. Heranwachsende

33 Nennen Sie mindestens fünf Grundsätze, die für eine „gesunde Ernährung" eingehalten werden sollten.

1. Tägliche Energiezufuhr dem Energiebedarf anpassen, um Über- oder Untergewicht zu vermeiden.
2. Tägliche Nahrungsaufnahme auf mehrere Mahlzeiten (fünf) verteilen.
3. An der Gesamtenergiezufuhr sollte das Verhältnis von Kohlenhydraten zu Eiweiß zu Fett ca. 60:30:10 betragen.
4. Auf ausreichende Versorgung mit Vitaminen und Mineralstoffen achten, deshalb Obst, Gemüse, Vollkornprodukte verzehren.
5. Auf ausreichende Zufuhr von Ballaststoffen achten. Dies erspart Verdauungsprobleme, insbesondere Verstopfung.
6. Auf ausreichende Flüssigkeitsversorgung achten, mind. 1,5–2 Liter wenig belastende Getränke zu sich nehmen.
7. Lebensmittel sachgerecht lagern und zubereiten, um Nährstoffverluste zu vermeiden.
8. Appetitlich zubereitete Speisen mit Ruhe und Genuss verzehren.
   → Essen soll Spaß machen und schmecken!

34 Wodurch können energiereiche Speisen (z. B. Süßgebäck, Snacks) ernährungsphysiologisch aufgewertet werden?

1. Rezepturbestandteile verändern
   - Butter durch energiereduzierte Margarine ersetzen
   - helle Mehle durch Vollkornmehl ersetzen
   - Zuckeranteile reduzieren
2. Rezeptur verändern bzw. ergänzen
   - Anteil von Salat und Gemüse erhöhen
   - eiweiß- und fettreiche Bestandteile verringern, z. B. Frischkäse statt Butter als Aufstrich

Anmerkung:
Die Leitsätze müssen bei der Kennzeichnung beachtet werden.

5 am Tag

35 Mit der Kampagne „5 am Tag" will die Deutsche Gesellschaft für Ernährung (DGE) die Gesundheit der Bevölkerung fördern. Erklären Sie diese Botschaft.

„5 am Tag" bedeutet als Ernährungsempfehlung fünf Portionen (jeweils eine Hand voll) Gemüse, Salat und Obst über den Tag verteilt.

Diese Botschaft basiert auf der wissenschaftlichen Erkenntnis, dass Menschen, die sich danach richten, seltener an Herz-Kreislauf-Erkrankungen, Krebs, Bluthochdruck, Übergewicht und Diabetes erkranken.

36 Zeigen Sie an einem Beispiel, wie die Ernährungsempfehlung „5 am Tag" umgesetzt werden könnte.

– *Frühstück:* Müsli mit einem Apfel oder ein Glas Fruchtsaft
– *Zwischenmahlzeit:* Möhren, Tomaten oder Paprika als Pausensnack
– *Mittagessen:* Salat als Vorspeise oder Gemüse als Beilage
– *Abendessen:* Salatteller oder belegtes Brot mit Radieschen, Gurke oder Tomate

Light-Produkte

37 Die Nachfrage nach Light-Produkten steigt ständig. Erklären Sie den Begriff „Light-Produkt".

Ein Light-Produkt (von engl. *light* = leicht) ist eine verbreitete Zusatzbezeichnung für Lebensmittel. Je nach Produkt steht „light" für einen reduzierten Gehalt an als ungesund bewerteten Bestandteilen wie Zucker, Fett, Alkohol.

38 Wie ist die Wirkung von Light-Produkten zu bewerten?

Viele Ernährungswissenschaftler bezweifeln die gesundheitsfördernde Wirkung. Von Light-Produkten würden oft höhere Mengen konsumiert als von herkömmlichen, da der Verbraucher das Gefühl habe, diese „guten Gewissens" verzehren zu können und weil sich beim Verzehr von solchen Produkten erst verzögert ein Sättigungsgefühl einstellt.

Diät

39 Über Massenmedien wird der Verbraucher geradezu mit Diätempfehlungen bombardiert. Erklären Sie den Begriff „Diät".

Als Diät wird eine Ernährung bezeichnet, bei der eine spezielle Auswahl von Nahrungsmitteln verzehrt wird.

40 Aus welchen Gründen werden Diäten angewendet?

- als Veränderung der Ernährungsform zur Gewichtsabnahme (Reduktionsdiät) oder Gewichtszunahme
- als längerfristige oder dauerhafte Ernährungsumstellung zur unterstützenden Behandlung einer Krankheit (Krankenkost)

41 Begründen Sie, weshalb man mit kurzfristigen Reduktionsdiäten meist keine dauerhafte Gewichtsabnahme erreichen kann.

Eine Reduktionsdiät kann nur dauerhaften Erfolg haben, wenn ihr eine dauerhafte Umstellung der Ernährung folgt, in der die Energiebilanz des Körpers ausgeglichen ist.
Beim Rückfall in frühere Essgewohnheiten kommt es meist zu einem verstärkten Anstieg des Körpergewichts, dem sogenannten Jo-Jo-Effekt.

Zuckerkrankheit

42 Wodurch kann Zuckerkrankheit (Diabetes mellitus)
verursacht werden?

a) durch falsche Ernährung
b) durch Infektionen
c) durch Vererbung kann es zu einer
Störung der Insulinproduktion in der
Bauchspeicheldrüse kommen. Die
Störung kann auch zur Folge haben,
dass gar kein Insulin mehr produziert
wird.

43 Welche Wirkung hat Insulin
im menschlichen Körper?

Insulin
- speichert Kohlenhydrate in Form von
Glycogen in der Leber bzw. baut nicht
benötigte Kohlenhydrate in Fettsäuren
um → Fettaufbau,
- transportiert Traubenzucker in die
Muskelzellen und steuert dort den
Kohlenhydratstoffwechsel.
- baut körpereigenes Eiweiß auf.

44 Welche Anzeichen deuten
auf eine Zuckerkrankheit hin?

Anzeichen (Symptome) für Zuckerkrankheit sind:
- großes Durstgefühl
- große Harnflut
- ständige Müdigkeit
- Gewichtsverlust trotz üblicher Nahrungsaufnahme
- Sehbeschwerden
- Zuckerkoma

45 Wie kann Zuckerkrankheit
behandelt werden?

An erster Stelle steht die strenge Einhaltung einer speziellen Diät. Meist müssen
auch Medikamente zur Regelung des
Stoffwechsels eingesetzt werden. In
schweren Fällen muss der Patient Insulin
spritzen.

46 Worauf müssen Diabetiker (Zuckerkranke) bei ihrer Ernährung achten?

1. Verzicht auf Ein- und Zweifachzucker.
2. Verteilung der Nahrungszufuhr auf viele kleine Mahlzeiten über den Tag.
3. Kohlenhydratzufuhr nur in Form von langsam verdaulichen Kohlenhydraten (Stärke).
4. Zuckerhaltige Lebensmittel sind verboten (Ausnahme: bestimmte Obstsorten).
5. Ballaststoffreiche Kost verzögert die Aufnahme von Kohlenhydraten.
6. Obst und Gemüse führen Ballaststoffe, Vitamine und Mineralstoffe zu.
7. Stark zuckerhaltiges Obst wie Weintrauben, gezuckerte Früchte oder Trockenobst ist verboten.
8. Nur wenig Alkohol und stark fetthaltige Lebensmittel.

47 Es gibt zwei Gruppen von Süßungsmitteln, mit denen Zucker ersetzt oder ergänzt werden kann. Nennen Sie diese.

1. Zuckeraustauschstoffe
2. Süßstoffe

48 a) Nennen Sie vier Zuckeraustauschstoffe.
b) Welche Eigenschaften haben diese Zuckeraustauschstoffe?

a) – Fructose
– Sorbit
– Mannit
– Xylit
b) *Sorbit, Mannit und Xylit*
– sind Zuckeralkohole und zählen zu den Zusatzstoffen,
– sind natürlichen Ursprungs,
– liefern Energie,
– sind insulinunabhängig, d. h. sie beeinflussen den Blutzuckerspiegel kaum bzw. nicht,
– sind mit Ausnahme des Xylit etwas weniger süß als Zucker,
– wirken in größeren Mengen abführend.　　　→

▷ *Fortsetzung der Antwort* ▷

Fructose (Fruchtzucker):
- ist natürlichen Ursprungs.
- hat eine hohe Süßkraft, d. h. man braucht weniger.
- ist aber nur bedingt einsetzbar für Diabetiker, da der Insulinspiegel beeinflusst wird.

49 Nennen Sie vier zugelassene Süßstoffe.

1. Saccharin (500-mal süßer als Zucker)
2. Cydamat (30-mal)
3. Aspartam (200-mal)
4. Acesulfam (200-mal)

50 Wodurch unterscheiden sich Süßstoffe von Zuckern und Zuckeraustauschstoffen?

a) Sie haben eine viel höhere Süßkraft als Zucker oder Zuckeraustauschstoffe (30–500-mal so süß).
b) Sie sind praktisch energiefrei und völlig insulinunabhängig.
c) Sie werden künstlich hergestellt.
d) Da ihre genaue Wirkung nicht eindeutig bekannt ist, sollten sie für Baby- und Kleinkinderkost nicht verwendet werden. Für Diabetiker sind sie nach Stand der Forschung sinnvoll.

51 Worauf ist beim Verkauf in Bäckereien und Konditoreien zu achten, wenn Produkte mit Zuckeraustauschstoffen oder Süßstoffen angeboten werden?

Zuckeraustauschstoffe und Süßstoffe sind Zusatzstoffe, ihre Verwendung muss kenntlich gemacht werden, es besteht Deklarationspflicht.

52 Welche Ernährungsempfehlungen gelten für Diabetiker?

Nach wissenschaftlichem Kenntnisstand benötigen Personen mit Diabetes mellitus keine speziellen diabetischen Lebensmittel.
Für sie gelten die gleichen Empfehlungen wie für die Allgemeinbevölkerung. Sie sollten eine ausgewogene Mischkost zu sich nehmen, wie sie von der Deutschen Gesellschaft für Ernährung e.V. (DGE) für gesunde Erwachsene generell empfohlen wird.

Konservieren von Lebensmitteln

1 Nennen Sie fünf Ursachen für den Verderb von Lebensmitteln.

1. Verschmutzung
2. Schädlingsbefall
3. Mikroorganismen (schimmeln, ranzig werden, faulen, Vergiftung)
4. Selbstzersetzung (durch Enzyme: z. B. ranzig werden von Fett, weich werden von Obst und Gemüse)
5. falsche Lagerung (ranzig werden, Fremdgerüche, austrocknen, Gefrierbrand)

Physikalische Verfahren

2 Welche Wirkung haben niedrige Temperaturen auf Mikroorganismen und Enzyme?

a) Fast alle Mikroorganismen und Enzyme verlangsamen ihre Tätigkeit (Aktivität).
b) Je niedriger die Temperatur, desto geringer die Aktivität.
c) Unter $-18°C$ stellen fast alle Mikroorganismen und Enzyme ihre Tätigkeit völlig ein.
Ausnahme: Lipasen (Fett abbauende Enzyme) sind auch bei tiefen Temperaturen noch aktiv; allerdings sehr langsam. Die Folge: Fetthaltige Lebensmittel verderben auch tiefgekühlt nach einiger Zeit.

3 Erläutern Sie, weshalb die Haltbarkeit von Lebensmitteln verlängert wird durch
a) Kühlen,
b) Gefrieren/Tiefgefrieren?

a) **Kühlen:** Mikroorganismen und Enzyme verlangsamen ihre Tätigkeit.
h) **Gefrieren:** Weitere Verlangsamung der Aktivität, verstärkt durch Absenken des a_w-Wertes.

4 Erläutern Sie den Begriff „Schockfrosten".

Bei Temperaturen von –25 °C bis ca. –40°C wird das Produkt sehr schnell (= schockartig) heruntergekühlt, bis es im Kern –7°C erreicht.

5 Weshalb sollten Lebensmittel nur verpackt eingefroren werden?

Um Austrocknungsverluste bzw. Gefrierbrand zu vermeiden.

6 Weshalb ist ein schnelles Einfrieren wichtig für die Haltbarkeit und die Qualität (Konsistenz, Festigkeit) der Lebensmittel?

a) Bei langsamem Einfrieren können sich noch Mikroorganismen vermehren. Diese können nach dem Auftauen wieder aktiv werden und die Lebensmittel verderben.
b) Bei langsamem Einfrieren bilden sich große Eiskristalle, welche die Zellen zerstören, dadurch kommt es beim Auftauen zu großen Verlusten. Wasser, Vitamine, Mineralstoffe und Geschmacksstoffe gehen verloren.
c) Beim schnellen Einfrieren bilden sich nur kleine Eiskristalle. Die Folge: kaum Zellschädigung und dadurch wenig Verluste.

7 Viele Obstsorten werden zunächst einzeln schockgefrostet, bevor sie in Beuteln gefriergelagert werden. Begründen Sie diese Maßnahme.

Durch das Schockfrosten frieren die einzelnen Teile schnell durch und bleiben damit nach dem Auftauen besser erhalten. Die Folge: wenig Verluste, besseres Aussehen.

8 Weshalb ist tiefgefrorene Ware nicht unbegrenzt haltbar?

Die Haltbarkeit tiefgefrorener Ware ist begrenzt, weil
– einige Mikroorganismen und Enzyme ihre Tätigkeit nicht völlig einstellen, d.h., die Waren werden nur langsam verändert.
– Austrocknungsverluste entstehen.
– Aromaverluste durch Verdunstung entstehen.

handwerk-technik.de

9 Welche Waren eignen sich grundsätzlich nicht (oder sehr schlecht) zum Einfrieren/ Gefrierlagern? Begründen Sie Ihre Antwort.

a) *„Kombinationsbackwaren"*, die wasserhaltige Früchte enthalten, da das Obst beim Auftauen viel Wasser an das Gebäck abgibt

b) *Glasierte und überzogene Backwaren*, da die Glasuren „stumpf", unansehnlich werden.

c) *Blätterteig- und Plunderteiggebäcke*, da beim Auftauen die Oberfläche abblättert.

d) *„Fertig" gebackene Brötchen*, da die Kruste nach dem Auftauen stark absplittert.

10 Weshalb dürfen aufgetaute Waren nicht wieder tiefgefroren werden?

Die Vermehrung von Mikroorganismen bei jedem Gefrier- und Auftauprozess würde solche Produkte zu stark belasten.

11 Worauf ist beim Auftauen von tiefgekühlten Waren zu achten?

a) Angegarte Teigstücke können direkt aus dem Froster in den Ofen geschoben werden.

b) Nicht oder nur leicht angegarte Teiglinge werden bei Raumtemperatur oder im Gärschrank aufgetaut.

c) Ausgebackene Waren werden bei Raumtemperatur aufgetaut, anschließend kommen sie kurz in den Ofen (Schwaden).

d) Sahne- und kremhaltige Waren taut man langsam im Kühlraum oder Kühlschrank auf.

12 Ein Beutel mit tiefgefrorenem Obst enthält eine große Menge Eiskristalle. Worauf ist dieser Sachverhalt zurückzuführen?

Während der Gefrierlagerung wurde die Tiefkühltemperatur (-18°C) nicht durchgehend gehalten. Die Ware war bereits an- oder aufgetaut. Gleiches gilt für starke Oberflächenvereisung auf anderen Produkten wie Eiskrem oder Gebäcken.

13 Beschreiben Sie die Wirkung von Hitze auf Mikroorganismen und Enzyme bei folgenden Temperaturen:
a) 40 °C,
b) 60 °C,
c) 70 °C,
d) 100 °C,
e) 180 °C.

a) 40°C: optimale Mikroorganismen- und Enzymtätigkeit
b) 60°C: Absterben einiger Mikroorganismen, z. B. Hefen
c) 70 °C: Inaktivierung der Enzyme
d) 100°C: Absterben fast aller Mikroorganismen in feuchter Hitze
e) 180°C: Absterben aller Mikroorganismen in trockener Hitze

14 Unterscheiden Sie die Begriffe „Pasteurisieren" und „Sterilisieren" (Verfahren, Auswirkung, Zielsetzung).

	Verfahren	Auswirkung	Zielsetzung
Pasteurisieren	Langzeiterhitzung Kurzerhitzung Hocherhitzung	Abtöten von ca. 95 % der vorhandenen Mikroorganismen, (möglichst) aller Krankheitserreger	keimarme Lebensmittel; Verlängerung der Haltbarkeit um Tage bzw. Wochen
Sterilisieren	Langzeiterhitzung unter Luftabschluss über 110 °C	Abtöten aller Mikroorganismen, auch deren Sporen	keimfreie Lebensmittel; Verlängerung der Haltbarkeit um Monate bzw. Jahre

15 Erläutern Sie Kochen und Sterilisieren
a) hinsichtlich des Verfahrens,
b) hinsichtlich der Zielsetzung.

a) *Kochen:*
– Erhitzen auf 100 °C.
– Mikroorganismen sterben ab, nicht aber Sporen.
b) *Sterilisieren:*
– Ein- oder mehrmaliges Erhitzen auf 110 °C oder höher unter Luftabschluss.
– Alle Mikroorganismen, auch Sporen, sterben ab.

16 Beschreiben Sie zwei gebräuchliche Verfahren zum Pasteurisieren.

1. **Kurzerhitzung**: Lebensmittel werden für 15–30 Sekunden auf 72–75 °C erhitzt.
2. **Hocherhitzung**: Lebensmittel werden für mindestens 4 Sekunden auf 85 °C erhitzt.

Je kürzer die Erhitzungszeit, umso schonender ist der Vorgang für das Lebensmittel.

17 a) Durch welches Verfahren wird H-Milch haltbar gemacht?
b) Beschreiben Sie dieses Verfahren.

a) UHST-Verfahren (Ultra-High-Short-Time = Ultrahocherhitzen oder Uperisieren)
b) Milch wird auf 50°C vorgewärmt und dann unter Luftabschluss für ca. 3–4 Sekunden durch Dampfstoß auf 140-150 °C erhitzt. Die Haltbarkeit beträgt ungekühlt mindestens 3 Wochen.

18 Welche Verfahren eignen sich zur Haltbarkeitsverlängerung von Schnittbrot?

Zwei Verfahren sind möglich:
1. Zugabe von Konservierungsstoff (Sorbinsäure)
2. Pasteurisieren des verpackten Schnittbrotes

19 Erläutern Sie den Begriff a_w-Wert.

Der a_w-Wert ist die Maßzahl für den Gehalt an nicht gebundenem, freiem Wasser (= Wasseraktivität).

20 Zwei Lebensmittel können exakt den gleichen Wassergehalt, aber unterschiedliche a_w-Werte haben. Begründen Sie diesen Sachverhalt.

Der a_w-Wert gibt nur den Gehalt an freiem (nicht gebundenem) Wasser an. Die Lebensmittel enthalten aber auch Wasser, das auf unterschiedliche Weise gebunden ist. Dieses gebundene Wasser ist für die Unterschiede der a_w-Werte verantwortlich.

21 Nennen Sie vier verschiedene Verfahren zur Haltbarkeitsverlängerung, bei denen der a_w-Wert gesenkt wird, und nennen Sie jeweils ein Anwendungsbeispiel.

1. *Vakuumverpacken:* („Luft"entzug)
2. *Gefrieren:* Freies Wasser wird fest; ist bei fast allen Lebensmitteln möglich.
3. *Trocknen:* Freies Wasser wird entzogen, z. B. bei Trockenobst, Zwieback.
4. *Zuckern:* Freies Wasser wird gebunden, z. B. bei Früchten, Marmelade.
5. *Salzen:* Freies Wasser wird entzogen, z. B. bei Fleischwaren, Salzheringen.
6. *Alkohol:* Freies Wasser wird gebunden, z. B. bei eingelegten Früchten.

22 Welche Verfahren zur Trocknung von Lebensmitteln gibt es?

1. *Lufttrocknung,* z. B. bei Trockenfrüchten, aber auch bei Fisch und Fleisch.
2. *Sprühtrocknung* oder *Wirbelschichttrocknung,* z. B. bei Milch, Kaffee.
3. *Walzentrocknung,* z. B. bei Milch und Milchprodukten.
4. *(Vakuum-)Gefriertrocknung,* das schonendste, aber auch teuerste Verfahren.

23 Weshalb wird die Haltbarkeit von Lebensmitteln durch Verpacken verlängert?

Verpacken der Lebensmittel
– schützt vor Verschmutzung
– schützt vor Befall durch Mikroorganismen
– verlängert die Frischhaltung durch geringeren Feuchtigkeitsverlust
– schützt vor Beeinflussung durch Kunden

24 Welche Maßnahmen vermindern oder verhindern den Einfluss von Sauerstoff auf Lebensmittel?

1. Vakuumverpacken (Sauerstoffentzug)
2. Begasen (Sauerstoffverdrängung durch Stickstoff oder Kohlendioxid)

25 Welchen Vorteil bietet das Begasen gegenüber dem Vakuumverpacken?

a) **Vakuumverpacken:** Durch Sauerstoffentzug passt sich die Folie dem Lebensmittel an. Zum Teil wird das Volumen verringert und das Lebensmittel durch die Folie zusammengepresst. Beim Auspacken können sich z. B. Glasuren ablösen oder an der Verpackung hängen bleiben und das Produkt wird unansehnlich

b) **Begasen:** Die Verpackung hat fast keinen Kontakt. Die Lebensmittel behalten deshalb Form und Aussehen.

26 Welche Verpackungsmaterialien werden in Bäckerei- und Konditoreibetrieben eingesetzt?

Eingesetzt werden:
– Papier zum Einwickeln von Broten, Kuchen usw.
– Papiertüten zum Verpacken von Kleingebäck
– Kunststofffolien/-beutel, zum Einschweißen, Verschweißen
– Portionsschachteln, z. B. Karton, Pappe mit oder ohne Kunststoffeinlage für spezielle Gebäcke, Pralinen usw.
– Gläser, z. B. für Pralinen, Bonbons usw.

Chemische Verfahren

27 Die Haltbarkeit von Lebensmitteln kann durch Zuckern oder Salzen verlängert werden. Nennen Sie zu beiden Verfahren:
a) Gemeinsamkeiten und
b) Unterschiede.

a) Gemeinsamkeiten:
Zucker und Salz sind beide hygroskopisch (Wasser anziehend, Wasser bindend). Beide senken deshalb den a_w-Wert, wodurch die Tätigkeit von Mikroorganismen und Enzymen gehemmt oder verhindert wird.

b) Unterschiede:
– unterschiedlicher Geschmack
– Salz wirkt stärker konservierend wegen der größeren Wasserbindung.
– Salz beeinträchtigt die B-Vitamine und führt zu Mineralstoffverlusten.

28 „Alkohol konserviert und desinfiziert!"
Beurteilen Sie diese Aussage.

Alkohol wirkt konservierend und desinfizierend aufgrund seiner hygroskopischen (Wasser bindenden) und keimtötenden Eigenschaften. Beispiel: alkoholisierte Früchte im Rumtopf faulen nicht.

29 Eine Sauerkonserve hat einen pH-Wert von 4,2.
a) Definieren Sie den Begriff pH-Wert.
b) Welche Bedeutung hat der pH-Wert für die Haltbarkeit von Lebensmitteln?

a) Der pH-Wert ist die Maßzahl für die Stärke einer Säure.
b) Mikroorganismen und Enzyme sind in neutralen bis schwach sauren Lebensmitteln am aktivsten. Unter einem pH-Wert von 4,5 ist deren Tätigkeit erheblich eingeschränkt.

30 Nennen Sie Verfahren, bei denen die Haltbarkeit durch pH-Wert-Senkung verlängert wird.
Nennen Sie zu jedem Verfahren Beispiele.

1. Übergießen mit Essig, z. B. Saure Gurken und andere Sauerkonserven
2. Milch-/Essigsäuregärung, z. B. Milchprodukte wie Joghurt oder Käse, Sauerkraut (mit Salz)
3. Zugabe von Fruchtsäuren, z. B. Obst (meist in Kombination mit Zuckern)

31 Erläutern Sie den Unterschied zwischen „chemischen Konservierungsverfahren" und „chemischen Konservierungsstoffen".

a) *chemische Konservierungsverfahren:* Die Haltbarkeitsverlängerung wird durch natürliche Stoffe bzw. Verfahren bewirkt, welche die Lebensbedingungen von Mikroorganismen einschränken.
b) *chemische Konservierungsstoffe:* I.d. R. künstliche Stoffe, töten Mikroorganismen ab.

32 Welche besonderen Regelungen sind zu beachten, wenn chemische Konservierungsmittel eingesetzt werden?

1. Chemische Konservierungsmittel sind Zusatzstoffe und damit kennzeichnungspflichtig.
2. Sie dürfen nur in vorgeschriebenen Mengen und in bestimmten Lebensmitteln verwendet werden, z. B. ist zur Haltbarkeitsverlängerung von Schnittbrot nur Sorbinsäure (Sorbat) zugelassen.

33 Welche besonderen Regelungen gelten für das Bestrahlen zur Haltbarkeitsverlängerung?

a) Die Verwendung von Elektronen-, Gamma- und Röntgenstrahlen ist ausschließlich bei „getrockneten, aromatischen Kräutern und Gewürzen" und unter strengen Auflagen zulässig. Diese Artikel müssen mit dem Zusatz „bestrahlt" gekennzeichnet werden.
b) Die Verwendung von UV-Strahlen ist zulässig für Trinkwasser, zur Oberflächenentkeimung von Obst- und Gemüseerzeugnissen, für Hartkäse bei der Lagerung und zur Entkeimung von Verpackungen.

Biologische Verfahren

34 Bei welchen Verfahren zur Haltbarkeitsverlängerung sind Mikroorganismen beteiligt?

1. Bei der Milchsäuregärung, z. B. bei Sauermilch, Joghurt, Käse, Rohwurst
2. bei der Milch- und Essigsäuregärung, z. B. bei Sauerkraut, Sauerteig

35 Welche Vorteile bieten biologische Haltbarmachungsverfahren gegenüber chemischer Säuerung?

a) Bei sachgemäßer Handhabung stellt sich der optimale pH-Wert von selbst ein.
b) Wertvolle Inhaltsstoffe (Vitamine) bleiben weitgehend erhalten, z. B. beim Sauerkraut.
c) Es entstehen keine Kosten für „zusätzliche Stoffe".

Lagerung der Backwaren

36 a) Weshalb müssen ofenheiße Backwaren sofort
auskühlen?

b) Welche Folgen können ein-
treten, wenn die ofenheiße
Ware nicht richtig auskühlen
kann?

a) Der austretende Dampf muss entweichen können.

b) – Feuchtwerden der Krume.
Die Folge: Röscheverlust
– Bildung eines Wasserstreifens in der
Krume
– „Verkleben" von Gebäcken sowie
Druckstellen sind möglich
– Schimmelbildung möglich

37 Wie sollte ofenheiße Ware
gelagert werden, damit man
einwandfreie Verkaufsware
erhält?

Bei der Lagerung ofenheißer Ware ist zu
beachten:
– Großgebäcke wie Brotlaibe oder
Stollen werden nebeneinander auf
(Gitter-)Bretter gesetzt.
– Kleingebäcke wie Brötchen oder
Brezeln dürfen nicht zu hoch in Körbe
gefüllt werden.
– Kastengebäcke wie Kuchen und Brote
müssen aus den Formen genommen
werden.
– Blechkuchen sollten auf Gittern
auskühlen, damit sie auch unten aus-
dampfen können.

38 Weshalb sollten Gebäcke
nicht zu trocken, aber auch nicht
zu feucht gelagert werden?

a) Bei zu trockener Lagerung trocknen
die Gebäcke zu stark aus.

b) Bei zu feuchter Lagerung verlieren die
Gebäcke ihre Rösche. Die Kruste wird
feucht und die Waren können schneller schimmeln.

39 Warum sollten ofenfrische
Backwaren nicht kühl gelagert
werden?

a) Bei niedrigerer Lagertemperatur würde
das verdampfende Wasser wieder auf
der Kruste kondensieren und zu einer
feuchten bis nassen Kruste führen. Die
Folge: Röscheverlust und evtl. Schimmelbildung.

b) Fördert Altbackenwerden (Alterungsprozess).

40 Weshalb sollten geruchs-intensive Waren wie z. B. Zwiebelkuchen nicht offen oder in der Nähe von anderen Back-waren gelagert werden?

Lebensmittel müssen beim Verkauf ihren „arteigenen" Geschmack und Geruch aufweisen.
Fremdgerüche beeinträchtigen deshalb die Qualität.

41 Welche Backwaren gelten als „frische Backwaren"?

Frische Backwaren lassen keine Qualitäts-verluste erkennen hinsichtlich
– Geruch und Geschmack,
– Feuchtigkeit und Elastizität der Krume sowie Rösche der Kruste.

42 a) Erläutern Sie den Begriff „Altbackenwerden",
b) Welche Ursachen liegen dem Altbackenwerden zugrunde?

a) *Altbackenwerden:*
Qualitätsverluste der Backwaren durch „Altern", nämlich:
– Röscheverlust,
– Austrocknen/Hartwerden der Krume,
– Aroma- und Geschmacksverlust,
– Gewichts- und Volumenverlust.
b) *Ursachen des Altbackenwerdens:*
– Die trockene Kruste nimmt Feuch-tigkeit von der feuchten Krume auf.
– Die Stärke altert (Retrogradation) und gibt dabei das gebundene Wasser langsam wieder ab.
– Feuchtigkeit und Aromastoffe verdunsten.

43 Zählen Sie verschiedene Backwaren auf, die langsamer altern.

1. größere Gebäcke
2. roggenhaltige Gebäcke
3. Vollkorngebäcke
4. Gebäcke mit gut gequollenen Mahler-zeugnissen
5. verpackte Gebäcke

44 Welche Lagertemperatur
a) beschleunigt das Altbacken-werden?
b) verzögert das Altbacken-werden?

a) Zwischen –2°C und +15°C werden Gebäcke schnell altbacken.
b) Unter –7°C und bei ca. +50 °C verläuft der Alterungsprozess nur sehr lang-sam. Allerdings kann es bei Lager-temperaturen um 50 °C zur Gelb-verfärbung der Krume und starken Feuchtigkeitsverlusten kommen.

Lebensmittelrechtliche Vorschriften für den Verkauf

Lebensmittel- und Futtermittelgesetzbuch (LFGB)

1 **Welche Bedeutung hat die Abkürzung „LFGB"?**

LFGB bedeutet: Lebensmittel-Bedarfsgegenstände- und Futtermittelgesetzbuch.

2 **Zu welchem Zweck wurde das LFGB erlassen?**

Zum Schutz der Verbraucher.

3 **Definieren Sie den Begriff „Lebensmittel" im Sinne des LFGB.**

– Lebensmittel sind alle Stoffe, die dazu bestimmt sind oder von denen nach vernünftigem Ermessen angenommen werden kann, dass sie im verarbeiteten oder unverarbeiteten Zustand vom Menschen aufgenommen werden.
– Zu Lebensmitteln zählen auch Getränke, Kaugummi sowie alle Stoffe, einschließlich Wasser, die dem Lebensmittel bei seiner Ver- oder Bearbeitung absichtlich zugesetzt werden.

4 **Welche Gegenstände umfasst das LFGB mit dem Begriff „Bedarfsgegenstände"?**

Bedarfsgegenstände sind alle Gegenstände, die bei der Herstellung, Zubereitung usw. mit Lebensmitteln in Berührung kommen.
Diese Definition umfasst alle Gegenstände vom Arbeitstisch über Kneter, Kuchenplatte, Messer, Teigausrollmaschine, Verpackungsmaterial bis Zellstoff.

5 Der §5 des LFGB verbietet, Lebensmittel so herzustellen und in Verkehr zu bringen, dass sie die Gesundheit des Menschen schädigen.
Nennen Sie mindestens drei Vorschriften, die zum Schutz der Gesundheit erlassen wurden. Geben Sie zusätzlich kurz deren Inhalt an.

1. **Lebensmittelhygiene-Verordnung (LMHV):** Lebensmittel müssen unter hygienisch einwandfreien Bedingungen hergestellt, verarbeitet und verkauft werden.
2. **Infektionsschutzgesetz:** Personen mit ansteckenden Krankheiten dürfen keine Lebensmittel herstellen oder in Verkehr bringen.
3. **Zusatzstoff-Zulassungsverordnung:** Es dürfen nur zugelassene Zusatzstoffe in erlaubten Mengen eingesetzt werden. Giftige Stoffe dürfen Lebensmitteln nicht zugesetzt werden.
4. **LFGB:** Lebensmittel müssen gesundheitstauglich und einwandfrei sein.

6 Nennen Sie Bestimmungen, die den Kunden vor Täuschung schützen sollen.

a) Lebensmittelkennzeichnungsverordnung
b) Nährwert-Kennzeichnungsverordnung
c) Diätverordnung
d) Fertigpackungsverordnung
e) Preisangabenverordnung

7 Krankheitsbezogene Werbung ist verboten.
Mit welchen Aussagen dürfen Lebensmittel deshalb *nicht* beworben werden?
Geben Sie drei Beispiele.

1. Werbung darf keine Linderung oder Heilung von Krankheiten versprechen.
2. Der Hinweis auf ärztliche Empfehlung für den Verzehr des Produkts ist nicht gestattet.
3. Die Produktwerbung darf den Kunden nicht dazu anleiten, Krankheiten mit diesem Produkt zu behandeln.
4. Ebenfalls verboten ist Werbung, die unterstellt, dass man ohne den Verzehr dieses Produkts krank würde.
5. Abbildungen von Produkten in Verbindung mit Personen, die auf einen Heilberuf schließen lassen, sind nicht zulässig.
Anmerkung: Diese Verbote gelten nicht für diätetische Lebensmittel.

Lebensmittelüberwachung

8 Wer überwacht die Einhaltung der Vorschriften des LFGB (und nachgeschalteter Richtlinien)?

Die „Lebensmittelüberwachung", z. B. Lebensmittelkontrolleure oder Landratsämter, Veterinär- und Lebensmittelüberwachungsämter u. z. T. gemeinsam mit Sachverständigen aus Veterinärmedizin, Lebensmittelchemie und Humanmedizin.

9 Zu welchen Tageszeiten dürfen Bäckerei- und Konditoreibetriebe kontrolliert werden?

Die Kontrolle darf erfolgen:
– normalerweise während der üblichen Geschäftszeit
– in dringlichen Fällen zu jeder Tagesund Nachtzeit

10 In welchen Abständen werden Bäckereien und Konditoreien kontrolliert?

a) Die Kontrollen finden grundsätzlich in unregelmäßigen Abständen statt.
b) Bei Beschwerden bzw. Anzeigen wird ein Betrieb sofort kontrolliert.
c) Ergeben sich bei Kontrollen Beanstandungen, so wird dieser Betrieb häufiger überprüft.

11 Welche Betriebsbereiche dürfen die Lebensmittelkontrolleure überprüfen?

Grundsätzlich alle Bereiche von der Rohstofflagerung bis zum Verkauf, also:
– *Betriebshygiene*, z. B. bauliche Maßnahmen.
– *Personalhygiene*, z. B. Gesundheitszeugnis, Gesundheitszustand, Kleidung, Kopfbedeckung.
– *Lebensmittelhygiene*, z. B. Lagerung, Herstellung, Transport.
– *Lebensmittelkennzeichnung*, z. B. Zutaten, Preisangaben, Inhaltsstoffe.
– *Eichvorschriften*, z. B. Gewichtskontrollen, Waagen.

12 In einen Betrieb wurde von den Lebensmittelkontrolleuren eine Ware beanstandet.
Wie kann ein Betriebsinhaber überprüfen, ob die Beanstandung berechtigt war?

Die Lebensmittelkontrolleure hinterlassen eine versiegelte Gegenprobe im Betrieb. Diese kann der Betriebsinhaber – auf eigene Kosten – von anderer Stelle untersuchen lassen.

13 Welche Maßnahmen können die Lebensmittelkontrolleure gegen einen Betrieb ergreifen, wenn es zu Beanstandungen kommt?

a) Bei geringfügigen Verstößen erfolgt meist eine Beratung, i. d. R. wird nach kurzer Zeit erneut kontrolliert.
b) Bei schwer wiegenden Verstößen, je nach Fall:
    – zum Teil empfindliche Geldstrafen
    – die zeitweilige Schließung des Betriebes (in Verbindung mit Geldstrafen)
    – die endgültige Schließung des Betriebes
    – Freiheitsstrafen bis zu 5 Jahren
    – Veröffentlichung von Lebensmittelbetrieben über Internet (z. B. Baden-Württemberg: www.verbraucherinfo-bw.de)

Lebensmittelhygiene-Verordnung (LMHV)

14 Zu welchem Zweck wurde die Lebensmittelhygiene-Verordnung (LMHV) erlassen?

Die LMHV soll gewährleisten, dass Lebensmittel unter hygienisch einwandfreien Bedingungen hergestellt, behandelt und in Verkehr gebracht werden und dass alle Vorkehrungen und Maßnahmen getroffen werden müssen, um eine nachteilige Beeinflussung zu verhindern.

15 Welches Bedeutung hat die Abkürzung „HACCP"?

a) **H**azard **A**nalysis **C**ritical **C**ontrol **P**oints = Gefahren-/Risikoanalyse kritischer Steuerungspunkte.
Nach §4 Lebensmittelhygiene-Verordnung, gültig seit 5. August 1998: „Konzept, das der Gefahrenidentifizierung und -bewertung dient und zu deren Beherrschung beiträgt".
b) Jeder Betrieb, der Lebensmittel herstellt, behandelt oder in Verkehr bringt, ist zu einem *HACCP-Konzept* verpflichtet, also Erstellung des Konzepts und Durchführung betriebseigener Kontrollen.

16 Welche Maßnahmen muss ein betriebseigenes HACCP-Konzept enthalten?

1. *Analyse der Gefahren* beim Herstellen, Behandeln und Inverkehrbringen von Lebensmitteln.
2. *Identifizierung* der Punkte, an denen diese Gefahren auftreten können.
3. *Entscheidung*, welche Punkte kritisch sind.
4. *Festlegung und Durchführung* von Sicherungsmaßnahmen und deren Überwachung.
5. *Dokumentation* der kritischen Punkte.
6. *Überprüfung* des Konzepts.
7. *Fortbildung* der Mitarbeiter.

Lebensmittelkennzeichnung*

17 Welche Angaben müssen Preisschilder und Preislisten für unverpackte Waren enthalten?

Anzugeben sind
– die Verkehrsbezeichnung der Ware,
– die Gewichts- oder Mengenangabe,
– der Preis der Ware.

18 Wie sind Preisschilder für unverpackte Waren „anzubringen"?

a) Preisschilder dürfen nicht auf der Ware liegen oder stehen,
b) Sie dürfen nicht in die Ware gesteckt werden.
c) Sie müssen so neben der Ware platziert werden, dass keine Missverständnisse auftreten können.

---

* Die Lebensmittelkennzeichnung ist in den Mitgliedstaaten der Europäischen Union einheitlich geregelt: Seit dem 13. Dezember 2014 gilt die EU-Lebensmittelinformationsverordnung (LMIV, s. S. 113 f.), die das Kennzeichnungsrecht modernisiert und bisherige Bereiche zusammenfasst. Die bis zum 13. Juli 2017 parallel gültige Lebensmittelkennzeichnungsverordnung (LMKV) wurde durch Inkrafttreten der Lebensmittelinformations-Durchführungsverordnung (LMIDV) abgeschafft.

19 Welche Waren müssen mit Preisen ausgezeichnet werden?

Für alle Waren, die angeboten werden, besteht Preisauszeichnungpflicht, nicht nur im Laden und Café, sondern auch in Vitrinen, Schaufenstern, Schaukästen und an Verkaufsständen auf Märkten.

20 Welche besonderen Regelungen der Preisauszeichnung gelten für Cafés?

a) Am Eingang muss ein Preisverzeichnis für die „wesentlichen Speisen und Getränke" angebracht sein.
b) Eine Speisen- und Getränkekarte muss an jedem Tisch ausliegen bzw. zum Kunden gebracht werden.
c) Der Kunde hat das Recht, die Karte bei der Abrechnung wieder einzusehen, wenn sie nach aufgenommener Bestellung entfernt wurde.

21 Zählen Sie die Angaben auf, die laut Lebensmittelkennzeichnungsverordnung und Fertigpackungsverordnung Fertigpackungen enthalten müssen?

Auf Fertigpackungen müssen nachfolgende Kennzeichnungselemente enthalten:

1. Verkehrsbezeichnung, d. h. die Produktbezeichnung und keine Phantasienamen *(mit QUID*-Kennzeichnung)*
2. Name und Anschrift des Herstellers/ Verpackers
3. Verzeichnis der Zutaten *(mit QUID*-Kennzeichnung)* mit Angabe der deklarationspflichtigen Allergene
4. Mindesthaltbarkeitsdatum bzw. Verbrauchsdatum
5. Füllmenge (Mengenangabe, Gewichtsangabe)
6. Losnummer bzw. Chargennummer
7. evtl. Nährwertangaben
8. evtl. Verarbeitungshinweise
9. Besonderheiten entsprechend den gesetzlichen Vorgaben

*QUID = mengenmäßige Angabe der Lebensmittelzutaten

22 Wie müssen Fertigpackungen nach der „QUID"-Regelung gekennzeichnet sein?

Die „QUID"-Regelung (**Qu**antitative **I**ngredient **D**eclaration) schreibt eine mengenmäßige Kennzeichnung wertbestimmender Zutaten vor. Dabei geht es nur um Zutaten, die für die Kaufentscheidung von Bedeutung sind.

23 Nennen Sie Lebensmittel, für welche die mengenmäßige Angabe der Lebensmittelzutaten (QUID) nicht erforderlich ist.

Nicht erforderlich ist diese Art der Kennzeichnung
- bei Lebensmitteln, die unverpackt sind,
- für Kakao- und Schokoladenerzeugnisse,
- für Lebensmittelzutaten/ -inhaltsstoffe (in Verpackungen),
  - die bereits als Abtropfgewicht angegeben sind,
  - die natürlicherweise enthalten sind (z. B. Koffein in Kaffee usw.),
  - die in kleinen Mengen zur Geschmacksgebung verwendet werden usw.

24 Welches Ziel soll durch die QUID-Regelung erreicht werden?

Diese mengenmäßige Zutatenkennzeichnung soll dem Verbraucher der Vergleich von Lebensmitteln hinsichtlich ihrer Zusammensetzung erleichtern.

25 Welche Angabe muss auf einem fertig verpackten Lebensmittel außerdem ersichtlich sein?

Der Preis, laut Preisangabenverordnung als Bruttopreis inklusive Mehrwertsteuer.

Waren, Verkauf und Beratung

26 Eine Bäckerei bietet Weihnachtsgebäck und Christstollen verpackt an. Die Waren sind nicht zur Selbstbedienung bestimmt.
Müssen die Waren nach der Fertigpackungsverordnung einzeln gekennzeichnet sein?

Verpackte Waren, die nicht zur Selbstbedienung bestimmt sind, gelten als „vorverpackt" und unterliegen somit nicht der Fertigpackungsverordnung. Deshalb genügt ein Preisschild oder eine Preisliste.

27 Welche Aussage macht das MHD (Mindesthaltbarkeitsdatum) über den Zustand eines Lebensmittels?

a) Bis das MHD erreicht wird, behält das Lebensmittel seine Frischeeigenschaften, sofern es sachgemäß gelagert wird.
b) Das MHD ist kein Verfallsdatum, d.h. die Lebensmittel müssen nach Ablauf des MHD nicht verdorben sein. Allerdings erlischt die Garantie für die Frischeeigenschaften.

28 Welche Angaben sind für das Mindesthaltbarkeitsdatum vorgeschrieben?

a) Bei Haltbarkeit der Lebensmittel:
– *unter 3 Monaten:*
Datumsangabe mit Tag und Monat, z.B. 5.12.19
– *3–18 Monate:*
Datumsangabe mit Monat und Jahr, z. B. Aug. 2019
– *über 18 Monate:*
nur das Jahr, z. B. mindestens haltbar bis Ende 2020
b) Wenn eine Kühlung erforderlich ist:
– *Lagertemperatur*, z. B.: bei 2–10 °C mindestens haltbar bis 25.09.20

29 Für welche Produkte ist kein Mindesthaltbarkeitsdatum vorgeschrieben?

Kein MHD ist vorgeschrieben für
– frisches Obst und Gemüse (Ausnahme: Keime von Samen und ähnliche Erzeugnisse)
– Zucker in fester Form
– Zuckerwaren, die fast nur aus Zucker bestehen (mit Aromastoffen und/oder Farbstoffen)
– Speiseeis in Portionspackungen   →

▷ *Fortsetzung der Antwort* ▷

– Speisesalz (Ausnahme: jodiertes Salz)
– alkoholhaltige Getränke mit einem Alkoholgehalt über 10 %
– alkoholfreie Erfrischungsgetränke, Fruchtsäfte, Fruchtnektare und alkoholhaltige Getränke in Behältnissen von mehr als fünf Litern, die zur Abgabe an „Wiederverkäufer" (Cafés, Gastsötten etc.) bestimmt sind.
– Backwaren, die ihre Frischeeigenschaften innerhalb von 24 Stunden deutlich verlieren und die in der Zeit üblicherweise verzehrt werden, z. B. Laugenbrezeln, Brötchen.

Health-Claims-Verordnung
(Verordnung über nährwert- und gesundheitsbezogene Angaben von Lebensmitteln)

30 **Nennen Sie wesentliche Inhalte der Health-Claims-VO.**

Nährwert- und gesundheitsbezogene Angaben in der Werbung und Kennzeichnung von Lebensmitteln, einschließlich Nahrungsergänzungsmittel, sind nur zulässig, wenn sie durch die Health-Claims-VO ausdrücklich zugelassen sind.

31 **Welche Zielsetzung verfolgt die Health-Claims-VO?**

– Verbraucher sollen vor irreführender Werbung zu gesundheitsfördernden und/oder krankheitsvermindernden Eigenschaften geschützt werden.
– Die Health-Claims-VO soll eine einheitliche Regelung für den Verkehr von Lebensmitteln schaffen.

Lebensmittelinformationsverordnung

32 Welche Pflichtangaben muss ein verpacktes Lebensmittel enthalten?

– Bezeichnung des Lebensmittels (früher: Verkehrsbezeichnung)
– Name und Anschrift des Lebensmittelunternehmens (früher: Name und Anschrift des Herstellers, Verpackers oder Verkäufers)
– Nettofüllmenge
– Mindesthaltbarkeits-/Verbrauchsdatum
– Nährwertkennzeichnung (früher nur bei Verwendung nährwert- oder gesundheitsbezogener Angaben)
- Hervorhebung allergener Zutaten
– Zusätzlich gegebenenfalls
- Ursprungsland oder Herkunftsort
- Gebrauchsanleitung
- Einfrierdatum

33 Auf welche Art und Weise müssen allergene Zutaten gekennzeichnet werden?

Lebensmittelzutaten, die Allergien oder Unverträglichkeiten auslösen können, müssen im Zutatenverzeichnis **hervorgehoben** werden, z.B. durch **Fettdruck** oder GROSSBUCHSTABEN oder **BEIDES**.

34 Gilt die Regelung für allergene Zutaten auch für unverpackte Lebensmittel?

Auch bei unverpackten Lebensmitteln ist die Information zu allergenen Zutaten verpflichtend.

35 Welche Vorschriften macht die Lebensmittelinformationsverordnung hinsichtlich der Schriftgrößen, damit diese „deutlich lesbar" sein sollen?

Alle Pflichtangeben müssen mit einer Mindestschriftgröße von 1,2 mm (bezogen auf die „x-Höhe") erfolgen. Ausnahmen gelten nur für Verpackungen, deren größte Oberfläche kleiner als 80 cm^2 ist. Hier sind mindestens 0,9 mm Schriftgröße vorgeschrieben.

36 Für welche Lebensmittelverpackungen gilt die verpflichtende Nährwertkennzeichnung nicht?

Ausnahmen von der verpflichtenden Nährwertkennzeichnung gelten u.a. für Kleinstpackungen (unter 25 cm^3) von Kräutern, Kochsalz, Tee, Kaffee und alkoholische Getränke.

→

> *Fortsetzung der Antwort* ▷

Die Ausnahmen gelten auch für lose Ware. Für Nahrungsergänzungsmittel und Mineralwasser gibt es eigene Nährwertkennzeichnungsverpflichtungen; für Lebensmittel, die bisher keine Nährwertkennzeichnung benötigten, galt eine Übergangsregelung bis 13. Dezember 2016.

37 Auf welche Art und Weise muss die Nährwertkennzeichnung erfolgen?

Die verpflichtende Nährwertkennzeichnung sieht vor, dass mindestens 7 Angaben in der vorgeschriebenen Reihenfolge erfolgen müssen, die sich auf 100 g oder 100 ml des Lebensmittels beziehen. Vorgeschriebene Reihenfolge:
– Energie (in kJ/kCal)
– Fett (in g)
– davon ges. Fettsäuren (in g)
– Kohlenhydrate (in g)
– davon Zucker (in g)
– Eiweiß (in g)
– Salz (in g)
Erfolgen nährwert- oder gesundheitsbezogene Angaben zu anderen Nährstoffen, Vitaminen oder Mineralstoffen, müssen auch diese Stoffe in der Nährwertkennzeichnung angegeben werden.

38 Die Confiserie Müller in der Wagnergasse 16 (45678 Mühlheim) möchte eine „Pralinenmischung Hausbrände" in den Verkauf bringen. Die Packungsgröße soll 100 g betragen. Entwerfen Sie eine Verpackung, die der Lebensmittelinformationsverordnung entspricht. Berücksichtigen Sie dabei auch, dass bei der Herstellung Spuren von Schalenfrüchten und Gluten nicht vermieden werden können; außerdem sollen die üblichen Lagerungshinweise für Pralinen nicht fehlen.

Enthalten sind Pralinen in hauchdünner Zuckerkruste mit Himbeergeist, Kirschwasser, Obstbrand und Zwetschgenwasser. Die Zutatenliste weist folgende Inhaltsstoffe auf: Zucker, Wasser, Kakaobutter, Kakaomasse, Vollmilchpulver, Himbeergeist, Kirschwasser, Obstbrand, Zwetschgenwasser, Kakaopulver, Emulgator: Sojalecithin, Verdickungsmittel: Agar-Agar, Vanille, Säuerungsmittel: Zitronensäure

→

Die Analyse hat folgende Nährwerte ergeben: Energie: 1 626 kj/ 388 kCal; Gesamtfett: 11 g, davon gesättigte Fettsäuren: 6,3 g; Kohlenhydrate: 63,1 g; davon Zucker: 59,5 g; Eiweiß: 1,8 g und Salz: 0,02 g.

Pralinenmischung Hausbrände

Pralinenmischung mit Himbeergeist-, Kirschwasser-, Obstbrand- und Zwetschgenwasser-Pralinen in hauchdünner Zuckerkruste

Zutatenliste: Zucker, Wasser, Kakaobutter, Kakaomasse, **Vollmilchpulver**, Himbeergeist, Kirschwasser, Obstbrand, Zwetschgenwasser, Kakaopulver, Emulgator: Sojalecithin, Verdickungsmittel: Agar-Agar, Vanille, Säuerungsmittel: Zitronensäure.

Kann Spuren von Schalenfrüchten und Gluten enthalten!

Trocken lagern und vor Wärme schützen.

Confiserie Müller 45678 Mülheim Wagnerstraße 16

Infektionsschutzgesetz

39 Für welche Personen im Nahrungsmittelbereich gilt das Infektionsschutzgesetz?

Es gilt für
– Personen, die Lebensmittel gewerbsmäßig herstellen, behandeln oder in Verkehr bringen, d.h. für alle, die mit Lebensmitteln in Berührung kommen.
– Personen, die in Küchen von Gaststätten Krankenhäusern, Kinderheimen u.Ä. tätig sind.

40 Nennen Sie hierzu wichtige Vorschriften des Infektionsschutzgesetzes.

– Personen in Lebensmittelbetrieben dürfen erstmalig nur tätig sein oder beschäftigt werden, wenn sie eine nicht mehr als drei Monate alte Bescheinigung des Gesundheitsamtes (oder eines beauftragten Arztes) vorlegen.
– Der Arbeitgeber muss die Beschäftigten einmal jährlich zum Inhalt des Infektionsschutzgesetzes belehren und dies dokumentieren.
– Die Bescheinigung des Gesundheitsamtes und die letzte Dokumentation der Belehrung muss der Arbeitgeber aufbewahren und z. B. bei Betriebkontrollen auf Verlangen vorlegen.　→

▷ *Fortsetzung der Antwort* ▷

– Beschäftigungsverbote gelten u.a. bei Salmonellose, Typhus, ansteckenden Hautkrankheiten und infizierten Wunden.

– Nach der Belehrung müssen die betroffenen Personen schriftlich erklären, ob sie bekanntermaßen an einer Krankheit leiden, die ein Beschäftigungsverbot nach sich zieht.

– Treten bei Arbeitnehmern Erkrankungen auf, die eine Beschäftigung untersagen, so müssen sie dies dem Arbeitgeber unverzüglich mitteilen. Dieser muss daraufhin alle erforderlichen Maßnahmen einleiten, um eine Weiterverbreitung der Krankheitserreger zu verhindern.

Mess- und Eichgesetz

41 **a) Welche Aufgabe hat das Mess- und Eichgesetz?**
b) Was regelt das Mess- und Eichgesetz?

a) Das Mess- und Eichgesetz soll den Verbraucher beim Kauf von messbaren Gütern und Dienstleistungen schützen, indem es die Voraussetzung schafft für richtiges Messen, z. B. Wiegen.

b) – Die Verwendung von Waagen, Dosiergeräten, Thermometern
– Angabe der *Füllmenge und des Grundpreises in 100 g oder kg bei Fertigpackungen*

42 **Welche Geräte unterliegen der Eichpflicht?**

– Waagen und Gewichte zur Ermittelung des Verkaufsgewichts
– Zusatzeinrichtungen zur Feststellung des Preises
– Messgeräte in Lager und Verkaufseinrichtungen

43 **Wie müssen die Waagen im Verkaufsraum einer Bäckerei/ Konditorei aufgestellt werden?**

Sie müssen so aufgestellt werden, dass die Kunden das Abwiegen der Waren beobachten können.

44 Wie muss verfahren werden, wenn die Gültigkeit der Eichung bei einer Waage erloschen ist?

Die Waage enthält einen Hauptstempel mit der Angabe „Geeicht bis...". Diese Angabe ist zu entwerten. Des Weiteren darf die Waage ohne Nacheichung nicht mehr verwendet werden.

45 Erläutern Sie was man unter einer Nacheichung versteht.

Die Eichung eines Gerätes gilt in der Regel zwei Jahre. Dann ist eine Nacheichung durch das zuständige Eichamt erforderlich. Ebenfalls vorgeschrieben ist sie, wenn ein Gerät Mängel aufweist, wenn Stempel oder Plomben beschädigt wurden oder wenn es repariert werden musste.

46 Das Mess- und Eichgesetz schreibt vor, dass bei der Preisermittlung Nettowerte anzugeben sind. Erklären Sie diese Vorschrift.

Bei noch abzuwiegenden Waren dürfen Verpackungsmaterialien wie Einschlagpapier, Tüten oder Becher nicht mitgewogen werden, d.h. vor dem Wiegen muss tariert werden.

Chemische Zusatzstoffe in der Lebensmittelverarbeitung

47 Nennen Sie mindestens drei chemische Konservierungsstoffe.

1. Sorbinsäure
2. Benzoesäure
3. PHB-Ester
4. Schwefeldioxid

48 Worauf ist zu achten, wenn chemische Konservierungsmittel eingesetzt werden?

a) Es dürfen nur zugelassene Konservierungsmittel eingesetzt werden.
b) Die vorgeschriebenen Höchstmengen müssen eingehalten werden.
c) Die Verwendung von chemischen Konservierungsstoffen ist kennzeichnungspflichtig.
Ausnahme: Schwefeldioxid bei einem Gehalt von weniger als 10 mg je kg Produkt.

49 Wie müssen chemische Konservierungsstoffe kenntlich gemacht werden?

Der Name oder die E-Nummer des Konservierungsstoffes müssen angegeben werden. Beispiel: Sorbinsäure oder E-200.
- *bei unverpackten Lebensmitteln:* mit der Verkehrsbezeichnung der Ware oder auf dem Preisschild,
- *bei Fertigpackungen:* in der Zutatenliste,
- *im Café:* z. B. durch Kennzeichnung des konservierten Produktes mit Zahlen oder Sternchen und Angabe des Konservierungsstoffes in der Fußnote.

50 Zitrusfrüchte werden zum Teil mit folgendem Zusatz angeboten:
a) „Schale behandelt"
b) „unbehandelt".
Worauf muss aufgrund dieser Angaben geachtet werden?

a) „Schale behandelt": Die Schale wurde mit einem Oberflächenbehandlungsmittel versehen. Sie darf nicht zum Verzehr verwendet werden. Die Behandlungsmittel müssen daher nicht deklariert werden.

b) „Unbehandelt": Nur unbehandelte Schalen von Zitrusfrüchten dürfen z. B. zu Würzzwecken, als Dekor, als Beigabe zu Eisbechern und Getränken usw. verwendet werden.

51 a) Erläutern Sie den Begriff „Antioxidantien".
b) Wie sind diese Stoffe zu deklarieren?

a) Antioxidantien sind Zusatzstoffe, die den Sauerstoffverderb z. B. bei Fetten verzögern oder verhindern sollen (Anti = gegen; Oxidation = Reaktion mit Sauerstoff)

b) Ihre Verwendung muss durch den Zusatz „mit Antioxidationsmittel" gekennzeichnet werden.

52 Dürfen Lebensmittel gefärbt werden?

a) *Natürliche Farbstoffe* sind in fast allen Lebensmitteln zugelassen.

b) *Künstliche Farbstoffe* sind nur für bestimmte Lebensmittel in vorgeschriebenen Höchstmengen zugelassen. Ihre Verwendung muss kenntlich gemacht werden.

53 Nennen Sie fünf natürliche Farbstoffe.

1. Eigelb
2. Zuckerkulör
3. karamelisierter Zucker
4. Kakaopulver
5. Kuvertüre
6. Frucht- und Gemüsesäfte

54 Für welche Lebensmittel ist die Verwendung von künstlichen Farbstoffen verboten?

Künstliche Farbstoffe sind verboten für
– alle Teige und Massen
– Diabetikerwaren
– alle Speiseeissorten

55 Nennen Sie fünf Produkte aus Bäckerei oder Konditorei, die mit künstlichen Farbstoffen versehen werden dürfen.

1. Geleeartikel
2. Marzipan
3. Fondant
4. Fadenzuckerglasur
5. Krems
6. Puddings
7. Limonaden und Brausen

56 Welche Lebensmittel dürfen nicht mit Zuckerkulör gefärbt werden?

Mit Zuckerkulör dürfen nicht gefärbt werden:
– Brot
– Kleingebäcke
– Lebensmittel, die mit Malz, Kaffee, Schokolade, Kakao und/oder Tee hergestellt werden.

57 Weshalb ist die Deklaration chemischer Zusatzstoffe besonders wichtig?

Viele Menschen leiden unter Allergien und einige chemische Zusatzstoffe können solche Allergien auslösen. Die betroffenen Personen müssen über die Inhaltsstoffe eines Lebensmittels genau informiert sein, um gesundheitliche Probleme zu vermeiden.

58 Beurteilen Sie folgende Fälle:

a) Dem Teig für Eierteigwaren wird bei der Herstellung gelbe Farbe zugesetzt.

b) Zur Herstellung von Pralinen wird statt Kuvertüre kakaohaltige Fettglasur verwendet.

c) Florentiner werden mit kakaohaltiger Fettglasur hergestellt.

d) Vanille-Kipferl werden mit dem Zusatz „mit naturidentischem Vanillin" angeboten.

e) Auf einem Brot ist keine Preisangabe ersichtlich.

a) Die Verwendung von Farbe zur Vortäuschung eines höheren Eigehalts ist verboten, nicht nur bei Eierteigwaren, sondern bei allen Teigen und Massen.

b) Nicht zulässig, da Pralinen Qualitätsprodukte sind.

c) Bekannte hochwertige Erzeugnisse dürfen nur mit bestimmten Zutaten hergestellt werden. Bei Florentinern ist Kuvertüre vorgeschrieben, kakaohaltige Fettglasur hingegen verboten.

d) Irreführende Kennzeichnung ist verboten. Dies gilt für Inhaltsstoffe und Ortsbezeichnungen. Vanille-Kipferl müssen ausschließlich Vanille enthalten. Werden auch naturidentische oder künstliche Aromastoffe verwendet, dann sind es „Kipferl mit Vanille-Geschmack".

e) – Unverpacktes Brot: Die Preisangabe muss deutlich sichtbar sein und der Ware zugeordnet werden können, z. B. am Regal oder Korb.

  – Verpacktes Brot: Jede verpackte Ware muss mit einem Preis gekennzeichnet sein.

Verbraucherinformationsgesetz – VIG (Gesetz zur Verbesserung der gesundheitsbezogenen Verbraucherinformation)

59 Welche Aufgabe hat das Verbraucherinformationsgesetz (VIG)?

Alle Verbraucher sollen über Produkte sämtliche Informationen erhalten, die den Behörden vorliegen.

60 Wie wird die im VIG verankerte Informationspflicht umgesetzt?

– Die Behörden werden verpflichtet, die Öffentlichkeit grundsätzlich in den wichtigsten Fällen von sich aus zu informieren.
– Dazu dient ein bundeseinheitliches Auskunfts- bzw. Aktenrecht.

61 In welchen Fällen sind öffentliche Warnungen mit Namensnennung von Firmen möglich?

Eine Namensnennung ist möglich,
– wenn von Lebensmittelverpackungen Gesundheitsgefahren ausgehen,
– wenn Lebensmittel falsch gekennzeichnet sind,
– wenn Pestizidhöchstmengen überschritten werden,
– wenn sich Gammelfleisch auf dem Markt befindet,
– bei schwerwiegender Verbrauchertäuschung oder
– wenn Anhaltspunkte dafür vorliegen, dass es Gesundheitsgefahren geben könnte, aber noch wissenschaftliche Unsicherheiten vorhanden sind.

Grundlagen des Verkaufs

Kundenarten

1 **Aus welchen Gründen werden Kunden zu „Stammkunden"?**

Gründe hierfür sind
– die Nähe des Geschäfts (Standort),
– die Qualität der Ware,
– ein breites Warensortiment,
– ein zufrieden stellendes Verkaufspersonal,
– die angebotenen Serviceleistungen,
– die ansprechenden Verkaufsräume.

2 **Mit welchen Erwartungen kommen die meisten Stammkunden in den Laden?**

Stammkunden
– wollen mit Namen angesprochen werden,
– erwarten besondere Rücksicht auf spezielles Einkaufsverhalten,
– suchen Kontaktaufnahme, z. B. über persönliche Gespräche.

3 **Welche wirtschaftliche Bedeutung hat der Stammkunde für den Betrieb?**

a) Stammkunden sind „sichere" Kunden.
b) Der Warenbedarf von Stammkunden ist leichter zu ermitteln.

4 **Ein bisheriger Stammkunde kommt nur noch gelegentlich ins Geschäft.**
Welche Gründe könnten hierfür beim Verkaufspersonal liegen?

1. Er wurde nicht mit Namen angesprochen.
2. Er wurde unfreundlich bedient.
3. Das Verkaufspersonal machte einen unsauberen Eindruck.
4. Ihm wurde zu wenig Aufmerksamkeit geschenkt.
5. Er wurde falsch beraten.

5 **Wie können Sie aus einem Gelegenheitskunden einen Stammkunden gewinnen?**

1. Lauf- und Stammkundschaft nicht unterschiedlich bedienen.
2. Auf Kundenwünsche engagiert eingehen.
3. Auf eigenem Namensschild die namentliche Anrede anbieten.
4. Auf zusätzliche Leistungen wie Service oder Angebote hinweisen.

handwerk-technik.de

Geschlecht und Alter, Behinderung bei Kunden

| 6 | Welche Merkmale kennzeichnen Frauen als Kunden?

Frauen
– haben oft gute Warenkenntnisse,
– sind kritische Kunden,
– stellen Preisvergleiche an,
– sind die größte Käufergruppe.

| 7 | Welche Merkmale kennzeichnen Männer als Kunden?

Männer
– kaufen oft im Auftrag,
– haben meist geringere Fachkenntnisse,
– sind häufiger auf Rat der Verkäuferin angewiesen,
– lassen sich bei der Kaufentscheidung gerne beeinflussen.

| 8 | Aus welchen Gründen sind Kinder besondere Kunden?

Kinder
– sind geschäftsunfähig oder beschränkt geschäftsfähig,
– können je nach Alter den Kaufwunsch nur schwer formulieren,
– gehen unachtsam mit Geld und Ware um,
– brauchen besondere Zuwendung.

| 9 | Welche Regeln sind vom Verkaufspersonal beim Umgang mit Kindern zu beachten?

a) Alle Kunden der Reihe nach bedienen.
b) Die Kinder gleichberechtigt behandeln, keine Erwachsenen vorziehen.
c) Die Kinder persönlich ansprechen.
d) Den Kassenbon mitgeben.
e) Das Wechselgeld gut verstauen.
f) Die Ware stabil verpacken.
g) Kleine Geschenke mitgeben.
h) Keine Zusatzverkäufe vornehmen.

| 10 | Warum erfordern ältere Menschen gelegentlich besondere Verhaltensweisen von der Verkäuferin?

Ältere Menschen
– sind manchmal etwas gebrechlich, sehen oder hören schlechter,
– leben oft alleine und sind daher kontaktbedürftig,
– haben vielfach ein geringeres Einkommen und sind deshalb auf preisgünstige Waren angewiesen.

Kundentypen

11 Eine erfolgreiche Verkäuferin ordnet ihre Kunden bestimmten Typen zu. Welche Vorteile ergeben sich daraus?

a) Die Verkäuferin kann sich besser auf den jeweiligen Kunden einstellen.
b) Der Kunde kann individueller und zufriedenstellender bedient werden.

12 Woran erkennen Sie den qualitätsbewussten Kunden?

Der qualitätsbewusste Kunde
- fragt nach der Zusammensetzung der Ware,
- besitzt häufig gute Warenkenntnisse,
- hat meist konkrete Vorstellungen,
- wünscht hochwertige Waren,
- legt weniger Wert auf preisgünstige Waren.

13 Der unentschlossene Kunde hat häufig Schwierigkeiten, seine Kaufentscheidung zu treffen. Wie können Sie als Verkäuferin dabei behilflich sein?

Die Verkäuferin
- kann Entscheidungsfragen stellen,
- kann kurze, sachkundige Beratung anbieten,
- sollte das Warenangebot nicht zu umfangreich gestalten.

Die Verkäuferin – eine Persönlichkeit

14 „Die Verkäuferin ist das Aushängeschild des Betriebes!" Begründen Sie diese Aussage.

a) Gegenüber den Kunden wird der Betrieb allein durch die Verkäuferin vertreten.
b) Der Kunde schließt von Erscheinungsbild und Persönlichkeit der Verkäuferin auf die Leistungsfähigkeit des Betriebs.

15 Zählen Sie mindestens fünf Charaktereigenschaften auf, die der Kunde von „seiner" Verkäuferin erwartet.

Die Verkäuferin sollte
- freundlich und ausgeglichen sein,
- ehrlich und zuverlässig sein,
- kontaktfreudig sein,
- tolerant sein,
- geduldig sein,
- hilfsbereit sein.

16 Eine belastbare Verkäuferin zeichnet sich unter anderem durch Nervenstärke aus. Begründen Sie, warum.

a) Ständig neue Kunden- und Verkaufssituationen erfordern psychische Stabilität.
b) Vereinzelt versuchen Kunden ihre eigenen psychischen Probleme an der Verkäuferin abzureagieren.

Kaufmotive

17 Erklären Sie den Begriff „Kaufmotiv".

Unter Kaufmotiv versteht man den Grund, warum etwas gekauft wird. Wir unterscheiden rationale und emotionale Kaufmotive.

18 Welche Überlegungen können zum Kauf von Waren führen?

Gründe können sein:
– die finanzielle Situation,
– Zeitknappheit,
– krankheitsbedingte Ernährungszwänge,
– Qualitätsbewusstsein.

19 Welche Motive führen zum Kauf folgender Produkte:
a) Einen Tag altes Roggenmischbrot,
b) Diabetikergebäck,
c) Pralinen,
d) Vollkornbrot?

a) Sparsamkeit, gesundheitliche Gründe
b) Krankheit
c) Genuss
d) Gesundheitsbewusstsein

20 Wie unterscheiden sich geplanter Einkauf und Spontankauf (Impulskauf)?

a) *Geplanter Einkauf:*
– Der Kunde hat ein genaues Einkaufsziel.
– Der Kaufwunsch wurde vorher schriftlich festgelegt (Einkaufszettel).
– Der Kunde hat klare Vorstellungen über Art und Menge der Ware.
b) *Spontankauf:*
– Der Kunde wirkt evtl. unschlüssig.
– Der Kunde lässt sich im Einkaufsverhalten beeinflussen.
– Der Verkauf von Zusatzwaren ist möglich.

21 Untersuchungen haben ergeben, dass die Spontankäufe besonders bei Feinbackwaren und Konditoreiwaren bis zu 70 % ausmachen.
Wie können Spontankäufe von Kunden gefördert werden.

Spontankäufe werden gefördert durch
– ansprechende Gestaltung von Theke, Regalen, Vitrinen und Schaufenstern,
– geschickte Platzierung des Warensortiments,
– freundliches Verkaufspersonal,
– fachgerechte Beratung und Empfehlung,
– Probierstücke,
– Wahrnehmung des Backwarenduftes,
– gezielte Plakatwerbung,
– freundliche und angenehme Verkaufsraumgestaltung.

Verkaufsformen, Verkaufssysteme

22 Man unterscheidet in Bäckereien und Konditoreien verschiedene Verkaufsformen bzw. Verkaufssysteme.
Nennen Sie diese.

1. *Ladenverkauf* als Bedienungs-, Selbstbedienungs- und Teilselbstbedienungsverkauf
2. *Verkauf an Wiederverkäufer* (Lieferungen)
3. *mobile Verkaufsstellen*
4. *Frühstücksservice*
5. *Partyservice*

23 Wovon hängt die Entscheidung für bestimmte Verkaufsformen ab?
Zählen Sie mindestens drei Faktoren auf.

Entscheidende Faktoren sind
– der Standort bzw. die Infrastruktur,
– die Kundenbedürfnisse,
– der Betriebstyp und Betriebsgröße,
– das Warensortiment.

24 Welche Vorteile bietet der Ladenverkauf für den Kunden?

a) Der Kunde wird mehr in den Verkauf einbezogen.
b) Die persönliche Beziehung zum Verkaufspersonal ist stärker.
c) Die Beratungsmöglichkeit durch Fachpersonal ist gegeben.
d) Es ist sichergestellt, dass frische, einwandfreie Ware verkauft wird.

25 Nennen Sie Vorteile des Selbstbedienungsverkaufs.

a) Der Personalaufwand ist geringer.
b) Schwellenangst des Kunden ist geringer.
c) Der Kunde kann sein Einkaufstempo selbst bestimmen.
d) Der Kunde kann Waren- und Preisvergleiche besser vornehmen.
e) Bei Kundenandrang sind die Wartezeiten geringer.
f) Der Anteil an Spontankäufen ist höher.

26 Welche Nachteile ergeben sich für die Bäckerei und Konditorei beim Verkauf an Wiederverkäufer?

Die Nachteile beim Verkauf an Wiederverkäufer sind

– geringere Einnahmen durch Rabattgewährung,
– hoher Sach- und Personalaufwand (Lieferungen),
– Qualitätseinbußen durch Transport,
– erschwerte Urlaubsplanung.

Besondere Verkaufssituationen

27 Welche Gründe veranlassen Kunden zum Bestellkauf?

a) Bestimmte Anlässe wie Geburtstag, Taufe, Hochzeit liegen vor.
b) Größere Warenmengen werden benötigt.
c) Besondere Warenwünsche müssen erfüllt werden.
d) Besondere Serviceleistungen werden gewünscht.
e) Es bestehen Hinderungsgründe für das persönliche Erscheinen im Geschäft.
f) Waren sollen für einen späteren Termin bereitgestellt werden.

28 Entnehmen Sie dem abgebildeten Bestellformular, welche Angaben eine korrekt aufgenommene Bestellung enthält.

① Name, Adresse und Telefonnummer des Kunden (und ggf. des zu beliefernden Kunden)
② Art und Menge der Ware
③ besondere Wünsche bezüglich der Ware
④ Lieferung/Abholung mit genauer Uhrzeit
⑤ vereinbarte Zahlungsbedingungen und evtl. Vermerk über erfolgte Anzahlung
⑥ Name des Bestellungsannehmers
⑦ Termin der Bestellungsannahme

29 Bei der telefonischen Bestellung besteht das Risiko, dass die Ware unter falschem Namen bestellt und deshalb nicht abgeholt wird.
Wie kann die Verkäuferin bei ausreichendem Verdacht dieses Risiko vermindern?

Sie sollte unter einem Vorwand zurückrufen, um festzustellen, ob die notierte Telefonnummer korrekt ist.

30 Die Gestaltung des Telefonplatzes entscheidet auch über die zügige Abwicklung einer telefonischen Bestellungsannahme.
Worauf ist bei der Gestaltung des Telefonplatzes zu achten?

a) Das Bestellbuch, Schreibzeug, Terminkalender müssen bereitliegen.
b) Genügend (Schreib-)Platz muss vorhanden sein.

31 Wie wird von der Verkäuferin eine Bestellung weiter „bearbeitet"?

Die Verkäuferin sorgt dafür, dass die Bestellung weitergeleitet und korrekt ausgeführt wird.

32 Mit welchen vorbereitenden Maßnahmen kann sich die Verkäuferin auf starken Kundenandrang einstellen?

a) Waren im Verkaufsraum auffüllen.
b) Verpackungsmaterial auffüllen.
c) Ausreichendes Wechselgeld bereithalten.
d) Bestellungen herrichten.
f) Imbiss und kleine Speisen vorbereiten.
g) Maschinen (z. B. Kaffeemaschine) und Geräte „startklar" machen.

33 Nach welchen Regeln verhält sich eine Fachverkäuferin bei starkem Kundenandrang?

1. Die Verkäuferin bleibt ruhig und freundlich.
2. Kunden werden der Reihe nach bedient, Kinder nicht übersehen.
3. Der Verkaufsablauf wird möglichst kurz gehalten.
4. Auf Beratungsverkauf wird möglichst verzichtet.
5. Es wird zügig bedient, ohne Hektik aufkommen zu lassen.
6. Die Verkäuferin arbeitet konzentriert.

34 Worauf achtet eine gute Fachverkäuferin, wenn eine gewünschte Ware nicht vorrätig ist?

Eine Fachverkäuferin sollte
– eine Begründung abgeben, wenn Ware nicht vorhanden ist,
– Alternativangebote machen,
– dabei beraten und empfehlen.
– evtl. Zeitpunkt nennen, wann die Ware wieder vorhanden ist.

35 Ein Kind soll laut Einkaufszettel der Mutter ein Dreikornbrot kaufen.
Wie reagiert eine Verkäuferin, wenn die gewünschte Ware ausverkauft ist?

a) Die neue Kaufentscheidung darf nicht dem geschäftsunfähigen Kind überlassen werden.

b) Die Verkäuferin darf nicht eigenmächtig andere Ware mitgeben.

c) Sie sollte versuchen, die Eltern anzurufen oder

d) sie kann auf einem Zettel Situation und Alternativangebot schriftlich festhalten und das Kind damit heimschicken.

36 Wie bedient die Verkäuferin Kunden, die in Begleitung kommen?

Die Begleitperson wird in den Verkaufsvorgang mit einbezogen durch
 – Blickkontakt,
 – Ausdehnen des Verkaufsgesprächs auf Begleitperson,
 – gezieltes Erfragen von Wünschen.

37 Welche Anforderungen stellen Geschenkkäufe an das Verkaufspersonal?

Geschenkkäufe sind überwiegend anspruchsvolle Beratungsverkäufe. Sie erfordern
 – gute Sortiments- und Warenkenntnisse,
 – Geduld,
 – Einfühlungsvermögen,
 – Verkaufsgeschick.

38 Warum bietet der Geschenkkauf verbesserte Verkaufschancen?

Kunden, die Geschenke kaufen, wollen anderen eine Freude bereiten und sind hierfür bereit, auch etwas gehobenere Preise zu bezahlen.

39 Welche Regeln beachten Sie beim Verpacken von ausgewählten Geschenken?

a) Der Verpackungsaufwand soll an den Verkaufspreis angepasst sein.

b) Geeignetes, dekoratives Verpackungsmaterial wird ausgewählt.

$\rightarrow$

▷ *Fortsetzung der Antwort* ▷

c) Vor dem Verpacken wird der Preis entfernt.

d) Der Kassenbon darf nicht mit eingepackt werden,

c) Das verpackte Geschenk wird dem Kunden zur „Begutachtung" präsentiert.

40 **Nennen Sie gleich-bedeutende Begriffe für „Reklamation".**

a) Beanstandung
b) Beschwerde
c) Klage
d) Einspruch

41 **Welche Vorschriften bilden die rechtliche Grundlage für die Reklamation?**

1. Das *Bürgerliche Gesetzbuch* (BGB, Sachmangelhaftung § 434 ff.)
2. Das *Produkthaftungsgesetz* (genauer: Gesetz über die Haftung für fehlerhafte Produkte).

42 **In welchem Fall ist die Reklamation laut BGB berechtigt?**

Nach dem BGB sind Reklamationen (genauer: Mängelrügen) berechtigt, wenn für deren Ursache der Verkäufer oder der Hersteller verantwortlich ist.

43 **Wer haftet nach dem Produkthaftungsgesetz und in welchem Umfang wird gehaftet?**

a) **Wer haftet?**
Nach dem **Produkthaftungsgesetz** haftet der **Hersteller** einer Ware für Folgeschäden, die durch fehlerhafte Produkte entstanden sind. Die Haftungsverpflichtung tritt ein, wenn eine Sache beschädigt, jemand getötet, sein Körper oder seine Gesundheit verletzt wurde. Der Hersteller muss den entstandenen Schaden ersetzen, *auch wenn ihn kein Verschulden trifft.*

b) **In welchem Umfang wird gehaftet?**
Im Schadensfall kann die Haftung bis zu 82 Mio. € betragen. Allerdings entfällt auf den Geschädigten eine Selbstbeteiligung von 575 €.

44 Entsprechend den verschiedenen Anlässen unterscheidet man verschiedene Reklamationsarten.
Nennen Sie diese.

1. Produktreklamation
2. Mengenreklamation
3. Qualitätsreklamation
4. Verpackungsreklamation
5. Preis-/Rechnungsreklamation
6. Lieferreklamation
7. Servicereklamation

45 Welche Erwartung hat der reklamierende Kunde?

Der Kunde verlangt ein *Sachergebnis* (z.B. Rücknahme).

46 Welche Grundregeln beachten Sie bei der Bearbeitung von Reklamationen?

Bei der Bearbeitung von Reklamationen sollte man
– Verständnis für die Reklamation zeigen,
– den Kunden ausreden lassen,
– prüfen, ob die Reklamation berechtigt ist,
– die Ursache erklären, beraten,
– sich entschuldigen, bedanken,
– ein entsprechendes Angebot machen, welches das Problem für den Kunden löst.

47 Nennen Sie gesetzlich verankerte Rechte des Käufers bei Mängelrügen.

Das BGB sieht vor:
– **Nacherfüllung**
– **Rücktritt vom Vertrag**
– **Minderung** (Preisnachlass)
– **Schadenersatz**

48 Wie muss bei der Rücknahme von Lebensmitteln verfahren werden?

Nur fest verpackte Lebensmittel in unversehrter Packung dürfen zurückgenommen werden. Alle anderen zurückgenommenen Lebensmittel dürfen nicht wieder in den Verkauf gelangen.

49 Wie bearbeiten Sie Reklamationen mit nicht nachprüfbarer Berechtigung und sog. „Bagatellreklamationen"?

Großzügig und entgegenkommend verfahren. Vorrangiges Ziel ist der zufriedene Kunde, der dem Betrieb erhalten bleibt.

50 Erklären Sie, was man unter einem Kundeneinwand versteht.

Der Kundeneinwand ist keine Reklamation, sondern Ausdruck der Suche nach weiterführenden Informationen als Entscheidungshilfe.

51 Nennen Sie Gründe für Kundeneinwände.

Kundeneinrande werden erhoben
– zur Produktqualität,
– zum Preis,
– zum Verkaufspersonal.

52 Geben Sie typische Kundeneinwände zur Produktqualität an.

a) „Ist dieses Brot auch frisch?"
b) „Sind die Pralinen aus eigener Herstellung?"

53 Mit welchem Argument können Sie Preiseinwänden begegnen?

Dem Kunden gegenüber kann argumentiert werden mit
– der besonderen Qualität der Ware,
– den ausgesuchten Rohstoffen,
– dem aufwändigen Herstellungsverfahren,
– den gestiegenen Material- und Betriebskosten,
– einem neutralen Preisvergleich.

54 Mit welchen Methoden kann Ladendiebstahl vorgebeugt werden?

a) Übersichtliche Gestaltung der Ladeneinrichtung.
b) Anbringen von Spiegeln.
c) Überwachung mithilfe von Kameras.
d) Besonders begehrte Waren ungünstig platzieren.
e) Abschreckung durch entsprechenden Warnhinweis.
f) Erhöhte Wachsamkeit des Verkaufspersonals.

55 Zu welchem Zeitpunkt gilt der Ladendiebstahl als vollendet?

Der Ladendiebstahl gilt dann als vollendet, wenn die Ware vor Verlassen des Geschäftes nicht bezahlt wurde.

56 Wie verhält sich die Verkäuferin bei Diebstahlverdacht?

a) Verdächtige Personen werden unablässig beobachtet, evtl. eine Kollegin mit einbeziehen.
b) Den Kunden nach dem Kassieren fragen, ob er alles bezahlt hat.
c) Verdächtige Personen werden nur bei ganz sicherem Verdacht auf Diebstahl angesprochen.
d) Aufsehen nach Möglichkeit vermeiden.
e) Bei Bedarf wird die Geschäftsleitung bzw. die Polizei verständigt.

57 Welcher Maßnahmenkatalog steht bei der Behandlung eines Diebstahlfalles zur Verfügung?

Mögliche Maßnahmen sind
– den Dieb belehren,
– Hausverbot erteilen,
– Anzeige erstatten.

58 Nach welchem Grundsatz sind Ladendiebstähle zu behandeln?

Das „Strafmaß" sollte der Situation angepasst sein, besonders bei Kindern.

Verkaufsvorgang

59 In welche Teilbereiche kann der Verkaufsvorgang untergliedert werden?

1. Begrüßung
2. Ermittlung des Kaufwunsches
3. Beratung/Empfehlung
4. Ware verpacken/bereitlegen
5. Kassieren
6. Verabschiedung

60 Welche Bedeutung hat die Begrüßung für den Verkaufsvorgang?

Mit der Begrüßung wird der erste wichtige Kontakt mit dem Kunden hergestellt. Dieser ist Voraussetzung für einen erfolgreichen Verkaufsabschluss.

61 Nennen Sie Verhaltens-
regeln für die Begrüßung.

a) Bei Kundeneintritt Gespräche mit Kolleginnen sofort beenden.
b) Bei Kundenandrang Blickkontakt mit eintretendem Kunden aufnehmen.
c) Der Tageszeit entsprechende Grußformel verwenden.
d) Situationsgerecht grüßen.
e) Die Grußformel variieren.
f) Überlaute, gleichgültige Begrüßung vermeiden.
g) Kunden möglichst mit Namen ansprechen.
h) Bei der Begrüßung Begleitperson nicht vergessen.
i) Kunden bei der Begrüßung anschauen.

62 Auf welche Weise erfahren Sie den Namen eines Kunden?

a) Der Kunde gibt bei Bestellung seinen Namen an.
b) Kunden sprechen sich untereinander mit ihren Namen an.
c) Informierte Mitarbeiter befragen.
d) Den Kunden direkt nach dem Namen fragen.

63 Unterscheiden Sie verschiedene Frageformen.

Nach der Fragetechnik unterscheidet man
– offene Fragen,
– geschlossene Fragen,
– Suggestivfragen,
– Alternativfragen.

64 Welche Wirkung haben geschlossene Fragen auf den Verkaufsablauf?

Geschlossene Fragen sind so genannte „Ja-Nein-Fragen". Der Kunde kann sie mit „Ja" oder „Nein" beantworten. Solche Fragen brechen das Verkaufsgespräch ab und wirken deshalb verkaufshemmend. Sie eignen sich bestenfalls als Kontrollfragen.

65 Welche Absicht steckt hinter der Suggestivfrage?

Mit der Suggestivfrage will der Fragesteller Einfluss nehmen. Sie wird so gestellt, dass eine bestimmte Antwort besonders nahe liegt. Die positive Suggestivfrage ist geeignet, unsichere, unentschlossene Kunden positiv zu beeinflussen.

66 Geben Sie je ein Beispiel für positive bzw. negative Suggestivfragen.

a) Positiv: „Wie viel Stück darf ich Ihnen einpacken?"
b) Negativ: „Reicht Ihnen ein Stück?"

67 Welche Absicht hat der Fragesteller, wenn er eine Alternativfrage stellt?

Mit der Alternativfrage wird dem Gesprächspartner die Wahl zwischen zwei Möglichkeiten angeboten, z. B. soll der Kunde zwischen zwei Angeboten entscheiden.

68 Welche Vorteile bietet die Alternativfrage bei der Bedarfsermittlung?

Mit der Alternativfrage wird eine Entscheidung vorbereitet. Sie engt die Auswahl ein und führt besonders unsichere und unentschlossene Kunden häufig schneller an die Entscheidung heran.

69 Ein offensichtlich unkundiger Herr formuliert einen ungenauen Kaufwunsch, wie z. B.: „Ich hätte gerne ein Brot!" Formulieren Sie hierfür geeignete Alternativfragen (Entscheidungsfragen), die helfen, den genauen Kaufwunsch zu ermitteln.

a) „Bevorzugen Sie helles oder dunkles Brot?"
b) „Hätten Sie lieber ein großes oder kleines Brot?"
c) „Wünschen Sie eine Brotsorte mit mildem oder kräftigem Geschmack?"
d) „Möchten Sie ein rundes oder langes Brot?"

70 Nennen Sie Ziele einer fachgerechten Beratung.

Ziel einer Beratung ist
– zu informieren,
– Entscheidungshilfen zu bieten,
– Kaufanreize zu schaffen,
– den Umsatz zu steigern.

71 Welche Angaben können dem Kunden in der Produktberatung vermittelt werden?

Warenangaben über
– Zusammensetzung,
– Herstellung,
– Beschaffenheit,
– Geschmacksrichtung,
– ernährungsphysiologische Bedeutung,
– Verwendung,
– Frischhaltung,
– Menge,
– Preis.

72 Nennen Sie Inhalte der Mengenberatung.

Die Mengenberatung informiert über die benötigte Warenmenge (in Gramm oder Stück pro Person oder Gesamtpersonenzahl).

73 Welche Regeln gelten für die Produktberatung?

Bei der Produktberatung sollten
– positive,
– warenbezogene,
– kundenbezogene
Verkaufsargumente verwendet werden.

74 Kunden, die für bestimmte Anlässe einkaufen, benötigen eine besondere Beratung. Welche Informationen müssen für eine zufriedenstellende Beratung ermittelt werden?

Erfragt werden müssen
– der Anlass,
– die Personenzahl,
– der Personenkreis,
– die „Eigenleistungen",
– die Dauer der „Veranstaltung",
– die angestrebte Preislage,
– bevorzugte Geschmacksrichtungen,
– eventuelle Diätvorgaben,
– gewünschte Sonderanfertigungen,
– vorhandene Frischhalte-Möglichkeiten.

75 Worauf achten Sie beim Abwiegen loser Ware?

Beim Abwiegen
– möglichst exakt an gewünschte Menge halten,
– das Wegnehmen überzähliger Ware vermeiden,
– dem Kunden freie Sicht auf die Waage ermöglichen.

76 Beschreiben Sie die aufeinander folgenden Schritte des Kassiervorganges.

Die Verkäuferin
- nennt laut und deutlich den Gesamtpreis,
- nennt den vom Kunden erhaltenen Betrag und bedankt sich,
- überprüft im Zweifelsfall unauffällig die Echtheit des Geldes,
- legt das Geld sichtbar außerhalb der Kasse ab,
- zählt dem Kunden das Rückgeld nach der Aufzählmethode vor,
- überreicht dem Kunden den Kassenbon
- legt das erhaltene Geld erst dann in die Kasse, wenn der Kunde das Rückgeld bestätigt hat,
- beobachtet, ob der Kunde das Rückgeld vollständig an sich nimmt,
- beendet den Kassiervorgang mit einem freundlichen Dankeschön.

77 Wie verhält sich die Verkäuferin, wenn es beim Kassieren zu Reklamationen kommt?

Bei strittigen Kassiervorgängen hilft zur Klärung meist nur eine Kassenüberprüfung. Die Verkäuferin bittet den reklamierenden Kunden, die Kassenabrechnung nach Geschäftsschluss abzuwarten.

78 Nennen Sie Ziele einer angemessenen Verabschiedung.

Ziele der Verabschiedung sind
- eine positive Nachwirkung zu erreichen,
- die Grundlage für neue Einkäufe zu schaffen.

79 Welche Bestandteile gehören zur Verabschiedung eines Kunden?

Zur Verabschiedung gehören
- der Dank für den Einkauf
- Hilfen bei der Warenübergabe,
- Gruß zur Verabschiedung, evtl. verbunden mit besonderen Wünschen,
- ggf. Hilfestellung beim Verlassen des Geschäfts.

Waren, Verkauf und Beratung

Werbung

1 „Gute Ware verkauft sich von selbst!"
Nehmen Sie Stellung zu dieser Aussage.

Gute Ware ist eine wichtige Voraussetzung für den Verkaufserfolg. Durch Werbemaßnahmen kann jedoch der Umsatz gesteigert und ein höherer Gewinn erzielt werden. Gewinn ist das Hauptziel jeder unternehmerischen Tätigkeit.

2 Wovon hängt die Verkaufsfähigkeit von Produkten ab?

Die Verkaufsfähigkeit von Produkten ist abhängig von
– der Nachfrage,
– dem Angebot,
– dem Preis,
– geeigneten Verkaufssystemen
– der Verkaufstechnik und Werbung.

3 Beschreiben Sie die AIDA-Formel als mögliches Werberezept.

A = Attention/Aufmerksamkeit
→ *Aufmerksamkeit erregen durch Farbe, Licht, Ton, Gestaltung, Größe, Auffälligkeit, Häufigkeit, Platzierung der Ware*

I = Interest/Interesse
→ *Sinneswahrnehmungen durch Sehen, Hören, Riechen, Fühlen, Schmecken, Aufnahme und Verarbeitung von Informationen*

D = Desire/Kaufwunsch (Besitzwunsch)
→ *Bedürfnis als Reaktion auf Sinneswahrnehmung und Informationen*

A = Action/Kaufhandlung
→ *Erfüllung des Bedarfs*

4 Nennen Sie geeignete Werbemittel zur Übermittlung von Werbebotschaften.

Geeignete Werbemittel sind
– Sprache, Ton, Musik,
– Schrift, Text, Zeichen,
– Bild, Farbe, Licht.

5 Welche Werbeträger sind geeignete Medien für die Verbreitung und Übermittlung von Werbebotschaften?

a) Schaufenster
b) Verpackungsmaterial
c) Plakate, Preisschilder, Preislisten, Anschlagtafeln
d) Verkaufspersonal, Verkaufsraum
e) Handzettel, Wurfsendungen
f) Zeitungen, Zeitschriften
g) Rundfunk, Fernsehen, Kino
h) Reklame, Autowerbung, Litfasssäule
i) Werbegeschenke, Probierstücke
j) Internet (Homepage)

6 Zählen Sie verschiedene Werbearten auf.

1. Individualwerbung
2. Gemeinschaftswerbung
3. Verbundwerbung
4. Stützwerbung

7 Unterscheiden Sie zwischen *Individualwerbung* und *Gemeinschaftswerbung*.

a) *Individualwerbung* ist die „individuelle Werbung" eines Unternehmers. Sämtliche Werbeaktivitäten und -materialien sind allein auf den eigenen Betrieb ausgerichtet.
b) *Gemeinschaftswerbung* ist die gemeinsame Werbung freiwillig teilnehmender Unternehmer, z. B. im Werbering einer Innung.

8 Zählen Sie die wichtigsten Werbegrundsätze auf.

Werbung muss
– gesetzlich zulässig sein,
– mit den guten Sitten vereinbart werden können,
– redlich und wahr sein.
Weitere Grundsätze:
Wirtschaftlichkeit, Klarheit, Aktualität, Originalität, Stetigkeit.

9 Welche Werbemethoden sind nach dem „Gesetz gegen den unlauteren Wettbewerb" (UWG) verboten.

Verboten nach dem UWG ist z. B.
– irreführende Werbung,
– sittenwidrige Werbung,
– das Anschwärzen von Mitbewerbern.

10 Neben den Bestimmungen des UWG gibt es weitere Vorschriften zur Regelung der Werbung.
Nennen Sie hierzu zwei Beispiele.

1. Die Preisangabenverordnung und das Eichgesetz besagen, dass neben dem Endpreis auch ein Grundpreis angegeben werden muss.
2. Nach dem Gesetz über die Werbung auf dem Gebiet des Heilwesens ist gesundheitsbezogene Werbung verboten.
3. Nach dem BGB ist bei Verbraucherkrediten der effektive Jahreszins anzugeben.
4. Das Texilkennzeichnungsgesetz verlangt, dass bei Textilerzeugnissen der Anteil der verwendeten Rohstoffe angegeben wird.

11 Werbung muss geplant erfolgen.
Welche Inhalte enthält ein Werbeplan?

Im Werbeplan werden folgende Punkte geklärt:
– wofür wird geworben;
– welche Zielgruppe wird umworben;
– wie wird der Werbende dargestellt;
– welche Werbemittel und Werbeträger werden eingesetzt;
– in welchem (Streu-)Gebiet wird geworben;
– in welcher (Streu-)Zeit wird geworben;
– wie hoch ist der Werbeetat.

12 Welche wesentlichen Aufgaben übernimmt das Schaufenster als Werbeträger?

Wichtige Aufgaben des Schaufensters:
– Interesse der Passanten wecken,
– Kauflust wecken,
– Informationen vermitteln,
– Leistungsfähigkeit des Betriebes herausstellen.

13 Womit kann bei der Schaufenstergestaltung das Interesse der Passanten geweckt werden?

a) Mit einem Blickfang kann Aufmerksamkeit erzeugt werden.
b) Auch der Einsatz passender Farben (Signalfarben) und die wirkungsvolle Ausleuchtung des Schaufensters wecken das Interesse der Passanten.

14 Die einzelnen Farben wirken sich auf das menschliche Gemüt sehr unterschiedlich aus.
Geben Sie zu den verschiedenen Farben an, welche Wirkungen sie auslösen.

Farben	Wirkung
braun, gold, orange, rot, gelb	warm
blau, türkis, weiß, silber	kalt
grün, sandfarben, ocker, beige	beruhigend
rot, orange	lebhaft, anregend
violett, silber, gold	festlich

15 Nennen Sie stichwortartig allgemeine Regeln zur Schaufenstergestaltung.

a) Zuerst wird eine Vorplanung durchgeführt, evtl. eine Skizze angefertigt.

b) Größere Waren werden hinten, kleinere vorne platziert.

c) Auf sicheren Stand aller Waren und Dekorationsstücke muss geachtet werden.

d) Tabletts, Platten und Torten werden leicht schräg gestellt, sofern möglich.

e) Es werden Warengruppen gebildet.

f) Freie Flächen zwischen den Warengruppen ermöglichen eine bessere Übersicht.

g) Lieber Schwerpunkte bilden, anstatt die Waren gleichmäßig über die ganze Fläche zu verteilen.

h) Waren werden von ihrer günstigsten Seite gezeigt.

i) Nur einwandfreie und schöne Waren werden ausgelegt.

j) Das Schaufenster muss sauber gehalten werden.

k) Waren, die altern, müssen entfernt, ausgetauscht oder durch Attrappen ersetzt werden.

l) Alle Waren mit Ausnahme von Schaustücken sind mit Preisschildern zu versehen.

→

▷ *Fortsetzung der Antwort* ▷

m) Es werden hauptsächlich Waren eigener Produktion ausgestellt.

n) Das Schaufenster wird durch gelegentliche Betrachtung aus der Kundenperspektive kontrolliert,

o) *Gestalten* Sie ein Schaufenster – räumen Sie es nicht einfach ein! Zeigen Sie Liebe zum Detail!

16 Ordnen Sie unterschiedliche Wahrnehmungsfelder den verschiedenen Schaufensterbereichen zu.

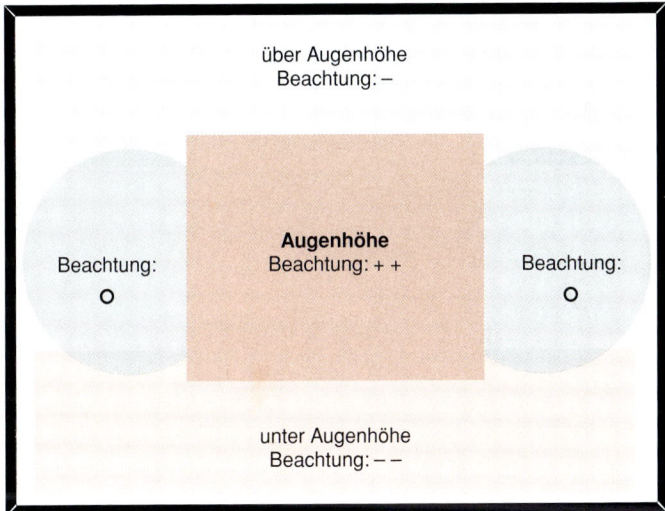

+ stark
O durchschnittlich
– schwach

17 Welche Legetechnik wurde bei den Platten ①, ②, ③ und ④ jeweils verwendet?

① asymmetrisch, in geraden Reihen belegte Platte

② rund belegte Platte

③ in schrägen Reihen belegte Platte, schräge Reihen sind gut erkennbar

④ symmetrisch belegte Platte

①

②
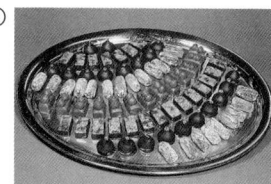

③

④
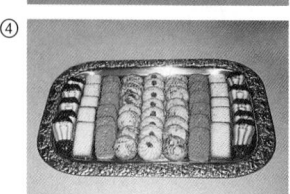

18 Erstellen Sie einen Jahres-Schaufenster-Aktionsplan nach folgendem Muster:

Schaufensteraktionsplan								Jahr:_____
Nr.	Mon.	KW	Anlass	Aktions-thema	Ware	Werbe-material	Blickfang	zusätzl. Werbemaß-nahmen
1	Jan.	1–3	Winter	Fit durch den Winter	rustikale Kleinge-bäcke	Watteflocken, Mütze, Schal, Handschuhe	Schlitten	Aktionspreise
2	Jan./ Feb.	4–7	Fasching	Zur tollen Zeit	Berliner in verschied. Variationen	Konfetti, Girlanden, Masken	Hexe	vier zahlen – fünf mitneh-men
3	Feb.	7	Valen-tinstag	Geschenkideen für den Valen-tinstag	Konditorei-waren	Herzaufkleber für die Schau-fensterscheibe	gr. Herz (Deckenab-hänger)	
4	Feb.	8–9	Brot-aktion	Für SIE backen WIR gerne	drei Brotsorten in einem Gebäck (Laib, Ring)	Infomaterial für Rohstoffe, Bäckerfigur	Brotpyra-mide	Probierstand, Plakate, Handzettel, Aktionspreise

19 Ordnen Sie die Verschnürungsarten den jeweiligen Abbildungen zu:
– Strahlenverschnürung,
– Übereckverschnürung,
– symmetrische Kreuzverschnürung,
– asymmetrische Kreuzverschnürung.

① = Übereckverschnürung
② = symmetrische Kreuzverschnürung
③ = asymmetrische Kreuzverschnürung
④ = Strahlenverschnürung

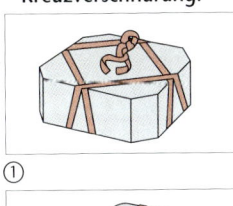

①

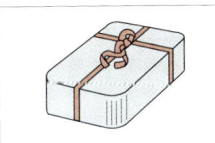

②

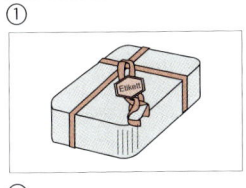

③

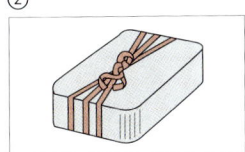

④

20 Bringen Sie die Abbildungen der Übereckverschnürung in eine geordnete Reihenfolge.

1 = d)	4 = c)
2 = a)	5 = b)
3 = e)	

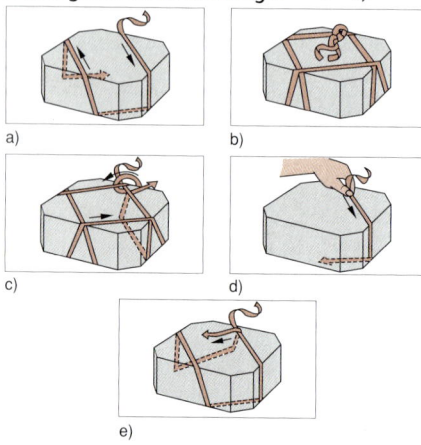

a)

b)

c)

d)

e)

21 Um den Erfolg von Verkaufs- und Werbemaßnahmen zu überprüfen, werden Kundenbefragungen durchgeführt. Nennen Sie die Grundsätze einer zielgerichteten Kundenbefragung.

1. Der Zweck der Befragung muss eindeutig und (für Kunden) nachvollziehbar sein.

2. Einzelfaktoren, die für die Zufriedenheit des Kunden verantwortlich sind, müssen festgelegt werden (Produktqualität, Servicequalität, Preis etc.).

3. Die ermittelten Einzelfaktoren müssen eindeutig sein (Preis eines Produktes, nicht aller Produkte etc.).

4. Jeder Fragepunkt sollte eine eindeutige und möglichst einheitliche Bewertungsskala aufweisen (Vergleichbarkeit).

5. Ein Fragebogen sollte den Kunden die Möglichkeit bieten, sich mitzuteilen (offene Fragen am Ende).

6. Eine Befragung sollte „Folgen" haben (Veröffentlichen der „positiven" Ergebnisse, Verbessern der kritisierten Produkte etc.).

Feine Backwaren aus Teigen

Hefefeinteige

1 Man unterscheidet verschiedene Backwaren-kategorien.
Welcher Kategorie werden Gebäcke aus Hefefeinteigen zugeordnet?

Gebäcke aus Hefeinteigen gehören zur Gruppe „Feine Backwaren".

2 Erklären Sie den Begriff „Feine Backwaren".

Feine Backwaren werden aus Teigen oder Massen unter Verwendung von Getreide und/oder Getreideerzeugnissen, Stärken, Fetten und Zuckerarten hergestellt.

3 Nennen Sie die gesetzli-chen Bestimmungen für „Feine Backwaren".

Der Gehalt an Zucker und/oder Fett muss bei „Feinen Backwaren" mindestens 10 Teile auf 90 Teile Getreide und/oder Getreideerzeugnisse betragen.

4 Welche Zutaten werden zur Herstellung von Hefefeinteigen verwendet?

Hefefeinteige bestehen aus folgenden Zutaten:
– Weizenmehl,
– Milch, Wasser
– Zucker,
– Fett,
– Hefe,
– Salz,
– Aromen/Gewürzen
und evtl.:
– Eiern,
– Früchten.

5 Nach welchen Merkmalen können Hefefeinteige eingeteilt werden?

Hefefeinteige werden unterschieden nach
– der Bearbeitung,
– der Rezeptur (Fettanteil).

6 Unterscheiden Sie Hefefeinteige nach der Bearbeitung.

Nach der Bearbeitung unterscheidet man Hefeinteige in
- geknetete Teige,
- geschlagene Teige,
- gerührte Teige,
- gezogene (tourierte) Teige.

7 Welche Hefefeinteigarten ergeben sich nach dem Fettanteil in der Rezeptur?

Nach dem Fettanteil werden Hefeinteige eingeteilt in
- leichte Hefeteige,
- mittelschwere Hefeteige,
- schwere Hefeteige.

8 Geben Sie an, welche Fettanteile in Prozent leichte, mittelschwere und schwere Hefeteige aufweisen und nennen Sie jeweils Gebäckbeispiele.

Hefeinteig	Merkmale	Erzeugnisse
leicht	Fettanteil 10–15 %	Flechtgebäck, Figurengebäck, Zwieback
mittelschwer	Fettanteil ca. 20 %	Blechkuchen, Brioche
schwer	Fettanteil bis 50 %	Stollen

9 Nennen Sie Erzeugnisse aus geschlagenen bzw. gerührten Hefefeinteigen.

a) *Geschlagene Teige:* Pfannkuchengebäcke (z. B. Berliner), Brioche
b) *Gerührte Teige:* Napfkuchen, Savarin

10 Beschreiben Sie die Herstellung von Hefezwieback.

Hefeinteig wird in Backkästen gebacken (Einback) und nach dem Aufschneiden beidseitig geröstet.

11 In welchen Formen wird Zwieback im Handel angeboten?

a) Suppenzwieback
b) Haushaltszwieback
c) Kinderzwieback
d) Gewürzzwieback
e) Butterzwieback
f) Eierzwieback
g) Französischer Zwieback
h) Zwieback mit Überzügen

12 Nennen Sie die gesetzlichen Bestimmungen für Nährzwieback.

Nährzwieback enthält auf 100 kg Getreidemehl 10 kg Butter und 10 kg Vollei oder die entsprechende Menge Eigelb und als Anteigflüssigkeit nur Vollmilch.

13 Zählen Sie verschiedene Blechkuchen aus Hefefeinteig auf.

1. Obstkuchen (z. B. Zwetschgenkuchen)
2. Streuselkuchen
3. Mohn-/Quarkkuchen
4. Bienenstich
5. Butterkuchen

14 Beschreiben Sie die Zusammensetzung eines Bienenstichkuchens.

Ein Bienenstichkuchen setzt sich zusammen aus
– einem Hefeteigboden,
– der Bienenstichmasse; sie besteht aus Honig, Zucker, Butter, Sahne und Ölsamen,
– der Füllung, einer leichten Vanillekrem.

15 Nennen Sie die lebensmittelrechtlichen Bestimmungen für Butterkuchen.

Butterkuchen ist ein Hefekuchen, der im Teig und in der Auflage als Fett nur Butter enthält. Der Gesamtbutteranteil beträgt auf Getreidemahlerzeugnisse bezogen mindestens 30 %.

16 Mit welchen Verkaufsargumenten würden Sie Blechkuchen aus Hefefeinteig anbieten?

Hefeblechkuchen
– sind typische Frischgebäcke,
– bieten Abwechslung durch verschiedene Auflagen,
– sind gut bekömmlich,
– sind preiswert.

17 Zählen Sie Gebäcke mit bzw. aus Hefefeinteig auf, die nicht im Ofen gebacken werden.

Nicht im Ofen ausgebacken werden die Siede- oder Fettgebäcke, wie z. B.
– Berliner (Pfannkuchen)
– Fastnachtsküchle,
– Apfelballen,
– Fettbrezeln, -schlingen,
– Donuts,
– Kameruner.

18 Wie werden „Berliner"
(Pfannkuchen) hergestellt?

Berliner (Pfannkuchen) werden aus einem weichen, geschlagenen eihaltigen Hefeteig hergestellt und in Siedefett bei 170 bis 180°C gebacken. Danach werden sie z. B. mit Konfitüre gefüllt. Anschließend erfolgt ein Bestäuben mit Zucker bzw. Glasieren mit Fondant.

19 Welche Bedeutung hat bei „Berlinern" der helle Kragen für die Gebäckbeurteilung?

Fachgerecht hergestellte Teige sind so leicht, dass jeweils weniger als die Hälfte in das Siedefett eintaucht. Dadurch wird beim Backen wenig Fett aufgesaugt.

20 Durch welche Herstellungsfehler kann die Bekömmlichkeit von „Berlinern" eingeschränkt sein?

a) Durch ungenügende Teiglockerung ist die Fettaufnahme erhöht.
b) Die Temperatur des Siedefetts war zu gering.
c) Das Siedefett weist Qualitätsmängel auf.
d) Die Gebäcke konnten nach dem Frittieren nur ungenügend abtropfen.

21 Wie reagieren Sie auf die Fehleinschätzung vieler Kunden, dass Fettgebäcke besondere „Dickmacher" seien?

Diese oft genannte Fehleinschätzung rührt aus der Zeit, als die häufig wenig gelockerten Teiglinge in Schmalz gebacken wurden und die Fettaufnahme dabei sehr hoch war. Die leichten Hefeteiglinge werden heutzutage in hochwertigen Siedefetten bei ausreichender Temperatur gebacken. Berliner nehmen dabei nur vier bis fünf Gramm Fett pro Stück auf.

22 Nennen Sie die lebensmittelrechtlichen Bestimmungen für Butterstollen.

Butterstollen enthalten mindestens 40 kg Butter oder die entsprechenden Mengen Butterreinfett oder Butterfett sowie mindestens 70 kg Trockenfrüchte auf 100 kg Getreideerzeugnisse und/oder Stärken.

23 „Dresdner Stollen" ist als Herkunftsbezeichnung registriert.
Welche Bedeutung hat diese Tatsache?

Nur Stollen aus dem Einzugsgebiet Dresden dürfen mit dieser Verkehrsbezeichnung angeboten werden.

24 Unterscheiden Sie leichte und schwere Stollen nach Fettgehalt und Lagerfähigkeit.

Stollentyp	Fettgehalt	Lagerfähigkeit
leichte Stollen	30 %	1–4 Wochen
schwere Stollen	30–40 %	4–12 Wochen

25 Mit welchen Verkaufsargumenten können Sie Stollen anbieten?

Stollen sind
– Spitzenprodukte aus hochwertigen Rohstoffen,
– zarte, mürbe und aromatische Gebäcke,
– gut geeignet zu Kaffee, Tee, Glühwein u. Ä.,
– lange lagerfähig,
– geeignet als Gebäckreserve,
– ideal als kleine Geschenke.

26 Im Schaufenster steht ein Gebäck mit der Bezeichnung „Gugelhupf". Ein interessierter Kunde möchte mehr über dieses Gebäck wissen.

Der Gugelhupf ist ein Napfkuchen aus gerührtem Hefeeinteig mit hohem Butter- und Eianteil. Durch seine Früchte wie Sultaninen, Korinthen, Mandeln, Zitronat und Orangeat und die fein abgestimmten Geschmacksstoffe erhält er sein besonderes Aroma. Der Gugelhupf ist lange haltbar.

27 Warum sollten Sie Kindern keine Savarins anbieten?

Diese ringförmigen Hefegebäcke mit hohem Butter- und Eianteil werden mit einer Rumtränke hergestellt und sind aufgrund des Alkoholgehaltes für Kinder nicht geeignet.

28 Erklären Sie den Begriff „Plunder".

Plunder ist ein gezogener Hefeteig. In den Grundteig wird Ziehfett (Butter, Ziehmargarine) eintouriert.

29 Welche Lockerungsarten kommen bei der Herstellung von Plundergebäcken zur Anwendung?

a) Die biologische Lockerung durch Hefe.
b) Die physikalische Lockerung durch Wasserdampf.

30 Erklären Sie die Wirkungsweise der physikalischen Lockerung bei Plunderteigen.

Durch die Erwärmung des Teiges beim Backprozess entsteht Wasserdampf, der durch die isolierenden Fettschichten z.T. festgehalten wird und somit durch den Gasdruck eine Volumenvergrößerung bewirkt.

31 Unterscheiden Sie *Deutschen* und *Dänischen Plunder* nach ihren lebensmittelrechtlichen Bestimmungen.

a) *Deutscher Plunder:* mindestens 30 kg Butter oder eine entsprechende Menge anderer Fette auf 100 kg Getreideerzeugnisse und/oder Stärken.

b) *Dänischer Plunder:* mindestens 60 kg Butter oder eine entsprechende Menge anderer Fette auf 100 kg Getreideerzeugnisse und/oder Stärken.

32 Mit welchen unterschiedlichen Verkaufsargumenten bieten Sie Deutschen und Dänischen Plunder an?

Art	Verkaufsargumente
Deutscher Plunder	bekömmlich, preiswert
Dänischer Plunder	feinsplittrig, blättrig, aromatisch, länger frisch

33 Worauf müssen Sie als Verkäuferin achten, um die Qualität von Plundergebäck zu erhalten?

Plundergebäck
– darf nicht aufeinander gestapelt werden,
– muss trocken und nicht zu kühl gelagert werden.

Blätterteig

34 Erklären Sie den Begriff „Blätterteig".

Blätterteig ist ein Teig ohne Triebmittel mit mindestens 68,3 kg Butter oder der entsprechenden Menge Milchfetterzeugnisse oder Margarine auf 100 kg Getreideerzeugnisse.

35 Nennen Sie Qualitätsmerkmale von Blätterteiggebäcken.

Blätterteiggebäcke sollten folgende Merkmale aufweisen:
– gut gelockert,
– voluminös,
– leicht gebräunt,
– splittrig,
– dünne Schichtung,
– angenehmer Geschmack.

36 Wodurch kommt die splittrige Eigenschaft des Blätterteigs zustande?

Die splittrige Eigenschaft des Blätterteigs kommt durch das Tourieren des Grundteigs zustande.

37 Nennen Sie die Grundrezeptur für Blätterteig.

a) **Grundteig**
1 000 g Weizenmehl
15 g Salz
500 g Zuguss
b) **mögliche Zutaten**
Fett, Zucker, Eigelb,
Würz- und Aromastoffe
c) **zum Einziehen**
1 000 g Ziehfett

38 Ermitteln Sie anhand des Grundteigs den Fettgehalt von Blätterteig in Prozent.

Grundteig 1 515 g = 100 %
Ziehfett 1 000 g = **66** %

39 Nach der Herstellungsweise unterscheidet man verschiedene Blätterteigarten.
Ordnen Sie den abgebildeten Herstellungstechniken die entsprechende Blätterteigart zu.

① Französischer Blätterteig
② Deutscher Blätterteig
③ Holländischer Blätterteig

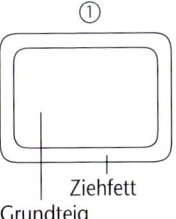

① Ziehfett
Grundteig

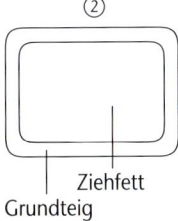

② Ziehfett
Grundteig

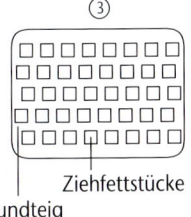

③ Ziehfettstücke
Grundteig

40 Beschreiben Sie die Herstellungsweise der verschiedenen Blätterteigarten.

a) *Französischer Blätterteig:* Der Grundteig wird in das Ziehfett eingeschlagen.

b) *Deutscher Blätterteig:* Das Ziehfett wird in den Grundteig eingeschlagen.

c) *Holländischer Blätterteig:* Das grob gehackte Ziehfett wird bereits bei der Teigbereitung eingearbeitet.

41 In welche Gebäckgruppen können Blätterteigerzeugnisse nach Geschmack bzw. Verwendung eingeteilt werden?

a) süße, mit Obst, Obsterzeugnissen, Quark oder Marzipan gefüllte Gebäcke

b) süße, ungefüllte Gebäcke

c) süße, mit Sahne oder Krem gefüllte Dessertgebäcke

d) ungefüllte Beilagen oder Hohlformen

e) pikant gefüllte, würzige Gebäcke

f) würzige Kleingebäcke

42 Wozu empfehlen Sie Käsegebäck aus Blätterteig?

Käseblätterteig passt z. B. hervorragend zu alkoholischen Getränken.

43 Ein Kunde kann sich als Mitbringsel für einen Krankenbesuch nicht zwischen Hefeteilchen und Blätterteigstückchen entscheiden.
Beraten Sie ihn.

Gebäcke aus Hefeteig sind weniger bruchempfindlich als Blätterteiggebäcke und daher für diesen Zweck besser geeignet. Außerdem sind sie aufgrund ihres geringeren Fettanteils wesentlich bekömmlicher.

44 Welche Regeln beachten Sie zur Qualitätserhaltung von Blätterteiggebäck?

Blätterteiggebäcke
– sorgsam behandeln,
– nicht übereinander legen,
– vor Feuchtigkeit schützen,
– vor Fremdgeruch schützen,
– bei normaler Raumtemperatur aufbewahren.

Mürbeteige

45 Welche Merkmale kennzeichnen Mürbeteiggebäcke?

Für Gebäcke aus Mürbeteig ist kennzeichnend, dass sie kurzbrüchig, zart bis sandig und leicht bröselig sind. Als Flachgebäcke besitzen sie keine Krume.

46 Nennen Sie die Grundzutaten für Mürbeteig.

Hauptrohstoffe für Mürbeteig sind
– Mehl,
– Fett und
– Zucker.

47 Unterscheiden Sie Mürbeteige nach der Arbeitstechnik in der Herstellung.
Nennen Sie jeweils ein Erzeugnis.

a) *gekneteter Mürbeteig:* Böden
b) *gerührter Mürbeteig:* Butter-S
c) *geriebener Mürbeteig:* Streusel

48 Erklären Sie die Bezeichnung „1-2-3-Mürbeteig".

Diese Bezeichnung gibt die mengenmäßige Zusammensetzung der Grundzutaten an:
– 1 Teil Zucker,
– 2 Teile Fett,
– 3 Teile Mehl.

49 Beurteilen Sie 1-2-3-Mürbeteig und 1-1-2-Mürbeteig hinsichtlich des Fettgehaltes.

1-2-3-Mürbeteig	1-1-2-Mürbeteig
höherer Fettanteil	niederer Fettanteil
→ schwer	→ leicht

50 Warum werden Mürbeteige nicht mit Hefe gelockert?

Der hohe Zuckeranteil bindet die für die Hefe notwendige Feuchtigkeit.

51 Weshalb verwendet man für Obstkuchen und Torten gerne Mürbeteigböden?

Der hohe Fettanteil verhindert ein Durchfeuchten des Mürbeteigbodens und somit ein unliebsames Anhaften an der Unterlage.

52 Worauf muss das Verkaufspersonal beim Verkauf von Kuchen mit Mürbeteigböden achten?

Kuchen mit Mürbeteigunterlage
– **rutschen** gerne von der Platte,
– **brechen** beim Schneiden leicht aus,
– **fetten** Verpackungsmaterial durch.

53 Erklären Sie den Begriff „Spekulatius".

Laut den „Leitsätzen für Feine Backwaren" ist Spekulatius eine gewürzte oder nicht gewürzte Gebildbackware.

54 Beschreiben Sie die Zusammensetzung einer „Linzer Torte".

Die Linzer Torte besteht aus
- schwerem Mürbeteig mit geriebenen Nüssen oder Mandeln,
- eingestrichener, säuerlich-herber Füllung und
- Gitter aus Linzer Mürbeteig als Abdeckung.

55 Nennen Sie die Grundrezeptur für Käsemürbeteig.

1. 1 Teil Fett
2. 1 Teil Mehl
3. 1 Teil Käse
4. Ei, Gewürze

56 Mit welchen Verkaufsargumenten können Sie für Ihre verschiedenen Mürbeteiggebäcke werben?

Mürbeteiggebäcke
- eignen sich als kleine Beigabe zu Tee und Kaffee,
- sind ein beliebtes Weihnachtsgebäck,
- sind als Käsegebäck eine gute Beilage zu alkoholischen Getränken,
- haben einen guten Sättigungswert,
- sind lange haltbar.

57 Viele Mürbeteiggebäcke werden zu den Dauerbackwaren gerechnet.
Erklären Sie den Begriff „Dauerbackwaren".

Dauerbackwaren sind Feine Backwaren, deren Genießbarkeit durch längere, sachgemäße Lagerung nicht beeinträchtigt wird.

Lebkuchen und Früchtebrot

Lebkuchen

1 Wie wird der Begriff Lebkuchen in den „Leitsätzen für Feine Backwaren" erklärt?

Lebkuchen sind süße gewürzte Erzeugnisse mit oder ohne Oblatenunterlage, die aus Massen oder Teigen gebacken werden.

2 Nennen Sie die Hauptrohstoffe für die Lebkuchenherstellung.

Hauptrohstoffe sind
– Getreideerzeugnisse und/oder Stärken,
– Zuckerarten und/oder Honig, Invertzuckerkrem,
– Gewürze und/oder Aromen.

3 Welche weiteren Zutaten werden zur Herstellung von Lebkuchen verwendet?

Weitere Zutaten können sein
– Mandeln, Nüsse,
– Ei- und Milcherzeugnisse,
– Früchte oder Fruchterzeugnisse,
– Malzextrakte,
– Schokoladenerzeugnisse (Überzug).

4 Welche Arten von Lebkuchen werden nach den „Leitsätzen für Dauerbackwaren" unterschieden?

Die Leitsätze für Dauerbackwaren unterscheiden
– auf Oblaten gebackene Lebkuchen,
– Braune Lebkuchen.

5 Erklären Sie den Begriff „Oblatenlebkuchen".

Unter Oblatenlebkuchen versteht man Lebkuchen aus Massen, die auf Oblaten aufgetragen (gestrichen oder dressiert) und nach leichter Oberflächentrocknung gebacken werden.

6 Nennen Sie die lebensmittelrechtlichen Bestimmungen für Elisenlebkuchen.

a) Der Anteil an Mandeln und/oder Hasel- bzw. Walnusskernen muss mindestens 25 % betragen.
b) Es dürfen keine anderen Ölsamen enthalten sein.
c) Höchstens 10 % Getreideerzeugnisse oder 7,5 % Stärke dürfen verwendet werden.

7 Zählen Sie weitere Oblaten-lebkuchen auf.

1. Haselnuss-, Walnuss-, Nusslebkuchen
2. Mandel-, Marzipan-, Makronenlebkuchen
3. Weiße Lebkuchen

8 Welche Merkmale kennzeichnen „Weiße Lebkuchen"?

Weiße Lebkuchen werden nur in rechteckiger Form hergestellt und sind weder glasiert, überzogen noch gefüllt. Zum Verzieren werden Mandeln und/oder Zitronat/Orangeat verwendet. Die Masse enthält mindestens 15 % Eiprodukte und nicht mehr als 40 % Getreideerzeugnisse und/oder Stärken.

9 Warum ist die Lagerfähigkeit von Oblatenlebkuchen beschränkt?

Wegen des hohen Eiklaranteils trocknen Oblatenlebkuchen rasch aus und verlieren dabei den Geschmack.

10 Mit welchen Verkaufsargumenten bieten Sie Oblatenlebkuchen an?

Oblatenlebkuchen
– sind weich und saftig,
– enthalten hochwertige Gewürzmischungen,
– sind besonders in der Weihnachtszeit ein Genuss zu Kaffee, Tee, Glühwein o.Ä.,
– sind in netter Verpackung als kleines Geschenk geeignet.

11 Erklären Sie den Begriff „Braune Lebkuchen".

Braune Lebkuchen werden aus Teig ausgeformt, ausgestochen oder geschnitten und nicht auf Oblatenunterlagen gebacken.

12 Nennen Sie die Bestimmungen für Braune Lebkuchen.

Braune Lebkuchen enthalten auf 100 kg Getreideerzeugnisse und/oder Stärken mindestens 50 kg Zuckerarten.

13 Unter welchen Verkehrsbezeichnungen werden Braune Lebkuchen zum Verkauf angeboten?

a) Braune Lebkuchen
b) Feine/Feinste Braune Lebkuchen
c) Braune Mandel-/Nusslebkuchen
d) Honiglebkuchen (Honigkuchen)
e) Dominosteine

→

▷ *Fortsetzung der Antwort* ▷

f) Printen
g) Spitzkuchen
h) Pfeffernüsse, Pflastersteine, Magenbrot
i) figürliche Formen (Herzen, Brezeln, Sterne u.a.)

14 Unter welchen Voraussetzungen dürfen Braune Lebkuchen als „Honigkuchen" bezeichnet werden?

Als Honigkuchen dürfen Braune Lebkuchen bezeichnet werden, wenn mindestens die Hälfte ihres Gehaltes an Zuckerarten aus Honig stammt.

15 Beschreiben Sie das Lebkuchenerzeugnis „Spitzkuchen".

Spitzkuchen sind trapezförmig geschnittene, bissengroße, gefüllte oder ungefüllte Braune Lebkuchen, die ganz mit Kuvertüre überzogen sind.

16 Erläutern Sie am Beispiel von „Aachener Printen" und „Baseler Leckerli" den Unterschied zwischen einer Gattungsbezeichnung und einer Herkunftsbezeichnung.

a) „Aachener Printen" ist eine *Herkunftsbezeichnung.* Nur in Aachen hergestellte Printen dürfen hiermit bezeichnet werden.

b) „Baseler Leckerli" ist eine *Gattungsbezeichnung.* Unter einer Gattungsbezeichnung werden bestimmte Waren mit ihren typischen Zusammensetzungen und Eigenschaften angeboten.

17 Der Grundteig für Braune Lebkuchen wird häufig mehrere Monate vor der Verarbeitung hergestellt. Begründen Sie dies.

Während der Zeit bis zur Verarbeitung können sich geschmacksgebende Stoffe bilden, wie z. B. Milch- und Essigsäure.

18 Durch welche Gewürze wird der typische Lebkuchengeschmack bzw. -geruch erzielt?

Typische Lebkuchengewürze sind z. B. Zimt, Nelken, Vanille, Piment, Mazis, Ingwer, Anis, Fenchel, Kardamom, Koriander.

19 Welche Lockerungsmittel werden bei der Teigherstellung für Braune Lebkuchen verwendet?

Bei der Teigherstellung für Braune Lebkuchen kommen hauptsächlich die chemischen Lockerungsmittel Pottasche und ABC-Trieb (Hirschhornsalz) zum Einsatz.

20 Welche Lagertipps geben Sie für die Bevorratung von Lebkuchengebäcken?

Lebkuchengebäcke halten länger frisch durch
– kühle Lagerung,
– luft- und aromadichtes Verpacken.

21 Warum empfiehlt sich vor dem Genuss von Braunen Lebkuchen erst eine längere Lagerung?

Braune Lebkuchen erhalten ihr ausgewogenes Aroma, den feinwürzigen Geschmack und die weiche Beschaffenheit erst nach längerer Aufbewahrung.

Früchtebrot

22 Erklären Sie den Begriff „Früchtebrot".

Früchtebrot ist ein typisches Advents- und Weihnachtsgebäck aus brotähnlichem Teig, dem getrocknete Früchte zugesetzt werden.

23 Nennen Sie die lebensmittelrechtlichen Bestimmungen für Früchtebrot.

Früchtebrot enthält auf 100 kg Getreideerzeugnisse und/oder Stärken mindestens 100 kg Trockenfrüchte, einschließlich kandierter Früchte, auch Mandeln und Nüsse.

24 Beschreiben Sie „Schwäbisches Hutzelbrot".

Schwäbisches Hutzelbrot ist ein Früchtebrot, dessen Fruchtanteil vorwiegend aus getrockneten Birnen (Hutzeln) besteht.

25 Mit welchen Verkaufsargumenten würden Sie Früchtebrot anbieten?

Früchtebrot
a) ist, in dünnen Scheiben verzehrt, ein Hochgenuss,
b) schmeckt gut zu Kaffee, Tee und anderen Heißgetränken,
c) hat einen würzigen, fruchtigen und süß-aromatischen Geschmack,
d) ist ein saftiges Advents- und Weihnachtsgebäck,
e) ist lange lagerfähig,
f) ist gut geeignet als Mitbringsel oder kleine Aufmerksamkeit.

Feine Backwaren aus Massen

1 Unterscheiden Sie *Teige* (z. B. Hefeteig) und *Massen* nach der Rezepturgrundlage.

Rezepturgrundlagen von
– *Teigen:* Mehl,
– *Massen:* Eier, Zucker, Fett.

2 Welche Lockerungsarten werden bei der Herstellung von Massen angewendet?

1. Physikalische Lockerung
2. Chemische Lockerung

3 Nach welchen unterscheidenden Merkmalen lassen sich Massen einteilen?

Massen können eingeteilt werden
– nach der Art der Rezeptur,
– nach der Art der Herstellung.

4 Unterscheiden Sie Massen nach der Art der Rezeptur.

a) *Leichte Massen:*
   geringer Fettanteil, hoher Eianteil (besonders Eiklar), meist aufgeschlagen
b) *Schwere Massen:*
   Hoher Fett- und Zuckeranteil, geringe Eizugabe, meist gerührt

5 Wie können Massen nach der Art der Herstellung unterschieden werden?

Nach der Herstellung werden unterschieden:
– aufgeschlagene Massen,
– gerührte Massen,
– abgeröstete Massen.

6 Beurteilen Sie den Begriff „leichte" Masse.

Der Begriff „leicht" steht für den Grad der Auflockerung einer Masse und die Bekömmlichkeit der Erzeugnisse.

7 Zählen Sie zwei leichte Massen auf.

Typische Vertreter von leichten Massen sind
– die Baisermasse,
– die Biskuitmasse.

8 Welche Massen werden den schweren Massen zugeordnet?

Typische schwere Massen sind
– die Sandmasse,
– die Baumkuchenmasse,
– die Brühmasse,
– die Makronenmasse.

9 Bei der Herstellung von Massen taucht u. a. der Begriff „Melieren" auf. Erklären Sie diesen Begriff.

Unter Melieren versteht man das behutsame Unterheben und Mischen der verschiedenen Bestandteile (franz. mêler: mischen).

10 Erläutern Sie die physikalische Lockerungsart am Beispiel aufgeschlagener Massen.

Beim Schlagen von Vollei oder Eiklar bildet sich ein Eiweißgerüst, das die eingeschlagenen Luftbläschen umschließt. Durch die Backhitze dehnt sich die festgehaltene Luft aus und vergrößert das Volumen.

11 Zählen Sie verschiedene Rezeptbeispiele für Erzeugnisse aus Biskuitmasse auf.

1. Biskuitmasse (Grundrezept)
2. Butterbiskuit (Wiener Masse)
3. Mohrenkopfmasse (Othellomasse)

12 Nennen Sie die Grundrezeptur für Biskuitmasse.

Grundrezeptur für Biskuitmasse:
– 2 Teile Vollei,
– 1 Teil Zucker,
– 1 Teil Weizenmehl/Weizenstärke,
– Salz, Aroma.

13 Welche Unterschiede weisen Biskuitmasse und Wiener Masse in ihrer Rezeptur auf?

Im Gegensatz zur Biskuitmasse enthält die Wiener Masse einen Fettanteil von mindestens 6 Teilen Butter und/oder Margarine auf 100 Teile Getreidemahlerzeugnisse und/oder Stärke.

14 Nennen Sie Erzeugnisse aus Biskuitmasse.

a) Biskuitböden
b) Rouladen
c) Mohrenköpfe
d) Omeletts
e) Anisplätzchen
f) Aniszwieback
g) Eierplätzchen
h) Löffelbiskuits

162

15 Mit welchen Verkaufsargumenten bieten Sie Löffelbiskuits an?

Löffelbiskuits
– sind leicht bekömmlich,
– eignen sich als Krankenkost,
– eignen sich gut für Säuglinge und Kleinkinder,
– werden gerne zu Kaffee, Tee und Eisspeisen serviert,
– sind wegen ihrer guten Haltbarkeit typische Vorratsgebäcke.

16 Aus welchen Grundzutaten besteht Baisermasse?

Baisermasse besteht aus
– Zucker und
– Eiweiß.

17 Welche Baisererzeugnisse werden nach der Bearbeitung unterschieden?

Man unterscheidet
– abgeflämmte Baisererzeugnisse,
– getrocknete Baisererzeugnisse und
– unbehandelte Baisererzeugnisse.

18 Welche Qualitätsmerkmale kennzeichnen getrocknete Baisererzeugnisse?

Baisererzeugnisse sollten trocken, kurzbrüchig und süß schmeckend sein. Im Kern dürfen sie nicht weich oder schmierig erscheinen.

19 Wodurch unterscheiden sich *leichte* und *schwere* Baisermassen?

Schwere Baisermassen enthalten im Vergleich zu *leichten* Baisermassen den doppelten Anteil an Zucker.

20 Nennen Sie Erzeugnisse aus Baisermassen.

a) Meringen
b) Baiserschalen
c) Baiserringe
d) Osterlämmer mit Baiser
e) Baiserböden

21 Nennen Sie Gebäcke aus Rührmasse.

a) Sandkuchen
b) Marmorkuchen
c) Königskuchen
d) Amerikaner
e) Englische Kuchen
f) Sachertorte
g) Baumkuchen

22 Beschreiben Sie die Herstellung von „Amerikanern".

Die Rührmasse wird mit einem Spritzbeutel auf Bleche aufdressiert und abgebacken. Die flache Unterseite wird mit Fondant oder Puderzuckerglasur (auch mit Kakaozusatz) glasiert. Als Lockerungsmittel dient ABC-Trieb.

23 Welche Qualitätsmerkmale sollten Rührkuchen aufweisen?

Rührkuchen sollten
– eine feinporige aufgelockerte Krume haben,
– saftig und zart sein,
– einen aromatischen Geschmack besitzen,
– eine gute Frischhaltung aufweisen.

24 Nennen Sie besondere Beurteilungsmerkmale für Sachermasse.

Unter „Sachermasse" wird eine schwere Schokoladenmasse verstanden, die auf 100 kg Weizenmehl mindestens 100 kg Schokolade und/oder entsprechende Menge Kakao, mindestens 100 kg Butter sowie 200 kg Vollei enthält.

25 Wie unterscheiden sich die Rührmassenerzeugnisse *Königskuchen* und *Englischer Teekuchen*?

a) Königskuchen enthält mindestens 20 % Früchte.
b) Englischer Teekuchen enthält mindestens 30 % Früchte.

26 Nennen Sie die lebensmittelrechtlichen Bestimmungen für Marmorkuchen.

Marmorkuchen werden aus heller und mindestens zu 33,3 % dunkler Rührmasse hergestellt. Die dunkle Masse enthält mindestens 3 % Kakao.

27 Zählen Sie verschiedene Erzeugnisse aus Baumkuchenmasse auf.

1. Baumkuchen
2. Baumkuchenringe, -halbringe
3. Baumkuchenspitzen
4. Baumkuchentorte

28 Begründen Sie den hohen Verkaufspreis für Baumkuchenerzeugnisse.

Gründe für den hohen Verkaufspreis sind
– die aufwendige Herstellung,
– der hohe Butteranteil,
– der hohe Eianteil,
– die Verwendung weiterer hochwertiger Rohstoffe (z. B. Mandeln, Nüsse, Nugat).

29 Nennen Sie typische Eigenschaften von Gebäcken aus Brandmasse.

Brandmassenerzeugnisse sind
– voluminös,
– großporig,
– besonders leicht,
– geschmacksneutral.

30 Geben Sie ein Rezepturbeispiel für eine Brandmasse.

Rezepturbeispiel für Brandmasse:
– 4 Teile Milch/Wasser,
– 1 Teil Fett,
– 2 Teile Mehl,
– 3 Teile Vollei,
– Salz, Aromen.

31 Erläutern Sie die Herkunft der Bezeichnung „Brand-" oder „Brühmasse".

Brandmassen stellt man unter Hitzeeinwirkung her. Dabei wird das Mehl in kochender Flüssigkeit (Zuguss und Fett) gebrüht und abgeröstet, bis eine bindige Masse entsteht.

32 Wie erfolgt die Lockerung von Brandmassen?

Lockerungsmittel ist der Wasserdampf. Auf Grund des besonders hohen Wassergehaltes entsteht durch die Backhitze sehr viel Wasserdampf, der die Masse ausdehnt.

33 Zählen Sie verschiedene Erzeugnisse aus Brandmassen auf.

1. Windbeutel
2. Eclairs
3. Kirschringe
4. Spritzkuchen (-ringe)
5. Apfel- und Rosinenkrapfen
6. Suppeneinlagen
7. Brandmassenböden
8. Käsefours

34 Beschreiben Sie das Fettgebäck „Spritzkuchen".

Für die ringförmigen Spritzkuchen wird die Brandmasse mit einer Sterntülle auf das Backgitter dressiert und in heißem Fett gebacken. Anschließend werden die Spritzkuchen mit Fondant glasiert.

35 Aus welchen Grundzutaten setzen sich Röstmassen zusammen?

Zusammensetzung der Röstmassen (Grundmasse):
– Zucker/Honig,
– Fett,
– Milch/Sahne.

36 Beschreiben Sie die Herstellung von Röstmassenerzeugnissen.

Die Zutaten der Grundmasse werden bei 112 °C abgeröstet. In die heiße Grundmasse werden Früchte wie Mandeln oder Nüsse eingearbeitet.

37 Nennen Sie Erzeugnisse aus Röstmassen.

a) Florentiner, -rollen, -torten
b) Nussknacker, -ecken, -schnitten
c) Mandelschnitten, -schiffchen
d) Bienenstichauflage

38 Welche lebensmittelrechtlichen Bestimmungen gelten für den Überzug von „Florentiner" und „Nussknacker"?

Zum Überziehen dienen nur Schokoladearten. Mit Schokoladearten verwechselbare Überzüge dürfen auch bei Kenntlichmachung nicht verwendet werden.

39 Geben Sie Tipps zur Qualitätserhaltung von Röstmassenprodukten.

Mit Ausnahme von Bienenstich zählen Röstmassengebäcke zu den Dauerbackwaren. Bei trockener Lagerung sind sie ein bis zwei Wochen lagerfähig. Hohe Luftfeuchtigkeit macht die Gebäcke zäh und klebrig.

40 Welche Rohstoffe bilden die Grundlage für die Herstellung von Makronengebäcken?

Makronengebäcke werden hergestellt aus
– zerkleinerten Mandeln oder
– anderen Ölsamen oder
– entsprechenden Rohmassen,
– Zucker und
– Eiklar.

41 Wodurch unterscheiden sich Persipanmakronen von Mandelmakronen?

Bei der Herstellung von Persipanmakronen werden anstelle von Mandeln geschälte Aprikosen- und/oder Pfirsichkerne verwendet.

42 Welche Erzeugnisse führen die alleinige Bezeichnung „Makronen"?

Nur Mandel- und Marzipanmakronen tragen die alleinige Bezeichnung „Makrone". Alle anderen Makronengebäcke werden entsprechend der Art der verwendeten Ölsamen oder Rohmassen bezeichnet.

43 Zählen Sie Makronengebäcke auf.

1. Makronen (Mandelmakronen)
2. Makronentörtchen, -torte, -schnitten, -schiffchen,
3. Mandelhörnchen
4. Ochsenaugen
5. Leipziger Lerchen
6. Eigelbmakronen
7. Nuss-, Kokos-, Persipan-, Schokomakronen

44 Beschreiben Sie „Ochsenaugen".

Ochsenaugen sind auf Mürbteigunterlage ringförmig aufdressierte Makronenmassen, die nach dem Backen mit Konfitüre und Fondant ausgelassen werden.

45 Nennen Sie Gebäcke aus makronenähnlichen Massen.

a) Duchesse   d) Bethmännchen
b) Zimtsterne   e) Hippengebäcke
c) Zedernbrot

46 Erklären Sie den Begriff „Franchipan".

Franchipan ist eine Füllmasse aus Marzipanrohmasse, Butter, Eigelb und Aromen.

47 Auf welche Weise werden Makronengebäcke gelockert?

Die Auflockerung der Makronengebäcke erfolgt durch den beim Backen entstehenden Wasserdampf.

48 Nennen Sie Verkaufsargumente für Makronengebäcke.

Makronengebäcke
– werden aus hochwertigen Rohstoffen hergestellt,
– sind innen zart und saftig,
– eignen sich gut für Weihnachtsgebäckmischungen,
– sind beliebte Gebäcke zu Kaffee und Tee,
– sind lange haltbar.

49 Welche Regeln beachten Sie bei der Präsentation von Makronengebäcken?

a) zur Auslage nur edle und saubere Platten verwenden
b) bei Gebäckplatten auf Farbkontraste achten
c) Gebäcke nicht zu eng aufeinanderlegen
d) Kuvertüreüberzug nicht mit den Händen berühren
e) in Klarsichttüten Gebäcke mit der schönen Seite nach außen legen
f) Auslage an werbewirksamer Stelle vornehmen

50 Nennen Sie die Zusammensetzung der Hippenmasse.

Die *makronenähnliche Hippenmasse* besteht aus:
– Makronenmasse,
– Eiklar,
– Zucker,
– Weizenmehl,
– Milch/Sahne.

51 Zählen Sie Gebäcke aus Hippenmasse auf.

1. Hippenrollen
2. Schlotfeger
3. Eisgebäcke
4. Eistüten
5. Hippenornamente

52 Beschreiben Sie das Hippengebäck „Schlotfeger"

Schlotfeger sind Hippenrollen mit ca. zwei bis drei Zentimetern Durchmesser, meist mit Kuvertüre überzogen und mit Schlagsahne gefüllt.

53 Geben Sie für Hippengebäcke geeignete Verwendungsmöglichkeiten an.

Hippengebäcke
– eignen sich besonders zu Eisspeisen,
– sind gefüllt beliebte Dessertgebäcke.

54 Geben Sie Tipps zur Lagerung von Hippengebäcken.

Hippengebäcke sollten trocken und luftdicht aufbewahrt werden.

Rohstoff- und Warenkunde

Getreide

1 Man unterscheidet verschiedene Getreidearten.
a) Nennen Sie diese.
b) Welche Getreidearten sind zum Brotbacken geeignet?

a) – Weizen
– Roggen
– Triticale
– Dinkel
– Hafer
– Gerste
– Mais
– Reis
– Hirse
– Buchweizen (eigentlich kein Getreide, sondern ein Knöterichgewächs, das aber wie Getreide verwendet wird)
b) Zum Brotbacken geeignet sind Weizen, Roggen und Dinkel. Die übrigen Getreidearten sind allein nicht backfähig.

2 Benennen Sie die abgebildeten Getreidearten.

① Hafer ④ Dinkel ⑦ Roggen
② Mais ⑤ Reis ⑧ Gerste
③ Buchweizen ⑥ Weizen ⑨ Triticale

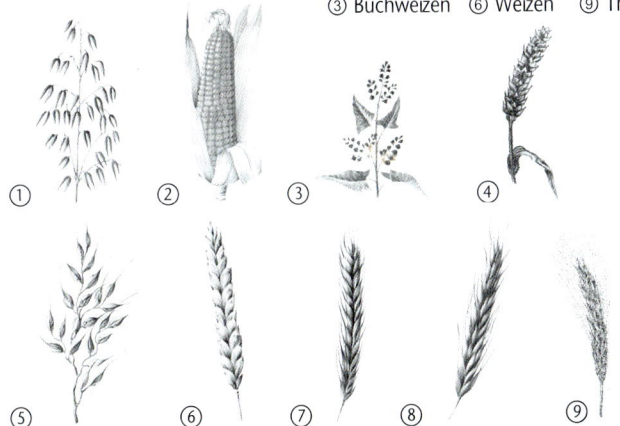

① ② ③ ④
⑤ ⑥ ⑦ ⑧ ⑨

3 Kennzeichnen Sie die nummerierten Teile des abgebildeten Getreidekorns.

1 Fruchtschale
2 Samenschale
3 Aleuronschicht
4 Mehlkern
5 Keimling

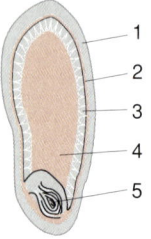

4 Erklären Sie die Begriffe „Schrot", „Grieß" und „Dunst" im Zusammenhang mit der Vermahlung von Weizen.

Unter **Schrot** versteht man nur grob zerkleinertes Weizenkorn, **Grieß** ist feiner, **Dunst** noch feiner zerkleinert, danach folgt Mehl.

5 Erläutern Sie den Begriff „Mehltype" am Beispiel Type 550.

Die Mehltype gibt an, wie viel Gramm Mineralstoffe in 100 kg wasserfreiem Mehl enthalten sind. Deshalb besagt die Mehltype 550: In 100 kg Weizenmehl sind ca. 550 g Mineralstoffe enthalten.

6 Erklären Sie den Begriff „Ausmahlungsgrad".

Der Ausmahlungsgrad gibt an, wie viel Kilogramm Mahlerzeugnisse man aus 100 g mahlfertigem Getreide erhält. Zum Beispiel hat die Weizenmehltype 405 einen Ausmahlungsgrad bis zu 55 %, d. h. aus 100 kg mahlfertigem Weizen erhält man bis zu 55 kg Weizenmehl der Type 405.

7 Nennen Sie die Mehltypen für Weizenmahlerzeugnisse und geben Sie je ein Verwendungsbeispiel an.

a) **405**: Massen, Mürbeteige
b) **550**: Brötchen, Hefeinteige
c) **812**: Weizenbrote, Weizenmischbrote
d) **1050**: Weizenmischbrote, Roggenmischbrote
e) **1600**: Roggenmischbrote
f) **1700**: Schrotbrote (Weizenbackschrot)

8 a) Welche Typenzahlen gibt es für Roggenmahlerzeugnisse?

b) Für welche Mahlerzeugnisse gibt es keine Typenbezeichnungen?

a) Für Roggenmahlerzeugnisse gibt es die Typen 815, 997, 1150, 1370, 1740, 1800

b) Keine Typenbezeichnungen gibt es für
- Nichtbrotgetreide (Hafer, usw.)
- Vollkornmehle und Vollkornschrote aus Roggen, Weizen und Dinkel

9 Nennen Sie fünf Unterschiede zwischen Type 405 und Type 1050.

Merkmale	Type 405	Type 1050
Gehalt an Mineralstoffen	ca. 405 g/100 kg Mehl	ca. 1 050 g/100 kg Mehl
Farbe	heller	dunkler
Ballaststoffgehalt	gering	höher
Stärkegehalt	hoch	niedriger
Vitamingehalt	niedrig	höher
Geschmack der Gebäcke	fein	herzhafter

10 Wodurch unterscheiden sich Backschrot und Vollkornbackschrot?

1. Bei Vollkornbackschrot wird höchstens die holzige Fruchtschale entfernt, sonst sind alle Bestandteile des Getreidekorns enthalten, deshalb hat er einen höheren Vitamin-, Mineralstoff- und Fettgehalt.
2. Bei Backschrot wurde zusätzlich der Keimling entfernt, deshalb hat er eine bessere Lagerfähigkeit.

11 Die Kennzeichnung der Backwaren mit dem Hinweis „aus biologischem Anbau" bzw. „aus biologischem Getreide" darf nur unter bestimmten Voraussetzungen erfolgen. Nennen Sie diese.

a) Das Getreide darf nicht mit Mineraldünger gedüngt sein.
b) Natürliche Dünger müssen kontrolliert eingesetzt werden (keine Überdüngung).
c) Chemische Pflanzenschutzmittel dürfen nicht eingesetzt werden.

12 Immer mehr Kunden verlangen „vollwertige Backwaren".
Wie können Bäckerei- und Konditoreibetriebe diesen Kundenwünschen entsprechen?

Es gibt keine gesetzlichen Richtlinien für „vollwertige Erzeugnisse". Im Allgemeinen versteht man darunter die Verwendung von frischen, naturbelassenen, möglichst unbehandelten Zutaten:

– *Vollkornmahlerzeugnisse* statt heller Mehle,
– *Natursauerteig* statt Teigsäuerungsmitteln,
– *natürliche Gewürze und Aromen*
– *Frischmilch* statt H-Milch oder Milchpulver,
– *Honig* statt Zucker,
– *Meersalz* wegen des höheren Mineralstoffanteils,
– *Butter, ungehärtete Öle* statt gehärteter Fette, usw.

13 a) Nennen Sie mindestens drei Ölsamen.
b) Geben Sie für diese Ölsamen Verwendungsbeispiele an.

a) Leinsamen, Sesam, Mohn, Sonnenblumenkerne, etc.

b) – Bestandteil von Teigen bei Spezialbroten,
– zum Bestreuen von Brot und Kleingebäck,
– Bestandteil von Füllungen.

14 Erläutern Sie den Begriff „Convenience-Produkt" und nennen Sie drei Beispiele.

Convenience bedeutet Bequemlichkeit; Convenience-Produkte sind Zutatenmischungen aus der Backmittelindustrie, die mit geringem Aufwand zum Endprodukt fertiggestellt werden können. Meistens muss das Pulver nur noch mit Wasser angerührt werden. Beispiele: Kaltkrems (Apfel-, Mohnfüllung, usw.), Bienenstich-, Florentinermix, Käsekuchenmix, usw.

15 a) Welche Vorteile bieten Convenience-Produkte?
b) Welche Argumente sprechen gegen den Einsatz von Convenience-Produkten?

a) Vorteile:
– schnelle Zubereitung,
– einfache und sichere Herstellung,
– gleich bleibende Qualität,
– geringes Risiko.

→

▷ *Fortsetzung der Antwort* ▷

b) Nachteile:
  – Schnellerer Alterungsprozess der Waren (Feuchtigkeits-, Aroma- und Geschmacksverlust),
  – einheitlicher Geschmack in vielen Betrieben, die Individualität geht verloren.

Eigenschaften der wichtigsten Mehlbestandteile

16 **im Beschreiben Sie die Veränderungen der Stärke bei der Herstellung von Weizenkleingebäcken.**

a) *Teigbildung/Teigreife:* Stärke wird benetzt (nur geringe Wasseraufnahme), ein geringer Teil wird zu Malzzucker abgebaut (Malzzucker → Traubenzucker → Hefegärung).

b) *Backvorgang:* Die Stärke quillt auf und kann sehr viel Wasser aufnehmen, bis zum 10-Fachen ihres Eigengewichts. Dieser Vorgang der Verkleisterung erfolgt bei ca. 60-88 °C.

c) *Kruste:* teilweise Stärkeabbau zu Dextrinen (Gelb- bis Braunfärbung, Geschmacksstoffe).

17 **Für welche Produkte (außer Backwaren) wird die hohe Wasserbindefähigkeit der Stärke genutzt?**

a) Zur Herstellung von Krems bzw. Pudding.

b) Zum Binden von Saucen (Soßen) und Suppen.

c) Zum Binden von Fruchtsaft und von Frucht-Fruchtsaft-Mischungen (Belag).

18 **Erklären Sie den Begriff „modifizierte Stärke".**

Modifizierte Stärke = veränderte Stärke. Durch spezielle Verfahren wird Stärke so behandelt, dass sie die Fähigkeit erhält, kaltes Wasser zu binden, z. B. in Kaltkrempulver.

19 a) Aus welchen Eiweißstoffen besteht Klebereiweiß?
b) Wie entsteht der Kleber in Weizenteigen?

a) Kleber besteht aus Gliadin und Glutenin.
b) Beim Knetprozess (Energiezufuhr) verbinden sich die Eiweißstoffe (Gliadin und Glutenin) mit Wasser.

20 Nennen Sie die Aufgaben des Klebers beim
a) Teigbereiten,
b) Teiglockern,
c) Backvorgang.

a) Beim *Teigbereiten:* Gliadin und Glutenin verbinden sich mit Wasser zum Kleber. Durch intensives Kneten entsteht ein Klebergerüst, der Teig wird formbar (dehnbar und elastisch).
b) Beim *Teiglockern:* Durch das Klebergerüst können die Gärgase im Teig gehalten werden.
Die Folge: Volumenbildung.
c) Beim *Backvorgang:* Gerinnender Kleber gibt Wasser wieder an Stärke ab.
Die Folge: Verkleisterung; das Klebergerüst ist für Aussehen (Porung) und Elastizität der Krume mitverantwortlich.

21 Weshalb sind Roggenteige weniger dehnbar und elastisch, dafür umso formbarer?

Roggenteige enthalten keinen Kleber (aufgrund fehlender Eiweißstoffe), die Wasserbindung erfolgt durch Pentosane. Diese können mehr Wasser aufnehmen als Kleber, bilden aber kein elastisches Gerüst.

Hefe

22 Unter welchen Bedingungen kann Hefe in Teigen ihre größte Aktivität entfalten?

Optimale Bedingungen für Hefe:
– *ausreichend Nährstoffe*, insbesondere Einfachzucker (Mehlinhaltsstoffe, Backmittel),
– *optimale Temperatur* (ca. 20–28 °C für die Vermehrung; 30–40°C für die Gärung),
– *Sauerstoff* (zur Vermehrung und zur Verbrennung der Nährstoffe),
– *viel Wasser.*

23 Weshalb sollte nur frische Hefe eingesetzt werden?

a) Nur frische Hefe entfaltet ihre volle Wirkung (Triebfähigkeit).
b) Alte Hefe verliert ihre Triebkraft bzw. ist verdorben, sie darf deshalb nicht verwendet werden.

24 Woran ist alte Hefe zu erkennen?

Man erkennt alte Hefe an
– der Braunfärbung,
– dem Schmierigwerden,
– dem unangenehmen Geruch,
– der Austrocknung.

25 Wie sollte Hefe gelagert werden, damit sie ihre Triebkraft erhält?

a) kühl (im Kühlschrank oder Kühlraum bei 4–8 °C)
b) luftgeschützt, aber nicht völlig luftdicht
c) frei von Fremdgerüchen
d) nicht zu feucht (Gefahr der Schimmelbildung)

26 Beschreiben Sie den Vorgang und die Auswirkungen der Hefegärung im Teig.

a) *Traubenzucker* wird durch Zymase (Enzym der Hefe) in *Kohlendioxid* und *Alkohol* gespalten.
b) Das Kohlendioxid (Gärgas) wird vom Klebergerüst im Teig gehalten. Die Folge: Porung und Volumenzunahme.
c) Der Alkohol bildet mit anderen Inhaltsstoffen wichtige Geschmacksstoffe.

27 In welchen Formen ist Hefe im Handel?

a) Press-/Stangenhefe (Portionen mit 500 g, daher auch Pfundhefe genannt)
b) Flüssighefe (in Großbehältern oder Tankwagen)
c) Haushaltshefe (in Würfeln zu je 42 g)
d) Trockenhefe (als Pulver oder Granulat; Lagerfähigkeit 1 Jahr und länger)

Kochsalz

28 Welche chemische Bezeichnung hat Kochsalz?

Natriumchlorid; NaCl

29 Nennen Sie drei Kochsalzarten (Unterscheidung nach Herkunft/Gewinnung).

1. **Steinsalz**, wird bergmännisch „unter Tage" abgebaut.
2. **Siedesalz**, wird aus unterirdischen Salzseen (Sole) gewonnen, indem das Wasser zu Salz verdampft wird.
3. **Meersalz**, wird in großen Becken (Salzgärten) gewonnen durch Verdunsten von Meerwasser.

30 Im Handel wird zum Teil Kochsalz angeboten, dem „andere Stoffe" zugesetzt wurden. Nennen Sie drei Beispiele.

1. Jodiertes Kochsalz zur besseren Jodversorgung (Vorbeugung gegen Kropfbildung).
2. Jodiertes und fluoridiertes Kochsalz zur Karies- und Kropfprophylaxe (Prophylaxe = Vorbeugung).
3. Kräuter- und Gewürzsalze, z. B. Knoblauchsalz oder Zwiebelsalz, um das Würzen zu vereinfachen.

31 Erläutern Sie die Bedeutung von Kochsalz für die Ernährung.

a) Versorgung des Körpers mit lebenswichtigen Mineralstoffen
b) geschmacksgebende und geschmacksfördernde Wirkung
Aber: In westlichen Industrieländern besteht die große Gefahr der Überversorgung. Wir nehmen durchschnittlich 3-5-mal so viel Salz zu uns wie nötig. Dadurch erhöht sich das Risiko für Herz- und Kreislauferkrankungen.

32 Weshalb soll Kochsalz trocken gelagert werden?

Kochsalz ist stark hygroskopisch (wasseranziehend) und es nimmt Feuchtigkeit aus der Luft auf. Die Folge: Bei falscher Lagerung wird es feucht, verklumpt und verliert an Geschmack.

Backmittel

33 Weshalb werden in Backbetrieben Backmittel eingesetzt?

a) Vereinfachung der Herstellung, z. B. Trockensauer, Quellmehle.
b) Sicherung gleichbleibend hoher Qualität.
c) Verbesserung von Qualitätsmerkmalen wie Volumen, Bräunung, Rösche, Geschmack und Frischhaltung.

34 Für welche Gebäcke werden Backmittel eingesetzt?

Backmittel werden für fast alle Gebäcksorten und -arten angeboten, der Schwerpunkt liegt aber eindeutig auf Backmitteln für Weizenteige (Brötchen, Brote, Feine Backwaren usw.)

35 Worauf ist beim Einsatz von Backmitteln zu achten?

a) Auf den produktbezogenen Einsatz (spezielle Backmittel für spezielle Teige).
b) Auf die Einhaltung der vorgeschriebenen Höchstmengen.
c) Evtl. auf Kennzeichnung (wenn Zusatzstoffe in bestimmten Mengen enthalten sind).

36 Nennen Sie mindestens fünf Inhaltsstoffe von Backmitteln und geben Sie an, welche Wirkung dadurch erzielt wird?

1. *Zuckerstoffe:* Nährstoff für die Hefe; Volumenzunahme, Bräunung.
2. *Malzmehl:* Nährstoffe für die Hefe; Enzyme zum Stärkeabbau.
3. *Lecithin:* (Emulgator) bessere Verteilung der Inhaltsstoffe, insbesondere von Fetten.
4. *Quellmehle:* verbesserte Wasserbindung, längere Frischhaltung.
5. *Fettstoffe:* geschmeidigere Teige, bessere Verteilung.
6. *getrockneter Vollsauer.* Backfähigkeit von Roggen; teilweise Ersatz von Sauerteig.
7. *Ascorbinsäure:* Verbesserung des Klebers (Volumenverbesserung).

Milch und Milcherzeugnisse

37 Welche Nährstoffe sind in der Milch enthalten? Geben Sie die einzelnen Nährstoffgruppen an sowie deren Gehalt in Prozent.

a) Wasser: ca. 87 %
b) Kohlenhydrate (Milchzucker): ca. 5 %
c) Fett (Milchfett) ca. 3,5–4,8 %
d) Eiweiß (Milcheiweiß): ca. 3,5 %
e) Mineralstoffe: ca. 1 %
f) Vitamine: alle Arten

38 Entsprechend dem Fettgehalt wird Milch in drei verschiedenen Formen angeboten. Nennen Sie diese und geben Sie den jeweiligen Fettgehalt an.

1. Magermilch: (= entrahmte Milch): max. 0,5 % Fett
2. teilentrahmte Milch: 1,5–1,8 % Fett
3. Vollmilch: mindestens 3,5 % Fett

39 Die im Handel angebotene Milch hat eine unterschiedliche Haltbarkeit. Dementsprechend unterscheidet man vier Angebotsformen. Nennen Sie diese und geben Sie an, wie lange die Milch jeweils haltbar ist.

1. *Vorzugsmilch:* unbehandelte, portionsweise abgefüllte Rohmilch; ca. 2 Tage haltbar.
2. *Frischmilch:* pasteurisierte und homogenisierte Milch; wenige Tage haltbar.
3. *ESL-Milch:* kurzfristig hocherhitzte Milch; bis 3 Wochen haltbar.
4. *H-Milch:* ultrahoch erhitzte Milch; mindestens 6 Wochen haltbar.
5. *Sterilmilch:* mindestens 6 Monate bis 1 Jahr haltbar.

Anmerkung: Unverpackte Rohmilch darf nur vom Erzeuger abgegeben werden.

40 Nennen Sie die Mindestfettgehalte von
a) Butter,
b) Margarine,
c) Sauerrahm.

a) Butter: mindestens 80 %
b) Margarine: mindestens 80 %
c) Sauerrahm: mindestens 10 %

41 Erklären Sie die folgenden Begriffe:
a) pasteurisierte Milch,
b) homogenisierte Milch.

a) *Pasteurisieren:* Die Haltbarkeit von Milch wurde durch ein Pasteurisierungsverfahren verlängert. Die Rohmilch wird hierbei einer Wärmebehandlung unterzogen; sie wird lang, kurz oder hoch erhitzt. →

▷ *Fortsetzung der Antwort* ▷

b) *Homogenisieren:* Milch wird mit hohem Druck durch Düsen gepresst, dabei werden die Fetttröpfchen stark zerkleinert. Das fein verteilte Fett bleibt in der Milch, es bildet sich vorerst keine Rahmschicht.

42 **Wie wirkt sich das Homogenisieren auf die ernährungsphysiologischen Eigenschaften der Milch aus?**

a) Durch die Zerkleinerung und Verteilung der Fetttröpfchen ist die Milch leichter verdaulich.
b) Bei Menschen, die Rohmilch nicht mehr gewohnt sind, kann ihr Genuss zu Verdauungsproblemen führen.

43 **Unterscheiden Sie Schlagsahne, Kaffeesahne und Kondensmilch hinsichtlich Herstellung, Haltbarkeit und Fettgehalt.**

a) *Schlagsahne:*
  – durch Abtrennen von Magermilch erzeugt; üblicherweise homogenisiert und pasteurisiert,
  – mindestens 30 % Fettgehalt,
  – begrenzt haltbar.
b) *Kaffeesahne:*
  – durch Abtrennen von Magermilch erzeugt; üblicherweise homogenisiert und pasteurisiert,
  – mindestens 10 % Fettgehalt,
  – begrenzt haltbar.
c) *Kondensmilch (KM):*
  – Wasser wurde durch Verdampfen entfernt,
  – Fettgehaltsstufen: entrahmte KM: max. 1 % Fett, teilentrahmte KM: 1–7,5 % Fett, KM mit hohem Fettgehalt: 15 % Fett,
  – Haltbarkeit mindestens 1 Jahr.

44 **Wie wirkt sich Milch als Zuguss auf die Qualität von Backwaren aus?**
Nennen Sie mindestens fünf Auswirkungen.

1. stärker gebräunte Kruste
2. zarte, feine Krume
3. längere Frischhaltung
4. stärkerer Geschmack
5. weichere Kruste

45 Weshalb haben Milchbrötchen eine stärker gebräunte Kruste, obwohl der gleiche Backvorgang zugrunde liegt?

Milch enthält Milchzucker, den die Hefe nicht vergären kann. Der höhere Zuckeranteil bewirkt eine stärkere Bräunung.

46 Geben Sie die Fettgehaltsstufen für folgende Milcherzeugnisse an:
a) Buttermilch,
b) Sahnejoghurt
c) teilentrahmter Joghurt,
d) Crème fraîche,
e) Saure Sahne
f) Magermilchjoghurt.

a) Buttermilch: max. 1 %
b) Sahnejoghurt: mind. 10 %
c) teilentrahmter Joghurt: 1,5–1,8 %
d) Crème fraîche: mind. 30 %
e) Saure Sahne: mind. 10 %
f) Magermilchjoghurt: max. 0,3 %

47 Wie müssen Milch und Milcherzeugnisse gelagert werden, damit deren Qualität erhalten bleibt?

a) kühl
b) frei von Fremdgerüchen
c) lichtgeschützt

48 Durchsichtige Glasflaschen als Milchverpackung entsprechen zwar den Kundenwünschen, sind aber nachteilig für die Milch.
Erläutern Sie diesen Sachverhalt.

Der Kunde wünscht Waren, die „sichtbar" verpackt sind. Andererseits sind die Inhaltsstoffe der Milch, das Fett und die Vitamine lichtempfindlich. Klare Glasflaschen haben deshalb einen Qualitätsverlust zur Folge.

49 Welche zwei Arten der Dicklegung von Milch werden in Molkereien angewendet?

1. Die Zugabe von Lab, einem Enzym aus dem Rindermagen, für Süßmilchprodukte.
2. Die Zugabe von Milchsäurebakterien für Sauermilchprodukte.

50 In welche Gruppen kann Käse nach Reife und Wassergehalt eingeteilt werden?

a) Frischkäse
b) Weichkäse
c) halbfester Schnittkäse
d) Schnittkäse
e) Hartkäse

51 Zu welcher Käsegruppe gehören:
Camembert, Butterkäse, Gouda, Speisequark, Emmentaler?

a) Camembert → Weichkäse
b) Butterkäse → halbfester Schnittkäse
c) Gouda → Schnittkäse
d) Speisequark → Frischkäse
e) Emmentaler → Hartkäse

52 In welche Fettgehaltsstufen wird Käse eingeteilt?

a) Magerfettstufe: unter 10 % Fett i.Tr.
b) Viertelfettstufe:
   mindestens 10 % Fett i.Tr.
c) Halbfettstufe: mindestens 20 % Fett i.Tr.
d) Fettstufe: mindestens 40 % Fett i.Tr.
e) Vollfettstufe: mindestens 45 % Fett i. Tr.
f) Rahmstufe: mindestens 50 % Fett i.Tr.
g) Doppelrahmstufe: 60–85 % Fett i.Tr.

53 Auf Käsepackungen wird der Fettgehalt in „...% Fett i.Tr." angegeben.
Welche Bedeutung hat die Angabe „Fett i. Tr."?

Fett i. Tr. = Fett in der Trockenmasse:
Man ermittelt den Fettgehalt nur aus der wasserfreien Masse, der so genannten Trockenmasse. Je nach Sorte enthält Käse normalerweise 50 bis 75 % Wasser. Der tatsächliche Fettgehalt ist deshalb wesentlich geringer.

54 Geben Sie fünf Verwendungsbeispiele für Käse in Bäckereien oder Konditoreien.

a) Für Käsekuchen, Käsesahnetorte, Speiseeis, Quarkspeisen, Tiramisu oder Füllungen verwendet man *Frischkäse* wie Speisequark, Schichtkäse oder Mascarpone.
b) Für Käsestangen, Pizza, Käsebrötchen, mürbes Käsegebäck oder Salate verwendet man
   – *Hartkäse* wie Emmentaler oder Parmesan,
   – *Schnittkäse* wie Gouda, Edamer oder Raclette.

Speisefette

55 Welche Qualitätsstufen (Handelsklassen) gibt es für Butter?

a) *Deutsche Markenbutter*, die höchste Qualitätsstufe,
b) *Deutsche Molkereibutter*.
(Die *Deutsche Landbutter* mit der niedrigsten Qualität unterliegt keiner amtlichen Qualitätsprüfung.)

56 Nennen Sie die drei Geschmacksrichtungen, in denen Butter angeboten wird.

1. Sauerrahmbutter
2. mild gesäuerte Butter
3. Süßrahmbutter (ungesäuert)

57 Welche lebensmittelrechtlichen Anforderungen gelten für die Zusammensetzung von Butter?

a) Milchfettgehalt mindestens 80 %
b) Wassergehalt höchstens 16 %
c) Gehalt an Eiweiß, Kohlenhydraten, Mineralstoffen und Vitaminen max. 2 %

58 Worauf muss geachtet werden, wenn Erzeugnisse die Warenbezeichnung „Butter" enthalten, wie z. B. Butterkuchen?

a) Außer Butter darf bei der Herstellung kein anderes Fett verwendet werden.
b) Der vorgeschriebene Mindestanteil an Butter muss enthalten sein.

59 Für welche Erzeugnisse ist die Verwendung von Butter vorgeschrieben?

a) Für alle Erzeugnisse, bei denen *„Butter"* Bestandteil der Verkehrsbezeichnung ist.
b) Für hochwertige Qualitätserzeugnisse; z.B. Sachertorte, Baumkuchen.

60 Wodurch unterscheiden sich Butter und Butterschmalz (Butterreinfett)?

a) *Zusammensetzung:*
   – Butterschmalz besteht praktisch nur aus Milchfett (Butterfett).
   – Butter enthält außerdem noch Wasser, Milchzucker, Micheiweiß, Kohlenhydrate, Mineralstoffe und Vitamine.

$\rightarrow$

▷ *Fortsetzung der Antwort* ▷

b) *Eigenschaften:*
   – Butter lässt sich aufschlagen, Butterschmalz hingegen nicht.
   – Butter „schäumt auf" und bräunt sehr schnell beim Erhitzen, Butterreinfett ist temperaturbeständiger.
c) Außerdem unterscheiden sie sich in Farbe und Geschmack.

---

61 a) Nennen Sie vier Arten Spezialmargarinen für Bäckereien bzw. Konditoreien
b) Welche Vorteile bieten diese Spezialmargarinen gegenüber herkömmlicher Margarine bzw. Butter?

a) – Backmargarine
   – Ziehmargarine
   – Kremmargarine
   – Diätmargarine
b) – Backmargarine enthält Emulgatoren. → Vorteil: bessere Verteilung im Teig oder in der Masse.
   – Kremmargarine hat ein sehr hohes Aufschlagvermögen. → Vorteil: leichtere Verarbeitung.
   – Ziehmargarine hat plastische Beschaffenheit. → Vorteil: lässt sich besser tourieren.
   – Diätmargarine enthält nur ungehärtete Pflanzenfette. → Vorteil: leichter verdaulich.

---

62 Butterkrem ist zwar geschmacklich nicht zu übertreffen, manche Kunden ziehen dennoch Krems aus Kremmargarine vor.
Welche Ursachen könnte dieses Kundenverhalten haben?

a) Der Kunde möchte keine cholesterinhaltigen Produkte. Butter als tierisches Fett enthält Cholesterin. Pflanzliche Fette und Fettprodukte wie Kremmargarine hingegen nicht.
b) Krems aus Kremmargarine haben ein geringeres Litergewicht (= größeres Volumen) durch größeren Luftgehalt. Deshalb werden sie als „leichter" (bekömmlicher) empfunden.

---

63 Welche Auswirkungen haben höhere Fettanteile (über 10 %) auf die Gebäcke?

Je höher der Fettanteil, umso
– mürber ist das Gebäck,
– länger ist die Frischhaltung,   →

▷ *Fortsetzung der Antwort* ▷

– geringer ist das Gebäckvolumen,
– höher liegt der Energiegehalt, also mehr kJ,
– schwerer verdaulich ist das Gebäck.

64 **Welche Fette eignen sich**
a) **grundsätzlich nicht als Siedefette,**
b) **gut bis sehr gut als Siede-fette?**

a) – Fettemulsionen, die neben Fett auch Wasser, Eiweiß und Kohlenhy-drate enthalten, wie z. B. Butter.
– Fette, deren Siedepunkt unter der Backtemperatur von Siedefetten (180 °C) liegt.
– Fette, die einen ausgeprägten Eigengeschmack haben.
b) Gehärtete Pflanzenfette mit hohen Sie-depunkten (ca. 230 °C), die möglichst geschmacksneutral sind. Am besten eignet sich gehärtetes Erdnussfett.

65 **Unterscheiden Sie die Begriffe**
a) **Reinfette,**
b) **Fettemulsionen.**

a) Reinfette enthalten außer Fett prak-tisch keine anderen Bestandteile.
b) Fettemulsionen enthalten außer Fett auch Wasser (und Emulgatoren); z. B. Butter, Margarine.

66 **Welche Lagerbedingungen wirken sich günstig auf die Haltbarkeit von Speisefetten aus?**

Günstige Lagerbedingungen für Speise-fette:
– kühl,
– trocken,
– lichtgeschützt,
– frei von Fremdgerüchen,
– vor Luft geschützt.

Zucker

67 **Aus welchen Pflanzen wird Zucker (Saccharose) hauptsäch-lich gewonnen?**

a) Zuckerrohr
b) Zuckerrübe (sie spielt in Europa die größte Rolle)

68 Beschreiben Sie die typischen Merkmale folgender Zuckersorten:
a) Raffinade,
b) Kristallzucker,
c) Weißzucker,
d) Farinzucker,
e) Kandiszucker,
f) Hagelzucker.

a) *Raffinade:* Beste Qualität, hochreiner, weißer Zucker in versch. Korngrößen. Wird hauptsächlich in Bäckereien und Konditoreien verwendet.

b) *Kristallzucker.* Geringfügig schlechtere Qualität, in verschiedenen Korngrößen erhältlich. Wird für Teige und Massen verwendet.

c) *Weißzucker.* Niedrigste Qualitätsstufe, preisgünstiger weißer Zucker.

d) *Farinzucker.* Gelbbrauner Zucker mit malzartigem bzw. karamellartigem Geschmack; enthält noch Zuckersirup (geringe Reinheit). Geeignet für Lebkuchenteige.

e) *Kandiszucker.* Große, grobe Kristalle, die sich nur langsam auflösen. Weiße Kristalle sind rein, braune enthalten Zuckersirup. Kandiszucker eignet sich z. B. für Tee.

f) *Hagelzucker.* Grobkörniger, hagelähnlicher Zucker, erhältlich in Raffinade- oder Kristallzuckerqualität.

69 Wodurch unterscheiden sich Puderzucker und Dekorpuder?

a) *Puderzucker,* sehr fein vermahlener Zucker (meist Raffinade).

b) *Dekorpuder.* Puderzucker, der mit Fett und Stärke behandelt wurde. Er ist kaum süß, schmilzt und nässt nicht; eignet sich zum Bestreuen heißer Backwaren wie Berliner.

70 Außer Dekorpuder gibt es noch andere behandelte Zuckerarten.
Nennen Sie diese und geben Sie dazu jeweils ein Verwendungsbeispiel an.

a) *Gelierzucker* (enthält Pektine): Für Marmeladen, Konfitüren und Gelees

b) *Einmachzucker.* Zum Einmachen von Früchten.

c) *Vanillezucker,* z. B. für Vanillekipferl.

d) *Invertzucker* (Rüben-, Trauben- und Fruchtzucker): Für Lebkuchen, Pralinen.

$\rightarrow$

▷ *Fortsetzung der Antwort* ▷

e) *Stärkesirup* (Dextrine, Traubenzucker und Wasser): Für Lebkuchen und Füllungen.

f) *Karamell* (erhitzter Zucker): Für Krems, Speiseeis und Zuckerwaren.

g) *Kulör* (hoch erhitzter Zucker): Zum Färben.

h) *Fondant* (gekochter Zucker mit Stärkesirup und Wasser): Für Glasuren.

i) *Würfelzucker/Zuckerhut* (angefeuchtet und gepresst): Für heiße Getränke bzw. Feuerzangenbowle.

j) *Weitere:* Basterdzucker (enthält Invertzucker), Nonpareille (gefärbte Zuckerstäbchen; Dekor).

---

71 Welchen Einfluss hat Zucker als Bestandteil von Teigen und Massen auf die Gebäckqualität?

a) *Geschmack:* Zucker schmeckt süß, wohl dosierte Zuckermengen runden den Geschmack ab.

b) *Bräunung:* Karamellisierung ergibt eine schöne Braunfärbung. Vorsicht: Bei zu hoher Backtemperatur bzw. zu langer Backzeit besteht die Gefahr des Verbrennens.

c) *Volumen:* Geringe Zuckermengen bewirken bei Hefeteigen eine Volumenvergrößerung, hohe Zuckermengen bewirken hingegen ein kleineres Gebäckvolumen.

d) *Haltbarkeit:* Zucker in größeren Mengen verlängert die Haltbarkeit der Gebäcke.

e) *Beschaffenheit:* Hohe Zuckermengen in wasserarmen Teigen sorgen für knusprige Gebäcke.

---

72 Nennen Sie drei Beispiele für den Einsatz verschiedener Zuckerarten als Dekormittel. Geben Sie außerdem die beabsichtigte Wirkung an.

1. *Puderzucker/Dekorzucker* z. B. bei Berlinern oder Desserts. Beabsichtigte Wirkung → Aussehen, Geschmacksabrundung.

→

Waren, Verkauf und Beratung

▷ *Fortsetzung der Antwort* ▷

2. *Hagelzucker* z.B. bei Weihnachtsgebäck oder Hefekränzen. Beabsichtigte Wirkung → Aussehen, Geschmacksabrundung.
3. *Fondant/Fadenzucker* z. B. bei Plundergebäcken oder Lebkuchen. Beabsichtigte Wirkung → Aussehen, Geschmack, Frischhaltung.

73 Weshalb werden viele Gebäcke zunächst mit Aprikotur versehen, bevor sie eine Fondantglasur erhalten?

Aprikotur
– verhindert ein frühzeitiges Austrocknen der Gebäcke,
– verhindert das Eindringen des Fondant in die Gebäcke,
– bewirkt geringeren Fondantverbrauch,
– ermöglicht das Glänzen des Fondant bzw. verzögert das „Absterben",
– rundet den Geschmack ab,
– gestattet längere Frischhaltung,
– bewirkt schöneres Aussehen.

74 Welche Vorteile bietet Fondant gegenüber Puderzuckerglasur?

a) Besserer, längerer Glanz, verzögertes „Absterben", kein Abplatzen und Aufreißen.
b) Verlängerte Frischhaltung.

75 Für welche Gebäcke wird Eiweißzuckerglasur verwendet?

a) Zimtsterne und ähnliches Weihnachtsgebäck.
b) Zum Zusammensetzen und Ausgarnieren von Lebkuchenhäusern, Hexenhäusern, Dekortorten.

76 Welche negativen Auswirkungen kann ein erhöhter Zuckerverzehr haben? (Erläutern Sie stichwortartig die Ursachen.)

a) *Übergewicht:* Zucker hat geringen Sättigungswert, gibt aber viel Energie.
b) *Karies:* Zucker begünstigt Karies (Zahnfäule) und erfordert deutlich mehr Mundhygiene.
c) *Diabetes:* Zucker begünstigt Diabetes mellitus (Zuckerkrankheit), vor allem bei älteren Menschen.
d) *Vitaminmangel:* größere Zuckermengen verbrauchen beim Abbau sehr viel Vitamine.

Honig

77 Welche Zuckerart kommt in Honig in größeren Mengen vor?

Honig besteht zu ca. 75 % aus Invertzucker, einem Gemisch aus Traubenzucker und Fruchtzucker.

78 Nennen Sie die Handelsarten von Honig.

1. Speisehonig (I. Qualität, zum unmittelbaren Genuss)
2. Backhonig (II. Qualität, nicht vollwertig, zum Backen)
3. Blütenhonig (hell, besonders aromatisch)
4. Honigtauhonig (nicht von Blüten, sondern von anderen Pflanzenteilen; dunkler, harziges Aroma)

79 Welche Angaben weisen auf besonders hochwertigen Honig hin?

a) beste Qualität
b) feinste Qualität
c) kalt geschleudert
d) wabenecht
e) Auslese/Auswahl
f) mit natürlichem Fermentgehalt (Enzymgehalt)

80 Erläutern Sie den Unterschied zwischen „Honig" und „Invertzuckerkrem".

a) Honig ist ein Naturprodukt, das keinerlei Zusätze enthalten darf.
b) Invertzuckerkrem ist künstlich nachgemachter „Honig" (frühere Bezeichnung: Kunsthonig). Er enthält zwar die Zuckerstoffe, nicht aber das Honigaroma. Die Verwendung der preisgünstigeren Invertzuckerkrem ist unter bestimmten Voraussetzungen deklarationspflichtig.

81 Ein Kunde reklamiert bei einem Waldhonig, dass er verdorben wäre, schließlich sei er ja auskristallisiert und trüb. Wie können Sie dem Kunden antworten?

a) Honig ist ein Naturprodukt, das keine Zusätze enthalten darf, nicht einmal solche, die Auskristallisieren verhindern würden.

$\rightarrow$

▷ *Fortsetzung der Antwort* ▷

b) Nach einiger Zeit kristallisiert Zucker normalerweise aus. Dies ist jedoch kein Zeichen für Qualitätsminderung, sondern eher das Gegenteil. Allerdings beeinflusst dieser Zustand die Streichfähigkeit.

c) Um den Honig wieder kristallfrei zu machen, kann man ihn im Wasserbad vorsichtig erwärmen, allerdings nicht über 40 °C, sonst wären Aromaverluste die Folge.

82 **Für welche Produkte wird Honig hauptsächlich verwendet?**

1. Honigkuchen, Honiglebkuchen
2. Röstmassengebäcke wie Florentiner, Nussknacker oder Bienenstichaufstrich
3. vollwertige Backwaren

83 **Worauf ist bei der Herstellung feiner Backwaren zu achten, wenn ein Gebäck den Begriff „Honig" in der Verkehrsbezeichnung beinhaltet wie z. B. bei Honigkuchen?**

Mindestens 50 % der enthaltenen Zuckerarten müssen aus dem Honig stammen. Der Rest kann auch von anderen Zuckerarten, z. B. Invertzuckerkrem, stammen.

84 **Weshalb ist Honig so leicht verdaulich?**

Honig enthält ca. 75 % Invertzucker, ein Gemisch aus Trauben- und Fruchtzucker. Invertzucker ist ein Einfachzucker, der nicht mehr abgebaut werden muss. Er geht deshalb schnell in den Blutkreislauf über.

Würzstoffe

85 **Zählen Sie fünf Auswirkungen von Gewürzen auf.**

Gewürze beeinflussen durch ihre Inhaltsstoffe
– das Aroma und den Geruch,
– den Geschmack,
– die Farbe,
– den Appetit und die Verdauung,
– die Haltbarkeit.

86 Welche Inhaltsstoffe sind für die Wirkung von Gewürzen verantwortlich?

a) Etherische (ätherische) Öle; sie sind die wichtigste Stoffgruppe.
b) Gerbstoffe
c) Harze

87 Worauf ist
a) bei der Lagerung,
b) beim Einsatz von Gewürzen zu achten?

a) *Lagerung:*
 – luftdicht
 – trocken,
 – kühl,
 – lichtgeschützt,
 – frei von Fremdgerüchen,
 – getrennt nach Sorten,
 – möglichst unzerkleinert.
b) *Einsatz:*
 – Zu wenig Gewürze bewirken einen faden Geschmack.
 – Zu viel Gewürze wirken aufdringlich und abstoßend.
 – Nicht mit feuchten Händen in Gewürzbehältnisse fassen, Gewürze können dadurch verderben.
 – Einzelgewürze sollten nur dominieren, wenn Sie dem Erzeugnis ihren Namen geben wie bei Zimtsternen oder Anisbrot. Ansonsten sollten Sie sich ergänzen, d. h. die Kombination verschiedener Gewürze sollte einen abgerundeten Geschmack ergeben.

88 Gewürze werden aus unterschiedlichen Bestandteilen von Pflanzen gewonnen.
Nennen Sie zu jedem Pflanzenteil – mindestens – ein Gewürzbeispiel.
a) Blüte,
b) Früchte und Samen,
c) Blätter,
d) Rinde,
e) Wurzel,
f) Knollen.

a) *Blüte:* Gewürznelken, Mazis (Muskatblüte),
b) *Früchte und Samen:* Vanille, Kümmel, Fenchel, Pfeffer, Paprika u.v. a. m.
c) *Blätter:* Oregano, Majoran, Thymian, Lorbeer usw.
d) *Rinde:* Zimt,
e) *Wurzel:* Ingwer,
f) *Knollen:* Zwiebel, Knoblauch.

89 Benennen Sie die abgebildeten Gewürze.

① Kardamom   ④ Sternanis
② Koriander   ⑤ Muskatblüte
③ Anis   ⑥ Vanille

①   ②   ③   ④   ⑤   ⑥

90 Gewürze werden entweder als Einzelgewürz oder in Form von Gewürzmischungen zugesetzt.
Nennen Sie hierzu jeweils drei Backerzeugnisse.

a) Einzelgewürz:
– Zwiebelbrot
– Zwiebelbrötchen
– Kümmelbrot
– Kümmelbrötchen
– Anisbrot
– Vanillekipferl
b) Würzmischungen
– Lebkuchen
– Spekulatius
– Stollen
– Gewürzbrot
– Gewürzbrötchen

91 Nennen Sie den wesentlichen Unterschied zwischen „Gewürz" und „Aroma".

a) Gewürze sind Pflanzenteile.
b) Aromen sind natürlich oder künstlich hergestellte Geruchs- und Geschmacksstoffe, bei denen die nicht wirksamen Bestandteile der Pflanzen entfernt wurden.

92 In welcher Hinsicht unterscheiden sich Extrakte bzw. Essenzen von Aromen?

Essenzen bzw. Extrakte sind *konzentrierte* Zubereitungen bestimmter Würzstoffe bzw. Aromen. Beispiele: Zitronenöl, Mokkapaste

Eier

93 Kennzeichnen Sie die Bestandteile des abgebildeten Hühnereis.

① Eiklar
② Hagelschnur
③ Dotterhaut
④ Dotter
⑤ Keimscheibe
⑥ Poröse Kalkschale
⑦ Schalenhaut
⑧ Luftkammer

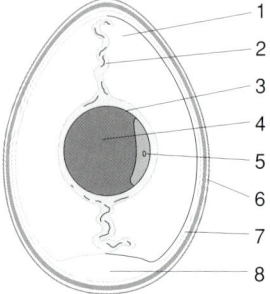

— 1
— 2
— 3
— 4
— 5
— 6
— 7
— 8

94 Unterscheiden Sie Eier der Güteklasse „A", „B" und „C".

A: *Frischeier,* die nicht gereinigt und nicht haltbar gemacht wurden. Sie haben eine saubere, unverletzte Schale.

B: *Meist haltbar gemachte Eier,* entweder durch Lagerung unter 5 °C oder Gasgemisch. Sie haben eine unverletzte Schale und dürfen gereinigt sein.

C: *Genusstaugliche Eier,* die weder den Anforderungen der Klasse „A" noch „B" entsprechen. Sie haben z. B. eine verletzte oder stark verschmutzte Schale. Diese Eier dürfen nur in der Lebensmittelindustrie verwendet werden.

95 Benennen Sie die Gewichtsklassen von Eiern und die geforderten Gewichte in g.

XL – sehr groß: 73 g und darüber.
L – groß: 63 bis unter 73 g.
M – mittel: 53 bis unter 63 g.
S – klein: unter 53 g.

96 Welche Angaben müssen Eierpackungen aufweisen?

a) Güteklasse,
b) Haltungsform,
c) Gewichtsklasse, →

192

▷ *Fortsetzung der Antwort* ▷

d) Mindesthaltbarkeitsdatum,
e) Kennnummer der Packstelle,
f) Anzahl der Eier,
g) Verbraucherhinweis: „Bei Kühl-
schranktemperatur aufzubewahren –
nach Ablauf des Mindesthaltbarkeits-
datums durcherhitzen".

97 Welche Angaben auf Eierpackungen sind zusätzlich gestattet?

a) Legedatum,
b) Art der Haltung, also ob Freiland-,
Auslauf- oder Bodenhaltung.

98 Beschreiben Sie stichwortartig die verschiedenen Methoden, mit denen Eier auf ihren Frischezustand geprüft werden können.

Schüttelprobe:
Ei kräftig am Ohr schütteln:
– bei älteren Eiern ist ein Schwappen
hörbar,
– bei frischen Eiern ist kein Schwappen
hörbar.
Aufschlagprobe:
Eier auf ebene Fläche aufschlagen:
– frisches Ei hat stabilen, rundlichen
Dotter und zäh fließendes Eiklar,
– altes Ei hat breit laufenden Dotter und
wässriges Eiklar.
Schwimmprobe:
Ei in Wasser legen:
– frisches Ei bleibt am Boden,
– altes Ei schwimmt oben.
Trennprobe:
Ei trennen:
– frische Eier lassen sich gut trennen,
– altes Ei: Dotter fließt ins Eiklar.
Riechprobe:
Ei aufschlagen, daran riechen:
– frisches Ei hat keinen Nebengeruch,
– verdorbenes Ei riecht faulig.

99 In der nachfolgenden Abbildung sehen Sie eine Aufschlagprobe.
Geben Sie an, welche Abbildung das frische Ei zeigt und welche das alte.

Die Abbildung ① zeigt ein frisches Ei, erkennbar am stabilen Dotter und am zäh fließenden Eiklar.

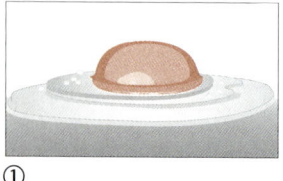

①

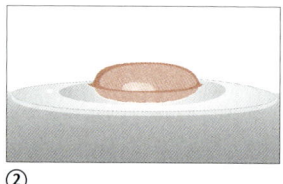

②

100 In der nachfolgenden Abbildung sehen Sie die Schwimmprobe.
Geben Sie zu jeder Abbildung den Frischezustand des Eis an.

① Frisches Ei, das am Boden liegen bleibt.
② Altes Ei, das dicke Ende richtet sich nach oben auf.
③ Verdorbenes Ei, mit der Luftkammer nach oben schwimmt es an der Oberfläche.

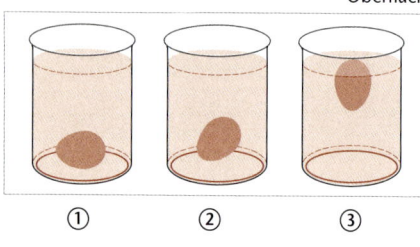

①   ②   ③

101 Weshalb kann man alte Eier durch die Schüttel- oder Schwimmprobe von frischen Eiern unterscheiden?

a) Mikroorganismen und Enzyme bauen Inhaltsstoffe ab. Deshalb wird das Eiklar dünnflüssiger.
b) Beim Lagern verdunstet Wasser durch die poröse Kalkschale. Die Luftkammer wird deshalb größer.

102 Worauf ist bei der Lagerung von Eiern zu achten?

a) kühle Lagerung, am besten im Kühlschrank oder Kühlraum,
b) lichtgeschützt,
c) frei von Fremdgerüchen,
d) nicht trocken lagern, am besten sind 85–95 % Luftfeuchtigkeit.

103 Erläutern Sie folgende Aussage: „Das Besondere am Eiweiß der Eier ist seine hohe biologische Wertigkeit."

Die Zusammensetzung der Eiweißstoffe im Hühnerei entspricht weitgehend der Zusammensetzung der menschlichen Eiweißstoffe. Neben Milch hat das Hühnerei die höchste biologische Wertigkeit.

104 Eihaltige Produkte müssen durcherhitzt werden. Andernfalls müssen sie schnell heruntergekühlt werden, kühl gelagert (max. 7°C) werden, innerhalb von 24 Stunden verkauft oder tiefgekühlt gelagert werden.
Begründen Sie, weshalb so vorgegangen werden muss.

Bei Frischeiprodukten besteht grundsätzlich die Gefahr einer Salmonelleninfektion, die häufigste Form der Lebensmittelvergiftung. Um sie zu vermeiden, sollten eihaltige Produkte durchgegart werden. Ist dies nicht möglich, müssen sie sachgemäß gelagert werden.

105 Welchen Einfluss hat Eiklar auf die Beschaffenheit von Gebäcken?

Die wichtigsten Eigenschaften von Eiklar sind: Schaumbildungsvermögen, Volumenvergrößerung und Lockerheit. Allerdings bewirkt es ein schnelleres Austrocknen.

106 Manchmal lässt sich Eiklar nicht gut zu Eischnee aufschlagen.
Nennen Sie mögliche Ursachen.

a) Arbeitsgeräte wie Schneebesen oder Schüssel waren nicht fettfrei.
b) Eier (Eiklar und Dotter) wurden nicht sauber getrennt, Dotterbestandteile waren im Eiklar.
c) Es wurden alte Eier verwendet.

107 Wie wirkt sich eine Eigelbzugabe in Teigen und Massen auf die Gebäckeigenschaften aus?

a) feinporige, zarte (und mürbe) Krume,
b) Krumen- und Krustenfärbung,
c) längere Frischhaltung,
d) aromatischer, ausdrucksvoller Geschmack.

Obst

108 Nennen Sie mindestens zwei Beispiele für
a) Steinobst,
b) Kernobst,
c) Schalenobst,
d) Beerenobst,
e) Südfrüchte.

a) Kirschen, Zwetschgen, Pflaumen, Mirabellen, Pfirsiche
b) Äpfel, Birnen, Quitten
c) Mandeln, Nüsse (Erd-, Wal-, Hasel-, Kokosnuss), Pistazien
d) Himbeeren, Heidelbeeren, Stachelbeeren, Weintrauben
e) Zitrusfrüchte, Ananas, Papaya, Bananen, Mango, Feigen

109 Benennen Sie die abgebildeten exotischen Früchte.

① ② ③

④ ⑤ ⑥

① Kakis   ④ Papayas
② Kiwis   ⑤ Passionsfrüchte
③ Mangos   ⑥ Avocados

110 Für das Äußere von Frischobst gelten bestimmte EG-Qualitätsnormen. Nennen Sie die Kriterien, nach denen Obst eingeteilt (klassifiziert) wird.

1. Mindestgröße
2. Reifezustand
3. Aussehen von Form und Farbe der Früchte
4. Schalenfehler
5. Beschaffenheit des Fruchtfleisches

111 Geben Sie an, welche Handelsklassen für Frischobst gelten und nennen Sie die wesentlichen Gütemerkmale.

Klasse extra: fehlerlos, auserlesenes Obst

Klasse I: hochwertiges Obst, nur geringe äußere Fehler in Schale, Farbe und Form sind zulässig.

Klasse II: gutes Obst, Fruchtfleisch hat nur geringe Mängel, äußere Mängel sind erlaubt.

Klasse III: Haushalts- und Industrieobst, großflächige äußere Fehler erlaubt.

112 Unter welchen Lagerbedingungen bleibt die Qualität von Frischobst am besten erhalten?

a) kühle Lagerung, ideal sind ca. 3°C,
b) hohe Luftfeuchtigkeit,
c) nicht stapeln, damit sich keine Druckstellen bilden oder die unteren Früchte nicht zerquetscht werden,
d) lichtgeschützt,
e) luftig.

113 Welche Verkaufsargumente sprechen für frisches Obst, auch in Bäckerei- und Konditoreierzeugnissen?

a) unverwechselbarer, arteigener Geschmack (je nach Obstsorte),
b) enthalten Vitamine, Mineralstoffe, Ballaststoffe, z. T. hochwertige Fette (Schalenobst),
c) gesunde Ernährung,
d) verhältnismäßig geringer Energiegehalt im Vergleich zum Sättigungswert, sogenannte „leichte" Kost.

114 Nennen Sie fünf Verwendungsbeispiele für Mandeln in Bäckerei/Konditorei.

1. Bienenstich
2. Makronen
3. Lebkuchen
4. Stollen
5. Florentiner
6. Pralinen
7. Marzipan

115 Worauf ist bei der Verwendung von Erd- und Kokosnüssen zu achten?

Sie dürfen beide für hochwertige Erzeugnisse wie Elisenlebkuchen oder Nusslebkuchen **nicht** verwendet werden.

116 Wodurch unterscheiden sich Sultaninen, Korinthen und Rosinen?

a) *Sultaninen:* kernlos, hellbraun, süß-aromatisch.
b) *Korinthen:* kernlos, dunkelbraun bis blauschwarz, herb-süßlich.
c) *Rosinen:* kernreich, dunkelbraun, sehr süß.

117 Neben Sultaninen, Korinthen und Rosinen gibt es noch weitere Beispiele für haltbar gemachtes Obst.
Nennen Sie mindestens fünf davon und geben Sie je ein Verwendungsbeispiel dazu an.

1. getrocknete Datteln: Früchtebrot, Pralinen,
2. getrocknete Feigen: Früchtebrot,
3. getrocknete Äpfel, Aprikosen, Zwetschgen, Birnen: Füllungen, Früchtebrot,
4. gefrorene Früchte wie Kirschen, Johannisbeeren, Himbeeren: Füllungen, Belag, Sahnekrems,
5. Obstkonserven, z. B. Aprikosen, Pfirsiche, Ananas: Füllungen.

118 In welchen Qualitätsstufen sind Marmeladen, Konfitüren und Gelees im Handel?

a) Konfitüre bzw. Gelee *extra* → mind. 45 % Früchte bzw. Fruchtsaft (bei bestimmten Früchten weniger).
b) Konfitüre bzw. Gelee *einfach* → mind. 35 % Früchte bzw. Fruchtsaft (gilt entsprechend).
c) Marmelade (nur bei Zitrusfrüchten zulässig) → mind. 20 % Früchte bzw. Fruchtsaft.

119 Für welche Erzeugnisse werden Dickzuckerfrüchte (*kandierte Früchte*) verwendet? Nennen Sie mindestens vier Erzeugnisse und geben Sie die verwendeten Früchte dazu an.

1. Stollen: Zitronat, Orangeat.
2. Florentiner: (Beleg-)Kirschen.
3. Pralinen: Kirschen, Zitronat, Orangeat u.a.
4. Englischer Kuchen: Kirschen u.a.
5. Früchtebrot: verschiedene Fruchtsorten.
6. Dekor für Torten und Petit Fours: Kirschen u.a.

Gelier- und Bindemittel

120 Welches Gelier- und Bindemittel wird nicht zu den Zusatzstoffen gezählt?

Stärke zählt nicht zu den Zusatzstoffen.

121 Müssen Gelier- und Bindemittel deklariert werden?

Gelier- und Bindemittel sind nicht kennzeichnungspflichtig. Allerdings dürfen die Höchstmengen nicht überschritten werden (2 % bei Pektinen, 3 % im fertigen Erzeugnis).

122 Nennen Sie fünf Gelier- und Bindemittel mit Anwendungsbeispielen.

1. Agar-Agar: Tortenguss, Binden von Fruchtsäften.
2. Pektine: Konfitüren, Gelees, Tortenguss.
3. Guarkernmehl, Johannisbrotkernmehl, Tragant: Speiseeis, Geleefrüchte.
4. Quellstärke: Kaltkrempulver, Binden von Säften.
5. Gelatine: Speiseeis, Schlagsahne.

Kakao und Kakaoerzeugnisse

123 Welchen Kakaobuttergehalt muss nach den gesetzlichen Vorschriften
a) schwach entöltes Kakaopulver,
b) stark entöltes Kakaopulver haben?

a) Schwach entöltes Kakaopulver: mindestens 20 % Kakaobutter.
b) Stark entöltes Kakaopulver: weniger als 20 % Kakaobutter.

124 Geben Sie zwei Verwendungsbeispiele für Kakaobutter.

1. Verdünnen von Kuvertüre
2. Abglänzen von Marzipanartikeln

125 Weshalb ist bei der Verarbeitung von Kuvertüren die Einhaltung der richtigen Temperatur so wichtig?

a) Ist die Temperatur zu gering, lässt sich die Kuvertüre nicht verarbeiten, also nicht gießen oder streichen.
b) Ist die Temperatur zu hoch (über 30 °C), setzt sich Kakaobutter ab. Die Folge: graue Kuvertüre bzw. Streifen im Erzeugnis, in Praline, Überzug.

126 Weshalb müssen mit Kuvertüre überzogene Desserts oder Torten mit vorgewärmten Werkzeugen (Messer, etc.) eingeteilt werden, bevor sie geschnitten werden?

Der Kuvertüreüberzug würde sonst beim Schneiden brechen bzw. abspringen.

127 Erläutern Sie die unterschiedliche Zusammensetzung von *Kuvertüre* und *kakaohaltiger Fettglasur.*

a) *Kuvertüre* besteht ausschließlich aus Kakaomasse, Kakaobutter und Zucker. Ausnahme: Vollmilchkuvertüre, sie enthält auch Vollmilchpulver.
b) *Kakaohaltige Fettglasur* besteht aus Kakao (ohne Kakaobutter), pflanzlichen Fetten und Zucker.

128 Welche Vorteile bietet kakaohaltige Fettglasur gegenüber Kuvertüre bei der Verarbeitung?

a) Kein Temperieren erforderlich; Erwärmen reicht aus → einfachere Verarbeitung.
b) Wird nicht grau, glänzt immer → sichere Herstellung.
c) Weichere Beschaffenheit → kann leicht durchgeschnitten werden.
d) Preiswerter.

129 Worauf ist zu achten, wenn kakaohaltige Fettglasur verwendet wird?

a) Hochwertige Erzeugnisse wie Sachertorte oder Florentiner dürfen nicht mit kakaohaltiger Fettglasur hergestellt werden.
b) Die Bezeichnung mit „*Schokolade-...*" ist nicht zulässig.
c) Die Verwendung von Fettglasur ist grundsätzlich deklarationspflichtig.

Brote in der Bäckerei

Weizenbrote

1 Wie lauten die rechtlichen Vorschriften über die Zusammensetzung von Weizenbroten?

a) Weizenbrote müssen mindestens 90 % Weizenmahlerzeugnisse (der Gesamtmahlerzeugnisse) enthalten.

b) Sie dürfen höchstens 10 Teile Fett und/oder Zuckerarten auf 90 Teile Getreidemahlerzeugnisse enthalten.

2 Welche Weißbrotsorten sind üblicherweise im Sortiment?

a) Längliches, freigeschobenes Weißbrot (Stollen, Semmelwecken)

b) Kastenweißbrot

c) Stangenweißbrot

3 Welche Merkmale zeichnen Weißbrote aus?

Weißbrote zeichnen sich aus durch

– milden, aromatischen Geschmack,

– lockere, weiche Krume,

– dünne, rösche Kruste,

– Leichtigkeit und Bekömmlichkeit.

4 Für welche Speisen und Anlässe können Sie Weißbrote empfehlen?

a) Zum Frühstück (mit Marmelade, Honig, etc.).

b) Für feine, mildaromatische Speisen wie

– milden Käse,

– feine Wurstsorten,

– Suppen.

c) Für Sandwiches, Canapés.

d) Zu Salaten und Fondues.

5 a) Inwiefern unterscheiden sich Baguettes vom „herkömmlichen" Stangenweißbrot?

b) Wodurch werden diese Unterschiede erreicht?

a) Baguettes haben

– eine dicke, kräftige Kruste,

– eine ungleichmäßige, grobe Porung,

– einen kräftigen, aromatischen Geschmack.

b) – Durch spezielle Teigführung,

– lange Stückgare und lange Backzeit.

6 Welche Qualitätsmerkmale zeichnen ein gutes Toastbrot aus?

a) Gleichmäßige Form, dünne Kruste.
b) Gleichmäßige Porung.
c) Mild-aromatischer Geschmack.
d) Toastscheiben verziehen sich beim Toasten nicht.
e) Getoastete Scheiben sind außen leicht knusprig und braun, innen hingegen weich und zart.

7 Welche Qualitätsmerkmale zeichnen ein Baguette aus?

a) langgestreckte Form
b) hoher Krustenanteil, rösche Kruste
c) lockere, ungleichmäßige Krume, erzielbar durch: Kühle Teigführung, wenig Hefe, Vorteig

8 Welche Merkmale zeichnen ein Ciabatta aus?

a) flache, fast rechteckige Form
b) rösch-harte Kruste ohne Ausbund (Risse)
c) helle, groß bis grob geporte Krume.
d) typischer Rezeptbestandteil ist Olivenöl

9 Welcher Zusatz ist bei geschnittenem Toastbrot zur Haltbarkeitsverlängerung und Schimmelverhütung erlaubt?

a) Als Konservierungsstoff ist „nur" Sorbinsäure zulässig, dies gilt für alle Schnittbrote.
b) Die Verwendung von Konservierungsstoffen ist kennzeichnungspflichtig.

10 Die Verwendung von Konservierungsstoffen in Erzeugnissen von Bäckereien und Konditoreien ist *nicht* werbewirksam und verkaufsfördernd. Beurteilen Sie diesen Sachverhalt.

a) Haltbar gemachte Erzeugnisse kann der Kunde meist preisgünstiger im Supermarkt erwerben.
b) Der Kunde erwartet vom Fachgeschäft „frische Erzeugnisse". Die Verwendung von Konservierungsstoffen hinterlässt bei einigen Kunden den Eindruck, dass es sich um Waren handelt, die längerfristig verkauft werden sollen.

Roggenbrote und Mischbrote

11 Nennen Sie mögliche Anteile an Weizen- bzw. Roggenmahlerzeugnissen in folgenden Brotsorten:
a) Roggenbrot, Roggenmischbrot, Mischbrot, Weizenmischbrot und Weizenbrot,
b) Roggenvollkornbrot, Weizenvollkornbrot, Roggenschrotbrot, Weizenschrotbrot, Vollkornbrot.

	Brotsorte	Roggen-mehl	Roggen-schrot	Roggen-vollkorn-schrot/-mehl	Weizen-vollkorn-mehl/-schrot	Weizen-schrot	Weizen-mehl
a)	Roggenbrot	mind. 90 %					
	Roggenmischbrot	>50 – <90 %					10 – <50 %
	Mischbrot	50 %					50 %
	Weizenmischbrot	>10 – <50 %				>50 – <90 %	
	Weizenbrot						mind. 90 %
b)	Roggenvollkornbrot			mind. 90 %			
	Weizenvollkornbrot				mind. 90 %		
	Roggenschrotbrot		mind. 90 %				
	Weizenschrotbrot					mind. 90 %	
	Vollkornbrot			mind. 90 %			

12 Durch welche Angaben muss ein Brot im Laden gekennzeichnet sein?

a) *Brotsorte,* Beispiel: Roggenmischbrot,
b) *Gewicht,*
c) *Stückpreis;* bei Abweichung von Standardgewichten muss auch der Grundpreis (= Kilopreis) angegeben werden.
Anmerkung: Die Angabe eines Phantasienamens wie z. B. Bodystyle-Brot als Verkehrsbezeichnung ist nicht ausreichend!

13 Wodurch zeichnen sich Bauern- oder Landbrote gegenüber anderen Brotsorten aus?

Bauern- und Landbrote zeichnen sich aus durch
– eine kräftige, dicke Kruste
– herzhaften Geschmack
– bemehlte Kruste (in vielen Fällen)
– einen Roggenanteil über 20 %; keine weiter gehenden Vorschriften.

14 Welche Brotformen sind üblich?

1. *rundes Brot,* z. B. Laib, Korbbrot,
2. *ovale, längliche Form,* z. B. Wecken, Stollen,
3. *Kastenbrot,*
4. *angeschobene Brote,* die in länglicher Form unmittelbar nebeneinander gebacken werden,
5. *Stangenbrot,*
6. *Ringbrot,*
7. *Fladenbrot.*

15 Welche Brote werden mithilfe von Sauerteig hergestellt?

a) Aus technologischen Gründen werden Brotteige mit einem Roggenanteil ab 20 % mit Sauerteig hergestellt.
b) Je größer der Roggenanteil, umso höher der Sauerteiganteil (kräftiger Geschmack, lange Frischhaltung).

16 Schrot- und Vollkornbrote bieten viele Verkaufsargumente. Nennen Sie einige.

1. Hoher Gehalt an Mineralstoffen und Ballaststoffen.
2. Hoher Sättigungswert.
3. Bestandteil einer Vollwerternährung.
4. Lange Frischhaltung.
5. Meist nur mit Sauerteig hergestellt.

**17 Eine Kundin fragt, auf welche Art und Weise Brot im Haushalt gelagert werden sollte.
Welche Tipps können Sie ihr geben?**

a) Bei Raumtemperatur lagern, nicht im Kühlschrank.
b) Im belüfteten Brotkasten, besser noch im Steinbrottopf aufbewahren.
c) Nicht in Plastiktüten bzw. luftdicht schließenden Behältern aufbewahren, der Luftaustausch ist wichtig. →

▷ *Fortsetzung der Antwort* ▷

d) Je höher der Roggenanteil, umso besser ist die Frischhaltung.

e) Je höher der Weizenanteil, umso schneller sollte das Brot verzehrt werden. In diesem Falle sollte die Kundin besser kleinere Mengen kaufen.

f) Schrot- und Vollkornbrote bleiben lange frisch.

18 Nennen Sie zwei Beispiele für Brote aus besonderen Mahlerzeugnissen.

1. *Schlüterbrot,* ein Roggenvollkornbrot, dem zusätzlich 25 % Kleie beigegeben wurden (Schlütermehl).

2. *Steinmetzbrot,* ein Vollkornbrot aus Roggen und Weizen ohne Fruchtschale.

19 Welche Besonderheiten zeichnen folgende Brote aus
a) Grahambrot,
b) Granaribrot/Malzbrot,
c) Knäckebrot?

a) Grahambrot wird im Original nach den Vorschriften des amerikanischen Arztes Dr. Graham aus Weizenschrot ohne Hefe und Salz hergestellt.

b) Granari- oder Malzbrot muss mindestens 8 % gemälztes Getreide enthalten.

c) Knäckebrot ist ein getrocknetes Flachbrot aus Weizen- oder Roggenschrot. Bei sachgemäßer Lagerung ist es lange lagerfähig.

20 Nennen Sie Beispiele für Brote, die mit besonderen Backverfahren hergestellt werden.

a) *Holzofenbrot:* Nur in direkt mit Holz beheizten Öfen herzustellen.

b) *Steinofenbrot:* Das Brot muss während der gesamten Backzeit auf „Stein" liegen.

c) *Dampfkammerbrot:* Das Brot wird in Kästen bei 100-130 °C im Dampf gebacken. Beispiel: Pumpernickel.

d) *Gersterbrot (Gerstelbrot):* Die Teiglinge werden vor dem Backen geflämmt (gegerstet).

21 Einige Menschen sind auf diätetische Brote angewiesen. Welche Brote empfehlen Sie
a) Zuckerkranken,
b) Zöliakiekranken,
c) Menschen, die an Bluthochdruck leiden?
Welche Vorschriften sind bei diesen Broten einzuhalten?

a) Diabetikerbrot: Es enthält mind. 30 % weniger Kohlenhydrate bzw. liefert max. 840 kJ je 100 g.
b) Glutenfreies (gliadinfreies) Brot: Weizen-, Roggen-, Gerste- und Hafererzeugnisse dürfen nicht enthalten sein.
c) – Natriumarmes Brot: Es darf max. 120 mg Natrium je 100 g Brot enthalten.
   – Streng natriumarmes Brot: Es darf max. 40 mg Natrium je 100 g Brot enthalten.

22 Welche Regelungen gelten für folgende Brote mit verändertem Nährwert:
a) kohlenhydratvermindertes Brot,
b) brennwertvermindertes Brot,
c) eiweißangereichertes Brot?

a) *Kohlenhydratvermindertes* Brot enthält mindestens 30 % weniger Kohlenhydrate als vergleichbares Brot.
b) *Brennwertvermindertes* Brot enthält mindestens 30 % weniger Energie (Brennwert) als vergleichbares Brot.
c) *Eiweißangereichertes* Brot: Der Eiweißanteil in der Trockensubstanz (Zutaten ohne Wasser) beträgt mindestens 22 %.

23 Nennen Sie vier Beispiele für Brote mit besonderen Zutaten tierischen Ursprungs und geben Sie die erforderlichen Mindestmengen an.

Die Zugabemengen beziehen sich grundsätzlich auf 100 kg Getreidemahlerzeugnisse.
– *Milchbrot:* Mindestens 50 Liter Vollmilch oder vergleichbare Milcherzeugnisse.
– *Sauermilch-, Buttermilch-, Jogurt-, Kefir-, Molkebrot:* Mindestens 15 Liter des entsprechenden Zusatzes oder entsprechende Menge Trockenerzeugnis.
– *Butterbrot:* Mindestens 5 kg Butter (kein anderes Fett).
– *Quarkbrot:* mindestens 10 kg Quark.
– *Milcheiweißbrot:* Mindestens 2 % Milcheiweißsubstanz (6 kg Magermilchpulver).
– *Schinkenbrot:* Der Schinken muss im Brot deutlich wahrnehmbar sein.

24 Nennen Sie vier Beispiele für Brote mit Zusätzen pflanzlichen Ursprungs und deren Mindestanforderungen.

a) *Leinsamen-, Sesam-, Sonnenblumenkern-, Walnussbrot:* mindestens 8 % der entsprechenden Ölsamen.

b) *Soja-, Weizenkeim-, Kleiebrot:* mindestens 10 % des namengebenden Zusatzes.

c) *Gewürz-, Kümmel-, Zwiebel-, Pfeffer-, Paprikabrot:* die namengebenden Bestandteile müssen optisch wie auch geschmacklich deutlich wahrnehmbar sein.

d) *Rosinenbrot:* mindestens 15 % Rosinen bzw. Sultaninen bzw. Korinthen.

e) *Mehrkornbrot:* jede Getreideart muss zu mindestens 5 % enthalten sein.

25 In der Bundesrepublik Deutschland werden zurzeit ca. 400 verschiedene Brotsorten angeboten.
Welche Vorteile bietet ein reichhaltiges Brotsortiment für den Backbetrieb?

a) Viele Kundenwünsche können berücksichtigt werden.

b) Gerade Kunden, die Abwechslung bevorzugen, können als Stammkunden gehalten werden.

c) Ein reichhaltiges Brotsortiment ist „ein" Aushängeschild für das Fachgeschäft.

d) Neue Kunden können die für sich „geeignete" Brotsorte herausfinden.

e) Personen, die nach bestimmten Ernährungsgrundsätzen leben, gehen dem Betrieb nicht als Kunden verloren. Beispiele: Vollwert, Diabetiker.

Brotfehler

26 Brotfehler betreffen nicht nur Äußerlichkeiten. In der Regel sind auch Qualitätsmängel damit verbunden.
Welche negativen Auswirkungen sind mit folgenden Krustenfehlern verbunden:
a) zu helle Kruste,
b) zu dunkle Kruste,
c) zu dünne Kruste?

a) Zu helle Kruste:
   – geringe Rösche,
   – fader, ausdrucksloser Geschmack der Kruste
b) Zu dunkle Kruste:
   – leicht bitterer Geschmack der Kruste,
   – durch zu langes Backen evtl. trockene Krume,
   – durch zu heißes Backen evtl. feuchte, unelastische Krume.
c) Zu dünne Kruste:
   – wenig Krustengeschmack
   – evtl. feuchte, unelastische Krume.

27 Nennen Sie vier Geschmacksfehler und geben Sie mögliche Ursachen dazu an.

a) Fader, ausdrucksloser Geschmack → zu wenig Salz, unzureichende Säuerung.
b) „Aufdringlich" saurer Geschmack → zu hoher Saueranteil (zu starke Säuerung).
c) Überwürzter Geschmack → zu viel Gewürz verwendet.
d) Einseitiger Geschmack → zu viel von einem Gewürz verwendet.
e) Fade → zu wenig Gewürz verwendet.
f) Essiggeschmack → starke Säuerung, fehlerhafte Teigführung.

28 Wie wirken sich folgende Brotformen auf die Krume aus:
a) eine zu flache Brotform,
b) eine zu runde Brotform bei zu kleinem Volumen?

a) Feste, ungenügend gelockerte, evtl. auch trockene Krume.
b) Große, ungleichmäßige Porung, evtl. auch zu feuchte Krume.

29 Nennen Sie zwei Fehler, die in der Brotkrume auftreten können.

a) Zu kleine und zu dichte Porung. Die Folge: zu trockene Krume, zu kurze Frischhaltung.
b) Zu feuchte, unelastische Krume. Die Folge: Die Krume ist kaum schnitt- bzw. streichfähig, sie ist „pappig" und schwer verdaulich.

208

30 Beurteilen Sie die abgebildeten Brote.

① zu flache Krume
② feuchte, unelastische Krume
③ ideales Brot

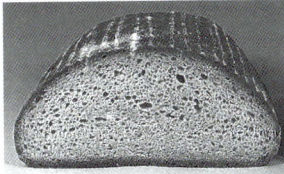

①

②

③

31 „Die Erkennung und Vermeidung von Brotfehlern ist Sache der Produktion. In deren Angelegenheiten mische ich mich nicht ein!"
Beurteilen Sie diese Aussage.

a) Das Produktionspersonal verursacht zwar Brot- und Gebäckfehler, Kunden kaufen Brot aber beim Verkaufspersonal, nicht in der Backstube.
b) Wenn fehlerhafte Brote von Kunden reklamiert werden, muss das Verkaufspersonal sachkundig darauf reagieren können.
c) Fehlerhafte Brote sollten gar nicht erst in den Verkauf, da sie das Ansehen des Fachgeschäftes beeinträchtigen.

Brotbeurteilung

32 Welche Vorteile bieten „offizielle" Brotprüfungen für das Fachgeschäft?

a) Objektive Qualitätsbeurteilung durch neutrale Cutachter.
b) Feststellung des Leistungsstandes des Betriebs bzw. der erzielten Gebäckqualität.
c) Werbewirkung bei erfolgreicher Beurteilung.

33 Welche Organisationen führen Brotprüfungen durch?

a) Zentralverband des Deutschen Bäckerhandwerkes
b) DLC (Deutsche Landwirtschaftsgesellschaft)
c) Bäckerinnungen (zum Teil)

34 Nach welchen Kriterien werden Brote (bei der Brotprüfung) beurteilt?

1. Form/Herrichtung
2. Kruste/Oberfläche
3. Lockerung/Porung
4. Elastizität
5. Struktur (Gesamteindruck)
6. Geruch/Geschmack

35 Welche Auszeichnungen sieht eine DLG-Prüfung vor?

a) Großer DLG-Preis (volle Punktzahl)
b) Silberner DLG-Preis (mind. 4 Punkte je Kriterium; Durchschnitt mind 4,5 von 5 Punkten)
c) Bronzener DLG-Preis

36 Auszeichnungen bei Brotprüfungen sind zwar werbewirksam, aber keine Garantie für gleichbleibend hohe Qualität.
Durch welche Maßnahmen kann der erreichte Qualitätsstand gehalten oder sogar gesteigert werden?

Durch betriebseigene Qualitätskontrollen, dabei sollte(n)
– zielgerichtet vorgegangen werden, z. B. anhand vorhandener Prüfungsverfahren,
– Produktion und Verkauf bei der Beurteilung berücksichtigt werden,
– Kundeneindrücke erfasst werden, z. B. durch Erfahrungen des Verkaufspersonals, Befragen der Kunden usw.

Gewichtsvorschriften, -kontrolle und -kennzeichnung für Backwaren

37 Nennen Sie die zulässigen Brotgewichte (Standardbrotgewicht) für Ganzbrot ohne Grundpreisangabe.

a) Mindestgewicht 500 g; bei Stangenweißbrot 400 g Mindestgewicht.
b) Bis 2.000 g Brotgewicht in Schritten von je 250 g zulässig, also: 500 g, 750 g, 1.000 g, 1.250 g, 1.500 g, 1.750 g, 1.000 g.
c) Ab 2.000 g Brotgewicht in Schritten zu je 500 g (2.000 g, 2.500 g, 3.000 g usw. bis 10.000 g)

38 Ist eine Abweichung von den Standardgewichten zulässig?

Grundsätzlich ja. Es ist dann allerdings neben dem Stückpreis auch die *Angabe des Grundpreises* (= Kilopreis) erforderlich.

39 In welchen Gewichtseinheiten darf verpacktes Brot verkauft werden?

a) 125 g, 250 g, 500 g, 750 g, 1.000 g ... usw. (durch 250 teilbar) bis 10.000 g.
b) Ausnahme: Bei Abgabe an Hotels, Kantinen und Krankenhäuser sind auch Packungsgrößen von 100 g zulässig.

40 Welche Gewichtsvorschriften gelten für Kleingebäcke?

Bis zu einem Gewicht von 250 g gibt es keine Gewichtsvorschriften. Ausnahmen gibt es für bestimmte Gebäcke in den neuen Bundesländern.

41 Welche Gewichtsabweichungen sind bei Broten zulässig?

a) Brote bis 1.000 g dürfen max. 30 g Gewichtsabweichung aufweisen.
b) Brote über 1.000 g dürfen um max. 3 % vom angegebenen Gewicht abweichen.
Aber: Das Durchschnittsgewicht der überprüften Brote darf die Gewichtsangaben nicht unterschreiten. *Berechnungsbeispiel: siehe Mathematikteil, Gewichtsabweichungen bei Frischbrot.*

42 Welche Möglichkeiten der Gewichtskennzeichnung für unverpackte Waren sind zulässig?

a) Ein lebensmittelechter Gewichtsaufkleber kann auf dem Brot aufgebracht werden.

b) Ein Gewichtsstempel kann vor dem Backen auf die Teigoberfläche gedrückt werden. Er muss nach dem Backen erkennbar sein.

c) Ein Schild mit der Gewichtsangabe kann am Brotregal bei dem entsprechenden Brot angebracht werden.

Kleingebäcke aus Weizen und Roggen

Weizenkleingebäcke

1 Geben Sie die „durchschnittliche" Zusammensetzung von Teigen für Weizenkleingebäcke an (als Grundrezept auf 1.000 g oder 100 Teile Mehl).

1.	Weizenmehl (Type 550)		1 000 g	100 %
2.	Wasser	ca.	580 g	58 %
3.	Hefe	ca.	40–50 g	4–5 %
4.	Salz	ca.	18 g	1,8 %
5.	Backmittel	ca.	20–30 g	2–3 %
6.	ggf. Backmargarine/Zucker			

2 Welche Vorschriften gelten für Weizenkleingebäcke?

a) Anteil Weizenmahlerzeugnisse mindestens 90 %.
b) Gebäckgewicht nicht über 250 g.
c) Sonst keine „besonderen" Vorschriften; Ausnahme: neue Bundesländer.

3 *Für die neuen Bundesländer:* Welche Stückmassen sind vorgegeben für
a) Tafelbrötchen,
b) Frühstückswickel,
c) Kräuterwickel,
d) Kipfel?

a) Tafelbrötchen: 50 g
b) Frühstückswickel: 50 g
c) Kräuterwickel: 60 g
d) Kipfel: 70 g

4 In welche Gruppe können Weizenkleingebäcke nach ihrer Form und nach ihrer Herstellungsart eingeteilt werden?

a) „eckige" Brötchen (ein Bruch wird nur geteilt, nicht rundgewirkt)
b) Rundbrötchen (Teiglinge werden geteilt und rundgewirkt)   →

▷ *Fortsetzung der Antwort* ▷

c) Formgebäcke
 – Schnittbrötchen
 – Drückbrötchen
 – Stüpfelbrötchen
 – Wickelbebäcke
 – Flechtgebäcke

d) Besondere Herstellungsarten:
 – Genetzte
 – Laugengebäck
 – Dänische Brötchen

5 Außer der Form und der Herstellung gibt es weitere Einteilungsmerkmale für Kleingebäcke.
Nennen Sie drei davon und geben Sie jeweils zwei Gebäckbeispiele dazu an.

1. *Zugussflüssigkeit:* Milchgebäcke, Wassergebäcke.
2. *Besondere Zusätze:* Mohn, Sesam-, Käse-, Zwiebelgebäcke.
3. *Besondere Getreideerzeugnisse:* Grahambrötchen, Dinkel-, Roggen-, 6-Korn-Gebäcke.

6 Erläutern Sie die Unterschiede zwischen *glatten Rundbrötchen* wie der bayrisehen Rundsemmel oder dem norddeutschen Rundstück einerseits und *Rosenbrötchen* andererseits.

a) *Glatte Rundbrötchen:* Wirkschluss unten → glatte Gebäckoberfläche.
b) *Rosenbrötchen:* Wirkschluss oben → reißt blätterartig auf höherer Krustenanteil (knackiger).

7 Welche Erwartungen hat der Verbraucher – normalerweise – an ein „gutes Weizenbrötchen"?

Verbraucher erwarten normalerweise
 – eine goldbraune Farbe,
 – eine leicht glänzende Oberfläche,
 – eine dünne, rösche Kruste,
 – eine zarte, weiche Krume,
 – einen „vollen" Geschmack (nicht fade),
 – Frische.

8 Weshalb verlieren Brötchen bereits nach 6 Stunden ihre Frischeeigenschaften?

Brötchen haben eine sehr große Oberfläche (im Verhältnis zum Gebäckvolumen) und damit einen hohen Krustenanteil:
 – die Feuchtigkeit der Krume kann schneller als bei Brot in und durch die Kruste gelangen,   →

▷ *Fortsetzung der Antwort* ▷

– die Kruste wird weich, die Rösche geht verloren und das Brötchen trocknet schneller aus, die Krume wird zäh.

9 Welche Maßnahmen erhalten die Rösche ofenfrischer Brötchen für den Verkauf?

a) ofenfrische Weizenbrötchen ausdampfen lassen, Wasser muss entweichen
→ nicht zu hoch in Körbe schichten
→ nicht abdecken oder in Plastiktüten verpacken
b) nicht in feuchtkalter Luft stehen lassen, z. B. beim Transport in Filialen

10 Weshalb ziehen viele Kunden Formbrötchen wie Kaiserbrötchen oder Schrippen einem glatten Rundbrötchen vor?

Weizenbrötchen mit Ausbund (Rissbildung in der Kruste) haben einen deutlich höheren Krustenanteil als glatte Rundbrötchen; dies wirkt sich vorteilhaft auf die Rösche und auf Geruchs- und Geschmacksstoffe aus.

Milchgebäcke

11 Welche lebensmittelrechtlichen Richtlinien gelten für Milchbrötchen?

Der Anteil an Vollmilch oder entsprechenden Milcherzeugnissen muss mindestens 50 l auf 100 kg Getreidemahlerzeugnisse betragen.

12 Welche Unterschiede weisen Milchbrötchen durch die Milch gegenüber Wasserware auf?

Milchbrötchen unterscheiden sich durch
– weichere, z.T. etwas dunklere Kruste,
– zarte, feine Krume,
– *fein* aromatischen Geschmack (Milch),
– längere Frischhaltung,
– höheren Energiewert.

13 Milchgebäcke eignen sich besser zum Tiefgefrieren als Wasserware. Begründen Sie diesen Sachverhalt.

Durch den Milchfettanteil splittert die Kruste nach dem Auftauen nicht ab, bei Wasserware splittert sie hingegen sehr stark ab.

Laugengebäcke, Laugenbrezeln

14 Welche lebensmittelrechtlichen Regelungen gelten für die Zusammensetzung der Brezellauge?

Die Brezellauge darf max. 4 % Natronlauge enthalten, der Wasseranteil muss mind. 96 % betragen.

15 Weshalb ist beim Umgang mit Brezellauge besondere Vorsicht geboten?

Brezellauge enthält Natronlauge, eine stark ätzende Substanz, daher sind geeignete Schutzmaßnahmen zu treffen. Deshalb müssen beim Belaugen sowie auch beim Ansetzen, Umfüllen, Verdünnen, Neutralisieren und Entsorgen der Lauge eine Schutzbrille und Gummihandschuhe getragen werden.

16 Nennen Sie fünf Gebäckbeispiele für Laugengebäcke.

1. Laugenbrezel
2. Laugenringe
3. Laugenbrötchen
4. Laugenzöpfe
5. Laugenstangen

17 Welche typischen Qualitätsmerkmale weisen Laugenbrezeln auf?

Die Qualitätsmerkmale von Laugenbrezeln sind
– dunkelbraune Krustenfarbe,
– knusprige, rösche Kruste,
– weiche Krume,
– typischer Laugengeschmack,
– typische Form (dicker Bauch, dünner werdende, knusprige, rösche „Ärmchen").

18 Im Verkaufsgespräch argumentiert ein Kunde, dass Laugenbrezeln für ihn nicht in Frage kämen, da sie aufgrund der enthaltenen Lauge gesundheitsschädlich seien. Wie können Sie ihm entgegnen?

„Es ist richtig, dass Laugenbrezeln mit Lauge behandelt werden, daher die Bezeichnung. Allerdings enthalten Laugenbrezeln keine Lauge. Die Lauge hat nur die Oberfläche berührt, sie dringt nicht ins Teiginnere. Dieser geringe Laugenanteil wird aber durch Teiginhaltsstoffe wieder neutralisiert, sodass Laugengebäcke nicht gesundheitsschädlich sind."

19 Wodurch unterscheiden sich Teige für Laugenbrezeln gegenüber Teigen für Weizenbrötchen?

a) Sie sind gewöhnlich etwas fester, da sie weniger Wasser enthalten.
b) Sie enthalten etwas Fett (ca. 5 %).

20 Für welche Gelegenheit können Sie Laugengebäck besonders empfehlen?

a) Zum Frühstück oder als Zwischenmahlzeit, z. B. als Butterbrezel.
b) Zu rustikalen Büfetts, zu Salaten, Würstchen usw.
c) Für Parties.
d) Zu alkoholhaltigen Getränken, besonders zu Bier.

Roggenhaltige Kleingebäcke und rustikale Kleingebäcke aus unterschiedlichen Mahlerzeugnissen

21 Welcher Mindestanteil Roggenmahlerzeugnisse ist für Roggenbrötchen vorgeschrieben?

Mindestens 50 % der Mahlerzeugnisse

22 Welche Mehltypen werden hauptsächlich für Roggenbrötchen verwendet?

a) Roggenmehl: Type 815 oder 997
b) Weizenmehl: Type 812 oder 1050

23 Welche abweichenden Gebäckmerkmale – gegenüber Weizenbrötchen – ergeben sich aus den verwendeten Mehltypen?

1. dunklere Farbe, sowohl der Krume als auch der Kruste
2. herzhafter Geschmack
3. geringeres Volumen (evtl. Ausgleich durch größeres Gewicht)
4. feuchtere Krume
5. röschere Kruste
6. längere Frischhaltung

24 Nennen Sie fünf Kleingebäcke mit Roggenmahlerzeugnissen.

1. Roggenbrötchen
2. Riemische bzw. Römische Brötchen
3. Schusterjungen
4. Röggelchen
5. Heidewecken
6. Roggenschrotbrötchen
7. Roggenvollkornbrötchen

25 Welche Vorschriften gelten
für
a) Schrotbrötchen,
b) Vollkornbrötchen?

a) Schrotbrötchen: Backschrotanteil
   mindestens 90 % der Gesamtmahlerzeugnisse

b) Vollkornbrötchen: Vollkornanteil
   mindestens 90 % der Gesamtmahlerzeugnisse

26 In vielen Bäckereien und
Konditoreien wird das Angebot
an Kleingebäck nicht nur durch
unterschiedliche Gebäckfor-
men, sondern auch durch
besondere Zutaten bereichert.
Welche Richtlinien gelten für
namengebende Zutaten wie z. B.
Quarkbrötchen?

a) Allgemein gilt: Der namengebende
   Bestandteil muss zu mindestens 10 %
   enthalten sein; Beispiele: Quark, Soja,
   Weizenkeime.
b) *Ausnahmen:*
   – Buttermilch, Joghurt, Molke, usw.:
     mindestens 15 Liter je 100 kg Mehl,
   – Leinsamen: mindestens 8 %,
   – Rosinen: mindestens 15 %,
   – Gewürze: keine Prozentangabe;
     sie müssen deutlich wahrnehmbar
     sein,
   – Mehrkorn: jede Getreideart muss
     mindestens 5 % der Getreidemah-
     lerzeugnisse ausmachen.

27 Weshalb bleiben „rustikale"
Kleingebäcke länger frisch?

Die Roggen-, Schrot- und/oder Voll-
kornanteile ermöglichen eine bessere
Wasserbindung in der Krume. Zum
einen wegen ihres höheren Gehalts an
Schalenanteilen, zum anderen wegen
der längeren Teigführungen. Die Folge
der besseren Wasserbindung: Die Krume
bleibt länger feucht bzw. frisch.

28 Welche Argumente können Sie anbringen gegenüber Kunden für
a) roggenhaltige Kleingebäcke,
b) Kleingebäcke mit Vollkorn,
c) Dinkelbrötchen?

a) Roggenhaltige Kleingebäcke:
  – herzhaft, würziger Geschmack,
  – kräftige, rösche Kruste,
  – lange Frischhaltung.
b) Kleingebäcke mit Vollkorn:
  – hoher Gesundheitswert,
  – hoher Sättigungswert, da hoher Gehalt an Ballast- und Mineralstoffen,
  – lange Frischhaltung.
c) Dinkelbrötchen
  – besonders aromatisch,
  – nussartiger Geschmack,
  – leicht bekömmlich/verdaulich,
  – wertvolle Inhaltsstoffe (Mineralstoffe, hochwertiges Eiweiß),
  – lange Frischhaltung.

29 Für welche Anlässe eignen sich „rustikale" Kleingebäcke besonders?

a) Zu würzigem Käse und deftigen Wurstsorten, als Vesper und Zwischenmahlzeit.
b) Für kalte Büfetts, insbesondere rustikaler Art, sowie zu Schinken-, Käseplatten, usw.
c) Als Beilagen zu Würstchen.
d) Zu Salaten.
e) Für Ausflüge, Wanderungen, da längere Frischhaltung.

Lockerung der Backwaren

1 **Nennen Sie die Lockerungs- arten für Teige und Massen.**

a) Biologische Lockerung: Hefe (Sauerteig)
b) Chemische Lockerung: Backpulver, Pottasche, Hirschhornsalz (ABC-Trieb), Natron
c) Physikalische Lockerung: Luft, Wasser- dampf

2 **Die Lockerung wirkt sich auf die Qualität der Backwaren aus.**
Zählen Sie mindestens vier Auswirkungen auf.

1. Großes Gebäckvolumen.
2. Erzielen des gewünschten Aromas.
3. Ermöglichen des „Durchbackens" bzw. Wärmeübergangs in das Gebäckinnere.
4. Krume wird schnitt- und streichfähig.
5. Aus Teigen und Massen werden gut verdauliche Gebäcke.

3 **Eine Fachverkäuferin sollte an einem Brotanschnitt erken- nen, ob die Lockerung gut oder schlecht ist.**
Beschreiben Sie die Merkmale
a) einer guten Lockerung,
b) einer unvollständigen Lockerung,
c) einer unkontrollierten Lockerung.

a) *Feinporige Krume,* viele kleine Poren sind gleichmäßig verteilt. Die Folge: gutes Aroma; zarte, elastische Krume; gute Gebäckform und gutes Volumen, gute Frischhaltung.
b) *Zu kleine Porung,* sehr kleine Poren, manche Krumenbereiche weisen kaum sichtbare Porung auf. Die Folge: kleine, feste Gebäcke; „pap- pige", unelastische Krume.
c) *Grobe, ungleichmäßige Porung.* Die Folge: trockene, flache Gebäcke mit ausdruckslosem Geschmack.

Biologische Lockerung

4 **Beschreiben Sie den Locke- rungsvorgang durch Hefe im Weizenteig.**

Die Hefe vergärt Zucker (des Teiges/ Backmittels) zu Kohlendioxid und Alko- hol. Das Lockerungsgas Kohlendioxid wird vom Kleber des Weizenteiges festge- halten. Folge: Die Porung entsteht.

5 Weshalb haben Roggenteige im Vergleich zu Weizenteigen eine kleinere Porung und die Gebäcke ein geringeres Volumen?

Roggenteige können aufgrund fehlender Eiweißstoffe keinen Kleber bilden. Die übrigen Bestandteile können das Gärgas der Hefe nur schlecht festhalten.

6 Weshalb müssen Roggenteige gesäuert werden?

Roggen enthält viele Stärke abbauende Enzyme (Amylasen). Diese würden zu viel Stärke abbauen, die für die Krumenbildung verantwortlich ist. Um die Enzymtätigkeit einzuschränken und damit die Stärke für die Krumenbildung zu erhalten, werden Sauerteig und Salz zugesetzt.

Säuerung der Roggenteige

7 Welche weiteren Aufgaben hat der Sauerteig in roggenhaltigen Teigen und Gebäcken?

a) Einschränkung der Amylasentätigkeit, um Roggenmehl backfähig zu machen,
b) Aromastoffe bilden (je nach Brot von mildsäuerlich, aromatisch bis herzhaft),
c) Entwicklung der Triebleistung und damit der Gebäcklockerung.

8 Welche Stufen kennzeichnen die „klassische" dreistufige Sauerteigführung?

1. Stufe: Anfrischsauer
2. Stufe: Grundsauer
3. Stufe: Vollsauer

9 Geben Sie zu jeder Stufe der dreistufigen Führung an, welche Aufgabe ihr hauptsächlich zukommt?

1. *Anfrischsauer:* Bildung von Sauerteighefen.
2. *Grundsauer:* Bildung von Milch- und Essigsäure.
3. *Vollsauer:* Verstärkung der Säure- und Aromabildung; Erreichen der vollen Triebleistung.

10 Erläutern Sie den Begriff „Anstellgut".

Das Anstellgut ist der Grundstock zum Ansetzen eines Sauerteigs. Es enthält die gewünschten Mikroorganismen (Milchsäurebakterien und Sauerteighefen), die in den folgenden Stufen vermehrt werden.

11 Welchen Zeitaufwand erfordert die dreistufige Sauerteigführung?

Die Gesamtdauer beträgt etwa einen Tag. Je nach Führungsvariante gelten für
- Anfrischsauer ca. sechs Stunden,
- Grundsauer ca. zehn Stunden,
- Vollsauer ca. drei Stunden.

12 Mit dreistufiger Sauerteigführung hergestellte Brote schmecken nicht nur vollaromatisch, sie halten auch lange frisch.
Begründen Sie diesen Sachverhalt.

Durch die lange Teigführungszeit von insgesamt etwa einem Tag haben die Mehlbestandteile ausreichend Zeit, optimal zu verquellen (Wasser zu binden), was sich positiv auf die Frischhaltung auswirkt.

13 Nennen Sie verschiedene Sauerteig-Führungsarten.

1. Dreistufenführung
2. Zweistufenführung
3. Detmolder Einstufenführung
4. Berliner Kurzsauerführung
5. Monheimer Salzsauerführung

14 a) Erläutern Sie den Begriff „Teigsäuerungsmittel"
b) Welche Aufgabe kommt den Teigsäuerungsmitteln zu?

a) Teigsäuerungsmittel sind säurehaltige Backmittel.
b) Sie werden eingesetzt, um die aufwändige Sauerteigführung ganz oder teilweise zu ersetzen.
Die Folge: Einfache, sichere und schnellere Roggenbrotherstellung. Werden Teigsäuerungsmittel ohne Sauerteig verwendet, spricht man von „direkter Führung".

Chemische Lockerung

15 Welche Gemeinsamkeit haben alle chemischen Lockerungsmittel?

Sie enthalten bzw. bilden alle Kohlendixid als Lockerungsgas.

16 a) Für welche Teige und Massen wird hauptsächlich Backpulver verwendet?
b) Begründen Sie, weshalb Backpulver statt Hefe für diese Teige und Massen verwendet wird.

a) Für fett- und zuckerreiche Teige und Massen, die wenig Wasser enthalten.
b) Aufgrund geringer Feuchte und hohen Zuckeranteils wäre die Hefe zu stark gehemmt.

17 Welche Bestandteile sind in Backpulver enthalten?

a) Natron (Natriumhydrogencarbonat): Es enthält das Lockerungsgas Kohlendioxid.
b) Säuren wie Zitronensäure oder Weinsäure: Sie setzen das Lockerungsgas frei.
c) Trennmittel wie Stärke oder Mehl: Sie halten das Backpulver trocken sowie Säure und Natron auseinander.

18 Worauf muss geachtet werden, wenn Backpulver gelagert und verwendet wird?

a) Bei Feuchtigkeit und Wärme setzen die Säuren das Kohlendioxid aus dem Natron frei.
b) Deshalb trocken und kühl, in gut schließenden Behältern lagern.
c) Fertig gestellte Teige und Massen sollten unverzüglich gebacken werden, da sonst ein Teil des Lockerungsgases schon vor dem Backen entweicht (Vortrieb).

19 Welcher Inhaltsstoff trägt das Kohlendioxid im Hirschhornsalz?

Ammonium (genauer Ammoniumcarbonat und Ammoniumhydrogencarbonat; daher auch die Bezeichnung **A**mmonium-**bi**carbonat (bi = zwei) oder ABC-Trieb).

20 Welche Einschränkung gilt für die Verwendung von Hirschhornsalz (ABC-Trieb)?

Es darf nur bei trockenen (wasserarmen) Flachgebäcken wie Lebkuchen oder Keksen verwendet werden.

21 Begründen Sie die eingeschränkte Verwendung von Hirschhornsalz (ABC-Trieb).

Außer Kohlendioxid wird auch gesundheitsschädliches Ammoniak freigesetzt, das restlos entweichen muss. In feuchten Gebäcken oder großvolumigen Gebäcken wäre dies nicht gewährleistet.

22 Für welche Gebäcke wird Pottasche als Lockerungsmittel eingesetzt?

Für Lebkuchen und Honigkuchen, die während der Lagerung Säuren bilden.

Physikalische Lockerung

23 Welche Zutaten und Lebensmittel werden ausschließlich durch Einschlagen von Luft gelockert?

1. Schlagsahne
2. Sahnekrems
3. Fettkrems
4. Eiklar → Eischnee
5. Eismix (Eiskrem/Kremeis)

24 Welche Produkte werden teilweise durch Einschlagen von Luft gelockert?

Massen wie Biskuit, Wiener Massen usw.

25 Erläutern Sie die Lockerung durch Luft.

Eiweiß und Fett nehmen beim Schlagen Luft auf. Die Folge: Poren entstehen, welche die Lockerung bewirken.

26 Erläutern Sie den Lockerungsvorgang bei Brandmassen.

Während des Backens verdampft der hohe Wasseranteil. Der Wasserdampf wird von der Kruste festgehalten. Das Gebäck nimmt deutlich an Volumen zu. Im Inneren bilden sich große Hohlräume.

27 Beschreiben Sie den Lockerungsvorgang bei Blätterteig.

Blätterteig besteht aus vielen (normalerweise 144) Schichten Grundteig und Ziehfett. Beim Backen verdampft   →

▷ *Fortsetzung der Antwort* ▷

das im Teig enthaltene Wasser, die Fettschichten werden flüssig und isolieren die einzelnen Teigschichten voneinander. Der Wasserdampf drückt die Teigschichten nach oben, wodurch die lockere Blätterung entsteht. Die Lockerung ermöglicht das Durchbacken der inneren Schichten, wodurch knusprig rösche Blätterteiggebäcke entstehen.

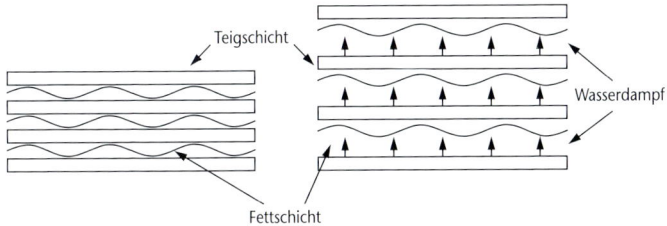

Teigschicht

Wasserdampf

Fettschicht

28 **Auf welche Art und Weise erfolgt die Lockerung bei Plunderteigen?**

a) Durch den Wasserdampf im Plunderteig (physikalische Lockerung; vgl. Blätterteig).

b) Im Teig selbst durch das Gärgas Kohlendioxid der Hefe (biologische Lockerung).

Süßwaren im Bäckerei- und Konditoreiverkauf

Schokolade und Pralinen

1 Woraus besteht Schokolade?

Schokolade ist ein Produkt, das hauptsächlich aus folgenden Zutaten hergestellt wird:
– Kakaomasse,
– Kakaobutter, evtl. anderem Pflanzenfett (bis höchst. 5 %),
– Zucker,
– weiteren Zusätzen.

2 Welche weiteren Zusätze finden bei der Schokoladenherstellung Verwendung?

Zur Herstellung von Schokolade verwendet man z. B.
– Milch, Milchprodukte,
– Früchte, Fruchterzeugnisse
– Kräuter,
– Kaffee,
– Alkohol,
– Getreideerzeugnisse.

3 Welche Faktoren beeinflussen die Qualität von Schokolade?

a) Die Kakaosorte (Edel- oder Konsumkakao).
b) Die Anteile der Kakaobestandteile (Kakaomasse und Kakaobutter).
c) Die Qualität und der Anteil der anderen Zutaten wie Milch, Sahne oder Zucker.
d) Die Conchierdauer.

4 Ordnen Sie folgende Schokoladensorten nach Qualitätsstufen:
Weiße Schokolade, Blockschokolade, Kochschokolade, Bitterschokolade, Halbbitterschokolade.
Beginnen Sie die Reihe mit der höchsten Qualitätsstufe.

1. Bitterschokolade (60 % Kakaobestandteile)
2. Halbbitterschokolade (50 %)
3. Weiße Schokolade
4. Blockschokolade
5. Kochschokolade

5 Erklären Sie den Fachbegriff „Conchieren"?

Beim Conchieren wird Schokoladenmasse in einem Rühr- und Reibsystem über einen längeren Zeitraum gerührt, gewendet und belüftet.

6 Welche Auswirkungen hat das Conchieren auf die Qualität der Schokolade?

Je länger conchiert wird, desto besser werden Schmelz und Aroma der Schokolade.

7 Vergleichen Sie Vollmilchschokolade und Haushaltsschokolade nach Zutaten und Geschmack.

	Vollmilchschokolade	**Haushaltsschokolade**
Zutaten	hoher Kakaobutteranteil, hoher Milchfettanteil	geringe Gesamtkakaotrockenmasse
Geschmack	angenehm, mild	kräftig, bitter, herb

8 Beschreiben Sie die Zusammensetzung der „Weißen Schokolade".

Der Anteil der Kakaomasse besteht ausschließlich aus Kakaobutter (mindestens 20 %), die Gesamtmilchtrockenmasse beträgt mindestens 14 %, Milchfett mindestens 3,5 %.

9 Wodurch wird der Geschmack einer Schokolade beeinflusst?

Der Geschmack einer Schokolade wird beeinflusst durch
- den Anteil der Kakaobestandteile,
- die Güte der Kakaosorte,
- den Zuckeranteil,
- die Art und Menge der besonderen Zusätze wie Milch, Nüsse und Alkohol.

10 Nennen Sie die lebensmittelrechtlich vorgeschriebenen Bestandteile der Kuvertüre.

1. Mindestens 35 % Gesamtkakaobestandteile.
2. Mindestens 31 % Kakaobutter.

11 Auf der Verpackung einer Kuvertüre sind die Zahlen 60/40/35 zu lesen. Welche Bedeutung hat dieser Aufdruck?

60: Gesamtkakaobestandteil in Prozent.
40: Zuckeranteil in Prozent.
35: Kakaobutteranteil in Prozent (als Teil der Gesamtkakaomenge).

12 Auf einem Preisschild ist der Hinweis „mit kakaohaltiger Fettglasur" aufgeführt. Warum schreibt der Gesetzgeber beim Verkauf von fettglasurhaltigen Erzeugnissen eine Kennzeichnungspflicht (Deklarationspflicht) vor?

Fettglasur ist eine „nachgemachte Schokoladenüberzugsmasse", die der hochwertigen Kuvertüre in Aussehen, Geruch und Geschmack sehr ähnlich ist. Der Fettanteil besteht bei der Kuvertüre ausschließlich aus Kakaobutter, während bei der Herstellung von Fettglasur Fremdfette verarbeitet werden wie Erdnussfett oder Kokosfett.

13 Welche Regelungen gelten für die Verwendung von kakaohaltiger Fettglasur bei der Herstellung von Feinen Backwaren?

Nach den Leitsätzen für Feine Backwaren dürfen kakaohaltige Fettglasuren bei Erzeugnissen mit Kenntlichmachung verwendet werden, selbst wenn diese hervorhebende Qualitätshinweise (z. B. „feinste" oder „extrafein") führen.

14 Erklären Sie den Begriff „Praline".

Pralinen sind kakaohaltige Erzeugnisse in mundgerechter Größe mit einem Kuvertüreanteil von mindestens 25 % des Gesamtgewichts.

15 Unterscheiden Sie die Pralinen nach der Art der Füllung.

Es gibt Pralinen mit
- fester Füllung, z. B. Krokant oder Mandeln,
- kremiger (weicher) Füllung, z. B. Trüffel oder Fondant,
- flüssiger Füllung, z. B. Alkohol.

16 Unterscheiden Sie Pralinen nach der Art der Herstellung.

Nach der Art der Herstellung unterscheidet man
- Überzugspralinen,
- Hohlkörperpralinen,
- Zuckerkrustenpralinen.

17 Je nachdem, welcher Grundrohstoff vorrangig enthalten ist, unterscheidet man verschiedene Pralinensorten.
Nennen Sie hierzu mindestens fünf Beispiele.

1. Trüffelpralinen
2. Marzipanpralinen
3. Nugatpralinen
4. Krokantpralinen
5. Krempralinen

18 Wie werden Zuckerkrustenpralinen (z. B. Weinbrandbohnen) nach dem „Pudergussverfahren" hergestellt?

Alkoholhaltige Zuckerlösung wird in Puderkästen (Vertiefungen) gegossen Die auskristallisierten Pralinenkörper werden anschließend mit Kuvertüre überzogen.

19 Nennen Sie lebensmittelrechtliche Bestimmungen für Canache (Trüffelmasse).

Canache ist eine Sahnekrem aus zwei Teilen dunkler Kuvertüre und einem Teil Schlagsahne.

20 Erklären Sie folgende Begriffe:
a) Fettreif,
b) Zuckerreif.

Fettreif und Zuckerreif treten bei kakaohaltigen Erzeugnissen aufgrund von Lagerfehlern auf.
a) **Fettreif:**
Durch zu warme Lagertemperaturen tritt die Kakaobutter an die Oberfläche und bildet einen weißlich grauen Belag.
b) **Zuckerreif:**
Bei zu hoher Luftfeuchtigkeit löst sich der Zucker und kristallisiert an der Oberfläche wieder aus.

21 Ein Kunde reklamiert eine weißlich graue Schokolade. Wie verhalten Sie sich?

Die Verkäuferin sollte
– die Ursache dieses Erscheinungsbildes erklären; sie darf allerdings nicht belehrend wirken,
– einen Hinweis geben, dass die Qualität nur im Aussehen beeinträchtigt ist,
– dennoch Ersatz anbieten,
– evtl. Lagertipps geben.

22 Wie bleibt die Qualität von kakaohaltigen Erzeugnissen erhalten?

Die Qualität bleibt erhalten, wenn
- größere Temperaturschwankungen vermieden werden,
- die Erzeugnisse vor Fremdgerüchen geschützt bleiben,
- die Erzeugnisse trocken und lichtgeschützt gelagert werden,
- Lagertemperaturen von 15 bis 18°C eingehalten werden,
- längere Lagerzeiten vermieden werden.

Marzipan und Persipan

23 Wodurch unterscheiden sich Marzipanrohmasse und Marzipan?

Marzipanrohmasse bildet die Grundlage für die Herstellung von Marzipan. Für angewirktes Marzipan wird der Rohmasse höchstens die gleiche Menge Zucker beigemischt. Qualitätsbestimmend für Marzipan ist der Rohmasseanteil.

24 Nennen Sie die lebensmittelrechtlichen Bestimmungen für die Zusammensetzung der Marzipanrohmasse.

Marzipanrohmasse wird aus geriebenen Mandeln und Zucker hergestellt. Im Einzelnen sind folgende Anteile festgelegt:

Fett (Mandelöl)	Wasser	Zucker	Konservierungsstoffe
mindestens 28 %	höchstens 17 %	höchstens 35 %	Nr. 1, 2, 3 je kg Rohmasse bis zu 1,5 g

Der Gesamtgehalt an geschälten, bitteren Mandeln darf bis zu 12 % des Mandelgewichts betragen.

25 Nennen Sie die lebensmittelrechtlichen Bestimmungen für die Zusammensetzung von Marzipan.

Der Gewichtsanteil von Zucker darf den Gewichtsanteil der Marzipanrohmasse nicht übersteigen.

1 Teil Marzipanrohmasse	höchstens bis zu 1 Teil Puderzucker

Im Gesamtzuckergehalt dürfen zur besseren Frischhaltung bis zu 3,5 % Stärkesirup oder bis zu 5 % Sorbit oder Sorbitsirup enthalten sein.

26 Erklären Sie den Begriff „Edelmarzipan".

Unter Edelmarzipan versteht man Marzipan mit einem höheren Anteil an Mandelbestandteilen, nämlich mindestens 7 Teile Marzipanrohmasse auf 3 Teile Zucker. Mit dieser Bezeichnung soll eine besondere Qualität zum Ausdruck gebracht werden.

27 Beschreiben Sie „Lübecker Edelmarzipan".

Lübecker Marzipan ist Edelmarzipan von besonders heller, kremweißer Farbe mit einem Rohmasse-Zucker-Verhältnis von 9:1. Lübecker Marzipanwaren werden z. B. als Figuren, Früchte, Kartoffeln, Brote und andere Formstücke angeboten.

28 Mit welchen Verkaufsargumenten bieten Sie Lübecker Marzipanwaren an?

Verkaufsargumente für Lübecker Marzipanwaren sind
– die besonders feine, feucht-weiche Beschaffenheit des Marzipans,
– die Ausgewogenheit in der Süße,
– die Vielfalt im Geschmack durch Verarbeitung von Früchten, Spirituosen und anderen Geschmacksträgern.

29 Ein Kunde möchte wissen, ob Lübecker Marzipan wirklich aus Lübeck stammt. Informieren Sie den Kunden entsprechend.

Die Bezeichnung „Lübecker Marzipan" ist eine geschützte Herkunftsbezeichnung für Hersteller aus dem Lübecker Raum, d. h.
– die Marzipanwaren müssen im Lübecker Raum hergestellt sein oder
– die Marzipanrohmasse muss aus dem Lübecker Raum stammen.

30 Im Verkauf wird Marzipan „nach Lübecker Art" angeboten. Welche Informationen kann der Kunde dieser Kennzeichnung entnehmen?

Die angebotene Ware entspricht in der Qualität den Anforderungen des Lübecker Marzipans, erfüllt aber nicht die Herkunftsbedingungen und stammt somit nicht aus dem Raum Lübeck.

31 Beschreiben Sie die wesentlichen Merkmale des „Königsberger Marzipans".

Königsberger Marzipan
– ist Edelmarzipan,
– hat ein Rohmasse-Zucker-Verhältnis von 9 : 1,5 bzw. ein Mandel-Zucker-Verhältnis von 1:1,
– ist durch Abflämmen verfärbt,
– wird häufig mit Früchten belegt,
– ist gelegentlich mit Rosenwasser aromatisiert.

32 Muss Königsberger Marzipan in Königsberg hergestellt sein?

Nein, Königsberger Marzipan ist eine Gattungsbezeichnung und darf demnach für Marzipanwaren verwendet werden, wenn Qualität, Herstellungsverfahren und Aussehen der allgemeinen Verkaufsauffassung entsprechen.

33 Persipan gilt als Marzipanersatz. Woraus besteht Persipanrohmasse?

Persipanrohmasse besteht aus Aprikosen- oder Pfirsichkernen oder aus entbitterten Bittermandeln und Zucker.

34 Nennen Sie die lebensmittelrechtlichen Bestimmungen für die Zusammensetzung von Persipanrohmasse.

Zucker	Wasser	Stärke	Konservierungsstoffe
höchstens	*höchstens*		
35 %	20 %	0,5 %	Nr. 1, 2 und 3 je kg Rohmasse bis zu 1,5 g

35 Nennen Sie die lebensmittelrechtlichen Bestimmungen für die Zusammensetzung von Persipan.

Der Persipan-Rohmasse darf zum Anwirken höchstens die eineinhalbfache Zuckermenge beigemischt werden.

1 Teil Persipanrohmasse	1,5 Teile Puderzucker

Im Gesamtzuckeranteil dürfen zur besseren Frischhaltung bis zu 5 % Stärkesirup oder bis zu 5 % Sorbit oder Sorbitsirup enthalten sein.

36 Welchen rechtlichen Anforderungen unterliegen persipanhaltige Waren im Verkauf?

Um Verwechslungen mit Marzipan auszuschließen, sind Erzeugnisse aus Persipan oder Persipanrohmasse (Konditormarzipan, Edelmarzipan) kenntlich zu machen. Es besteht also Deklarationspflicht.

37 Für welche Erzeugnisse dürfen Persipan oder Persipanrohmasse nicht zur Herstellung verwendet werden?

Persipan oder Persipanrohmasse darf nicht für hochwertige Qualitätswaren verwendet werden, z. B. für Pralinen, Marzipanwaren, Mandelgebäcke oder Oblatenlebkuchen.

38 Woran erkennen Sie Qualitätsmängel bei Marzipan- oder Persipanwaren?

Qualitätsmängel:
– harte und rissige Oberfläche,
– schorfiges Aussehen,
– abgeplatzter Überzug,
– gäriger, fremdartiger Geschmack.

39 Beschreiben Sie qualitäts-
erhaltende Maßnahmen und
Lagerbedingungen für Marzipanwaren.

Die Qualität wird erhalten durch
– dünnes Einsprühen mit Kakaobutter,
– Abdecken oder Verpacken mit geeig-
  netem Material,
– eine Lagertemperatur von ca. 16°C,
– hygienisch einwandfreie Lagerung,
  also geschützt vor Staub, Insekten und
  Fremdgeruch.

Krokanterzeugnisse

40 Beschreiben Sie die Herstellung von Krokant.

Krokant wird aus hellbraun geschmolze-
nem und karamellisiertem Zucker unter
Zugabe von gerösteten Mandeln oder
Nüssen bereitet.

41 Unterscheiden Sie verschiedene Krokantarten.

1. *Hartkrokant:* Zucker + Mandeln/ Nüsse.
2. *Weichkrokant:* Zucker + Mandeln/ Nüsse + fetthaltiger Zusatz (Fett, Milch,
   Marzipan).
3. *Blätterkrokant:* Krokantmasse geschichtet mit Nugat- oder Marzipanmasse.

42 Zählen Sie verschiedene
Krokanterzeugnisse auf.

1. Krokantstreusel
2. Krokantriegel, Krokantstangen
3. Krokantpralinen
4. Krokanteier
5. Krokantformen (Krokantdekor)
6. Schaustücke

43 Welche Auswirkungen hat
eine zu feuchte Lagerung für
Krokanterzeugnisse?

Der hohe Zuckeranteil nimmt Luftfeuchtigkeit auf und lässt die Krokanterzeugnisse schnell weich und zäh werden.

Nugat

44 Erklären Sie den Begriff „Nugat".

Nugat ist ein Erzeugnis aus Zucker, Haselnüssen und/oder Mandeln. Nugat kann auch Kakaoerzeugnisse enthalten. Ausgangsprodukt zum Anwirken von Nugat ist die Nugatmasse.

45 Unterscheiden Sie Nugatmassen nach den verwendeten Rohstoffen.

1. Nuss-Nugat   3. Mandel-Nuss-Nugat
2. Mandel-Nugat   4. Gesüßtes Nussmark

46 Nennen Sie lebensmittelrechtliche Bestimmungen für die Zusammensetzung der verschiedenen Nugatmassen.

Nugatmassen	Zucker max.	Fett min.	Wasser max.
Mandel-Nugatmasse		28 %	
Nuss-Nugatmasse	50 %	30 %	2 %
Mandel-Nuss-Nugatmasse		28 %	
Gesüßtes Nussmark		32 %	

47 Nennen Sie lebensmittelrechtliche Bestimmungen für die Zusammensetzung von Nugatwaren.

2 Teile Nugatmasse	max. 1 Teil Zucker

48 Wodurch entstehen bei Nugatmassen geschmackliche Unterschiede?

Diese Unterschiede entstehen durch
– die verwendete Schalenfrucht,
– das entsprechende Rösten der Schalenfrucht,
– den Bräunungsgrad des Zuckers beim Karamellisieren,
– die weiteren Zutaten, z. B. Kakaoerzeugnisse, Milch, Sahne.

49 Nennen Sie Verwendungsmöglichkeiten für Nugat in der Bäckerei/Konditorei.

Nugat wird häufig als Geschmacksträger von Füllmassen und Krems für Teegebäck, Desserts, Torten und Pralinen verwendet.

50 Zählen Sie handelsübliche Nugatwaren auf.

1. Nugatformartikel   4. Schichtnugat
2. Schnittnugat   5. Gianduja
3. Blocknugat   6. Nugatkrem

Torten und Desserts im Verkauf

1 Nach welchen Unterscheidungsmerkmalen werden Torten eingeteilt?

Torten werden eingeteilt nach
– der Form,
– der Füllung,
– der Garnierung.

2 Man unterscheidet verschiedene Tortenformen. Nennen Sie diese.

a) Scheibentorte
b) Kleintorte
c) Kuppeltorte
d) Etagentorte
e) Aufsatztorte
f) Ring-/Kranztorte
g) Formstück

3 Unterscheiden Sie Torten nach der Füllung.

a) ungefüllte Torte
b) gefüllte Torte

4 Unterscheiden und beschreiben Sie Torten nach der Garnierung.

a) *Anschnitttorte:*
   – gleiche Stückgarnierungen,
   – bei hohen Torten 16 oder 18 Stücke, bei flachen Torten 12 oder 14 Stücke,
   – üblich bei Verkauf im Laden oder Café.
b) *Festtagstorte:*
   – freie Garnierung oder Motivgarnierung ohne Stückeinteilung,
   – meist auf Bestellung für bestimmte Anlässe

5 Welche Füllungen werden vorwiegend zur Herstellung von Torten und Desserts verwendet?

Als Füllung für Torten und Desserts dienen hauptsächlich
– Sahne,
– Sahnekrems,
– Krems,
– Obsterzeugnisse,
– Rohmassen.

6 **Beschreiben Sie Schlag-sahne.**

Schlagsahne ist ein aufgeschlagenes bzw. aufgeschäumtes Milcherzeugnis, das außer Zucker und Aromastoffen keine weiteren nennenswerten Zusätze enthält. Der Milchfettanteil beträgt mindestens 30 %.

7 **Geben Sie unterschiedliche Sahneaufschlag-Möglichkeiten an.**

1. Manuelles Aufschlagen (von Hand)
2. Rührmaschine
3. Sahneautomat
4. Sahnebläser.

8 **Erklären Sie den physikalischen Vorgang beim Aufschlagen von Sahne.**

Beim Aufschlagen bilden sich durch Eiweiß und Fett stabile Luftbläschen. Die Volumenzunahme beträgt dabei etwa das Dreifache des ursprünglichen Volumens.

9 **Welche Regeln sind beim Aufschlagen der Sahne zu beachten?**

a) Nur ausgereifte Sahne verwenden (mind. 24 Std.).
b) Nur absolut saubere und fettfreie Geräte und Maschinen einsetzen.
c) Möglichst die ideale Aufschlagtemperatur der Sahne einhalten (ca. 4 °C).
d) Entsprechende Zuckerart und Zuckermenge verwenden.
e) Die optimale Aufschlagzeit beachten.

10 **Welche Folge hat ein zu langes Aufschlagen der Sahne?**

Eine zu lange Aufschlagdauer führt zur Trennung von Milchfett und Wasser; es entsteht Butter.

11 **Wodurch kann die Stand- und Schnittfestigkeit der Schlagsahne verbessert werden?**

Durch Zugabe von
– Gelatine,
– Sahnestandmittel.

12 **Welche lebensmittelrechtlichen Beurteilungsmerkmale gelten für Sahnetorten?**

Die bei der Herstellung von Sahnetorten verwendeten Sahnefüllungen oder Sahnegarnierungen enthalten mindestens 60 % Schlagsahne.

13 Erläutern Sie den Begriff „Füllung".

Zur Füllung zählen alle Bestandteile der Torte mit Ausnahme von Tortenboden, Dekor und Auflage.

14 Wie wird Sahnekrem hergestellt?

Zur Herstellung einer Sahnekrem wird meist eine Grundkrem z. B. aus Milch/Wein/Fruchtsaft, Zucker, Eigelb, Quark und Aromen zubereitet. Nach Zugabe von Gelatine wird in den abgekühlten Fond Schlagsahne untergezogen.

15 Erklären Sie den Begriff „Sahnekrem".

Füllungen bzw. Garnierungen mit einem geringeren Anteil als 60 % Schlagsahne werden als Sahnekrem bezeichnet.

16 Nennen Sie das lebensmittelrechtliche Beurteilungsmerkmal für Sahnekremtorten.

Sahnekremtorten enthalten Füllungen bzw. Garnierungen mit einem Schlagsahneanteil von mindestens 20 %.

17 Unterscheiden Sie *Butterkrem* und *Fettkrem* als Füllung für Kremtorten.

a) *Butterkrem* enthält mindestens 20 % Butter oder die entsprechende Menge an Butterreinfett bzw. Butterfett; anderes Fett wird nicht verwendet.
b) *Fettkrem* enthält mindestens 20,5 % Margarine.

18 Welche Butterkremarten werden nach der Zusammensetzung unterschieden?

a) *Deutsche Butterkrem:*
Vanillekrem + Butter
b) *Französische Butterkrem:*
Vollei + Zucker + Butter
c) *Italienische Butterkrem:*
Eiklar + Zucker + Butter

handwerk-technik.de

19 Vergleichen Sie Vor- und Nachteile der einzelnen Butterkremarten.

Art	Vorteil	Nachteil
Deutsche Butterkrem	gut bekömmlich	geringe Haltbarkeit
Französische Butterkrem	lange haltbar, geschmackvoll	schwer verdaulich, stark sättigend
Italienische Butterkrem	gut bekömmlich, lange haltbar	wenig geschmacksbindend

20 Nennen Sie die Zusammensetzung der Vanillegrundkrem.

1. Milch
2. Zucker
3. Krempulver (Weizenstärke mit Vanillearoma)

21 Wodurch unterscheiden sich *leichte* und *schwere Vanillekrem?*

a) *Leichte Vanillekrem:* Vanillegrundkrem + Eischnee.
b) *Schwere Vanillekrem:* Vanillegrundkrem + Eigelb/Vollei.

22 Nennen Sie weitere Krems. Geben Sie jeweils die entsprechenden lebensmittelrechtlichen Bestimmungen an.

Milchkrem	mindestens 2,5 % Milchfett
Schokoladenkrem	mindestens 5 % Schokolade
Kakaokrem	mindestens 2,5 % stark entöltes Kakaopulver
Canache	Sahnekrem aus zwei Teilen dunkler Kuvertüre und einem Teil Schlagsahne
Eikrem	mindestens 15 % Vollei oder entsprechende Menge an Eiprodukten
Weinkrem	enthält mindestens 50 % der verwendeten Flüssigkeit als Wein

23 Zählen Sie klassische Sahnetorten auf.

Klassische Sahnetorten sind zum Beispiel
- Schwarzwälder Kirsch-Sahnetorte,
- Holländische Kirsch-Sahnetorte,
- Flocken-Sahnetorte,
- Fürst-Pückler-Sahnetorte,
- Schokoladen-Sahnetorte,
- Nuss-Sahnetorte,
- Krokant-Sahnetorte,
- Ananas-Sahhnetorte,
- Quark-Sahnetorte.

24 Welche besonderen Beurteilungsmerkmale sind in den
Leitsätzen für Feine Backwaren
für die Schwarzwälder Kirschtorte festgelegt?

Schwarzwälder Kirschtorte ist eine
Sahnetorte oder Butterkremtorte, auch
deren Kombination. Als Füllung dienen
Butterkrem und/oder Sahne, teilweise
Canache sowie Kirschen. Der zugesetzte
Anteil an Schwarzwälder Kirschwasser ist
deutlich wahrnehmbar.

25 Beschreiben Sie den mögli-
chen Aufbau einer Flocken-Sahnetorte.

Boden: 1 Mürbeteigboden, 3–5 dünne
Brandmasseböden.
Füllung: Vanille-Schlagsahne, Rum-Schlag-
sahne, Preiselbeerkonfitüre oder Johannis-
beer-Gelee.
Einstrich und Decke: Vanille-Schlagsahne,
Brandmasseboden.
Möglicher Dekor: gehobelte Mandeln, Flo-
cken aus Brandmasse, Tupfen aus Sahne,
Brandmasse-Ornamente, süßer Schnee.

26 Nennen Sie die typischen
Merkmale der Fürst-Pückler-
Torte.

Die Füllung dieser Torte ist in Farbe und
Geschmack festgelegt. Von unten nach
oben besteht diese aus
- Schokoladensahne/-krem (braun),
- Vanillesahne/-krem oder Maraschino-
  sahne/-krem (weiß),
- Erdbeersahne/-krem (rot).

27 **Zählen Sie verschiedene Kremtorten auf.**

1. Mokka-Torte
2. Mignon-Torte
3. Florentiner Torte
4. Käse-Sahnekrem-Torte
5. Fächer-Torte
6. Dobos-Torte
7. Frankfurter Kranz
8. Prinzregententorte
9. Schokoladenkrem-Torte
10. Mandelbaiser-Torte
11. Amarena-Torte
12. Prinzess-Torte

28 **Beschreiben Sie den „Frankfurter Kranz".**

„Frankfurter Kranz" ist eine kranzförmige Torte aus Sand-, Biskuitmasse oder Wiener Masse. Sie ist in Lagen quer geschnitten, mit Butterkrem gefüllt und damit auf den Ober- und Seitenflächen bestrichen, außerdem mit Mandel- oder Nusskrokant bestreut.

29 **Nennen Sie Torten mit Konfitürefüllungen.**

a) Sachertorte
b) Linzer Torte
c) Punschtorte

30 **Welche Beurteilungsmerkmale sind für die Sachertorte vorgeschrieben?**

Sachertorte ist eine Schokoladentorte aus Sachermasse. Sie ist gefüllt mit Fruchtfüllung, die mindestens 45 % Aprikosenanteil enthält. Sachertorten sind überzogen mit Kuvertüre oder Kakao-Zuckerglasur.

31 **Erklären Sie den Begriff „Sachermasse".**

„Sachermasse" ist eine schwere Schokoladenmasse, die auf 100 Teile Weizenmehl/Stärke mindestens 100 Teile Schokolade und/oder eine entsprechende Menge Kakao, mindestens 100 Teile Butter und mindestens 200 Teile Vollei enthält.

32 Nennen Sie ungefüllte Torten.

1. Spanische Vanilletorte
2. Baum(kuchen)torte
3. Möhrentorte (Rüblitorte)
4. Margarethentorte
5. Zuger Kirschtorte

33 Welche Früchte werden zur Herstellung von gebackenen Obstkuchen und Obsttorten verwendet?

Hierfür können nur backfeste Früchte verwendet werden, z. B. Äpfel, Zwetschgen, Pflaumen, Kirschen, Stachelbeeren, Johannisbeeren, Aprikosen.

34 Mit welchen Verkaufsargumenten bieten Sie ungebackene Obstkuchen an?

Ungebackene Obstkuchen
– haben einen Frischobstbelag,
– sind vitamin- und mineralstoffreich,
– sind saftig und schmecken aromatisch,
– wirken erfrischend,
– sind gut bekömmlich.

35 Welche Merkmale kennzeichnen Käsekuchen und Käsetorte?

Käsekuchen und Käsetorten können in offener, gedeckter oder gefüllter Form hergestellt werden. Auf 100 kg Teig werden mindestens 150 kg Käsemasse verwendet. Zur Herstellung der Käsemasse werden mindestens 30 % Speisequark oder die entsprechende Menge Quarktrockenprodukte verwendet.

36 Erklären Sie den Begriff „Petits Fours".

Petits Fours (franz. = kleine Stückchen) sind kleine Desserts, die mit Konfitüre, Rohmasse oder Krem gefüllt sind. Die dünnen Böden werden aus Sandmasse, Wiener Masse oder Baumkuchenmasse hergestellt und in verschiedene Formen geschnitten oder gestoßen.

37 Zählen Sie Dessertgebäcke auf.

1. Mohrenköpfe
2. Windbeutel
3. Eclairs
4. Sahneomeletts
5. Savarins
6. Törtchen/Torteletts
7. Baumkuchendesserts
8. Wiener Desserts
9. Rouladen
10. Schnitten

38 Begründen Sie die verkaufsfördernde Wirkung von Schnitten.

Bei Schnitten fällt die Schnittfläche mehr ins Auge als z. B. bei Torten. Durch geschickte Verwendung farblich passender Böden, Füllungen und Einlagen lassen sich optisch wirkungsvolle Ansichten erzielen, die als Kaufanreiz wirken.

39 Worauf muss bei der Lagerung von Sahneerzeugnissen geachtet werden?

a) Sahneerzeugnisse sollten aufbewahrt werden bei
   – ca. 0 bis 3°C und
   – hoher Luftfeuchtigkeit (85–95 %)
b) Erzeugnisse aus Sahnekrem eignen sich zum Tiefgefrieren.

40 Weshalb sollten Kremerzeugnisse nicht zu kalt verzehrt werden?

Der aromatische Geschmack von Krems kommt erst bei höheren Temperaturen (15–20 °C) voll zur Geltung. Daher ist eine kurze Aufwärmzeit bei Raumtemperatur vor dem Verzehr zu empfehlen.

41 Beschreiben Sie das fachgerechte Aufschneiden von Torten mit Kuvertüreüberzug.

a) Kuvertüreüberzug mit heißem, trockenem Messer an vorgezeichneter Stelle anschmelzen,
b) nach jedem Schnitt das Messer erneut heiß reinigen und trocknen.

42 **Worauf ist bei der Präsentation von Torten zu achten?**

Bei der Präsentation von Torten sollte man
- die Torten auf ansprechenden Tortenplatten oder -tellern ausstellen,
- direkte Berührung der verschiedenen Stücke vermeiden,
- dekorative Garnierung nicht beschädigen,
- Schnittstellen dem Kunden zugewandt platzieren,
- Krümel und verschmierte Anschnittflächen vermeiden,
- Kenn- und Auszeichnungsvorschriften beachten.

43 **Welche Mengen empfehlen Sie pro Person bei Kuchen, Torten und Dessertstücken zum Verzehr?**

Pro Person werden durchschnittlich 2 bis 2½ Gebäckstücke gerechnet.

44 **Feine Backwaren sind „Kalorienbomben"!**
Nehmen Sie Stellung zu dieser Aussage.

Um dem gesundheitsbewussten Konsumenten gerecht zu werden, gibt es heutzutage auch bei Feinen Backwaren energiereduzierte Produkte. Außerdem sollte man bedenken, dass Feine Backwaren verzehrfertig sind, während Brot und Kleingebäck meist noch einen energiehaltigen Belag erhalten. Der genussorientierte Konsumententyp stellt immer noch die umsatzbestimmende Verbrauchergruppe und erfordert deshalb ein entsprechendes Warensortiment.

handwerk-technik.de

Speiseeis im Bäckerei-/Konditoreiverkauf

Speiseeissorten

1 Wie lautet nach den Leitsätzen für Speiseeis die Begriffsbestimmung für „Speiseeis"?

Speiseeis ist eine Zubereitung, die durch einen Gefrierprozess bei der Herstellung in einen festen oder pastenartigen Zustand gebracht wird, gefroren in den Verkehr gelangt und dazu bestimmt ist, in diesem Zustand verzehrt zu werden.

2 Welche Speiseeissorten sind in den Leitsätzen für Speiseeis festgelegt?

a) Kremeis, Cremeeis, Eierkremeis, Eiercremeeis
b) Rahmeis, Sahneeis, Fürst-Pückler-Eis
c) Milcheis
d) Eiskrem, Eiscreme
e) Fruchteis
f) Fruchteiskrem, Fruchteiscreme
g) „(Frucht)-Sorbet"
h) Wassereis

3 Aus welchen Grundzutaten wird Speiseeis hergestellt?

Speiseeis enthält
– Milch/Milchprodukte,
– Ei,
– Zucker,
– Frucht,
– Aromen,
– färbende Lebensmittel,
– Farbstoffe,
– Bindemittel.

4 Erklären Sie den Begriff „Softeis".

Softeis ist keine eigenständige Eissorte. Es wird in Speiseeis-Automaten während des Durchlaufs bei der Entnahme mit Luft aufgeschäumt und nur schwach gefroren (ca.–7°C).

5 **Wie groß ist eine Speise-eiskugel?**

Übliche Größen der Portionierer sind $1/_{20}$ bis $1/_{50}$. Das bedeutet, bei sauberem Abstreifen erhält man aus einem Liter Speiseeis 20 bis 50 Eiskugeln.

6 **Nennen Sie die lebensmit-telrechtlichen Anforderungen für Kremeis.**

Mindestens 50 % Milch und auf einen Liter Milch mindestens 270 g Vollei oder 90 g Eigelb. Kremeis enthält kein zusätzliches Wasser.

7 **Welche Speiseeissorten dürfen für die Herstellung eines Eisbechers mit einem Phantasienamen wie z. B. „Beach Dream" verwendet werden?**

Eisbecher ohne Angabe der Speiseeissorten dürfen nur Kremeis, Fruchteis und Rahmeis enthalten.

8 **Die ideale Lagertemperatur von Speiseeis liegt bei etwa –14 °C.**
Welche Auswirkungen haben schwankende Lagertemperaturen auf die Qualität des Speiseeises?

a) Zu hohe Lagertemperaturen: Das Speiseeis wird zu weich; es schmilzt bereits beim Portionieren; höhere mikrobielle Belastung.
b) Zu niedrige Lagertemperatur: Das Speiseeis friert nach; es wird hart und bildet grobe Eiskristalle.

Hygiene im Umgang mit Speiseeis

9 **Für den Umgang mit Speiseeis gelten besonders hygienische Vorschriften. Begründen Sie deren Notwendigkeit.**

Speiseeis bietet wegen der hohen Feuchtigkeit und der vielen Nährstoffe einen idealen Nährboden für Mikroorganismen. Verdorbenes Speiseeis ist weder äußerlich noch im Geschmack erkennbar.

10 **Welche Rolle spielen die sog. „Schmutzkeime" bei der Beurteilung von Speiseeis?**

In den meisten Bundesländern gilt ein Eis mit einem Gehalt von mehr als 100.000 Keimen oder 10 Kolibakterien je Kubikzentimeter (Keimzahlrichtwert) als gesundheitsgefährdend.

11 Welche hygienischen Vorschriften gelten für den Verkauf von Speiseeis?

a) Portionierer vor Verkaufsbeginn unter fließendem Wasser abspülen.
b) Portionierer in Gefäßen mit durchlaufendem Wasser oder 1,5%iger Zitronen- oder Weinsäure bereithalten.
c) Geräte und Gegenstände nach Benützung gründlich reinigen.
d) Aufgetautes Eis nicht wieder in den Verkehr bringen.
e) Speiseeis vor Atemluft und Anhusten schützen.
f) Speiseeis nicht mit den Händen berühren.

Speiseeiserzeugnisse

12 Skizzieren Sie den Aufbau einer Fürst-Pückler-Eistorte.

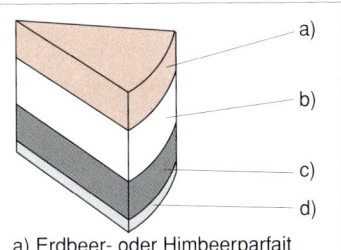

a) Erdbeer- oder Himbeerparfait
b) Vanille- oder Maraschinoparfait
c) Schokoparfait
d) Baiserboden

13 Nennen Sie verschiedene Eisgetränke.

a) Eiskaffee,
b) Eistec,
c) Eisschokolade,
d) Sorbet,
e) Shake,
f) Eisgetränke mit Fruchtsaft.

Getränke und kleine Speisen im Café

Kaffee

1 **Wo liegt der Ursprung der Kaffeepflanze?**

Der Kaffee stammt aus der Provinz „Kaffa" im Hochland Äthiopiens.

2 **Benennen Sie die bedeutenden Kaffeeanbauländer, die in der nachfolgenden Weltkarte abgebildet sind.**

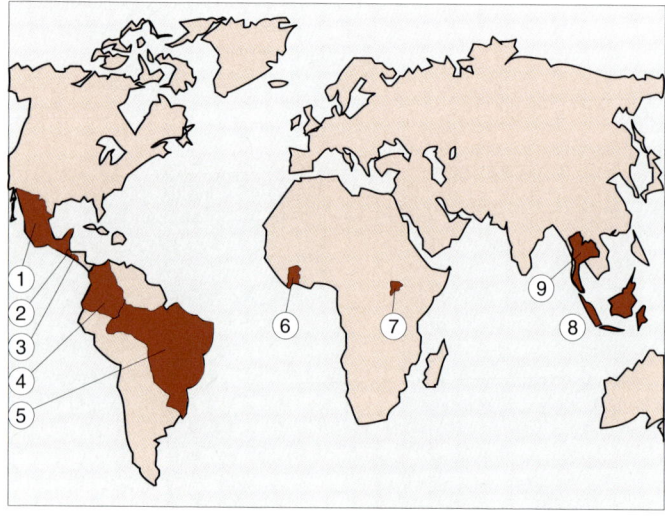

① Mexiko	② Guatemala	③ El Salvador
④ Kolumbien	⑤ Brasilien	⑥ Elfenbeinküste
⑦ Uganda	⑧ Indonesien	⑨ Thailand

3 **Wie werden die Früchte des Kaffeestrauches genannt?**

Die Früchte des Kaffeestrauches werden „Kaffeekirschen" genannt und enthalten zwei Kaffeebohnen.

4 **Man unterscheidet ca. 80 verschiedene Kaffeesorten. Welche davon haben heute weltweite Bedeutung?**

a) Caffea arabica
b) Caffea robusta

5 Unterscheiden Sie Kaffee nach der Lage des Anbaugebietes.

a) Hochlandkaffee
   (über 1 000 m über N.N.)
b) Tieflandkaffee (unter 500 über N.N.)

6 Vergleichen Sie Hochlandkaffee und Tieflandkaffee nach Qualität, Ertrag und Preis.

	Hochlandkaffee	Tieflandkaffee
Qualität	beste Qualität edle Geschmacksstoffe	geringere Qualität weniger aromatisch
Ertrag	gering	hoch
Preis	teurer	preiswerter

7 Nennen Sie Inhaltsstoffe des Kaffees und beschreiben Sie deren Wirkung auf den menschlichen Körper.

1. *Koffein:* regt Herz und Kreislauf an.
2. *Gerbsäure:* regt Verdauung an.
3. *Kaffeeöl:* Aromaträger.

8 Welche Kaffeesorten werden im Handel unterschieden?

a) Bohnenkaffee
b) entkoffeinierter Kaffee
c) reizstoffarmer (säurearmer) Kaffee
d) Instantkaffee (Kaffee-Extrakt)

9 Für welche Kunden empfehlen Sie entkoffeinierten Kaffee?

Entkoffeinierter Kaffee eignet sich für Herzkranke und Menschen mit hohem Blutdruck.

10 Für welche Kunden eignet sich reizstoffarmer Kaffee?

Reizstoffarmer Kaffee ist zu empfehlen für Kunden mit Magen-, Leber- oder Galleempfindlichkeiten.

11 Welche Vorteile bietet der Instantkaffee?

Die Vorteile des Instantkaffees sind
– einfache Zubereitung,
– Zeit sparende Zubereitung,
– mit weiteren Zutaten erhältlich, z. B. mit Milch, Zucker oder Aromen.

12 Wie sollte Kaffee gelagert werden?

Röstkaffee ist sauerstoff- und feuchtigkeitsempfindlich. Er sollte daher trocken, kühl und geruchsfrei in luftdichten Verpackungen gelagert werden.

13 Nennen Sie die gebräuchlichsten Zubereitungsmethoden für Kaffee.

a) druckloses Brühverfahren (Filterkaffee)
b) Brühverfahren mit Druck (Schümli, Espresso)
c) Aufgussverfahren (ohne Filter)
d) Lösen in heißem Wasser (Instantkaffee)

14 Wovon wird die Qualität eines Kaffeegetränkes beeinflusst?

Die Qualität des Kaffees wird beeinflusst
– von der Kaffeesorte, vom Röstgrad, vom Mahlungsgrad, von der Kaffeemenge, von der Wasserqualität, von der Zubereitungsart, von der Frische.

15 Beschreiben Sie das Kaffeegetränk „Latte macchiato"

Latte macchiato (übersetzt: gefleckte Milch) war ursprünglich ein Kindergetränk, zubereitet aus Espresso lungo (Espresso mit doppelter Wassermenge), Milch und dem typischen Milchschaum; schichtweise eingegossen; wird im Glas mit Trinkhalm serviert.

16 Beschreiben Sie die Herstellung von „Espresso".

Espresso (übersetzt: Gepresster) ist eine aus Mailand stammende Zubereitungsart; ca. 25 ml (ca. 90 °C) heißes Wasser werden mit hohem Druck (ca. 10 bar) durch sehr fein gemahlenen, dunkel gerösteten Kaffee gepresst; typisch für diese Zubereitungsart ist die Crema.

17 Beschreiben Sie das Kaffeegetränk „Cappuccino".

Cappucino ist ein Kaffee mit aufgeschäumter Milchhaube, die mit Kakao- oder Zimtpulver bestäubt wird.

18 Welche Kaffeemehlmenge (für Filterkaffee) empfehlen Sie für eine Hochzeitsfeier mit ca. 50 erwachsenen Personen?

50 x 2,5 Tassen = 125 Tassen x 7 g Kaffeemehl = 875 g ≙ zwei Packungen zu je 500 g Kaffeemehl.

19 Welche Regeln beachten Sie beim Servieren von Kaffeegetränken?

1. Angewärmte Tassen und Kannen verwenden.
2. Auf Tablett mit Zucker und Sahne servieren.
3. Kaffee bis ca. 1 cm unter den Tassenrand einschenken.

Tee

20 Erklären Sie den Begriff „Tee"

Als Tee werden Blattknospen, junge Blätter und Triebe des Teestrauches bezeichnet.

21 Wie werden Aufgussgetränke aus heimischen Pflanzen und Pflanzenteilen bezeichnet?

Aufgussgetränke aus heimischen Rohstoffen werden als „teeähnliche Erzeugnisse" bezeichnet.

22 Zählen Sie bedeutende Teeanbauländer auf.

1. Indien, 2. Sri Lanka, 3. China, 4. Indonesien, 5. Kenia

23 Nach welchen Kriterien wird Tee im Handel unterschieden?

Der Tee wird unterschieden
– nach der Art des Behandlungsverfahrens,
– nach dem Anbaugebiet,
– nach der Blattgröße (Siebung).

24 Unterscheiden Sie Teesorten nach der Art des Behandlungsverfahrens.

a) grüner Tee (nicht fermentiert)
b) Oolong-Tee (halb fermentiert)
c) schwarzer Tee (voll fermentiert)

25 Unterscheiden Sie Teesorten nach dem Anbaugebiet.

a) Darjeeling (Nordindien; bis 3 000 m Höhenlage)
b) Assam (Indien; größtes Teeanbaugebiet)
c) Ceylon-Tee (Sri Lanka)
d) China-Tee (China)

26 Unterscheiden Sie Teesorten
a) nach ihren Qualitätsstufen
b) nach Blattgröße.

a) – Flowery Orange Pekoe (FOP)
– Orange Pekoe (OP)
– Pekoe (P)
– Souchong (S)
b) – Blatttee
– Broken Tee
– Fannings und Dust

27 Welche Teemischungen sind im Handel erhältlich?

1. Englische Mischung (Darjeeling-, Assam- und Ceylon-Tee)
2. Ostfriesische Mischung (Assam-, Sumatra- und Java-Tee)
3. Russische Mischung (meist Chinasorten mit und ohne Rauchgeschmack)

28 Welche Merkmale kennzeichnen „teeähnliche Erzeugnisse"?

Teeähnliche Erzeugnisse enthalten kein Koffein und üben häufig gesundheitsfördernde oder gar heilende Wirkung aus.

29 Beschreiben Sie aromatisierte Tees.

Für aromatisierte Tees werden meistens Tees mittlerer bis niedriger Qualität verwendet. Die Tees werden mit ätherischen Pflanzenölen besprüht oder mit getrockneten Blüten, Schalen- oder Fruchtstücken versetzt.

30 Wie sollte Tee gelagert werden?

Tee und teeähnliche Erzeugnisse sollten
– geruchsneutral,
– kühl,
– trocken,
– in gut verschließbaren Behältern
aufbewahrt werden.

31 Welche Regeln sind bei der Teezubereitung zu beachten?

Bei der Teezubereitung sollte man
– nur Teegeschirr aus Porzellan, Glas oder Ton verwenden,
– das Teegeschirr ausschließlich für Teezubereitungen benützen,
– das Teegeschirr vorwärmen,
– nur frisches, weiches, sprudelnd kochendes Wasser verwenden (Ausnahme: kein kochendes Wasser bei grünem Tee),
– angemessene Teemenge verwenden, ca. 1,5 g pro Glas oder Tasse,
– die Ziehdauer beachten,
– das Teegeschirr nach Gebrauch gründlich reinigen.

32 Welchen Einfluss hat die Ziehdauer auf die Wirkung des Teegetränkes?

a) *Kurze Ziehzeit (2 bis 3 Minuten):*
 – Der überwiegende Anteil des Koffeins ist gelöst, jedoch nur ein geringer Anteil an Gerbstoffen.
 – Die anregende Wirkung des Koffeins herrscht vor.
b) *Längere Ziehzeit (4 bis 5 Minuten):*
 – Der höhere Anteil an Gerbstoffen hemmt das Koffein und wirkt beruhigend.
 – Der Geschmack wird kräftiger.
 – Bei einer Ziehzeit über 5 Minuten wird der Tee herb und bitter.

33 Beschreiben Sie grundsätzliche Regeln für den Service von Teegetränken.

Grundsätzlich sollte man
 – Teegetränke auf Tablett servieren,
 – Teeglas auf Unterteller mit Papiermanschette stellen,
 – Teelöffel rechts vom Glas und parallel zum Glashenkel legen,
 – Würfelzucker oder Kandis in Schälchen legen,
 – gegebenenfalls eine Ablageschale für Teebeutel und Zitronenschale dazu stellen.

34 Welche Regeln sind beim Service von Teegetränken mit Alkohol zu beachten?

1. Tee und Spirituosen stets getrennt servieren.
2. Spirituosen anwärmen.
3. Die Spirituosen im jeweils typischen Glas servieren,
4. Portionsfläschchen (Rum) erst am Tisch öffnen und zum Gedeck stellen.

35 Beschreiben Sie die Zubereitung eines Eistees.

a) Eine Kugel Zitroneneis in ein hohes Glas geben.
b) Das Glas mit kräftigem schwarzen Tee auffüllen.
c) Anschließend mit Sahnehaube ausgarnieren.

Milchgetränke

36 Welche Milcherzeugnisse dienen als Grundlage zur Herstellung von Milchmischgetränken?

a) Frischmilch, H-Milch
b) Buttermilch
c) Sauermilch
d) Joghurt
e) Kefir

37 Mit welchen Geschmack gebenden Zutaten lassen sich Milchmischgetränke zubereiten?

Milchmischgetränke lassen sich zubereiten mit
– Früchten, Fruchterzeugnissen,
– Eiern, Honig, Kaffee,
– Schokoladenerzeugnissen,
– Speiseeis,
– Spirituosen.

38 Welche Regeln beachten Sie bei der Zubereitung von Milchmischgetränken?

1. Nur gut gekühlte Zutaten verwenden.
2. Möglichst auch entsprechendes Frischobst verwenden.
3. Erst die leichten Zutaten, dann die schwereren in den Mixer geben.
4. Auf peinlichste Sauberkeit achten.

39 Geben Sie Dekorationsbeispiele für das fachgerechte Servieren von Milchmischgetränken.

a) Geeignete Gläser verwenden.
b) Trinkrand des Glases mit Zitrone einreihen und leicht in Zucker tauchen.
c) Früchte auf das Gedeck legen.
d) Feines Gebäck auf das Gedeck legen.
e) Fruchtscheiben auf den Glasrand stecken.
f) Früchte auf den Trinkhalm spießen und auf das Glas legen.

40 Unterscheiden Sie *Trinkschokolade* und *Kakaogetränk*.

a) *Trinkschokolade:*
Milch/Wasser mit Blockschokolade oder Schokoladenpulver und Zucker.
b) *Kakaogetränk:*
Milch mit Kakaopulver und Zucker.

41 Beurteilen Sie die Qualität von kakaohaltigen Getränken.

Kakaohaltige Getränke dürfen aufgrund ihrer zu geringen Kakaoanteile nicht als Trinkschokolade oder Kakaogetränke angeboten werden.

42 Nennen Sie Regeln für fachgerechtes Servieren von Trinkschokolade und Kakaogetränken.

1. Vorgewärmtes Geschirr verwenden.
2. Die Getränke heiß servieren.
3. Den Teelöffel rechts der Tasse auf die Untertasse legen.
4. Als Beigabe Würfelzucker auf Schälchen legen.
5. Das Gedeck immer mit Serviette servieren.

Alkoholfreie Kaltgetränke

43 In welche Getränkegruppen werden die alkoholfreien Kaltgetränke eingeteilt?

a) Mineralwässer
b) Fruchtgetränke
c) Erfrischungsgetränke

44 Welche Wässer unterscheidet die Mineral- und Tafelwasser-Verordnung?

1. Natürliche Mineralwässer
2. Quellwässer
3. Tafelwässer

45 Welche Merkmale kennzeichnen Mineralwässer?

Mineralwässer sind
– energiefrei,
– gut bekömmlich,
– mineralstoffreich,
– gut geeignet zum Verdünnen anderer Getränke.

46 Auf dem Etikett mancher Mineralwasserflaschen taucht der Hinweis „enteisent" auf. Erklären Sie diesen Begriff.

„Enteisent" bedeutet: stark eisenhaltigem Wasser, das meist rotbraun gefärbt ist, wurde durch Filtern oder Zufuhr von Luftsauerstoff ein Teil des Eisens entzogen. Das Wasser wird so wieder klar.

47 Welche Getränke zählen zu den Erfrischungsgetränken?

1. Fruchtsaftgetränk
2. Limonade
3. Brause
4. Mineral-Getränk
5. Diät-Erfrischungsgetränk

48 Unterscheiden Sie Fruchtsaft und Fruchtnektar nach der Zusammensetzung.

a) *Fruchtsaft:*
   100% Fruchtanteil.
b) *Fruchtnektar:*
   – 25–50% Fruchtanteil (je nach Fruchtart),
   – enthält zusätzlich Wasser und Zucker.

49 Geben Sie den Mindestfruchtgehalt verschiedener Fruchtnektare an.

a) Orangennektar 50%.
b) Aprikosennektar: 40%.
c) Sauerkirschennektar: 35%.
d) Johannisbeernektar: 25%.

50 Beschreiben Sie die Zusammensetzung von Fruchtsaftgetränken.

Fruchtsaftgetränke bestehen aus 6–30% Fruchtsaftanteil (je nach Fruchtart), Zucker und Wasser.

51 Wie hoch der vorgeschriebene Fruchtsaftanteil bei Fruchtsaftgetränken ist, hängt von der verwendeten Fruchtart ab.
Geben Sie für die einzelnen Fruchtarten den vorgeschriebenen Fruchtsaftanteil an.

a) Trauben und Kernobst: 30%.
b) Zitrusfrüchte: 6%.
c) Übrige Fruchtarten: 10%.

52 Woraus wird Limonade hergestellt?

Limonade wird hergestellt aus
– Zucker (mind. 7%),
– Genusssäuren oder Fruchtsäften,
– kohlensäurehaltigem Wasser.

53 Nennen Sie mindestens drei Limonaden mit Zusatzstoffen. Geben Sie zusätzlich an, welche Zusatzstoffe jeweils enthalten sind.

1. *Tonicwater* mit Auszügen von Zitrusfrüchten und mit Chinin.
2. *Bitter Lemon* mit Auszügen von Zitrusfrüchten und Bitterstoffen.
3. *Cola-Getränke* mit Auszügen der Cola-Nuss sowie Koffein und Zuckerkulör.
4. *Ginger-Ale* mit Auszügen aus der Ingwerpflanze (enthält keinen Alkohol).

54 Wie lautet nach der Diät-Verordnung die Begriffsbestimmung für „Diätetische Erfrischungsgetränke"?

Diätetische Erfrischungsgetränke sind Fruchtnektare, Fruchtsaftgetränke und Limonaden, deren Energiegehalt reduziert ist. Sie werden mit zugelassenen Süßstoffen oder mit Zuckeraustauschstoffen anstelle von Rohrzucker oder Rübenzucker gesüßt.

55 Unterscheiden Sie „brennwertverminderte" und „brennwertarme" Getränke.

a) *Brennwertvermindert:*
Der Brennwert muss gegenüber vergleichbaren herkömmlichen Getränken um mindestens 40 % vermindert sein. Beispiel: Eine Limonade von 170 kJ (40 kcal) pro 100 Milliliter darf als brennwertverminderte Variante höchstens 102 kJ (24 kcal) besitzen.

b) *Brennwertarm:*
Der Brennwert darf höchstens 84 kJ (20 kcal) pro 100 Milliliter betragen.

56 Beschreiben Sie die Merkmale von Mineral-Getränken (Sport-Getränken, isotonischen Getränken).

Mineral-Getränke sind Getränke mit Zusatz von Mineralstoffen, zuweilen auch Vitaminen. Sie sollen Mineralstoffverluste ausgleichen, die durch Schwitzen bei sportlicher Betätigung entstehen.

57 Erläutern Sie, was man unter den sogenannten Energy-Drinks versteht.

Energy-Drinks sind koffeinhaltige Getränke, die weitere Zusätze wie z. B. Taurin enthalten. Sie sollen angeblich eine leistungssteigernde Wirkung haben.

Bier

58 Welche Bedeutung hat das Reinheitsgebot bei der Herstellung deutscher Biere?

Nach dieser Regelung dürfen in Deutschland Biere nur mit den Zutaten
- Malz,
- Hopfen,
- Wasser,
- Hefe hergestellt werden.

59 Erklären Sie den Begriff „Malz".

Malz ist angekeimtes und getrocknetes Getreide (Gerste oder Weizen). Es liefert Alkohol, Kohlensäure, Geschmacks- und Farbstoffe.

60 Welche Bierarten werden nach der verwendeten Hefe und Gärmethode unterschieden?

a) *Untergäriges Bier:*
- Das Vergären erfolgt bei Temperaturen von unter 10 °C.
- Hefe setzt sich auf dem Boden ab.

b) *Obergäriges Bier:*
- Das Vergären erfolgt bei Temperaturen zwischen +15°C und +20 °C.
- Hefe setzt sich an der Oberfläche ab.

61 Welche gesetzlichen Biergattungen werden nach dem Biersteuergesetz unterschieden?

Biergattung	Stammwürze	Alkoholgehalt
Einfachschankbier	2,0–5,5 %	bis 3 % Vol.
Schankbier	7,0–8,0 %	3–4,5 % Vol.
Vollbier	11,0–14,0 %	4,5–5,5 % Vol.
Starkbier	mehr als 16,0 %	über 6 % Vol.

62 Erklären Sie den Begriff „Stammwürze".

Stammwürze nennt man den Extraktgehalt der Bierwürze vor der Vergärung. Es sind die aus dem Malz gelösten Stoffe wie Malzzucker, Vitamine, Eiweiß- und Aromastoffe. Die Stammwürze bestimmt u. a. den Alkoholgehalt des Bieres.

63 Nennen Sie verschiedene Biermischgetränke und geben Sie deren Zusammensetzung an.

1. *Radler:* Bier + 50 % Limonade.
2. *Diesel:* Bier + 50 % Limonade + Koffein.
3. *Berliner Weiße:* Himbeer- oder Wald-meistersirup + alkoholarmes, leichtes Bier.
4. *Aroma-Radler:* Bier + Pfirsich-, Erdbeer-bzw. Kirscharoma.
5. *Sport-Radler:* Bier + Mineralstoffe.
6. *Energy-Radler:* Malzbier + Koffein.
7. *Fit-Radler:* Bier + Vitamine + Taurin + Koffein + X.

64 Welche Regeln beachten Sie beim Servieren von Bier?

a) Geeignete Biergläser auswählen.
b) Fett- und spülmittelfreie Gläser verwenden.
c) Auf ideale Trinktemperatur achten.

Wein

65 Erläutern Sie kurz, wie Wein hergestellt wird.

Wein wird durch alkoholische Gärung der Weintrauben oder des Traubenmostesgewonnen.

66 Welche Weinarten werden unterschieden?

1. *Weißwein:* Mostgärung von „weißen" Kellertrauben.
2. *Rotwein:* Maischegärung von „roten" Kellertrauben.
3. *Roséwein:* Mostgärung von „roten" Kellertrauben.
4. *Rotling:* Most- oder Maischegärung von „weißen" und „roten" Kellertrauben.

67 Welche naturgegebenen Bedingungen beeinflussen die Eigenschaften bzw. die Qualität eines Weines?

Die Qualität ist abhängig
– vom Standort (Anbaugebiet/Boden),
– von Klima und Witterung,
– von der Lesezeit,
– von der Rebsorte.

68 Welche Rebsorten werden in Deutschland vorwiegend für die Herstellung von Weinen verwendet?

a) Für *Weißwein* z. B.:
– Müller-Thurgau,
– Riesling,
– Silvaner,
– Kerner,
– Scheurebe,
– Gewürztraminer,
– Ruländer.

b) Für *Rotwein* z. B.:
– Spätburgunder,
– Portugieser,
– Trollinger,
– Schwarzriesling,
– Lemberger,
– Dornfelder.

69 In welche Güteklassen werden deutsche Weine eingeteilt?

– Prädikatswein (Kabinett, Spätlese, Auslese, Beerenauslese, Trockenbeerenauslese, Eiswein)
– Qualitätswein b. A.
– Landwein

70 Mit welchen Geschmacksangaben werden deutsche Weine angeboten?

a) *trocken*
   (Restzuckermenge je l max. 9 g)
b) *halbtrocken*
   (Restzuckermenge je l max. 18 g)
c) *lieblich*
   (Restzuckermenge je l max. 45 g)
d) *süß*
   (Restzuckermenge je l mind. 45 g)

71 Welche Angaben enthält das Flaschenetikett eines Prädikatsweins?
Entnehmen Sie die Angaben dem abgebildeten Etikett.

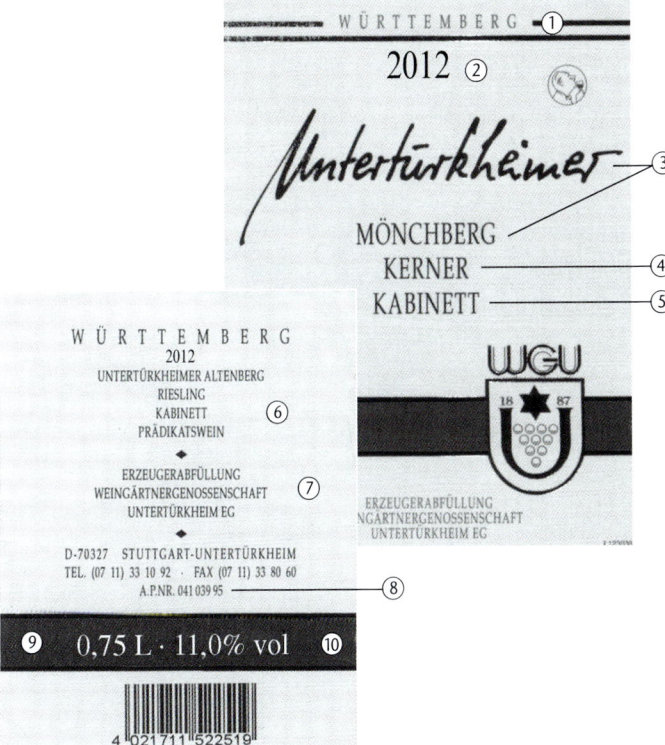

① Anbaugebiet (hier:
  Württemberg)
② Jahrgang (hier: 2012)
③ Lagebezeichnung (hier: Unter-
  türkheimer Mönchberg)
④ Rebsorte (hier: Kerner)
⑤ Prädikat (hier: Kabinett)
⑥ Güteklasse (hier: Prädikatswein
  = Qualitätswein mit Prädikat)

⑦ Name und Anschrift des
  Abfüllers (hier: Weingärtner-
  genossenschaft Untertürkheim eG)
⑧ Amtliche Prüfnummer
  (hier: A.P.NR. 041 039 95)
⑨ Füllmenge (hier: 0,75 l
⑩ Vorhandener Alkoholgehalt
  in Vol.-% (hier: 11 Vol.-%)

72 Das Deutsche Weinsiegel ist
ein Gütezeichen der Deutschen
Landwirtschaftsgesellschaft.
In welchen Farben wird das
Deutsche Weinsiegel vergeben?

a) Gelb (für trockene Weine)
b) Grün (für halbtrockene Weine)
c) Rot (für liebliche Weine)

73 Welche Anforderungen
sollten Weingläser bei fachge-
rechtem Service erfüllen?

Die Weingläser sollten
– einen leicht geschlossenen Kelch
  aufweisen,
– dünnwandig sein,
– klar und farblos sein.

74 Mit welchen Trinktempera-
turen werden Weine serviert?

Weißwein: 8–14 °C
Rotwein: 14–18 °C
Grundsatz: Je besser die Qualität eines
Weines, desto höher die Trinktemperatur!

75 Geben Sie Tipps zur
Lagerhaltung von
Flaschenweinen.

Die Lagerung erfolgt möglichst
– in dunklen, nicht zu trockenen Räumen,
– ohne Einfluss von Fremdgerüchen,
– ohne Temperaturschwankungen,
– bei etwa 10 °C,
– liegend, sofern verkorkte Flaschen
  gelagert werden.
Anmerkung:
Je besser die Qualität der Weine, umso höher
ist die Lagerdauer.

Schaumweine

76 Wie wird Schaumwein
hergestellt?

Verschiedenen gemischten Weinen werden Hefe und Zucker zugesetzt, wobei
durch die „zweite Gärung" der Zucker in
Alkohol und Kohlensäure vergoren wird.

77 Unterscheiden Sie Schaumweine nach der Herkunft.

a) deutsche Schaumweine
b) französische Schaumweine
   (z. B. Champagner, Cremant,
   Vin mousseux)

$\rightarrow$

▷ *Fortsetzung der Antwort* ▷

c) italienische Schaumweine (z. B. Spumante)
d) Krimsekt

78 In welche Qualitätsstufen werden Deutsche Schaumweine eingeteilt?

1. Schaumwein
2. Qualitätsschaumwein oder Sekt
3. Qualitätsschaumwein b.A. oder Sekt b.A. (bestimmter Anbaugebiete)

79 Mit welchen Geschmacksstufen werden Schaumweine angeboten?

a) extra herb, extra brut (Restzucker je ι bis 6 g)
b) herb, brut (Restzucker je ι max. 15 g)
c) extra trocken, extra dry (Restzucker je ι 15–20 g)
d) trocken, dry, sec, secco, seco (Restzucker je ι 17–35 g)
e) halbtrocken, medium dry, demi-sec, semi-secco, meio secco (Restzucker je ι 33–50 g)
f) mild, sweet, doux, dolce, doce (Restzucker je ι über 50 g)

80 Worauf achtet die versierte Verkäuferin beim Servieren von Schaumweinen?

a) Nur solche Flaschen öffnen, die auf Trinktemperatur (etwa 10 °C) gekühlt sind.
b) Die Flasche nicht unnötig schwenken oder schütteln.
c) Die Flasche nicht am Flaschenhals fassen.
d) Den Korken beim Lösen des Drahtbügels mit dem Daumen absichern.
e) Den Überdruck vorsichtig entweichen lassen (Korken nicht knallen lassen!).
f) Die Flasche beim Öffnen nicht auf Gäste richten.
g) Das Glas langsam mit Unterbrechung auf ca. zwei Drittel füllen (Gefahr des Überschäumens!).
h) Nach dem Einschenken die Flasche in einen Sektkühler stellen.

Spirituosen

81 Erklären Sie den Begriff „Spirituose".

Eine Spirituose ist eine alkoholische Flüssigkeit, die für den Verbrauch durch den Menschen bestimmt ist. Sie hat geschmackstypische Besonderheiten und einen Mindestalkoholgehalt von 15 Vol.-% (Ausnahme: Eierlikör mit 14 Vol.-%).

82 Wie wird der Alkohol für die Herstellung von Spirituosen gewonnen?

Der Alkohol für die Herstellung von Spirituosen wird aus alkoholhaltigen bzw. zuckerhaltigen Stoffen gewonnen, z. B.
– Wein,
– Obst,
– Getreide.

83 In welche Getränkegruppen werden Spirituosen eingeteilt?

1. Branntweine
2. Liköre

84 Definieren Sie den Begriff „Branntwein".

Branntweine sind extraktfreie oder extraktarme Spirituosen, mit oder ohne Geschmackszutaten.

85 Erläutern Sie, was man unter „Likören" versteht.

Liköre sind gesüßte und aromatisierte Spirituosen, meist mit einem Alkoholgehalt zwischen 14 und 30 Vol.-%.

86 Nennen Sie Spirituosen, die aus dem Grundstoff Wein hergestellt sind.

1. Weinbrand
2. Cognac
3. Armagnac
4. Brandy
5. Grappa

87 Unter welchen Voraussetzungen darf ein Getränk als „Cognac" bezeichnet werden?

Als „Cognac" darf nur ein Weinbrand bezeichnet werden, der aus der Gegend Charente in Frankreich stammt.

88 In welche Arten werden Liköre nach Herstellung oder Zusammensetzung unterschieden?

a) Fruchtsaft-, Fruchtaromaliköre
b) Gewürz-, Kräuter-, Bitterliköre
c) Kremliköre (Emulsionsliköre)

89 Welche Merkmale kennzeichnen Dessertweine (Likörweine)?

Dessertweine sind gekennzeichnet durch
– einen erhöhten Alkoholgehalt (14 bis 22 Vol.-%)
– eine kräftigere Süße,
– einen voll aromatischen Geschmack.

90 Worauf achtet die Verkäuferin beim fachgerechten Servieren von Spirituosen?

Die Verkäuferin achtet auf
– die richtige Trinktemperatur,
– geeignete Gläser.

Verkauf von kleinen Speisen

91 Welche Kundenkreise fühlen sich von einem Angebot an kleinen Speisen besonders angesprochen?

a) Berufstätige
b) Schüler/Studenten
c) Singles
d) Kunden mit knapper Mittagspause
e) Rentner

92 Welche Warengruppen sind für ein Angebot von kleinen Speisen besonders geeignet?

a) Snacks
b) Eierspeisen
c) Suppen
d) Salate
e) Aufläufe
f) Süßspeisen

93 Zählen Sie Artikel für ein Snack-Sortiment auf.

1. Sandwiches
2. Kanapees
3. gefüllte Klein- und Großbackwaren
4. Pasteten
5. Zwiebel-, Kraut-, Speck-, Gemüsekuchen
6. Pizzas
7. Toasts

94 Welche Grundsätze beachten Sie bei der Herstellung von Sandwiches?

Folgende Grundsätze gilt es zu beachten:
- nur frische und geeignete Backwaren verwenden,
- die Backwaren erst auf Bestellung, evtl. unter den Augen des Kunden, belegen,
- die Backwaren zunächst mit Butter bestreichen, ausgenommen bei warmen Auflagen,
- nur frische und qualitativ einwandfreie Belegware verwenden,
- dem Kunden weitere Auflagen zur Auswahl anbieten, z. B. Zwiebeln, Majonäse,
- den Belag mit passender Garnitur versehen, dabei auf Optik und Geschmack achten,
- die Backware nicht überladen, damit der Kunde sie ohne Schwierigkeit verzehren kann.

95 Erklären Sie den Begriff „Kanapee".

Kanapees sind kleine belegte Brotschnitten oder Kräcker, die in verschiedenen Formen mit dekorativen Auflagen angeboten werden.

96 Erklären Sie den Begriff „Toast".

Toasts sind kleine Speisen, die auf gerösteten Toastbrotscheiben angerichtet, heiß oder überbacken serviert werden.

97 Für welche kleinen Speisen bildet der Blätterteig die Herstellungsgrundlage?

1. Schinken- und Käsehörnchen
2. Pasteten
3. Pastetenhäuser
4. Fleurons
5. Fleisch- und Wursttaschen

98 Welche Vorzüge sprechen für ein Angebot von Eierspeisen in der Bäckerei/Konditorei?

Eierspeisen
- lassen sich schnell zubereiten,
- lassen sich in vielen Variationen anbieten,

$\longrightarrow$

▷ *Fortsetzung der Antwort* ▷

– sind leicht verdaulich,
– sind nicht geruchsbelästigend,
– sind preisgünstig.

99 **Beschreiben Sie die Süß-speise „Tiramisu".**

Tiramisu ist eine italienische Dessertzube-reitung mit Frischkäse und Löffelbiskuits. Kremgrundlage sind Mascarpone, Eigelb, geschlagene Sahne und Zucker. Als wei-tere Geschmacksträger dienen Amaretto und Kaffee.

100 **Zählen Sie Gründe auf, weshalb Snacks und Imbisse den traditionellen Hauptmahl-zeiten vorgezogen werden.**

Snacks und Imbisse haben folgende Vorteile:
– Zeitersparnis,
– guter Geschmack,
– niedriger Preis,
– schnelle Bedienung,
– frisch zubereitete Speisen,
– nahe gelegene Standorte,
– freundliches Verkaufspersonal,
– optimale Sauberkeit,
– stillen den Appetit zwischendurch,
– für Unterwegs-Verzehr geeignet,
– Speisen können mit nach Hause ge-nommen werden.

101 **Im Rahmen einer Akti-onswoche aller Betriebe Ihres Ortes beteiligt sich Ihr Betrieb an einer „Europäischen Wo-che". Benennen Sie mögliche „Thementage" und machen Sie jeweils drei Produktvorschläge.**

1. Italienischer Tag:
   Pizzen, Pastagerichte, ital. Salate und Suppen, ital. Eisspezialitäten
2. Französischer Tag:
   Crepes, Flammkuchen, Baguette, Brioche, Omeletts
3. Mexikanischer Tag:
   Schokoladengerichte, Nachos, Tortil-las, ...
4. Amerikanischer, Polnischer, Russischer, Türkischer, ... Tag
5. Internationale Hefe-Mürbeteig-, Blätterteiggebäcke, ...

Berufstheorie:
Betriebswirtschaftliches Handeln
(Mathematik)

Das Runden von Zahlen

1 Erläutern Sie die Vorgehensweise beim Runden von Zahlen.

→ **Von 0 bis 4 wird abgerundet**, d. h. wenn die
  nächste Ziffer eine 0, 1, 2, 3 oder 4 ist.

Beispiel: 2,392 € **abgerundet** ≈   2,39 €
          43,594 € **abgerundet** ≈ 43,59 €

→ **Ab 5 wird aufgerundet**, d. h. wenn die
  nächste Ziffer eine 5, 6, 7, 8 oder 9 ist.

Beispiel: 18,768 € **aufgerundet** ≈ 18,77 €
          35,995 € **aufgerundet** ≈ 36,00 €

---

2 Auf wie viele Stellen werden die Ergebnisse in der Praxis gerundet?

→ **€ auf 2 Dezimalstellen**,   denn 1 Cent = 0,01 €
→ **m auf 2 Dezimalstellen**,   denn 1 cm   = 0,01 m
→ **kg auf 3 Dezimalstellen**,   denn 1 g   = 0,001 kg
Ausnahme: Stückzahlen bei Brot, Brötchen usw. werden in Bäckereien und
Konditoreien immer abgerundet.

3 Runden Sie die folgenden Zahlen praxisgerecht:
a) **123,5678 €,**   a) 123,57 €
b) **234,44423 €,**   b) 234,44 €
c) **12,456 m,**   c) 12,46 m
d) **2,2345656 kg.**   d) 2,235 kg

Kassenbericht

1 Bei Ladenöffnung betrug der Kassenbestand 213,90 €. Nach Ladenschluss waren 1.147,85 € in der Kasse. Während des Tages wurden entnommen: 150 € Privatentnahme, 250 € für Einzahlung auf das Bankkonto, 172,60 € für die Zahlung einer Lieferantenrechnung.
Ermitteln Sie die Bareinnahmen des Tages.

Kassenbestand bei Geschäftsschluss	1.147,85 €
+ Lieferantenrechnung	172,60 €
+ Privatentnahmen	150,00 €
+ Bankeinzahlung	250,00 €
– Kassenbestand des Vortages	213,90 €
= Bareinnahmeng	1.506,55 €

2 Die Kassenabrechnung ergab einen Kassenbestand von 239,46 €.
Bei Ladenöffnung waren 142,63 € in der Kasse, die Bareinnahmen beliefen sich auf insgesamt 1.820,74 €.
Wie viel € wurden während des Tages aus der Kasse entnommen?

Wechselgeld (= Kassenbestand des Vortages)	142,63 €
+ Bareinnahmen	1.820,74 €
– Kassenbestand bei Geschäftsschluss	239,46 €
= Entnahmen	1.723,91 €

3 Die Tageseinnahmen einer Bäckerei betrugen 2.038,39 €. Entnommen wurden insgesamt 1.696,63 €. Bei Ladenöffnung enthielt die Kasse 100,00 € Wechselgeld.
Ermitteln Sie, ob sich ein Fehlbetrag bzw. ein Überschuss ergeben hat, wenn bei Ladenschluss 443,14 € in der Kasse waren.

Wechselgeld (= Kassenbestand des Vortages)	100,00 €
+ Tageseinnahmen	2.038,39 €
– Entnahmen	1.696,63 €
= rechnerischer Kassenbestand	441,76 €
– tatsächlicher Kassenbestand	443,13 €
= Überschuss	1,37 €

4 Ermitteln Sie den Überschuss bzw. den Fehlbetrag nach folgenden Angaben:

- Kassenbestand des Vortages (= Wechselgeld) 137,50 €
- Einnahmen laut Kontrollstreifen 2.372,08 €
- Privatentnahme 165,38 €
- Lieferung, bar bezahlt 184,72 €
- Bankeinzahlung 1.800,00 €
- Lohnvorschuss an Putzhilfe 65,00 €
- Kaminfeger 75,00 €
- Kassenbestand bei Geschäftsschluss 218,43 €.

	Kassenbestand des Vortages (= Wechselgeld)	137,50 €
+	Bareinnahmen	2.372,08 €
–	Privatentnahmen	165,38 €
–	Lieferantenrechnung	184,72 €
–	Bankeinzahlung	1.800,00 €
–	Lohnvorschuss an Putzhilfe	65,00 €
–	Kaminfeger	75,00 €
=	rechnerischer Kassenbestand	219,48 €
–	tatsächlicher Kassenbestand	218,43 €
=	Fehlbetrag	1,05 €

Wiederholung des Bruchrechnens

1 Erläutern Sie, was man unter einem Bruch versteht.

Ein Bruch ist ein Teil eines Ganzen.

Der Zähler gibt an, wie viele Teile des Ganzen vorhanden sind

$\dfrac{2}{5}$

Der Nenner gibt an, aus wie vielen Teilen das Ganze besteht.

Statt des Bruchstrichs kann genauso gut ein Teilungszeichen stehen, denn ein Bruch ist die besondere Form einer Teilungsaufgabe (Division).

2 Man unterscheidet verschiedene Arten von Brüchen.
Erläutern Sie die einzelnen Arten und geben Sie jeweils ein Beispiel dazu an.

Brüche			
Echte Brüche	**Unechte Brüche**	**Gleichnamige Brüche**	**Ungleichnamige Brüche**
Die Zähler sind kleiner als die Nenner.	Die Zähler sind größer als die Nenner.	Die Nenner sind gleich.	Die Nenner sind ungleich.
Beispiele:	**Beispiele:**	**Beispiele:**	**Beispiele:**
$\dfrac{2}{3}, \dfrac{1}{5}, \dfrac{7}{8}, \dfrac{1}{2}$	$\dfrac{5}{3}, \dfrac{7}{6}, \dfrac{12}{10}, \dfrac{8}{6}$	$\dfrac{1}{9}, \dfrac{2}{9}, \dfrac{4}{9}, \dfrac{7}{9}$	$\dfrac{2}{7}, \dfrac{5}{8}, \dfrac{7}{12}, \dfrac{2}{9}$

3 Woraus besteht eine gemischte Zahl?

Eine **gemischte Zahl** ist die Summe aus einer ganzen Zahl und einem echten Bruch.

Beispiel: $3\dfrac{3}{4} = 3 + \dfrac{3}{4}$

4 Unterteilen Sie die folgenden Beispiele in echte Brüche, unechte Brüche und gemischte Zahlen:

$$\frac{1}{2}, \frac{2}{5}, \frac{8}{7}, \frac{6}{7}, \frac{5}{5}, 3\frac{1}{2}, \frac{19}{15}, 1\frac{2}{3}$$

– Echte Brüche: $\quad \frac{1}{2}, \frac{2}{5}, \frac{6}{7}$

– Unechte Brüche: $\quad \frac{8}{7}, \frac{5}{5}, \frac{19}{15}$

– Gemischte Zahlen: $3\frac{1}{2}, 1\frac{2}{3}$

5 Unterteilen Sie die folgenden Beispiele in gleichnamige und ungleichnamige Brüche:

$$\frac{5}{3}, \frac{2}{7}, \frac{4}{5}, \frac{3}{7}, \frac{1}{8}, \frac{1}{7}, \frac{4}{9}$$

– Gleichnamige Brüche:

$\quad \frac{2}{7}, \frac{3}{7}, \frac{1}{7}$

– Ungleichnamige Brüche:

$\quad \frac{5}{3}, \frac{4}{5}, \frac{1}{8}, \frac{4}{9}$

6 Wie wird ein Bruch erweitert?

Ein Bruch wird **erweitert**, indem Zähler und Nenner mit der gleichen Zahl multipliziert werden. Der Wert des Bruches ändert sich dadurch nicht.

Beispiel: Erweitern Sie $\frac{3}{5}$ mit 4.

Lösung: $\frac{3}{5} = \frac{3}{5} \cdot \frac{4}{4} = \frac{12}{\underline{\underline{20}}}$

7 Erweitern Sie mit 8.

a) $\frac{6}{7}$

b) $\frac{2}{3}$

c) $3\frac{2}{5}$

a) $\frac{6}{7} \cdot \frac{8}{8} = \frac{48}{\underline{\underline{56}}}$

b) $\frac{2}{3} \cdot \frac{8}{8} = \frac{16}{\underline{\underline{24}}}$

c) $3\frac{2}{5} \cdot \frac{8}{8} = 3\frac{16}{\underline{\underline{40}}}$

8 **Wie wird ein Bruch gekürzt?**

Ein Bruch wird **gekürzt**, indem Zähler und Nenner durch dieselbe Zahl dividiert werden. Der Wert des Bruches ändert sich dadurch nicht.

Beispiel: Kürzen Sie $\frac{8}{12}$ mit 4.

Lösung: $\frac{8}{12} = \frac{8:4}{12:4} = \frac{2}{3}$

9 Kürzen Sie die folgenden Brüche.

a) $\frac{2}{4}$ b) $\frac{16}{136}$ c) $4\frac{15}{75}$

a) $\frac{2:2}{4:2} = \frac{1}{2}$

b) $\frac{16:8}{136:8} = \frac{2}{17}$

c) $4\frac{15:15}{75:15} = 4\frac{1}{5}$

10 **Wie werden gleichnamige Brüche addiert oder subtrahiert?**

Gleichnamige Brüche (Brüche mit gleichen Nennern) werden addiert oder subtrahiert, indem man die Zähler addiert bzw. subtrahiert.

Beispiel 1: $\frac{2}{9} + \frac{4}{9} + \frac{5}{9} + \frac{7}{9} + \frac{8}{9} = \frac{2+4+5+7+8}{9} = \frac{26}{9} = 2\frac{8}{9}$

Beispiel 2: $\frac{12}{13} - \frac{5}{13} - \frac{3}{13} - \frac{1}{13} = \frac{12-5-3-1}{13} = \frac{3}{13}$

11 Addieren Sie:

a) $\frac{1}{7} + \frac{3}{7} + \frac{4}{7} + \frac{5}{7} + \frac{6}{7}$

b) $\frac{2}{11} + \frac{4}{11} + \frac{6}{11} + \frac{9}{11} + \frac{10}{11}$

c) $5\frac{2}{5} + 2\frac{1}{5} + 4\frac{4}{5} + 1\frac{3}{5}$

a) $\frac{1+3+4+5+6}{7} = \frac{19}{7} = 2\frac{5}{7}$

b) $\frac{2+4+6+9+10}{11} = \frac{31}{11} = 2\frac{9}{11}$

c) $12\frac{2+1+4+3}{5} = 12\frac{10}{5} = 14$

12 Subtrahieren Sie:

a) $\dfrac{8}{9} - \dfrac{3}{9} - \dfrac{2}{9} - \dfrac{1}{9}$

b) $\dfrac{23}{24} - \dfrac{7}{24} - \dfrac{5}{24} - \dfrac{3}{24}$

c) $2\dfrac{11}{12} - \dfrac{9}{12} - \dfrac{5}{12} - \dfrac{3}{12}$

a) $\dfrac{8 - 3 - 2 - 1}{9} = \underline{\underline{\dfrac{2}{9}}}$

b) $\dfrac{23 - 7 - 5 - 3}{24} = \dfrac{8}{24} = \underline{\underline{\dfrac{1}{3}}}$

c) $2\,\dfrac{11 - 9 - 5 - 3}{12} = 1\dfrac{6}{12} = \underline{\underline{1\dfrac{1}{2}}}$

13 Wie werden ungleichnamige Brüche addiert oder subtrahiert?

Ungleichnamige Brüche (Brüche mit verschiedenen Nennern) müssen vor dem Addieren **gleichnamig gemacht werden**. Dazu muss der **Hauptnenner** ermittelt werden. Der Hauptnenner ist die kleinste gemeinsame Zahl, die durch alle vorhandenen Nenner geteilt werden kann.

Beispiel: $\dfrac{2}{5} + \dfrac{1}{6} + \dfrac{5}{12} - \dfrac{7}{15} = ?$

Lösung: ① $\dfrac{2}{5} + \dfrac{1}{6} + \dfrac{5}{12} - \dfrac{7}{15}$

②

Primzahlen	Nenner	
	12	15
: 2	6	15
: 2	3	15
: 3	1	5
: 5		1

③ $2 \cdot 2 \cdot 3 \cdot 5 = \underline{\underline{60}}$ ← Hauptnenner

④ Erweiterungsfaktor

$\dfrac{2 \cdot 12}{60} + \dfrac{1 \cdot 10}{60} + \dfrac{5 \cdot 5}{60} - \dfrac{7 \cdot 4}{60}$

$= \dfrac{24 + 10 + 25 - 28}{60} = \underline{\underline{\dfrac{31}{60}}}$

→

▷ *Fortsetzung der Antwort* ▷

Rechenweg: ① Alle Nenner, die in einem anderen enthalten sind, werden **weggelassen**.

② Alle übrigen Nenner werden so lange **durch Primzahlen dividiert**, bis man die Zahl 1 erhält.
Primzahlen sind nur **durch 1** und durch sich selbst teilbar. (Beispiele: 1,2, 3, 5, 7, 11, 13)

③ Die **Teiler** werden miteinander **multipliziert**.
→ Das Produkt ergibt den kleinsten **Hauptnenner**.

④ Die Brüche werden auf den Hauptnenner erweitert. Der **Erweiterungsfaktor** ergibt sich, wenn man den Hauptnenner durch den jeweiligen Nenner teilt.
In unserem Beispiel:
→ 60 : 5 = 12, 60 : 6 = 10, 60 : 12 = 5, 60 : 15 = 4

14 Addieren Sie:

a) $\dfrac{1}{2} + \dfrac{2}{3} + \dfrac{1}{4}$ b) $\dfrac{3}{5} + \dfrac{1}{4} + \dfrac{2}{5} + \dfrac{1}{2}$ c) $\dfrac{3}{12} + \dfrac{5}{12} + \dfrac{3}{8} + \dfrac{1}{6}$

a) Hauptnenner: 12

$$\to \frac{1 \cdot 6}{12} + \frac{2 \cdot 4}{12} + \frac{1 \cdot 3}{12} = \frac{6 + 8 + 3}{12} = \frac{17}{12} = 1\frac{5}{12}$$

b) Hauptnenner: 20

$$\to \frac{3 \cdot 4}{20} + \frac{1 \cdot 5}{20} + \frac{2 \cdot 4}{20} + \frac{1 \cdot 10}{20} = \frac{12 + 5 + 8 + 10}{20} = \frac{35}{20} = 1\frac{3}{4}$$

c) Hauptnenner: 24

$$\to \frac{3 \cdot 2}{24} + \frac{5 \cdot 2}{24} + \frac{3 \cdot 3}{24} + \frac{1 \cdot 4}{24} = \frac{6 + 10 + 9 + 4}{24} = \frac{29}{24} = 1\frac{5}{24}$$

Betriebswirtschaftliches Handeln

15 **Wie werden Brüche multipliziert?**

Brüche werden multipliziert, indem man **Zähler mit Zähler** und **Nenner mit Nenner** multipliziert. Sofern möglich, wird vor dem Multiplizieren gekürzt.

Beispiel $\quad \dfrac{7}{9} \cdot \dfrac{2}{7} \cdot \dfrac{3}{4} = \dfrac{\overset{1}{\cancel{7}} \cdot \overset{1}{\cancel{2}} \cdot \overset{1}{\cancel{3}}}{\underset{3}{\cancel{9}} \cdot \underset{1}{\cancel{7}} \cdot \underset{2}{\cancel{4}}} = \dfrac{1}{6}$

Ganze Zahlen und gemischte Zahlen werden vor der Multiplikation in Brüche umgewandelt.

Beispiel 1: $\quad \dfrac{2}{3} \cdot 4 = \dfrac{2 \cdot 4}{3 \cdot 1} = \dfrac{8}{3} = 2\dfrac{2}{3}$

Beispiel 2: $\quad 3\dfrac{1}{5} \cdot \dfrac{1}{8} = \dfrac{\overset{2}{\cancel{16}} \cdot 1}{5 \cdot \underset{1}{\cancel{8}}} = \dfrac{2}{5}$

16 **Multiplizieren Sie:**

a) $\dfrac{3}{5} \cdot \dfrac{2}{9}$

b) $\dfrac{2}{4} \cdot \dfrac{21}{36} \cdot \dfrac{4}{7}$

c) $6 \cdot \dfrac{4}{5}$

a) $\dfrac{3 \cdot 2}{5 \cdot 9} = \dfrac{\overset{1}{\cancel{3}} \cdot 2}{5 \cdot \underset{3}{\cancel{9}}} = \dfrac{2}{15}$

b) $\dfrac{2 \cdot 21 \cdot 4}{4 \cdot 36 \cdot 7} = \dfrac{\overset{1}{\cancel{2}} \cdot \overset{\cancel{3}{}}{\cancel{21}} \cdot \overset{1}{\cancel{4}}}{\underset{2}{\cancel{4}} \cdot \underset{\cancel{9}}{\cancel{36}} \cdot \underset{1}{\cancel{7}}} = \dfrac{1}{6}$

c) $\dfrac{6 \cdot 4}{1 \cdot 5} = \dfrac{24}{5} = 4\dfrac{4}{5}$

17 Wie werden Brüche dividiert?

Ein Bruch wird durch einen Bruch dividiert, indem man den ersten Bruch mit dem **Kehrwert** des zweiten Bruchs multipliziert.

Beispiel: $\dfrac{1}{5} : \dfrac{1}{3} = ?$ $\longrightarrow$ $\dfrac{1}{5} : \boxed{\dfrac{1}{3}} = \dfrac{1 \cdot \boxed{3}}{5 \cdot \boxed{1}} = \dfrac{3}{5}$

$$\boxed{\dfrac{1}{3}} \times \boxed{\dfrac{3}{1}}$$

Kehrwert

Ganze Zahlen und gemischte Zahlen werden in Brüche umgewandelt.

Beispiel 1: $\dfrac{3}{4} : 3 = \dfrac{3}{4} : \dfrac{3}{1} = \dfrac{\overset{1}{\cancel{3}} \cdot 1}{4 \cdot \underset{1}{\cancel{3}}} = \dfrac{1}{4}$

Beispiel 2: $5\dfrac{5}{7} : \dfrac{10}{21} = \dfrac{40}{7} : \dfrac{10}{21} = \dfrac{\overset{4}{\cancel{40}} \cdot \overset{3}{\cancel{21}}}{\underset{1}{\cancel{7}} \cdot \underset{1}{\cancel{10}}} = 12$

18 Dividieren Sie:

a) $\dfrac{7}{8} : \dfrac{3}{4}$

b) $15 : \dfrac{5}{8}$

c) $16\dfrac{1}{4} : 3\dfrac{1}{3}$

a) $\dfrac{7 \cdot 4}{8 \cdot 3} = \dfrac{7 \cdot \overset{1}{\cancel{4}}}{\underset{2}{\cancel{8}} \cdot 3} = \dfrac{7}{6} = 1\dfrac{1}{6}$

b) $\dfrac{15 \cdot 8}{1 \cdot 5} = \dfrac{\overset{3}{\cancel{15}} \cdot 8}{1 \cdot \underset{1}{\cancel{5}}} = 24$

c) $\dfrac{65 \cdot 3}{4 \cdot 10} = \dfrac{\overset{13}{\cancel{65}} \cdot 3}{4 \cdot \underset{2}{\cancel{10}}} = \dfrac{39}{8} = 4\dfrac{7}{8}$

19 Wie wird ein Bruch in eine Dezimalzahl umgewandelt?

Ein Bruch wird in eine Dezimalzahl umgewandelt, indem man den Zähler durch den Nenner dividiert.

Beispiel: $\frac{3}{5} = 3 : 5 = \underline{0{,}6}$

20 Wandeln Sie in Dezimalstellen um. Runden Sie, sofern notwendig, nach der dritten Dezimalstelle.

a) $\frac{4}{5}$ b) $\frac{14}{35}$ c) $21\frac{3}{7}$

> a) $4 : 5 = \underline{0{,}8}$
> b) $14 : 35 = \underline{0{,}4}$
> c) $21 + 3 : 7 = \underline{\text{rd. } 21{,}429}$

21 Wie wird eine Dezimalzahl in einen Bruch umgewandelt?

Eine Dezimalzahl wird in einen Bruch umgewandelt, indem die Zahl nach dem Komma zum Zähler wird. In den Nenner übernimmt man die Zahl 10 oder 100 oder 1 000 usw. Der Anzahl der Stellen hinter dem Komma entspricht die Anzahl der Nullen im Nenner. Sofern möglich, wird gekürzt.

Beispiele:

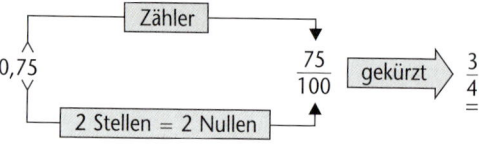

22 Wandeln Sie in Brüche oder gemischte Zahlen um.
a) 0,125
b) 15,12
c) 0,625

> a) $\frac{125}{1\,000} = \underline{\frac{1}{8}}$
>
> b) $15\frac{12}{100} = 15\underline{\frac{3}{25}}$
>
> c) $\frac{625}{1\,000} = \underline{\frac{5}{8}}$

Größen und Einheiten

1 Wie können die dezimalen Maßeinheiten eingeteilt werden?

Dezimale Maßeinheiten			
Längenmaße	Flächenmaße	Gewichtsmaße	Volumenmaße
z. B.	z. B.	z. B.	z. B.
km, m, dm, cm, mm	m^2, dm^2, cm^2, mm^2	t, kg, g, mg	hl, l, dl, cl, ml

2 Erläutern Sie den allgemeinen Aufbau der dezimalen Maßeinheiten.

Die **Basis** der dezimalen Maßeinheiten ist 10. Die kleineren Einheiten sind deshalb immer $\frac{1}{10}$, $\frac{1}{100}$, $\frac{1}{1\,000}$ usw. der größeren Einheiten. Die größeren Einheiten betragen immer ein 10-Faches, 100-Faches, 1 000-Faches usw. der kleineren Einheiten.
Beispiele: 1 hl = 100 l, 1 l = 10 dl

Längeneinheiten

3 Rechnen Sie folgende Längen in die gesuchte Einheit um.
a) 1.200 cm = ? m   c)   70 cm = ? mm   e) 6 km = ? cm
b)   800 cm = ? dm   d) 1.300 m = ? km

a) 12 m	c) 700 mm	e) 600.000 cm
b) 80 dm	d) 1,3 km	

4 In der Bäckerei Kurz werden neue Brotregale eingebaut. Die Wand ist 4,80 m breit und 2,80 m hoch. Unter die Regale soll ein Zubehörschrank mit 60 cm Höhe gestellt werden. Darüber sollen 50 cm als Arbeitsbereich frei bleiben.
Wie viel m Brotregal werden insgesamt benötigt, wenn sie im Abstand von 30 cm installiert werden und wenn zur Decke 80 cm frei bleiben sollen?   →

	Wandhöhe	2,8 m
−	Deckenabstand	0,8 m
−	Zubehörschränke	0,6 m
−	Arbeitsfläche	0,5 m
=	Platz für Regale	0,9 m

Regalanzahl: 90 cm : 30 cm (Montageabstand) = 3

Gesamtregallänge: 4,80 m · 3 = <u>14,4 m</u>

Flächeneinheiten

5 Wandeln Sie die angegebenen Flächen in die gesuchte Einheit um.

a) $\quad$ 5 m² = ? cm² $\qquad$ d) $\quad\quad$ 3 m² = ? mm²

b) $\quad$ 7.000 cm² = ? m² $\qquad$ e) 90.000 mm² = ? cm²

c) $\quad$ 150 dm² = ? m²

a) 50.000 cm²	d) 3.000.000 mm²
b) 0,7 m²	e) 900 cm²
c) 1,5 m²	

6 Ein rechteckiger Arbeitstisch, der 80 cm breit und 1,8 m lang ist, soll mit quadratischen Fliesen von 10 cm Seitenlänge neu belegt werden.

a) Berechnen Sie die Fläche des Arbeitstisches.

b) Wie viele Fliesen (ohne Verschnitt) werden benötigt?

a) Berechnung der Arbeitstischfläche:

Fläche = *Länge* × *Breite*

$\quad$ = 0,8 m · 1,8 m

$\quad$ = <u>1,44 m²</u>

b) Berechnung der Fliesenfläche:

Fläche = *Länge* × *Breite*

$\quad$ = 0,1 m · 0,1 m

$\quad$ = <u>0,01 m²</u>

Berechnung der benötigten Fliesenanzahl:

$$\frac{\text{Gesamtfläche}}{\text{Fliesenfläche}} = \text{Fliesenanzahl}$$

$$\frac{1,44 \text{ m}^2}{0,01 \text{ m}^2} = \underline{144 \text{ Fliesen}}$$

7 Ein Pausenraum, der 3,20 m breit und 3,85 m lang ist, soll erneuert werden.
Ermitteln Sie die anfallenden Kosten (ohne Verschnitt), wenn für 1 m² Teppichboden 48 € einschließlich Arbeitslohn anfallen.

Berechnung der zu verlegenden Fläche:	Berechnung der Renovierungskosten:
Fläche = *Länge* × *Breite* = 3,85 m · 3,20 m = 12,32 m²	1 m² kostet 48,00 € 12,32 m² kosten (12,32 · 48,00 €) = 591,36 €

8 Im Verkauf einer Bäckerei werden Bleche mit 50 x 80 cm zum Auslegen der Waren verwendet. Die Blechkuchen werden in Stücke von 8 x 10 cm geschnitten.
a) Wie viel Stück Blechkuchen können auf ein Verkaufsblech gesetzt werden?
b) Wie müssen die Blechkuchenstücke angeordnet werden?

a) Fläche des Verkaufsblechs: 50 cm · 80 cm = 4.000 cm²
Fläche eines Kuchenstücks: 8 cm · 10 cm = 80 cm²
Anzahl der Kuchenstücke: 4.000 cm² : 80 cm²/Stück = 50 Stücke
b) 80 cm Verkaufsblechlänge = 80 cm : 8 cm/Stück = 10 Stück
50 cm Verkaufsblechbreite = 50 cm : 10 cm/Stück = 5 Stück
➔ 5 · 10 = 50 Stücke

9 Für ein Blech mit 78 x 58 cm werden 4,5 kg Hefeteig benötigt. Wie viel kg Hefeteig benötigt man für eine Blechgröße von
a) 98 x 58 cm,
b) 28 cm Durchmesser?

a) Grundfläche Blech I: 78 cm · 58 cm = 4.524 cm²
Grundfläche Blech II: 98 cm · 58 cm = 5.684 cm²
Berechnung der Teigmenge:
4.524 cm² = 4,5 kg
5.684 cm² = x kg

$x = \dfrac{4,5 \cdot 5.684}{4.524} = 5{,}654 \text{ kg}$

→

▷ *Fortsetzung der Antwort* ▷

b) **Grundfläche** $= \pi \cdot r^2$	Berechnung der Teigmenge:
$= 3{,}14 \cdot 14 \text{ cm} \cdot 14 \text{ cm}$	$4.524{,}00 \text{ cm}^2 = 4{,}5 \text{ kg}$
$= 615{,}44 \text{ cm}^2$	$615{,}44 \text{ cm}^2 = \times \text{ kg}$
	$x = \dfrac{4{,}5 \cdot 615{,}44}{4.524} = \underline{0{,}612 \text{ kg}}$

Masseneinheiten (Gewichte)

10 Wandeln Sie die folgenden Gewichte in die gesuchten Einheiten um.
a) 1.345 kg = ?t c) 0,3 g = ? mg e) 22,5 g = ? kg
b) 0,25 kg = ?g d)18 g = ? kg

a) 1,345 t	c) 300 mg	e) 0,0225 kg
b) 250 g	d) 0,018 kg	

11 Ein Pkw hat eine Zuladung von 0,445 t.
Wie viel kg Reisegepäck können eingeladen werden, wenn die Fahrgäste
68 kg, 76 kg und 84,5 kg wiegen?

Zuladung	445,0 kg
– Fahrgast 1	68,0 kg
– Fahrgast 2	76,0 kg
– Fahrgast 3	84,5 kg
= mögliche Gepäckzuladung	216,5 kg

handwerk-technik.de

12 Eine Konditorei erhält eine 47,3 kg schwere Sendung.
Die Tara beträgt 3,8 kg.
Berechnen Sie das Nettogewicht.

Bruttogewicht (Gewicht der Ware einschließlich Verpackung)
− **Tara** (Gewicht der Verpackung)
= **Nettogewicht** (Reingewicht der Verpackung)
47,3 kg Bruttogewicht
−   3,8 kg Tara
= 43,5 kg Nettogewicht

13 Welches Bruttogewicht hatte eine Lieferung Früchtetee, wenn die
Tara 250 g und das Nettogewicht 13,25 kg betrug?

Nettogewicht (Gewicht der Ware ohne Verpackung)
+ **Tara** (Gewicht der Verpackung)
= **Bruttogewicht** (Gewicht der Ware einschließlich Verpackung)
13,25 kg Nettogewicht
−   0,25 kg Tara
= 13,50 kg Bruttogewicht

Volumeneinheiten (Raummaße)

14 Wandeln Sie die folgenden Raummaße in die gesuchte Einheit um.
a) $3 \text{ m}^3 = ? \text{ dm}^3$ d) $3 \text{ hl} = ? \text{ l}$ g) $1.200 \text{ ml} = ? \text{ cm}^3$
b) $6 \text{ dm}^3 = ? \text{ cm}^3$ e) $1,3 \text{ l} = ? \text{ ml}$
c) $73 \text{ cm}^3 = ? \text{ mm}^3$ f) $8.300 \text{ m}^3 = ? \text{ l}$

a) 3.000 dm^3	d) 300 l	g) 1.200 cm^3
b) 6.000 cm^3	e) 1.300 ml	
c) 73.000 mm^3	f) 8.300.000 l	

15 Ein Reinigungsmittel wird aus einem durchsichtigen rechteckigen Kanister abgefüllt.
Ermitteln Sie den Inhalt in l, indem Sie folgende Maße zugrunde legen:
Länge 25 cm, Breite 12,5 cm, Flüssigkeitsstand 16 cm.

Volumen = Länge · Breite · Höhe
= 25 cm · 12,5 cm · 16 cm = <u>5.000 cm³ = 5 l</u>

16 Ein Tortenring hat einen Durchmesser von 28 cm und eine Höhe von 7,5 cm.
Wie viel l Biskuitmasse fasst ein Ring, wenn er zu $2/3$ gefüllt werden soll?

Volumen = $\pi \cdot r^2 \cdot h$	Berechnung der Füllmenge:
= 3,14 · 14 cm · 14 cm · 7,5 cm	$\dfrac{4{,}616 \cdot 2}{3} \approx$ <u>rd. 3,077 l</u>
= 4.616,8 cm³ ≈ rd. 4,615 l	

17 Der Kessel einer Rühr- und Anschlagmaschine hat ein Fassungsvermögen von 35 l.
Wie viel kg Krem-Margarine dürfen höchstens zum Anschlagen eingefüllt werden, wenn die fertig geschlagene Krem-Margarine ein Litergewicht von 280 g hat und der Kessel nur zu $5/7$ gefüllt sein darf?

Berechnen der Füllmenge:	Berechnen der Margarinemenge:
1 Füllung = 35 l	1 l = 280 g
$5/7$ Füllung = x l	25 l = x g
$x = \dfrac{35 \cdot 5}{1 \cdot 7} = 25\ l$	$x = \dfrac{280 \cdot 25}{1} =$ <u>7 kg</u>

Dreisatz

1 Bei der einfachen Dreisatzrechnung unterscheidet man den Dreisatz mit geradem Verhältnis sowie den Dreisatz mit ungeradem Verhältnis.

Erklären Sie den Unterschied anhand von zwei selbst gewählten Beispielen.

Einfacher Dreisatz	
gerades Verhältnis	**ungerades Verhältnis**

gerades Verhältnis

Ansatz:

150 g Pralinen kosten 3 €

400 g Pralinen kosten x €

Bruchsatz:

$x = \dfrac{3 \cdot 400}{150} = \underline{\underline{8 \text{ €}}}$

Die linke Seite des Ansatzes verändert sich in der gleichen Richtung wie die rechte Seite.

↑ **mehr** Pralinen kosten **mehr** Geld ↑

ungerades Verhältnis

Ansatz:

2 Verkäuferinnen benötigen 16 Std.
4 Verkäuferinnen benötigen x Std.

Bruchsatz:

$x = \dfrac{16 \cdot 2}{4} = \underline{\underline{8 \text{ Std.}}}$

Die linke Seite des Ansatzes verändert sich in die entgegengesetzte Richtung wie die rechte Seite.

↑ **mehr** Verkäuferinnen benötigen **weniger** Zeit ↓

2 Der Besitzer des Café Seeblick bestellt 6 kg Früchtetee zu je 18,00 €.
a) Wie viel kg erhält er für den gleichen Betrag, wenn der Lieferant mitteilt, dass infolge einer Preiserhöhung der Kilopreis nunmehr 21,60 € beträgt?
b) Geben Sie die entsprechende Dreisatzart an.

a) 6 kg à 18,00 € = 108,00 €
6 kg à 21,60 € = 129,60 €
129,60 € = 6 kg
108,00 € = x kg

$x = \dfrac{6 \cdot 108}{129,6} = \underline{\underline{5 \text{ kg}}}$

b) Es handelt sich um – einen **einfachen Dreisatz**
– ein **gerades Verhältnis** (je *weniger* €, desto *weniger* kg)

3 15,2 kg Mandeln kosten 97,28 €.
a) Wie teuer sind 250 g Mandeln?
b) Geben Sie die entsprechende Dreisatzart an.

---

a) 15,20 kg = 97,28 €
   0,25 kg = x €

$$x = \frac{97,28 \cdot 0,25}{15,2} = \underline{1,60\ €}$$

b) Es handelt sich um
   – einen **einfachen Dreisatz**
   – ein **gerades Verhältnis** (je *weniger* Mandeln, desto *weniger* €)

---

4 Für die Renovierung eines Cafés sind 8 Handwerker mit 6 Arbeitstagen vorgesehen. Auf Drängen der Inhaberin stellt die Renovierungsfirma 4 weitere Handwerker für diesen Auftrag ab.
a) Wie viel Tage werden nun benötigt?
b) Welche Dreisatzart liegt vor?

---

a) 8 Handwerker = 6 Tage
   12 Handwerker = x Tage

$$x = \frac{6 \cdot 8}{12} = \underline{4\ Tage}$$

b) Es handelt sich um
   – einen **einfachen Dreisatz**
   – ein **ungerades Verhältnis** (je *mehr* Arbeiter, desto *weniger* Tage)

---

5 Bäckermeister Fuchs stellte bisher aus einem Teig 1.200 Brötchen mit 50 g Gewicht her. Jetzt sollen die Brötchen nur noch 40 g wiegen.
a) Ermitteln Sie, wie viele Brötchen er nun aus einem Teig erhält.
b) Welche Dreisatzart liegt vor?

---

a) 50 g = 1.200 Brötchen
   40 g = x Brötchen

$$x = \frac{1.200 \cdot 50}{40} = \underline{1.500\ Brötchen}$$

b) Es handelt sich um
   – einen **einfachen Dreisatz**
   – ein **ungerades Verhältnis** (je *weniger* g, desto *mehr* Brötchen)

---

6 Für 7.500 g Teig benötigt man 25 Eier.
a) Wie viele Eier werden benötigt, wenn das Teiggewicht 9,6 kg beträgt?
b) Welche Dreisatzart liegt vor?

---

a) 7,5 kg = 25 Eier
   9,6 kg = x Eier

$x = \dfrac{25 \cdot 9,6}{7,5} = \underline{32 \text{ Eier}}$

b) Es handelt sich um
   – einen **einfachen Dreisatz**
   – ein **gerades Verhältnis** (je *mehr* Teig, desto *mehr* Eier)

---

7 Ein Rührkessel mit Biskuitmasse reicht für 31 Ringe zu je 250 ml Fassungsvermögen.
a) Wie viele Kapseln mit 155 ml Fassungsvermögen könnten aus einem Rührkessel Biskuitmasse gefüllt werden?
b) Welche Dreisatzart liegt vor?

---

a) 250 ml = 31 Ringe
   155 ml = x Kapseln

$x = \dfrac{31 \cdot 250}{155} = \underline{50 \text{ Kapseln}}$

b) Es handelt sich um
   – einen **einfachen Dreisatz**
   – ein **ungerades Verhältnis** (je *weniger* Teig, desto *mehr* Kapseln)

---

8 8 Arbeitskräfte verpacken in 6 Stunden 360 Geschenkpackungen Pralinen.
Berechnen Sie, wie viele Geschenkpackungen 10 Arbeitskräfte in 7 Stunden verpacken können.

---

8 Arbeitskräfte – 6 Std. = 360 Geschenkpackungen
10 Arbeitskräfte – 7 Std. = x   Geschenkpackungen

$x = \dfrac{360 \cdot 10 \cdot 7}{8 \cdot 6} = \underline{525 \text{ Geschenkpackungen}}$

---

9 In einem Café reicht ein Vorrat von 7.000 Papierservietten 30 Tage lang.

Nach wie vielen Tagen ist der Vorrat erschöpft, wenn noch 560 Servietten vorhanden sind und wegen des Betriebsurlaubs eines anderen Cafés 20 % mehr Gäste bedient werden müssen?

7.000 Servietten – 100 % Gäste = 30 Tage
560 Servietten – 120 % Gäste = x Tage

$$x = \frac{30 \cdot 560 \cdot 100}{7.000 \cdot 120} = \underline{2 \text{ Tage}}$$

10 In der Bäckerei Bauer wurden bisher mit 3 Öfen 1.350 Brote in 5 Stunden gebacken. Nach Zukauf eines weiteren Ofens wird täglich nur noch 4 Stunden lang gebacken.

Wie viele Brote werden jetzt pro Tag gebacken, wenn jeder Ofen dieselbe Backfläche hat?

3 Öfen – 5 Stunden = 1.350 Brote
4 Öfen – 4 Stunden = x Brote

$$x = \frac{1.350 \cdot 4 \cdot 4}{3 \cdot 5} = \underline{1.440 \text{ Brote}}$$

handwerk-technik.de

Durchschnittsrechnen

☐1 In einer Konditorei wird die folgende Anzahl von Papptellern verbraucht: Dienstag 147, Mittwoch 173, Donnerstag 188, Freitag 194, Samstag 132.

Wie viele Pappteller werden durchschnittlich verbraucht?

Dienstag:	147 Pappteller
Mittwoch:	173 Pappteller
Donnerstag:	188 Pappteller
Freitag:	194 Pappteller
Samstag:	133 Pappteller
Gesamt	835 Pappteller
Durchschnitt = 835 Pappteller : 5 = 167 Pappteller	

☐2 Eine Pralinenmischung besteht aus 5 verschiedenen Sorten.
Wie viel kostet ein 125-g-Beutel, wenn folgende Sorten verwendet werden:

2,50 kg zu 29,00 € je kg,
3,50 kg zu 24,00 € je kg,
2,25 kg zu 25,00 € je kg,
2,75 kg zu 30,00 € je kg,
1,00 kg zu 35,95 € je kg.

a) Wie viel kostet ein Kilogramm der Pralinenmischung?
b) Wie teuer ist ein 125-g-Beutel der Mischung?

a)
  2,50 kg zu 29,00 € = 72,50 €
  3,50 kg zu 24,00 € = 84,00 €
  2,25 kg zu 25,00 € = 56,25 €
  2,75 kg zu 30,00 € = 82,50 €
  1,00 kg zu 35,95 € = 35,95 €
  12,00 kg   331,20 €

$$1 \text{ kg} = \frac{331,20 \text{ €}}{12} = 27,60 \text{ €}$$

b) 1.000 g = 27,60 €
     125 g =   ×   €

$$x = \frac{27,60 \cdot 125}{1\,000} = 3,45 \text{ €}$$

3 Im Café Baumann soll ein „Hauseigener Früchtetee" in 125-g-Päckchen zu jeweils 2,25 € verkauft werden. Für die Mischung verwendet Meister Baumann 6 kg von Sorte I mit einem kg-Preis von 22,60 € und 6 kg von Sorte II zum Preis von 19,40 €. Dazu sollen noch 8 kg von einer III. Sorte zugemischt werden.

Welche Teequalität (kg-Preis) darf höchstens dazugegeben werden, wenn aus Wettbewerbsgründen der Verkaufspreis der Mischung gehalten werden muss.

Gesamtpreis der Mischung:

125 g	=	2,25	€
20.000 g	=	x	€

$$x = \frac{2,25 \cdot 20.000}{125} = 360,00 \ €$$

Sorte I:	6 kg zu je 22,60 €	= 135,60 €
Sorte II:	6 kg zu je 19,40 €	= 116,40 €
Sorte III:	8 kg zu je ? €	= 108,00 €
Mischung: 20 kg		= 360,00 €

kg-Preis von Sorte III: 108,00 € : 8 = 13,50 €

Nebenrechnung:

Mischung:	360,00 €
– Sorte I:	135,60 €
– Sorte II:	116,40 €
Sorte III:	108,00 €

Verteilungsrechnen

$\boxed{1}$ Drei Verkäuferinnen, A, B und C sind gemeinsam an einem Café beteiligt. A hat 75.000 € eingebracht, B 50.000 € und C 25.000 €. Der diesjährige Reingewinn in Höhe von 121.875 € soll im Verhältnis der Kapitalanteile verteilt werden.

A:	75.000 € = 7̶5̶	= 3 Teile · 20.312,50 € =	60.937,50 €
B:	50.000 € = 5̶0̶	= 2 Teile · 20.312,50 € =	40.625,00 €
C:	25.000 € = 2̶5̶	= 1 Teil · 20.312,50 € =	20.312,50 €
		6 Teile	= 121.875,00 €
		1 Teil	= 20.312,50 €

A erhält 60.937,50 €, B 40.625,00 € und C 20.312,50 €.

$\boxed{2}$ Anlässlich des 20-jährigen Bestehens ihres Betriebs will eine Konditormeisterin an ihre Verkäuferinnen eine Gratifikation von insgesamt 3.055,00 € zahlen, die nach der Dauer der Betriebszugehörigkeit verteilt werden soll. Verkäuferin A ist seit 8 $\frac{1}{3}$ Jahren im Betrieb tätig, B seit 7 $\frac{1}{2}$ Jahren, C seit 3 $\frac{3}{4}$ Jahren.

Die Jahre werden in Monate umgewandelt:

8$\frac{1}{3}$ Jahre =	100 Monate	3 ¾ Jahre =	45 Monate
7½ Jahre =	90 Monate		

Verkäuferin A:	1̶0̶0̶ =	20 Teile · 65,00 €	= 1.300,00 €
Verkäuferin B:	9̶6̶ =	18 Teile · 65,00 €	= 1.170,00 €
Verkäuferin C:	4̶5̶ =	9 Teile · 65,00 €	= 585,00 €
		47 Teile	= 3.055,00 €
		1 Teil	= 65,00 €

A erhält 1.300,00 €, B 1.170,00 € und C 585,00 €.

$\boxed{3}$ Es soll eine Mehlmischung für ein Fünfkornbrot hergestellt werden. Weizen-, Roggen-, Gersten-, Hafer- und Maismehl sollen im Verhältnis 60 : 20 : 10 : 5 : 5 enthalten sein.
a) Ermitteln Sie die Mengenanteile der einzelnen Mehlarten für eine Gesamtmehlmenge von 96 kg.
b) Im Mehllager sind nur noch 3 kg Maismehl vorrätig. Wie groß kann die Gesamtmehlmenge höchstens sein, wenn das Mischungsverhältnis gleich sein soll?

$\rightarrow$

a) Weizenmehl: 6̶0̶ = 12 Teile · 4,8 kg = 57,6 kg
   Cerstenmehl: 2̶0̶ = 4 Teile · 4,8 kg = 19,2 kg
   Roggenmehl: 1̶0̶ = 2 Teile · 4,8 kg = 9,6 kg
   Hafermehl: 5̶ = 1 Teil · 4,8 kg = 4,8 kg
   Maismehl: 5̶ = 1 Teil · 4,8 kg = 4,8 kg
   _____
                20 Teile   = 96,0 kg
                 1 Teil   = 4,8 kg

b) 3,0 kg Maismehl = 1 Teil | Es können höchstens
   Weizenmehl: 12 Teile · 3 kg = 36 kg | 60 kg von der Mischung
   Cerstenmehl: 4 Teile · 3 kg = 12 kg | hergestellt werden.
   Roggenmehl: 2 Teile · 3 kg = 6 kg |
   Hafermehl: 1 Teil · 3 kg = 3 kg |
   Maismehl: 1 Teil · 3 kg = 3 kg |
   _____ |
            20 Teile   = 60 kg |

4 Für eine Weihnachtsfeier liefert eine Konditorei 144 Päckchen Weihnachtsgebäck zu je 125 g. Das Weihnachtsgebäck wird aus 1-2-3-Mürbeteig hergestellt.
– 1 Teil Zucker zum kg-Preis von 0,80 €
– 2 Teile Fett zum kg-Preis von 2,25 €
– 3 Teile Mehl zum kg-Preis von 0,42 €
a) Welche Zutatenmengen an Zucker, Fett und Mehl werden für die Lieferung benötigt, wenn Verluste unberücksichtigt bleiben?
b) Ermitteln Sie die Materialkosten für ein 125-g-Päckchen.

a) 144 · 125 g = 18.000 g = 18 kg
   Zucker: 1 Teil · 3 kg = 3 kg
   Fett: 2 Teile · 3 kg = 6 kg
   Mehl: 3 Teile · 3 kg = 9 kg
   _____
          6 Teile   = 18 kg
          1 Teil   = 3 kg

b) Zucker: 3 kg zu 0,80 € je kg = 3 · 0,80 = 2,40 €
   Fett: 6 kg zu 2,25 € je kg = 6 · 2,25 = 13,50 €
   Mehl: 9 kg zu 0,42 € je kg = 9 · 0,42 = 3,78 €
   _____
         18 kg   = 19,68 €

   18,000 kg = 19,68 €
   0,125 kg = x €
   _____

   $x = \dfrac{19{,}68 \cdot 0{,}125}{18} \approx \underline{0{,}14\ €}$

Mischungsrechnen

Mischung mit zwei Sorten

$\boxed{1}$ Eine Mischung aus Marzipanpralinen und Nugatpralinen soll für 2,80 € je 100 g verkauft werden.

In welchem Verhältnis muss gemischt werden, wenn die Marzipanpralinen 3,30 € je 100 g kosten und wenn der Preis der Nugatpralinen 2,60 € je 100 g beträgt?

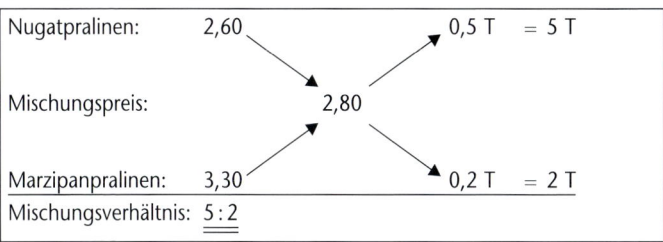

Nugatpralinen: 2,60   0,5 T   = 5 T

Mischungspreis: 2,80

Marzipanpralinen: 3,30   0,2 T   = 2 T
Mischungsverhältnis: 5 : 2

$\boxed{2}$ Auf Wunsch eines Kunden soll eine Konditoreiverkäuferin zwei Pralinensorten so mischen, dass 100 g der Mischung 3,00 € kosten. Der Verkaufspreis von Sorte I beträgt 2,90 € je 100 g, der von Sorte II liegt bei 3,30 € je 100 g.

a) In welchem Verhältnis müssen die beiden Sorten gemischt werden?
b) Wie viel Gramm werden von jeder Sorte benötigt, wenn der Kunde 400 g abgewogen haben möchte?

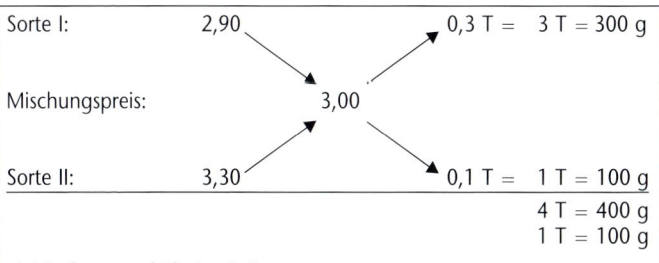

Sorte I: 2,90   0,3 T =   3 T = 300 g

Mischungspreis: 3,00

Sorte II: 3,30   0,1 T =   1 T = 100 g
                                            4 T = 400 g
                                            1 T = 100 g

a) Mischungsverhältnis: 3 : 1

b) 300 g von Sorte I und 100 g von Sorte II werden benötigt.

3 Aus einem Restbestand von 15 kg einer Gebäcksorte, die 9,00 € je kg kostet, soll unter Verwendung einer zweiten Sorte eine Gebäckmischung hergestellt werden. Die Mischung soll in 200-g-Beuteln zu jeweils 2,20 € verkauft werden.

a) Wie viel Kilogramm müssen von der zweiten Sorte zugegeben werden, wenn diese 1,40 € je 100 g kostet?

b) In welchem Verhältnis werden die Gebäcksorten vermischt?

c) Wie viele 200-g-Beutel können abgepackt werden?

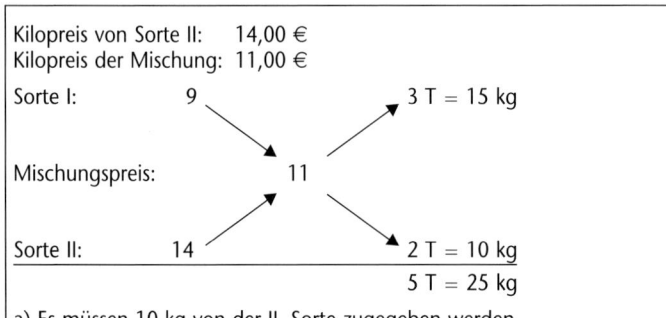

Kilopreis von Sorte II: 14,00 €
Kilopreis der Mischung: 11,00 €

Sorte I: 9   3 T = 15 kg

Mischungspreis: 11

Sorte II: 14   2 T = 10 kg
                                          5 T = 25 kg

a) Es müssen 10 kg von der II. Sorte zugegeben werden.

b) Das Mischungsverhältnis ist 3 : 2, d. h. 3 Teile von Sorte I und 2 Teile von Sorte II.

c) 25 kg : 0,2 kg = 125 Beutel.

4 Für die Herstellung von Punschtorten benötigt ein Konditormeister 45 %igen Rum. Im Lager befindet sich aber nur noch 80 %iger Rum.

a) In welchem Verhältnis muss der Meister Wasser und 80 %igen Rum mischen, damit er 45 %igen erhält?

b) Wie viel 45 %igen Rum kann er herstellen, wenn noch 1,35 l von dem 80 %igen Rum vorrätig sind?

$\rightarrow$

Betriebswirtschaftliches Handeln

▷ *Fortsetzung der Antwort* ▷

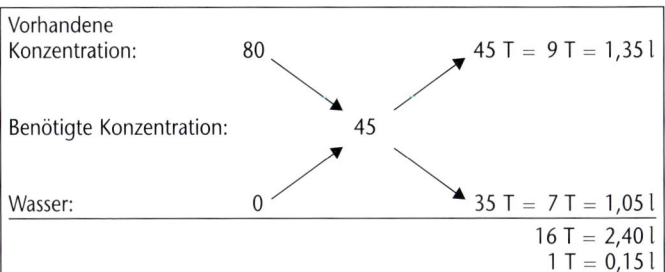

Vorhandene
Konzentration: 80   45 T = 9 T = 1,35 l

Benötigte Konzentration: 45

Wasser: 0   35 T = 7 T = 1,05 l

$$16 \text{ T} = 2,40 \text{ l}$$
$$1 \text{ T} = 0,15 \text{ l}$$

a) Mischungsverhältnis: 9 : 7

b) Es können 2,4 l 45 %iger Rum hergestellt werden.

Mischung mit mehr als zwei Sorten

⎡5⎤ In einer Konditorei wird aus Haselnusssplittern zu 2,35 € je 100 g, Mandelhäufchen zu 2,80 € je 100 g und Walnusspralinen zu 2,90 € je 100 g eine Pralinenmischung hergestellt, die für 2,75 € je 100 g verkauft werden soll.

a) In welchem Verhältnis müssen die drei Sorten gemischt werden, damit der gewünschte Verkaufspreis erzielt wird?

b) Wie viele Päckchen dieser Mischung zu je 250 g können hergestellt werden, wenn noch 1,8 kg Mandelhäufchen vorrätig sind?

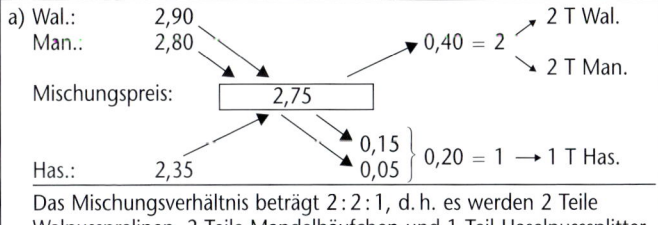

a) Wal.: 2,90   0,40 = 2   2 T Wal.
    Man.: 2,80   2 T Man.

    Mischungspreis: 2,75

                0,15 ⎫
                0,05 ⎬ 0,20 = 1 → 1 T Has.
    Has.: 2,35

Das Mischungsverhältnis beträgt 2 : 2 : 1, d. h. es werden 2 Teile Walnusspralinen, 2 Teile Mandelhäufchen und 1 Teil Haselnusssplitter verwendet.

b)			
Walnusspralinen	2 T = 1,8 kg	4,5 kg : 0,25 kg =	18 Päckchen
Mandelhäufchen	2 T = 1,8 kg		
Haselnusssplitter	1 T = 0,9 kg		
Mischung	5 T = 4,5 kg		

6 Aus fünf verschiedenen Gebäcksorten soll eine Mischung Teegebäck von 4,5 kg hergestellt werden. Die Mischung soll für 2,00 € je 100 g verkauft werden. Sorte I kostet 2,80 € je 100 g, Sorte II 2,70 € je 100 g, Sorte III 2,30 € je 100 g, Sorte IV 1,80 € je 100 g und Sorte V 1,60 € je 100 g.
a) Wie lautet das Mischungsverhältnis?
b) Wie viel Gramm werden von jeder Sorte benötigt?

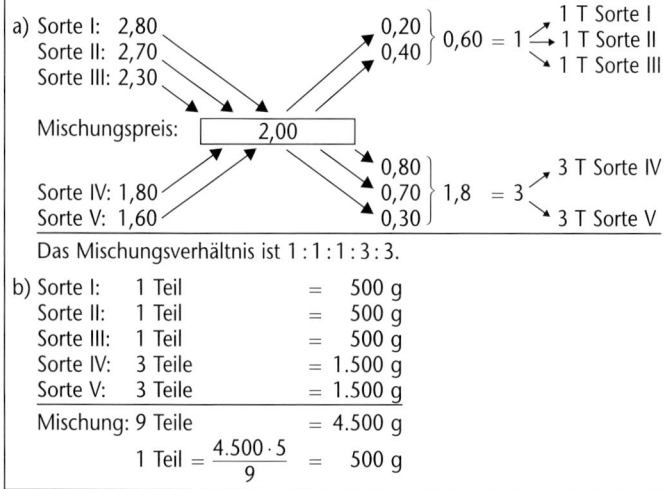

Das Mischungsverhältnis ist 1 : 1 : 1 : 3 : 3.

b) Sorte I: 1 Teil   =   500 g
   Sorte II: 1 Teil   =   500 g
   Sorte III: 1 Teil   =   500 g
   Sorte IV: 3 Teile   = 1.500 g
   Sorte V: 3 Teile   = 1.500 g

   Mischung: 9 Teile   = 4.500 g

   1 Teil = $\dfrac{4.500 \cdot 5}{9}$ =   500 g

7 Für eine Weihnachtsgebäckmischung werden Zimtsterne (1,35 € je 100 g), Spritzgebäck (1,47 € pro 100 g) und Vanillekipferl (1,50 € je 100 g) gemischt.
a) In welchem Verhältnis müssen die einzelnen Sorten gemischt werden, wenn die Mischung für 1,80 € je 125-g-Beutel verkauft werden soll?
b) Es sollen 120 Päckchen zu je 125 g hergestellt werden. Berechnen Sie, welche Mengen der einzelnen Sorten benötigt werden.

a) Berechnung des 100-g-Preises der Mischung:
   125 g = 1,80 €
   100 g =   x   €

   $x = \dfrac{1,8 \cdot 100}{125} = 1,44$ €

→

▷ Fortsetzung der Antwort ▷

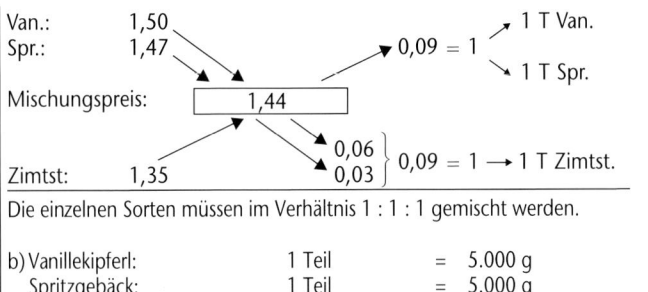

Van.:   1,50
Spr.:   1,47   0,09 = 1   1 T Van.
                                  1 T Spr.
Mischungspreis: 1,44

                            0,06 ⎫
                            0,03 ⎭ 0,09 = 1 → 1 T Zimtst.
Zimtst: 1,35

Die einzelnen Sorten müssen im Verhältnis 1 : 1 : 1 gemischt werden.

b) Vanillekipferl: 1 Teil   =   5.000 g
    Spritzgebäck: 1 Teil   =   5.000 g
    Zimtsterne: 1 Teil   =   5.000 g
    Gesamtmenge (120 · 125 g)   3 Teile   = 15.000 g

$$1 \text{ Teil} = \frac{15.000}{3} = 5.000 \text{ g}$$

Prozentrechnen

1 In einer Berufsschule nahmen 350 Auszubildende an einer schul-
zahnärztlichen Untersuchung teil. 112 davon, also 32 % hatten ein
gesundes Gebiss.

Ordnen Sie den einzelnen Angaben die drei Grundbegriffe der Prozentrechnung zu.

Die Grundbegriffe der Prozentrechnung		
Der Prozentsatz	**Der Grundwert**	**Der Prozentwert**
Er gibt die Anzahl der Teile von 100 an.	Er entspricht 100 Hundertstel oder dem Ganzen, also 100 %.	Er ist ein Teil des Ganzen, also des Grundwertes.
z. B.	z. B.	z. B.

32 % **von 350 Auszubildenden = 112 Auszubildende**

2 Ein Bäckermeister erhält eine Rechnung über 1.956,00 € für sein
neues Fettbackgerät. Bei Zahlung innerhalb von 14 Tagen erhält er 3 %
Skonto.
a) Wie viel € kann der Meister sparen, wenn er innerhalb der Skontofrist
   bezahlt?
b) Geben Sie an, ob Grundwert, Prozentwert oder Prozentsatz errechnet
   werden müssen.

a) $100 \% = 1.956,00 \ €$

$\quad \underline{3 \% = \quad x \quad €}$

$x = \dfrac{1.956 \cdot 3}{100} = \underline{58,68 \ €}$

b) Es musste der Prozentwert berechnet werden.

3 Ein Fernsehgerät, das vor einem Jahr 449,00 € gekostet hatte, wird jetzt für 328,00 € angeboten.
Berechnen Sie, um wie viel Prozent der Preis gesenkt wurde.

Berechnung der Preissenkung in €:

alter Preis	449,00 €
– neuer Preis	328,00 €
= Preissenkung	121,00 €

Berechnung der Preissenkung in Prozent:

$$449,00 € = 100 \%$$
$$121,00 € = \quad \times \%$$

$$x = \frac{100 \cdot 121}{449} = \underline{26,95 \%}$$

4 Herr Gruber verhandelt mit einem Vertreter über die Anschaffung einer neuen Frosteranlage. Sie soll 19.489,50 € kosten.
Im Verlauf des Gesprächs bedauert der Vertreter, dass erst vor 14 Tagen die Preise um 6,5 % erhöht wurden.
Wie viel € hätte Herr Gruber gespart, wenn er die Anlage bereits vor 3 Wochen gekauft hätte?

Berechnung der Preissenkung in €:

alter Preis	100,0 %
+ Preiserhöhung	6,5 %
= neuer Preis	106,5 %

$$106,5 \% = 19.489,50 €$$
$$100,0 \% = \quad \times \quad €$$

$$x = \frac{19.489,50 \cdot 100}{106,5} = 18.300,00 €$$

neuer Preis	19.489,50 €
– alter Preis	18.300,00 €
= Ersparnis	1.189,50 €

5 Beschreiben Sie anhand der vorigen Aufgabe (**4**) den Rechenweg bei der <u>Prozentrechnung mit vermehrtem Grundwert</u>.

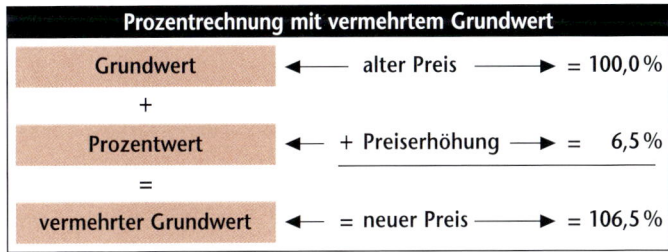

Prozentrechnung mit vermehrtem Grundwert

Grundwert	← alter Preis →	= 100,0 %
+		
Prozentwert	← + Preiserhöhung →	= 6,5 %
=		
vermehrter Grundwert	← = neuer Preis →	= 106,5 %

6 Der Preis für eine elektronische Waage wurde zweimal erhöht. Zuerst um 8% und danach nochmals um 6%. Die Ware kostet jetzt 799,07 €.
Welchen Preis hatte die Waage vor der ersten Preiserhöhung?

ursprünglicher Preis	100 %
+ 1. Preiserhöhung	8 %
= neuer Preis	108 % /100 %
+ 2. Preiserhöhung	6 %
= jetziger Preis	106 %

$$106 \% = 799,07 \text{ €}$$
$$\underline{100 \% = \quad x \quad \text{€}}$$

$$x = \frac{799,07 \cdot 100}{106} = \underline{753,84 \text{ €}}$$

$$108 \% = 753,84 \text{ €}$$
$$\underline{100 \% = \quad x \quad \text{€}}$$

$$x = \frac{753,84 \cdot 100}{108} = \underline{698,00 \text{ €}}$$

Vor der ersten Preiserhöhung kostete die Waage 698,00 €

7 Eine Bäckermeisterin verhandelt mit einem Vertreter über die Anschaffung einer neuen Kuchentheke. Sie soll 18.912,50 € kosten. Im Verlauf des Gesprächs betont der Vertreter, dass bei diesem Preis sogar ein Sonderrabatt von 15% gewährt worden sei. Berechnen Sie den ursprünglichen Preis.

ursprünglicher Preis	100 %
− Sonderrabatt	15 %
= Angebotspreis	85 %

$$85 \% = 18.912,50 \text{ €}$$
$$\underline{100 \% = \quad x \quad \text{€}}$$

$$x = \frac{18.912,50 \cdot 100}{85} = \underline{22.250 \text{ €}}$$

8 Beschreiben Sie anhand der vorigen Aufgabe (**7**) den Rechenweg bei der Prozentrechnung mit vermindertem Grundwert.

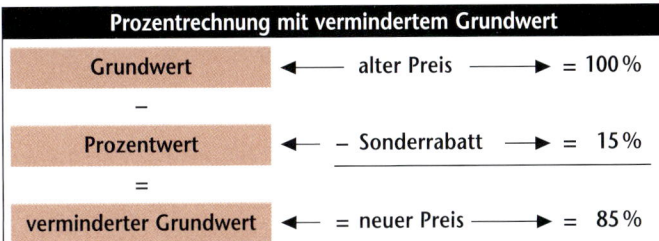

Prozentrechnung mit vermindertem Grundwert

Grundwert	◄── alter Preis ──► = 100 %
–	
Prozentwert	◄── – Sonderrabatt ──► = 15 %
=	
verminderter Grundwert	◄── = neuer Preis ──► = 85 %

9 Bei einem Einstellungsgespräch verlangt eine Bäckereiverkäuferin ein Nettogehalt von 1.400,00 €.
Welches Bruttogehalt muss der Bäcker zahlen, wenn ca. 30,5 % Abzüge zu berücksichtigen sind?

Bruttogehalt	100 %
– Abzüge	30,5 %
= Nettogehalt	69,5 %

$$69,5\% = 1.400 €$$
$$100\% = x €$$
$$x = \frac{1.400 \cdot 100}{69,5} = \underline{\underline{2014,39 €}}$$

10 Ein Computer kostet einschließlich Mehrwertsteuer 1.100,75 €.
a) Berechnen Sie, wie viel € Mehrwertsteuer in dem Preis enthalten sind.
b) Geben Sie an, ob es sich um eine Prozentrechnung mit vermehrtem oder vermindertem Grundwert handelt.

a)

Verkaufspreis ohne Mehrwertsteuer	100 %
+ Mehrwertsteuer	19 %
= Verkaufspreis mit Mehrwertsteuer	119 %

$$119\% = 1.100,75 €$$
$$19\% = x €$$
$$x = \frac{1.100,75 \cdot 19}{119} = \underline{\underline{175,75 €}}$$

b) Es liegt eine Prozentrechnung mit vermehrtem Grundwert vor.

Rabatt und Skonto abziehen

11 Ein Konditor bestellt für sein Café 40 neue Stühle zu je 148,00 €.
Der Händler räumt folgende Nachlässe ein:
10 % Mengenrabatt und 2 % Skonto für Barzahlung bei Lieferung.
Die gesetzliche Mehrwertsteuer beträgt 19 %.
Berechnen Sie den Barzahlungsbetrag.

	Listenpreis für 40 Stühle (148,00 € · 40)	5.920,00 €
–	10 % Mengenrabatt	592,00 €
=	Nettorechnungsbetrag	5.328,00 €
+	19 % Mehrwertsteuer	1.012,32 €
=	Bruttorechnungsbetrag	6.340,32 €
–	2 % Skonto	126,81 €
=	Barzahlungsbetrag	6.213,51 €

12 Bäcker Neumann kauft eine Teigausrollmaschine, die laut Listenpreis
8.225,00 € kostet. Er erhält einen Sonderrabatt von 5 %. Für Zahlung
innerhalb von 14 Tagen kann er 2 % Skonto in Anspruch nehmen.
Wie viel € muss er für die Teigausrollmaschine bezahlen, wenn er innerhalb der Skontofrist bezahlt.

	Listenpreis	8.225,00 €
–	5 % Rabatt	411,25 €
=	Nettorechnungsbetrag	7.813,75 €
+	19 % Mehrwertsteuer	1.484,61 €
=	Bruttorechnungsbetrag	9.298,36 €
–	2 % Skonto	185,97 €
=	Barzahlungsbetrag	9.112,39 €

Rechnung erstellen

13 Die Bäckerei Salzer, Drosselgasse 12, in 23452 Neustadt liefert an
das Gasthaus „Goldene Gans" folgende Waren für eine Hochzeitsge-
sellschaft: 120 Tafelbrötchen à 0,30 €, 2 Landbrote à 2,70 €, 60 Hohl-
pasteten à 1,10 €, 3 Obstkuchen à 22,40 €, 1 Hochzeitstorte à 97,50 €,
5 Sahnetorten à 28,80 €.
Erstellen Sie die Rechnung mit der Rechnungs-Nr. 838 und der Steuer-
nummer 01234678. Berücksichtigen Sie dabei, dass ein Treuerabatt von
12,5 % gewährt wird und die Mehrwertsteuer 7 % beträgt. Mit dem
Gastwirt wurde Zahlung bei Lieferung vereinbart. Deshalb werden
2 % Skonto abgezogen. Das Gasthaus „Goldene Gans" befindet sich in
23452 Neustadt, Finkenweg 38.

Bäckerei Salzer
Drosselgasse 12
23452 Neustadt
Steuernr.: 01234678

Gasthaus „Goldene Gans"
Finkenweg 38
23452 Neustadt

Rechnung 838   Rechnungsdatum: ....

Menge	Artikel	Einzelpreis	Gesamtpreis
120	Tafelbrötchen	0,30 €	36,00 €
2	Landbrote	2,70 €	5,40 €
60	Hohlpasteten	1,10 €	66,00 €
3	Obstkuchen	22,40 €	67,20 €
1	Hochzeitstorte	97,50 €	97,50 €
5	Sahnetorten	28,80 €	144,00 €
		Summe:	416,10 €
		– 12,5 % Treuerabatt:	52,01 €
		Nettorechnungsbetrag:	364,09 €
		+ 7 % Mehrwertsteuer:	25,49 €
		Bruttorechnungsbetrag:	389,58 €
		– 2 % Skonto:	7,79 €
		Barzahlungsbetrag:	381,79 €

Zinsrechnen

[1] Eine Verkäuferin erhält auf ihrem Sparbuch 2% Zinsen. Dies macht 24,00 € bei einem Kapital von 1.200,00 €. Ordnen Sie den einzelnen Angaben die vier Grundbegriffe der Zinsrechnung zu.

Grundbegriffe der Zinsrechnung			
Zinsfuß (p)	**Kapital (k)**	**Zeit (t)**	**Zinsen (z)**
Er gibt in Prozent an, wie viel € Zinsen für 100,– € Kapital bezahlt werden.	Der Betrag, der verzinst wird.	Zeitraum (Jahre, Monate, Tage), für den das Kapital verzinst wird.	Der Betrag, der für ein bestimmtes Kapital bezahlt wird.
z. B.	z. B.	z. B.	z. B.
2 %	von 1.200,00 €	in einem Jahr	= 24,00 €

[2] Wie lautet die Formel für die Berechnung der Zinsen?

$$\text{Zinsen} = \frac{k \cdot p \cdot t}{100 \cdot 360}$$

[3] Eine Verkäuferin legt einen Lottogewinn von 4.380,00 € für 2 ½ Jahre fest auf ihrem Sparbuch an. Der Zinssatz beträgt 1,5%. Wie viele Zinsen bekommt sie nach Ablauf der 2 ½ Jahre?

$$Z = \frac{k \cdot p \cdot t}{100 \cdot 360}$$

$$Z = \frac{4.380 \cdot 1,5 \cdot 900}{100 \cdot 360} = \underline{\underline{164,25 \text{ €}}}$$

Merke: Centbeträge bleiben bei der Zinsrechnung unberücksichtigt.

304

4 **Wie werden die Zinstage berechnet?**

a) Ein *Jahr* entspricht *360 Tagen.*
b) Ein *Monat* entspricht *30 Tagen.*
   → Der 31. eines Monats wird nicht berücksichtigt.*
c) Bei einem Abrechnungsdatum 28.2. (bzw. 29.2. in Schaltjahren) wird mit 28 (bzw. 29) Tagen gerechnet.
d) Bei der Berechnung der Tage wird der erste nicht mitgezählt, der letzte Tag dagegen zählt.

---

* In manchen Fällen (z. B. bei Termingeldeinlagen) ermitteln die Banken die Zeit nach der **Euro-Zinsmethode**. Dabei werden die Monate genau nach dem Kalender berechnet. Dadurch wird z. B. der Januar oder der März mit 31 Tagen gezählt, der Februar mit 28 bzw. mit 29 Tagen.

5 **Berechnen Sie die Zinstage für die folgenden Zeiträume.**
a) 18.1.–22.3.   c) 31.8.–31.12.   e) 31.1.15–28.2.16
b) 22.2.–24.7.   d) 28.2.–17.4.

a) 18.1. – 18.3	= 2 Monate	=	60	Tage
18.3. – 22.3.		=	4	Tage
18.1 – 22.3.		=	64	Tage
b) 22.2. – 22.7	= 5 Monate	=	150	Tage
22.7. – 24.7.		=	2	Tage
22.2 – 24.7.		=	152	Tage
c) 31.8 – 31.12.	= 4 Monate	=	120	Tage
d) 28.2 – 28.3	= 1 Monat	=	30	Tage
28.3. – 30.3.		=	2	Tage
30.3 – 17.4.		=	17	Tage
28.2 – 17.4.		=	49	Tage
e) 31.1.15 – 31.1.16	= 1 Jahr	=	360	Tage
31.1.16 – 28.2.16		=	28	Tage
31.1.15 – 28.2.16		=	388	Tage

6 Nennen Sie die entsprechenden Formeln zur Berechnung von
a) Kapital *(k)*
b) Zeit *(t)*
c) Zinssatz *(p)*.

a) Kapital *(k)* $= \dfrac{z \cdot 100 \cdot 360}{p \cdot t}$

b) Zeit *(t)* $= \dfrac{z \cdot 100 \cdot 360}{k \cdot p}$

c) Zinssatz *(p)* $= \dfrac{z \cdot 100 \cdot 360}{k \cdot t}$

7 Welches Kapital muss angelegt werden, damit bei 2,5 %iger Verzinsung monatlich 400,00 € zur Verfügung stehen?

$$k = \frac{z \cdot 100 \cdot 360}{P \cdot t}$$

$$k = \frac{400 \cdot 100 \cdot 360}{2,5 \cdot 30} = \underline{\underline{192.000,00\ \text{€}}}$$

8 Eine Konditoreiverkäuferin nimmt bei ihrem Chef ein Darlehen auf. Sie erhält 7.500,00 € auf 14 Monate. Als Zinsen wurden 640,00 € vereinbart.
Berechnen Sie den Zinssatz.

$$P = \frac{z \cdot 100 \cdot 360}{k \cdot t}$$

$$P = \frac{640 \cdot 100 \cdot 360}{7.500 \cdot 420} = \underline{\underline{7,31\ \%}}$$

9 Martina musste kurzfristig ihr Konto überziehen. Die Bank berechnet 14,95 € für 30 Tage bei einem Zinssatz von 11,5 %.
Berechnen Sie die Höhe des Überziehungskredits.

$$k = \frac{z \cdot 100 \cdot 360}{p \cdot t}$$

$$k = \frac{14,95 \cdot 100 \cdot 360}{11,5 \cdot 30} = \underline{\underline{1.560,00\ \text{€}}}$$

10 Eine Bäckergesellin legt 25.000,00 € zu 2 % als Festgeld an.
Bei Fälligkeit erhält sie 25.375,00 € zurück.
Wie lange hat sie das Geld angelegt?

$$t = \frac{z \cdot 100 \cdot 360}{k \cdot p}$$

$$t = \frac{375 \cdot 100 \cdot 360}{25.000 \cdot 2} = \underline{\underline{270\ \text{Tage}}}$$

11 Ein Konditormeister hat am 6.1. für 8.320,00 € eine Maschine gekauft. Als Zahlungsbedingungen wurden vereinbart: 3 % Skonto bei Zahlung innerhalb von 14 Tagen oder 45 Tage Ziel. Bei verspäteter Zahlung müssen 6 % Verzugszinsen bezahlt werden.
a) Trotz der vorhandenen Barmittel wird die pünktliche Zahlung übersehen. Welcher Betrag wird in der Mahnung vom 24.5. berechnet?
b) Wie viel hätte der Konditormeister sparen können, wenn er innerhalb der Skontofrist bezahlt hätte?

a) **Berechnung der Verzugszinsen:**
6.1. + 45 Tage = 21.2.
vom 21.2. bis 24.5. = 93 Tage

$$z = \frac{k \cdot p \cdot t}{100 \cdot 360}$$

$$z = \frac{8.320 \cdot 6 \cdot 93}{100 \cdot 360} = 128,96\ €$$

Berechnung des Mahnbetrags:

Rechnungsbetrag	8.320,00 €
+ Verzugszinsen	128,96 €
Mahnbetrag	8.448,96 €

b) **Berechnung der versäumten Ersparnis:**

Skonto	249,60 €
+ Verzugszinsen	128,96 €
versäumte Ersparnis	378,56 €

12 Am 12.5. erhält eine Verkäuferin eine Zinsgutschrift über 151,20 € für 22.400,00 €, die sie zu 2,25 % angelegt hatte.
a) Wie lange war das Kapital angelegt?
b) An welchem Tag wurde der Betrag bei der Bank eingezahlt?

a) $$t = \frac{z \cdot 100 \cdot 360}{k \cdot p}$$

$$t = \frac{151,2 \cdot 100 \cdot 360}{22.400 \cdot 2,25} = \underline{\underline{108\ \text{Tage}}}$$

b) Vom 12.5. rückwärts 108 Tage → 24.1. Einzahlungstermin

13 Ein Bäckermeister hat für 3.600,00 € eine Schlagsahnemaschine gekauft. Folgende Zahlungsbedingungen wurden vereinbart: Zahlung innerhalb 10 Tagen abzüglich 2% Skonto oder innerhalb 30 Tagen ohne Abzug. Aufgrund eines vorübergehenden finanziellen Engpasses hat er den Rechnungsbetrag erst nach 30 Tagen zur Verfügung. Für die Zahlung mit Skonto müsste er sein Konto in voller Höhe überziehen, wofür die Bank 10,5% Zinsen berechnen würde.

a) Um wie viel € müsste er sein Konto überziehen, wenn er abzüglich Skonto bezahlen wollte?

b) Wie viel € könnte der Meister sparen, wenn er zu diesen Bedingungen unter Ausnutzung von Skonto bezahlen würde?

a)	Rechnungsbetrag	3.600,00 €
–	Skonto	72,00 €
	Kreditbetrag	3.528,00 €

b)	Zahlungsziel	30 Tage
–	Skontofrist	10 Tage
	Kreditzeitraum	20 Tage

$$z = \frac{k \cdot p \cdot t}{100 \cdot 360}$$

$$z = \frac{3.528 \cdot 10,5 \cdot 20}{100 \cdot 360} = \underline{\underline{20,58\ \text{€}}}$$

	Skontobetrag	72,00 €
–	Kreditkosten	20,58 €
	Ersparnis	51,42 €

Nährstoff- und Nährwertberechnungen

1 Geben Sie die Nährwerte folgender wichtiger Nährstoffe in kJ (Kilojoule) an:
– **Kohlenhydrate**
– **Eiweiß**
– **Fett**
– **Alkohol**

Nährwerte wichtiger Nährstoffe	
1 g Kohlenhydrate	17 kJ
1 g Eiweiß	17 kJ
1 g Fett	37 kJ
1 g Alkohol	29 kJ

2 Zwei Scheiben Roggenmischbrot enthalten 23 g Kohlenhydrate, 0,7 g Fett und 3,5 g Eiweiß.
Berechnen Sie den Nährwert (Energiegehalt) der zwei Brotscheiben.

Kohlenhydrate: $23{,}0 \text{ g} \cdot 17 \text{ kJ/g} = 391{,}0 \text{ kJ}$
Fett: $\qquad\qquad 0{,}7 \text{ g} \cdot 37 \text{ kJ/g} = 25{,}9 \text{ kJ}$
Eiweiß: $\qquad\quad 3{,}5 \text{ g} \cdot 17 \text{ kJ/g} = 59{,}5 \text{ kJ}$
Gesamter Nährwert (Energiegehalt) $\quad 476{,}4 \text{ kJ}$

3 Claudia isst zum zweiten Frühstück 200 g frische Erdbeeren, unter die sie einen Joghurt (150 g) mischt.
Berechnen Sie den Nährwert (Energiegehalt) des zweiten Frühstücks.
Die Lebensmittel enthalten je 100 g:

	Eiweißstoffe	Fette	Kohlenhydrate
Erdbeeren	0,8 g	0,5 g	6,3 g
Joghurt (3,5 %)	3,3 g	3,5 g	4,0 g

Nährwert von 100 g Erdbeeren:
Eiweißstoffe: $\quad 0{,}8 \text{ g} \cdot 17 \text{ kJ/g} = 13{,}6 \text{ kJ}$
Fette: $\qquad\qquad 0{,}5 \text{ g} \cdot 37 \text{ kJ/g} = 18{,}5 \text{ kJ}$
Kohlenhydrate: $\;\; 6{,}3 \text{ g} \cdot 17 \text{ kJ/g} = 107{,}1 \text{ kJ}$
Gesamt $\qquad\qquad\qquad\qquad\qquad\;\; 139{,}2 \text{ kJ}$

Nährwert von 200 g Erdbeeren:
100 g Erdbeeren = 139,2 kJ
200 g Erdbeeren = 139,2 kJ · 2 = 278,4 kJ

$\rightarrow$

▷ *Fortsetzung der Antwort* ▷

Nährwert von 100 g Joghurt:

Eiweißstoffe:	3,3 g · 17 kJ/g =	56,1 kJ
Fette:	3,5 g · 37 kJ/g =	129,5 kJ
Kohlenhydrate:	4,0 g · 17 kJ/g =	68,0 kJ
Gesamt		253,6 kJ

Nährwert von 150 g Joghurt:

100 g Joghurt = 253,6 kJ
150 g Joghurt = × kJ

$$x = \frac{253,6 \cdot 150}{100} = 380,4 \text{ kJ}$$

Nährwert des 2. Frühstücks:

Nährwert Erdbeeren:	278,4 kJ
Nährwert Joghurt:	380,4 kJ
Gesamt:	658,8 kJ

4 Welchen Nährwert hat ein Makronen-Lebkuchen mit 20 g Gewicht, wenn darin 35 % Kohlenhydrate, 24 % Fett und 5 % Eiweiß enthalten sind?

100 % = 20 g
35 % = × g

$$x = \frac{20 \cdot 35}{100} = 7 \text{ g Kohlenhydrate}$$

100 % = 20 g
24 % = × g

$$x = \frac{20 \cdot 24}{100} = 4,8 \text{ g Fett}$$

100 % = 20 g
5 % = × g

$$x = \frac{20 \cdot 5}{100} = 1 \text{ g Eiweiß}$$

Kohlenhydrate:	7,0 g · 17 kJ/g =	119,0 kJ
Fett:	4,8 g · 37 kJ/g =	177,6 kJ
Eiweiß:	1,0 g · 17 kJ/g =	17,0 kJ
Gesamter Nährwert (Energiegehalt):		313,6 kJ

5 Die empfehlenswerte Energiezufuhr einer erwachsenen Frau beträgt ca. 9.000 kJ bei mittelschwerer Arbeit.
Wie hoch ist die täglich erforderliche Nährstoffmenge in kJ und g, wenn der Anteil der Kohlenhydrate 55%, der Anteil an Fetten 30% und der Anteil an Eiweißstoffen 15% betragen soll?

$$100\% = 9.000 \text{ kJ}$$
$$\underline{55\% = \times \text{ kJ}}$$

$$x = \frac{9.000 \cdot 55}{100} = \underline{4.950 \text{ kJ an Kohlenhydraten}}$$

$$100\% = 9.000 \text{ kJ}$$
$$\underline{30\% = \times \text{ kJ}}$$

$$x = \frac{9.000 \cdot 30}{100} = \underline{2.700 \text{ kJ an Fetten}}$$

$$100\% = 9.000 \text{ kJ}$$
$$\underline{15\% = \times \text{ kJ}}$$

$$x = \frac{9.000 \cdot 15}{100} = \underline{1.350 \text{ kJ an Eiweißstoffen}}$$

Kohlenhydrate:	4.950 kJ : 17 kJ/g ≈	291,2 g
Fett:	2.700 kJ : 37 kJ/g ≈	73,0 g
Eiweiß:	1.350 kJ : 17 kJ/g ≈	79,4 g

Kalkulation

Berechnen des Ladenpreises

1 Die Materialkosten für die Herstellung einer Erdbeer-Sahne-Torte betragen 6,55 €. Die Betriebskosten belaufen sich auf 284 %. Risiko und Gewinn werden zusammen mit 25 % veranschlagt, die Mehrwertsteuer ist mit 7 % zu berücksichtigen.
Ermitteln Sie den Ladenpreis der Erdbeer-Sahne-Torte.

Materialkosten	6,55 €	100 %			
+ 284 % Betriebskosten	18,60 €	+ 284 %			
= Selbstkosten	25,15 €	▼ 384 %	100 %		
+ 25 % Risiko und Gewinn	6,29 €		+ 25 %		
= Nettoverkaufspreis	31,44 €		▼ 125 %	100 %	
+ 7 % Mehrwertsteuer	2,20 €			+ 7 %	
= Bruttopreis (Ladenpreis)	33,64 €			▼ 107 %	

2 Ein Bäckermeister stellt 150 Plunderstücke her. Hierbei fallen folgende Materialkosten an: für den Teig 16,85 €, für die Füllung 11,76 €, für Eistriche und Glasur 4,38 €.
Wie hoch ist der Ladenpreis für ein Gebäckstück, wenn die Stundenleistung 100 Stücke, die Betriebskosten je Arbeitsstunde 65,98 €, der Risiko- und Gewinnzuschlag 27,5 % und die Mehrwertsteuer 7 % betragen?

Materialkosten			
(16,85 € + 11,76 € + 4,38 €) =	32,99 €		
+ Betriebskosten	98,97 €		
= Selbstkosten	131,96 €	100 %	
+ 27,5 % Risiko und Gewinn	36,29 €	+ 27,5 %	
= Nettoverkaufspreis	168,25 €	▼ 127,5 %	100 %
+ 7 % Mehrwertsteuer	11,78 €		+ 7 %
= Bruttopreis (Ladenpreis)	180,03 €		▼ 107 %

Bruttoverkaufspreis für 1 Gebäckstück = 180,03 € : 150 = <u>1,20 €</u>

→

▷ *Fortsetzung der Antwort* ▷

Nebenrechnung zu den Betriebskosten:
100 Stücke = 65,98 €
150 Stücke = x €

$$x = \frac{65,98 \cdot 150}{100} = 98,97 \ €$$

3 Bei der Herstellung von Berliner Landbrot betragen die Materialkosten für 140 Brote 76,47 €, die Betriebskosten 250 %, Risiko und Gewinn 32 % und die Mehrwertsteuer 7 %.
Ermitteln Sie den Ladenverkaufspreis für ein Berliner Landbrot.

Materialkosten	76,47 €	100 %			
+ 250 % Betriebskosten	191,18 €	+ 250 %			
= Selbstkosten	267,65 €	350 %	100 %		
+ 32 % Risiko und Gewinn	85,65 €		+ 32 %		
= Nettoverkaufspreis	353,30 €		132 %	100 %	
+ 7 % Mehrwertsteuer	24,73 €			+ 7 %	
= Bruttoverkaufspreis				107 %	
(Ladenpreis)	378,03 €				

Bruttoverkaufspreis für 1 Berliner Landbrot = 378,03 € : 140 = 2,70 €

4 Speckbrötchen werden für 0,55 € je Stück verkauft. Die Materialkosten für 450 Brötchen betragen 38,87 €. Für die Herstellung wurden 2,25 Stunden benötigt. Für Risiko und Gewinn wurden 35 % veranschlagt und der Stundenkostensatz beträgt 58,48 € (Mehrwertsteuer 7 %).
Überprüfen Sie, ob der Verkaufspreis richtig kalkuliert wurde.

Materialkosten	38,87 €		
+ Betriebskosten (2,25 Std./58,48 €/Std.)	131,58 €		
= Selbstkosten	170,45 €	100 %	
+ 35 % Risiko und Gewinn	59,66 €	+ 35 %	
= Nettoverkaufspreis	230,11 €	135 %	100 %
+ 7 % Mehrwertsteuer	16,11 €		+ 7 %
= Bruttoverkaufspreis (Ladenpreis)	246,22 €		107 %

Bruttoverkaufspreis für 1 Speckbrötchen = 246,22 € : 450 = 0,55 €

5 Die Materialkosten für 240 Berliner Pfannkuchen betragen ohne Sieden und Herrichten 19,98 €. Pro Berliner werden 5 g Siedefett zu 4,05 € je kg verbraucht. Für die Füllung werden pro Berliner 10 g Marmelade zu 3,90 € je kg benötigt. Zum Bestreuen rechnet man pro Berliner mit 10 g Dekorschnee zu 1,58 € je kg. Für die Herstellung werden 2 Stunden benötigt. Die Arbeitsstunde wird mit 58,80 € berechnet. Risiko und Gewinn werden mit 30 % veranschlagt.
Ermitteln Sie den Ladenpreis für einen Berliner Pfannkuchen.

Materialkosten ohne Sieden und Herrichten		19,98 €
Materialkosten Siedefett	(240 · 0,005 kg · 4,05 €/kg)	4,86 €
Materialkosten Marmelade	(240 · 0,01 kg · 3,90 €/kg)	9,36 €
Materialkosten Dekorschnee	(240 · 0,01 kg · 1,58 €/kg)	3,79 €
Materialkosten gesamt		37,99 €

Materialkosten	37,99 €		
+ Betriebskosten (2 Std. · 58,80 €/Std.)	117,60 €		
= Selbstkosten	155,59 €	100 %	
+ 30 % Risiko und Gewinn	46,68 €	+ 30 %	
= Nettoverkaufspreis	202,27 €	▼ 130 %	100 %
+ 7 % Mehrwertsteuer	14,16 €		+ 7 %
= Bruttoverkaufspreis (Ladenpreis)	216,43 €		▼ 107 %

**Bruttoverkaufspreis
für 1 Berliner Pfannkuchen = 216,43 € : 240 = 0,90 €**

Berechnen des Café-Preises

6 Die Materialkosten für eine Walnusstorte betragen 8,25 €. Die Konditormeisterin rechnet mit 220 % Betriebskosten. Für Risiko und Gewinn veranschlagt sie 25 %. Der Café-Aufschlag beträgt 20 %, die gesetzliche Mehrwertsteuer 19 %.
Wie hoch ist der Café-Preis für ein Stück Walnusstorte, wenn die Torte in 16 Stücke geteilt wird?

Materialkosten	8,25 €	100 %			
+ 220 % Betriebskosten	18,15 €	+ 220 %			
= Selbstkosten	26,40 €	▼ 320 %	100 %		
+ 25 % Risiko und Gewinn	6,60 €		+ 25 %		
= Nettoverkaufspreis (Laden)	33,00 €		▼ 125 %	100 %	
+ 20 % Café-Aufschlag	6,60 €			+ 20 %	
= Nettoverkaufspreis (Café)	39,60 €			▼ 120 %	100 %
+ 19 % Mehrwertsteuer	7,52 €				+ 19 %
= Bruttoverkaufspreis (Café)	47,12 €				▼ 119 %

Bruttoverkaufspreis (Café) für 1 Stück = 47,12 € : 16 = <u>2,95 €</u>

7 Die Materialkosten für eine Kremtorte betragen 7,01 €. Für die Herstellung werden 22 Minuten benötigt. Der Stundenkostensatz beträgt 52,63 €. Risiko und Gewinn werden mit 25 % veranschlagt. Der Café-Aufschlag beträgt 14,5 %, die Mehrwertsteuer 19 %.
Wie teuer ist ein Stück Kremtorte im Café, wenn die Torte in 16 Stücke geteilt wird?

Materialkosten	7,01 €				
+ Betriebskosten	19,30 €				
= Selbstkosten	26,31 €	100 %			
+ 25 % Risiko und Gewinn	6,58 €	+ 25 %			
= Nettoverkaufspreis (Laden)	32,89 €	▼ 125 %	100 %		
+ 14,5 % Café-Aufschlag	4,77 €		+ 14,5 %		
= Nettoverkaufspreis (Café)	37,66 €		▼ 114,5 %	100 %	
+ 19 % Mehrwertsteuer	7,16 €			+ 19 %	
= Buttoverkaufspreis (Café)	44,82 €			▼ 119 %	

Bruttoverkaufspreis (Café) für 1 Stück = 44,82 € : 16 = <u>2,80 €</u>   →

▷ *Fortsetzung der Antwort* ▷

Nebenrechnung:

$$\text{Betriebskosten} = \frac{22}{60} \text{ Std.} \cdot 52{,}63 \text{ €/Std.} = 19{,}30 \text{ €}$$

---

8 Im Laden wird ein Stück Zwetschgenkuchen für 1,75 € verkauft. Wie viel € muss ein Kunde im Café für ein Kuchenstück bezahlen, wenn der Café-Aufschlag 28 % beträgt?

Bruttoverkaufspreis (Laden)	1,75 €	107 %			
− 7 % Mehrwertsteuer	0,11 €	− 7 %			
= Nettoverkaufspreis (Laden)	1,64 €	▼ 100 %	100 %		
+ 28 % Café-Aufschlag	0,46 €		+ 28 %		
= Nettoverkaufspreis (Café)	2,10 €		▼ 128 %	100 %	
+ 19 % Mehrwertsteuer	0,40 €			+ 19 %	
= Bruttoverkaufspreis (Café)	2,50 €			▼ 119 %	

Nebenrechnung:

107 % = 1,75 €

  7 % =   x €

$$x = \frac{1{,}75 \cdot 7}{107} = 0{,}11 \text{ €}$$

---

9 Berechnen Sie den Café-Preis für ein Stück Nusstorte nach folgenden Angaben:

Wiener Boden	zu 1,90 €
0,800 l Sahne	zu 2,25 € je l
0,075 kg Zucker	zu 0,86 € je kg
0,100 kg Nüsse, gehackt	zu 5,90 € je kg
0,100 kg Nussnugat	zu 4,60 € je kg
Dekormaterial	zu 0,85 €

Die Betriebskosten werden mit 247 % berechnet. Der Risiko- und Gewinnanteil beträgt 25 %, der Café-Aufschlag 17,5 % und die Mehrwertsteuer 19 %. Die Torte wird in 14 Stücke geteilt.

→

1	Wiener Boden		1,90 €
0,800 l	Sahne	(0,8 l · 2,25 €/l)	1,80 €
0,075 kg	Zucker	(0,075 kg · 0,86 €/kg)	0,06 €
0,100 kg	Nüsse, gehackt	(0,1 kg · 5,90 €/kg)	0,59 €
0,100 kg	Nussnugat	(0,1 kg · 4,60 €/kg)	0,46 €
Dekormaterial			0,85 €
Materialkosten			5,66 €

Materialkosten	5,66 €	100%	
+ 247% Betriebskosten	13,98 €	+ 247%	
= Selbstkosten	19,64 €	347%	100%
+ 25% Risiko und Gewinn	4,91 €		+ 25%
= Nettoverkaufspreis	24,55 €		125% · 100%
+ 17,5 % Café-Aufschlag	4,30 €		+ 17,5%
= Nettoverkaufspreis (Laden)	28,85 €		117,5% · 100%
+ 19 % Mehrwertsteuer	5,48 €		+ 19%
= Bruttoverkaufspreis (Café)	34,33 €		119%

Bruttoverkaufspreis im Café für 1 Stück = 34,33 € : 14 = <u>2,45 €</u>

Rückkalkulation

[10] In einer Bäckerei wird eine Schwarzwälder Kirschtorte für 32,10 €
verkauft. Die Betriebskosten werden mit 275% kalkuliert. Den Anteil
für Risiko und Gewinn veranschlagt der Bäckermeister mit 24%. Die
gesetzliche Mehrwertsteuer beträgt 7%.
Wie viel € dürfen die Materialkosten betragen?

Materialkosten	6,45 €			100%
+ 275 % Betriebskosten	17,74 €			+ 275%
= Selbstkosten	24,19 €		100%	375%
+ 24% Risiko und Gewinn	5,81 €		+ 24%	
= Nettoverkaufspreis	30,00 €	100%	124%	
+ 7% Mehrwertsteuer	2,10 €	+ 7%		
= Bruttoverkaufspreis	32,10 €	107%		

<u>Die Materialkosten dürfen 6,45 € betragen.</u>

$\rightarrow$

▷ *Fortsetzung der Antwort* ▷

Nebenrechnungen:

Ermittlung des Nettoverkaufspreises:

$107\% = 32,10\ €$
$\underline{100\% = \quad x \quad €}$

$x = \dfrac{32,10 \cdot 100}{107} = 30,00\ €$

Ermittlung der Selbstkosten:

$124\% = 30,00\ €$
$\underline{100\% = \quad x \quad €}$

$x = \dfrac{30 \cdot 100}{124} = 24,19\ €$

Ermittlung der Materialkosten:

$375\% = 24,19\ €$
$\underline{100\% = \quad x \quad €}$

$x = \dfrac{24,19 \cdot 100}{375} = 6,45\ €$

---

11 **Eine Prinzregententorte wird im Laden für 39,20 € verkauft. Für die Herstellung der Torte werden 18 Minuten benötigt. Die Materialkosten betragen 7,35 €. Der Stundenkostensatz beträgt 53,90 €, die Mehrwertsteuer 7%.**
Berechnen Sie den Risiko- und Gewinnanteil.

Materialkosten	7,35 €			
+ Betriebskosten	16,17 €			
= Selbstkosten	23,52 €			100%
+ 55,78% Risiko und Gewinn	13,12 €			+ 55,78%
= Nettoverkaufspreis	36,64 €	100%		155,78%
+ 7% Mehrwertsteuer	2,56 €	+ 7%		
= Bruttoverkaufspreis	39,20 €	107%		

Der Anteil für Risiko und Gewinn beträgt 55,78 %.

Berechnung des Prozentanteils von Risiko und Gewinn:

$23,52\ € = 100\ \%$
$\underline{13,12\ € = \quad x \quad \%}$

$x = \dfrac{100 \cdot 13,12}{23,52} = 55,78\%$

→

$\triangleright$ *Fortsetzung der Antwort* $\triangleright$

Nebenrechnungen:

Ermittlung des Nettoverkaufspreises:
107 % = 39,20 €
100 % =   x   €

$x = \dfrac{39,20 \cdot 100}{107} = 36,64 \text{ €}$

Ermittlung der Betriebskosten:

$\dfrac{18}{60}$ Std. · 53,90 € = 16,17 €

Berechnung des Anteils für Risiko und Gewinn:

Nettoverkaufspreis	36,64 €
– Selbstkosten	23,52 €
= Risiko und Gewinn	13,12 €

---

12 Ein Holzofenbrot wird zum Bruttoverkaufspreis von 3,15 € angeboten.
Wie viel % betragen die Betriebskosten, wenn die Materialkosten 0,87 €, der Risiko- und Gewinnanteil 28 % und die Mehrwertsteuer 7 % betragen?

Materialkosten	0,87 €					▲ 100,00 %
+ 164,37 % Betriebskosten	1,43 €					+ 164,37 %
= Selbstkosten	2,30 €			▲ 100 %	264,37 %
+ 28 % Risiko und Gewinn	0,64 €				+ 28 %	
= Nettoverkaufspreis	2,94 €		▲ 100 %	128 %		
+ 7 % Mehrwertsteuer	0,21 €		+ 7 %			
= Bruttoverkaufspreis	3,15 €		107 %			

Die Betriebskosten für ein Holzofenbrot betragen 164,37 %

Berechnung des Prozentanteils der Betriebskosten:

0,87 € = 100 %
1,43 € =   x   %

$x = \dfrac{100 \cdot 1,43}{0,87} = 164,37 \text{ %}$

Handelsaufschlag und Handelsspanne

1 Eine Tafel Vollmilch-Schokolade kostet netto im Einkauf 0,50 €. Der Handelsaufschlag beträgt 40 %, die Mehrwertsteuer 7 %.
Welcher Bruttoverkaufspreis ergibt sich?

Einkaufspreis	0,50 €	100 %	
+ 40 % Handelsaufschlag	0,20 €	+ 40 %	
= Nettoverkaufspreis	0,70 €	140 %	100 %
+ 7 % Mehrwertsteuer	0,05 €		+ 7 %
= Bruttoverkaufspreis	0,75 €		107 %

2 Der Bruttoverkaufspreis für einen Beutel Hustenbonbons beträgt 0,99 €. Die Handelsspanne liegt bei 20 %, die Mehrwertsteuer beträgt 7 %.
Ermitteln Sie den Einkaufspreis.

Bruttoverkaufspreis	0,99 €	107 %	
– 7 % Mehrwertsteuer	0,06 €	– 7 %	
= Nettoverkaufspreis	0,93 €	100 %	100 %
– 20 % Handelsspanne	0,19 €		– 20 %
= Einkaufspreis	0,74 €		80 %

Nebenrechnungen:	
Mehrwertsteuer:	**Handelsspanne:**
107 % = 0,99 €	100 % = 0,93 €
7 % = × €	20 % = × €
$x = \dfrac{0,99 \cdot 7}{107} = 0,06$ €	$x = \dfrac{0,93 \cdot 20}{100} = 0,19$ €

3 In der Konditorei Sander verlangt man für eine Dose Fruchtbonbons 1,60 €. Der Mehrwertsteuersatz beträgt 7%.
Welchen Einkaufspreis darf die Dose höchstens haben, wenn Meister Sander mit einer Handelsspanne von 22% rechnet?

Bruttoverkaufspreis	1,60 €	107%		
– 7% Mehrwertsteuer	0,10 €	– 7%		
= Nettoverkaufspreis	1,50 €	100%	100%	
– 22% Handelsspanne	0,33 €		– 22%	
= Einkaufspreis	1,17 €		78%	

Nebenrechnungen:

Mehrwertsteuer:
$107\% = 1,60 €$
$7\% = \times €$

$x = \dfrac{1,60 \cdot 7}{107} = 0,10 €$

Handelsspanne:
$100\% = 1,50 €$
$22\% = \times €$

$x = \dfrac{1,50 \cdot 22}{100} = 0,33 €$

4 Für 5 kg Pralinen-Mischung bezahlte Meister Walde 66,20 €. Im Laden verkauft er 125 g der Mischung für 2,75 €.
Mit wie viel % Handelsaufschlag kalkuliert Meister Walde, wenn die Mehrwertsteuer 7% beträgt?

Einkaufspreis für 125 g:
$5.000 g = 66,20 €$
$125 g = \times €$

$x = \dfrac{66,20 \cdot 125}{5.000} = 1,66 €$

Bruttoverkaufspreis	2,75 €	107%	
– 7% Mehrwertsteuer	0,18 €	– 7%	
= Nettoverkaufspreis	2,57 €	100%	154,82%
– Einkaufspreis	1,66 €		– 100,00%
= Handelsaufschlag	0,91 €		54,82%

$\rightarrow$

▷ *Fortsetzung der Antwort* ▷

Nebenrechnungen:

Mehrwertsteuer:	Handelsaufschlag:
$107\% = 2{,}75 \ €$	$1{,}66 \ € = 100 \ \%$
$\underline{\quad 7\% = \ x \ \ €}$	$\underline{0{,}91 \ € = \ x \ \ €}$
$x = \dfrac{2{,}75 \cdot 7}{107} = 0{,}18 \ €$	$x = \dfrac{100 \cdot 0{,}91}{1{,}66} = \underline{54{,}82\%}$

5 Ein Becher Fruchtquark wird zum Einführungspreis von 0,75 € angeboten. Für einen Karton mit 24 Bechern wurden beim Einkauf 14,16 € bezahlt.
Ermitteln Sie die Handelsspanne in % und in €.

Einkaufspreis für 1 Becher = 14,16 €: 24 = 0,59 €

Bruttoverkaufspreis	0,75 €	107 %	
− 7 % Mehrwertsteuer	0,05 €	− 7 %	
= Nettoverkaufspreis	0,70 €	100 %	100,00 %
− Einkaufspreis	0,59 €		− 84,29 %
= Handelsspanne	0,11 €		15,71 %

Nebenrechnungen:

Mehrwertsteuer:	Handelsspanne:
$107\% = 0{,}75 \ €$	$0{,}70 \ € = 100 \ \%$
$\underline{\quad 7\% = \ x \ \ €}$	$\underline{0{,}11 \ € = \ x \ \ €}$
$x = \dfrac{0{,}75 \cdot 7}{107} = 0{,}05 \ €$	$x = \dfrac{100 \cdot 0{,}11}{0{,}70} = 15{,}71\%$

Wertschöpfung

Wertschöpfung – einstufig (Preisfindung)

1 Der Rohstoffaufwand für ein 750-g-Brot beträgt 0,38 €. Als Zeitbedarf für die Herstellung wurden 1,8 Minuten ermittelt.
Errechnen Sie den kalkulatorischen Ladenverkaufspreis für ein Brot, wenn ein Minutenkostensatz von 0,75 € und 5 % Retouren (von den Selbstkosten) zu berücksichtigen sind.

	Rohstoffaufwand	€ 0,38
+	Betriebskosten	€ 1,35
=	Selbstkosten	€ 1,73
+	Retouren (v. Selbstk.) 5 %	€ 0,09
=	kalkulatorischer Nettoverkaufspreis	€ 1,82
+	Mehrwertsteuer 7 %	€ 0,13
=	kalkulatorischer Ladenverkaufspreis	€ 1,95

Wertschöpfung – einstufig (Preisbeurteilung)

2a Ermitteln Sie die Ertragsziffer für Standardbrötchen, wenn folgende Daten zugrunde liegen: Ladenverkaufspreis pro Stück 0,25 €, Rohstoffaufwand 3,93 € (200 St.), Zeitbedarf 43,6 Minuten (200 St.), Retouren 8 % (vom Ladenverkaufspreis), Minutenkostensatz 0,83 €, Mehrwertsteuer 7 %.

	Ladenverkaufspreis (200 St. × 0,25 €)	€ 50,00
–	Mehrwertsteuer (7 %)	€ 3,27
=	kalkulatorischer Nettoverkaufspreis	€ 46,73
–	Rohstoffaufwand	€ 3,93
–	Retouren (8 %)	€ 4,00
=	Wertschöpfung	€ 38,80
:	Zeitbedarf 43,6 Minuten	
=	Wertschöpfung/Minute	€ 0,89
:	Minutenkostensatz	€ 0,83
=	Ertragsziffer	1,07

2b Berechnen Sie den Zeitaufwand für die Ertragsziffer 1.

	Wertschöpfung	€ 38,80
:	Minutenkostensatz	€ 0,83
=	Zeitbedarf	Minuten 46,70

Qualitätsrichtlinien in Bäckereien und Konditoreien

1 *Biskuitmasse*

Der Vollei-Anteil von **Biskuitmasse** muss mindestens $\frac{2}{3}$ des Anteils an Mehl und Stärke betragen.

Aus 2,5 kg Mehl und 2 kg Stärke soll Biskuitmasse hergestellt werden. Berechnen Sie den (Mindest-)Vollei-Anteil.

> 2,5 kg Mehl
> + 2,0 kg Stärke
> = 4,5 kg Mehl + Stärke
>
> $\frac{2}{3}$ von 4,5 kg = 3 kg Vollei (Mindestgehalt)

2 *Wiener Massen*

Wiener Massen müssen ebenso viel Vollei enthalten wie Biskuitmassen, dazu aber noch mindestens 6% Butter oder die entsprechende Menge eines anderen Fettes.

Überprüfen Sie rechnerisch folgende Rezeptur hinsichtlich dieser Richtlinien:
Zucker 1.500 g, Weizenmehl 750 g, Weizenpuder (Stärke) 750 g, Vollei 2.550 g, Butter 750 g.

> 750 g Mehl
> + 750 g Stärke
> = 1.500 g Mehl + Stärke
>
> $\frac{2}{3}$ von 1.500 g = 1.000 g Vollei (Mindestgehalt)
>
> 100% = 1.500 g
> 6% = x g
>
> $x = \dfrac{1.500 \cdot 6}{100} = 90$ g Butter
>
> Die Rezeptur enthält wesentlich mehr Butter und Vollei als verlangt wird.

3 *Sandkuchen*

Bei **Sandkuchen** muss der Volleianteil in der Masse 20% betragen. Außerdem müssen mindestens 20% Butter oder 20,5% Margarine oder 16,4% Reinfett enthalten sein.

Meister Wagner will Sandkuchen herstellen. Zwei Rezepte stehen zur Wahl.
Welche Rezeptur darf er für die Herstellung verwenden?
a) 2.400 g Vollei, 1.600 g Butter, 2.000 g Zucker, 2.000 g Weizenmehl/-puder
b) 1.000 g Vollei, 700 g Margarine, 1.000 g Zucker, 1.000 g Weizenmehl/-puder

a)
   2.400 g Vollei
   1.600 g Butter
   2.000 g Zucker
+ 2.000 g Mehl/Stärke
= 8.000 g Masse

8.000 g Masse = 100 %
2.400 g Vollei = x %

$$x = \frac{100 \cdot 2.400}{8.000} = \underline{30\% \text{ Vollei}}$$

8.000 g Masse = 100 %
1.600 g Butter = x %

$$x = \frac{100 \cdot 1.600}{8.000} = \underline{20\% \text{ Butter}}$$

Die Rezeptur erfüllt die Anforderungen.

b)
   1.000 g Vollei
    700 g Margarine
   1.000 g Zucker
+ 1.000 g Mehl/Stärke
= 3.700 g Masse

3.700 g Masse = 100 %
1.000 g Vollei = x %

$$x \frac{100 \cdot 1.000}{3.700} = \underline{27,03\% \text{ Vollei}}$$

3.700 g Masse − 100 %
700 g Margarine = x %

$$x = \frac{100 \cdot 700}{3.700} = \underline{18,92\% \text{ Margarine}}$$

Die Rezeptur enthält zu wenig Margarine. Ein Verkauf als Sandkuchen ist nicht zulässig.

Betriebswirtschaftliches Handeln

4 *Honigkuchen*

Honigkuchen müssen mindestens 50 % Zuckerarten – auf Mehl bezogen – enthalten, mindestens die Hälfte der Zuckerarten muss Honig sein.

Wie viel Honig wird für 15 kg Mehl mindestens benötigt?

100 % (Mehl)　　　　= 　15　kg

50 % (Zuckerarten) = 　x　 kg

$x = \dfrac{15 \cdot 50}{100} = 7{,}5 \text{ kg Zuckerarten}$

7,5 kg : 2 = 3,75 kg Honig (Mindestanteil)

5 *Bienenstich*

Bienenstich muss mindestens 20 Teile Belag – bezogen auf den Teig – aufweisen. Im Belag müssen mindestens 30 Teile Ölsamen (z. B. Mandeln) enthalten sein.

Wie viel kg Mandeln werden für 7,2 kg Teig benötigt?

100 % (Teig)　　　= 　7,2　kg

20 % (Belag)　　　= 　x　 kg

$x = \dfrac{7{,}2 \cdot 20}{100} = 1{,}44 \text{ kg Belag}$

100 % (Belag)　　　= 　1,44　kg

30 % (Mandeln)　　= 　x　 kg

$x = \dfrac{1{,}44 \cdot 30}{100} = 0{,}432 \text{ kg Mandeln (Mindestanteil)}$

6 *Butterstollen*

Laut DLG-Richtlinien muss **Butterstollen** mindestens 40 Teile Butter und 70 Teile Trockenfrüchte auf 100 g Getreidemahlerzeugnisse enthalten.

Die Rezeptur für einen Butterstollen lautet:

- 10,00 kg Weizenmehl
- 5,00 kg Butter
- 1,25 kg Zucker
- 0,50 kg Marzipanrohmasse
- 2,80 kg Milch
- 0,40 kg Hefe
- 0,12 kg Salz
- 3,60 kg Sultaninen
- 1,40 kg Zitronat
- 0,60 kg Orangeat
- 1,40 kg Mandeln
- 0,80 kg Rum　　→

Entspricht diese Rezeptur den DLG-Richtlinien?

100 % (Mehl) = 10 kg
40 % (Butter) = x   kg

$$x = \frac{10 \cdot 40}{100} = 4 \text{ kg Butter (enthalten sind sogar 5 kg Butter)}$$

3,60 kg Sultaninen
1,40 kg Zitronat
0,60 kg Orangeat
+ 1,40 kg Mandeln
= 7,00 kg Trockenfrüchte (ohne Berücksichtigung der Marzipanrohmasse)

100 % (Mehl)   = 10 kg
70 % (Trockenfrüchte) = x   kg

$$x = \frac{10 \cdot 70}{100} = 7 \text{ kg Trockenfrüchte}$$

Die Anforderungen werden erfüllt (auch ohne Marzipanrohmasse).

---

7 *Kuvertüre*

Kuvertüre 60/40 enthält 60 % Kakaobestandteile und 40 % Zucker. Zum Teil findet man auf Kuvertürepackungen auch die Bezeichnung 60/40/37. Die dritte Zahl, in diesem Fall „37", gibt den Gehalt an Kakaobutter an.

a) Wie viel kg Zucker sind in 2,8 kg Kuvertüre enthalten?
b) Wie viel kg Kakaobestandteile sind in 2,0 kg Kuvertüre enthalten?
c) Wie viel kg Kakaobutter sind in 2,5 kg Kuvertüre enthalten?

a) 100 % (Kuvertüre) = 2,8 kg
40 % (Zucker)   = x   kg

$$x = \frac{2,8 \cdot 40}{100} = 1,12 \text{ kg Zucker}$$

b) 100 % (Kuvertüre)   = 2,0 kg
60 % (Kakaobestandteile) = x   kg

$$x = \frac{2,0 \cdot 60}{100} = 1,2 \text{ kg Kakaobestandteile}$$

$\rightarrow$

▷ *Fortsetzung der Antwort* ▷

c) 100 % (Kuvertüre)   = 2,5 kg
   37 % (Kakaobutter) =   x   kg

$$x = \frac{2,5 \cdot 37}{100} = \underline{0,925 \text{ kg Kakaobutter}}$$

---

8 *Teigwaren*

Für die Kennzeichnung von **Teigwaren** gelten folgende Richtlinien:
Auf 1.000 g Getreidemahlerzeugnisse müssen enthalten sein
→ 2,25 Eier bei „Eierteigwaren",
→ 3 Eier bei „Feinen Teigwaren",
→ 4 Eier bei „Eierteigwaren mit hohem Eigehalt" und bei „Hausmacherteig-
   waren",
→ 6 Eier bei „Eierteigwaren mit extra hohem Eigehalt".

Für die Herstellung von „Original Schwätzers Hausmacher-Eiernudeln"
verwendet Bäcker Schwätzer auf 12,5 kg Weizengrieß/-mehl 2.200 g
Vollei.
Überprüfen Sie, ob Meister Schwätzers Rezeptur den Richtlinien entspricht (1 Ei entspricht 45 g Vollei).

2.200 g Vollei: 45 g = 48,88 = rd. 49 Eier

  1.000 g = 4 Eier
12.500 g = x Eier

$$x = \frac{4 \cdot 12.500}{1.000} = \underline{50 \text{ Eier}}$$

Die Teigwaren entsprechen nicht den Anforderungen, da ca. 1 Ei· zu wenig
verwendet wurde.

9 **Speiseeis**

Rahmeis muss mindestens 18 % aus der verwendeten Sahne enthalten, **Fruchteis** mindestens 20 % frischen Fruchtanteil, **Zitroneneis** mindestens 10 % Zitronensaft oder -mark, **Milcheis** mindestens 70 % Vollmilchanteil, **Eiskrem** mindestens 10 % Milchfett, **Fruchteiskrem** mindestens 8 % Milchfett und **Einfacheiskrem** mindestens 3 % Milchfett.

Ermitteln Sie die vorgeschriebenen Mindestinhalte für 5 kg Eismasse bei:
a) Rahmeis,   d) Milcheis,
b) Fruchteis,   e) Fruchteiskrem.
c) Zitroneneis,

a) **Rahmeis:**
   100 % Eismasse = 5   kg
   18 % Sahne   = x   kg

   $x = \dfrac{5 \cdot 18}{100} = \underline{0,9 \text{ kg Sahne}}$

b) **Fruchteis:**
   100 % Eismasse   = 5   kg
   20 % Fruchtanteil = x   kg

   $x = \dfrac{5 \cdot 20}{100} = \underline{1 \text{ kg Fruchtanteil}}$

c) **Zitroneneis:**
   100 % Eismasse   = 5   kg
   10 % Zitronensaft = x   kg

   $x = \dfrac{5 \cdot 10}{100} = \underline{0,5 \text{ kg Zitronensaft}}$

d) **Milchspeiseeis:**
   100 % Eismasse   = 5   kg
   70 % Vollmilchanteil = x   kg

   $x = \dfrac{5 \cdot 70}{100} \, 100 = \underline{3,5 \text{ kg Vollmilchanteil}}$

e) **Fruchteiskrem:**
   100 % Eismasse   = 5   kg
   8 % Milchfettanteil = x   kg

   $x = \dfrac{5 \cdot 8}{100} = \underline{0,4 \text{ kg Milchfettanteil}}$

Die Herstellung von Teigen und Massen

Vom Rezepturgewicht zum Teiggewicht

1 Das Rezepturgewicht für einen Brotteig beträgt 85 kg. Die Gär- und Verarbeitungsverluste betragen 3 %.
Berechnen Sie das Teiggewicht.

	Rezepturgewicht	85,00 kg	100 %
–	3 % Gär- und Verarbeitungsverluste	2,55 kg	– 3 %
=	Teiggewicht (Teigeinlage)	82,45 kg	97 %

2 Das Rezepturgewicht für eine Biskuitmasse beträgt 7,2 kg. Daraus werden 28 Biskuitböden mit je 250 g Masseneinwaage hergestellt.
Berechnen Sie die Gär- und Verarbeitungsverluste in g und in %.

	Rezepturgewicht	7,2 kg
–	Teiggewicht (0,25 kg · 28)	7,0 kg
=	Gär- und Verarbeitungsverluste	0,2 kg

	(Rezepturgewicht)	7,2 kg = 100 %
	(Gär- und Verarbeitungsverluste)	0,2 kg = x %

$$x = \frac{100 \cdot 0,2}{7,2} \approx \underline{2,78\,\% \text{ Gär- und Verarbeitungsverluste}}$$

3 In der Bäckerei Franz werden folgende Weizenmischbrote aus demselben Teig hergestellt:
– 50 Brote à 1,15 kg Teiggewicht – 60 Brote à 0,65 kg Teiggewicht
– 40 Brote à 1,70 kg Teiggewicht – 12 Brote à 2,30 kg Teiggewicht

a) Wie viel kg beträgt das erforderliche Rezepturgewicht, wenn die Gär- und Verarbeitungsverluste 3 % betragen?
b) Berechnen Sie die erforderlichen Zutatenmengen für diese Brote, wenn die Grundrezeptur für den Weizenmischbrotteig wie folgt lautet:

60 Teile Weizenmehl
40 Teile Roggenmehl
68 Teile Wasser
 3 Teile Hefe
 1,8 Teile Salz
 2 Teile Backmittel

$\rightarrow$

a)   50 Brote à 1,15 kg =   57,5 kg
      40 Brote à 1,70 kg =   68,0 kg
      60 Brote à 0,65 kg =   39,0 kg
+ 12 Brote à 2,30 kg =   27,6 kg
= Teiggewicht   192,1 kg

      Rezepturgewicht   =   100 %
– Gär- und Verarbeitungsverluste =   – 3 %
= Teiggewicht   =   97 %

   97 % (Teiggewicht)   = 192,1 kg
100 % (Rezepturgewicht) = x   kg

$$x = \frac{192,1 \cdot 100}{97} \approx \underline{198,041 \text{ kg Rezepturgewicht}}$$

b) Weizenmehl: 60,0 Teile · 1,133 kg =   67,980 kg
Roggenmehl: 40,0 Teile · 1,133 kg =   45,320 kg
Wasser: 68,0 Teile · 1,133 kg =   77,044 kg
Hefe: 3,0 Teile · 1,133 kg =   3,399 kg
Salz: 1,8 Teile · 1,133 kg =   2,039 kg
Backmittel: 2,0 Teile · 1,133 kg =   2,266 kg
          174,8 Teile   = 198,041 kg
            1,0 Teile   =   1,133 kg

Vom Teiggewicht zum Gebäckgewicht

4 Ein Brötchen verliert beim Backen 18 % an Gewicht.
Wie viel g beträgt das Gebäckgewicht, wenn das Brötchen vor dem
Backen 50 g gewogen hat?

Teiggewicht	50 g	100 %
– 18 % Backverlust	9 g	– 18 %
= Gebäckgewicht	41 g	82 %

5 Es sollen 600 Brötchen mit einem Teiggewicht von jeweils 60 g
hergestellt werden. Nach dem Backen wiegt ein Brötchen 48 g.
Zur Herstellung der Brötchen wurden 20 kg Mehl verarbeitet.
a) Wie viel % beträgt der Backverlust?
b) Ermitteln Sie die Gebäckausbeute.   →

a) Teiggewicht 60 g = 100 %
– Gebäckgewicht 48 g = x %

$$x = \frac{100 \cdot 48}{60} = 80\,\% \text{ Gebäckgewicht}$$

	Teiggewicht	100 %
–	Gebäckgewicht	80 %
=	Backverlust	20 %

b) **Die Gebäckausbeute** gibt an, wie viel kg Gebäck aus 100 kg Mehl erzielt werden.

600 Brötchen · 48 g = 28,8 kg Gebäckgewicht

20 kg Mehl = 28,8 kg Gebäck
100 kg Mehl = x kg Gebäck

$$x = \frac{28,8 \cdot 100}{20} = \underline{\underline{144 \text{ Gebäckausbeute}}}$$

6 Berechnen Sie, welche Gebäckmenge man aus 30 kg Mehl bei einer Gebäckausbeute von 135 erhält.

100 kg Mehl = 135 kg Gebäck
30 kg Mehl = x kg Gebäck

$$x = \frac{135 \cdot 30}{100} = \underline{\underline{40,5 \text{ kg Gebäck}}}$$

7 Es werden 90 Kilobrote mit einem Backverlust von 12 % hergestellt.
a) Ermitteln Sie die Teigmenge, die für diese Brote benötigt wird.
b) Berechnen Sie die Teigeinlage (Teigmenge) für ein Brot.

a) Gebäckgewicht für 90 Kilobrote = 90 kg

	Teiggewicht	100 %
–	Backverlust	12 %
=	Gebäckgewicht	88 %

(Gebäckgewicht) 88 % = 90 kg
(Teiggewicht) 100 % = x kg

$$x = \frac{90 \cdot 100}{88} = \underline{\underline{102,273 \text{ kg}}}$$

b) 102,273 kg : 90 = $\underline{\underline{1,136 \text{ kg Teigeinlage}}}$

Gewichtsabweichungen und Austrocknungsverluste

Verkaufsgewicht

1 In einer Großbäckerei werden Mischbrote hergestellt, die zum Versand kommen. Erfahrungsgemäß werden die Brote nach 3 Tagen verkauft.
Wie viel g muss ein Brot beim Versand wiegen, damit es beim Verkauf noch 500 g wiegt, wenn die Lagerverluste 3,5 % betragen?

> Versandgewicht
> − Lagerverlust
> = Verkaufsgewicht
>
> 96,5 % Verkaufsgewicht = 500 g
> 100,0 % Versandgewicht = x g
>
> $x = \dfrac{500 \cdot 100}{96,5} \approx 518$ g Versandgewicht

2 Aus 64 kg Weizenmehl werden 1.600 Brötchen mit einem Gebäckgewicht von 50 g hergestellt. Das Teiggewicht betrug 103,9 kg. Nach 6 Stunden wog ein Brötchen noch 47 g. Berechnen Sie
a) den Backverlust in %,
b) die Gebäckausbeute,
c) den Lagerverlust in %.

> a) Teiggewicht   103,9 kg
> − Gebäckgewicht (50 g · 1.600)   80,0 kg
> = Backverlust   23,9 kg
>
> 103,9 kg Teiggewicht = 100 %
> 23,9 kg Backverlust = x %
>
> $x = \dfrac{100 \cdot 23,9}{103,9} = 23$ % Backverlust
>
> b) 64 kg Mehl = 80 kg Gebäck
> 100 kg Mehl = x kg Gebäck (= Gebäckausbeute)
>
> $x = \dfrac{80 \cdot 100}{64} = 125$ Gebäckausbeute   →

▷ *Fortsetzung der Antwort* ▷

c) Lagerverlust = 50 g – 47 g = 3 g
  50 g Gebäckgewicht = 100 %
  3 g Lagerverlust = x %

$$x = \frac{100 \cdot 3}{50} = \underline{6\,\% \text{ Lagerverlust}}$$

Gewichtsabweichungen bei Frischbrot

3 Welche Gewichtsabweichungen sind bei Frischbrot zulässig?

Brot muss so hergestellt werden, dass sein **durchschnittliches Gewicht** das **Nenngewicht nicht unterschreitet**.
Bei einem **einzelnen frischen Brot** sind allerdings folgende Abweichungen vom Nenngewicht zulässig:
→ 30 g Minusabweichung bei einem Nenngewicht bis 1.000 g.
→ 3 % Minusabweichung bei einem Nenngewicht über 1.000 g.

4 Geprüft werden 10 frische Brote zu 500 g. Hierbei wurden folgende Einzelgewichte festgestellt. 493 g, 506 g, 495 g, 488 g, 506 g, 497 g, 504 g, 502 g, 498 g, 511 g.
a) Überprüfen Sie, ob das Nenngewicht im Durchschnitt eingehalten wurde.
b) Wie viel g muss ein einzelnes Brot mindestens wiegen?

a)	
	493 g
	506 g
	495 g
	488 g
	506 g
	497 g
	504 g
	502 g
	498 g
+	511 g
	5.000 g (Gesamtgewicht) : 10 (Anzahl)
=	500 g (durchschnittl. Gewicht)

Das Nenngewicht wurde im Durchschnitt eingehalten.

→

▷ *Fortsetzung der Antwort* ▷

b)	Nenngewicht	500 g
−	maximale	
	Gewichtsabweichung	30 g
=	Mindestgewicht	470 g

5 Ein Brot mit einem Nenngewicht von 1,5 kg wiegt bei der Überprüfung 1,458 kg. Darf es verkauft werden?

Gewichtsabweichung
= 1.500 g − 1.458 g = 42 g

$$1.500 \text{ g} = 100 \ \%$$
$$42 \text{ g} = x \ \%$$

$$x = \frac{100 \cdot 42}{1.500} = \underline{2,8\,\%}$$

Bei einer Gewichtsabweichung von 2,8 % darf das Brot verkauft werden.

6 Ein Brot mit einem Nenngewicht von 1,5 kg wiegt bei der Kontrolle 1.452 g. Überprüfen Sie, ob das Brot verkauft werden darf.

	Nenngewicht	1.500 g
−	3 % maximale	
	Gewichtsabweichung	45 g
=	Mindestgewicht	1.455 g

Mit 1.452 g darf das Brot nicht mehr verkauft werden.

Austrocknungsverluste

7 Welche Gewichtsabweichungen sind zulässig, wenn Brot nicht frisch geprüft wird?

Wird Brot nicht frisch geprüft, dann müssen **Austrocknungsverluste** berücksichtigt werden
→ für **Weizenbrote** bis zu **4 %** Minusabweichung.
→ für **Mischbrote und Roggenbrote** bis zu **2 %** Minusabweichung.
Ein **einzelnes Brot** darf jedoch **3 % unter dem Mindestgewicht** liegen.
Allerdings muss das Durchschnittsgewicht der geprüften Brote mindestens dem Nenngewicht entsprechen, das um den zulässigen Austrocknungsverlust vermindert wurde.

8 Bei einer Überprüfung wurden 5 Weizenbrote mit einem Nenngewicht von 1,5 kg gewogen. Dabei ergab sich ein Durchschnittsgewicht von 1.450 g.
Entsprechen die Brote im Durchschnitt den Vorschriften?

	Nenngewicht	100 %
−	maximale Abweichung	4 %
=	Mindestgewicht	96 %

$$100\,\% \;=\; 1.500 \text{ g}$$
$$96\,\% \;=\; x \quad \text{g}$$

$$x = \frac{1.500 \cdot 96}{100} = \underline{\underline{1.440 \text{ g vorgeschriebenes Mindestgewicht}}}$$

Mit einem Durchschnittsgewicht von 1.450 g entsprechen die Brote alle den Vorschriften.

9 24 Stunden nach dem Backen wurden 8 Roggenbrote mit 1 kg Nenngewicht gewogen. Das Durchschnittsgewicht betrug 985 g. Ein Brot wog jedoch nur 970 g.
Darf dieses Brot verkauft werden?

	Nenngewicht	100 %
−	maximale Gewichtsabweichung im Durchschnitt	2 %
=	Mindestgewicht im Durchschnitt	98 %

$$100\,\% = 1.000 \text{ g}$$
$$98\,\% = x \quad \text{g}$$

$$x = \frac{1.000 \cdot 98}{100} = 980 \text{ g}$$

	Mindestgewicht im Durchschnitt	980 g
−	3 % Abweichung eines Brotes rd.	29 g
=	Mindestgewicht eines Brotes	951 g

Mit einem Gewicht von 970 g darf das Brot verkauft werden.

Abschreibung

☐1 Ein Kaffeeautomat kostet 14.100,00 €. Die Nutzungsdauer beträgt 5 Jahre. Der Prozentsatz der linearen Abschreibung beträgt 20%. Berechnen Sie den Buchwert am Ende des 3. Jahres, wenn das Gerät im August angeschafft wurde*.

	Anschaffungswert	14.100,00 €
–	20% Abschreibung 1. Jahr x 5/12	1.175,00 €
=	Buchwert nach 1. Jahr	12.925,00 €
–	20% Abschreibung 2. Jahr	2.820,00 €
=	Buchwert nach 2. Jahr	10.105,00 €
–	20% Abschreibung 3. Jahr	2.820,00 €
=	Buchwert am Ende des 3. Jahres	7.285,00 €

* **Anmerkung:** Im Jahr der Anschaffung darf bei **beweglichen Wirtschaftsgütern** nicht der volle Jahresabschreibungsbetrag abgesetzt werden. Einschließlich dem Anschaffungsmonat darf für jeden verbleibenden Monat ¹/₁₂ des Jahresabschreibungsbetrages angesetzt werden.

☐2 Der Neupreis einer Ladentheke beträgt 78.960,00 €. Die Nutzungsdauer beträgt 10 Jahre. Berechnen Sie
a) den Prozentsatz bei linearer Abschreibung.
b) den jährlichen Abschreibungsbetrag.
c) den Buchwert nach 7 Jahren.
d) den Gewinn oder Verlust beim Verkauf nach 7 Jahren, wenn 25.000,00 € erzielt werden.

a) $\text{Jährlicher Abschreibungsprozentsatz} = \dfrac{100}{\text{Nutzungsdauer}}$

$= \dfrac{100\%}{10 \text{ Jahre}} = \underline{10\%/\text{Jahr}}$

b) $\text{Jährlicher Abschreibungsbetrag in €} = \dfrac{\text{Anschaffungswert}}{\text{Nutzungsdauer}}$

$= \dfrac{78.960 \text{ €}}{10 \text{ Jahre}} = \underline{7.896,00 \text{ €/Jahr}}$ →

▷ *Fortsetzung der Antwort* ▷

c) Anschaffungswert   78.960,00 €
  – Abschreibung nach 7 Jahren (7.896,00 € · 7)   55.272,00 €
  = Buchwert nach 7 Jahren   23.688,00 €

d) Verkaufspreis nach 7 Jahren   25.000,00 €
  – Buchwert nach 7 Jahren   23.688,00 €
  = Außerordentlicher Ertrag (Gewinn)   1.312,00 €

3 Für 27.988,56 € hat sich ein Bäckermeister einen neuen Lieferwagen angeschafft.

a) Welchen Restbuchwert hat das Auto nach 3 Jahren, wenn es linear abgeschrieben wird, im Januar angeschafft wurde und die Nutzungsdauer 6 Jahre beträgt?

b) Wie hoch ist der Gewinn bzw. Verlust, wenn das Auto nach 3 Jahren für 13.000,00 € verkauft wird?

a) Jährlicher Abschreibungsbetrag $= \dfrac{\text{Anschaffungswert}}{\text{Nutzungsdauer}} = \dfrac{27.988,56\,€}{6\ \text{Jahre}}$

$= 4.664,76\ €/\text{Jahr}$

Anschaffungswert	27.988,56 €
– Abschreibung 1. Jahr	4.664,76 €
= Buchwert nach 1 Jahr	23.323,80 €
– Abschreibung 2. Jahr	4.664,76 €
= Buchwert nach 2 Jahren	18.659,04 €
– Abschreibung 3. Jahr	4.664,76 €
= Buchwert nach 3 Jahren	13.994,28 €

b) Verkaufspreis nach 3 Jahren	13.000,00 €
– Buchwert nach 3 Jahren	13.994,28 €
= Außerordentlicher Aufwand (Verlust)	994,28 €

4 Der Anschaffungspreis einer Waage machte 7.119,00 € aus. Bei linearer Abschreibung beträgt der Restwert nach 3 Jahren 2.847,60 €.
a) Wie viele Jahre beträgt die Nutzungsdauer?
b) Wie hoch ist die jährliche Abschreibung in € und %.
c) Wie hoch war der Verkaufspreis, wenn das Gerät nach 4 Jahren mit 350,00 € Gewinn verkauft wurde?

a) Anschaffungspreis	7.119,00 €
– Restwert nach 3 Jahren	2.847,60 €
= Abschreibung für 3 Jahre	4.271,40 €

Abschreibung für 1 Jahr = 4.271,40 € : 3 = 1.423,80 €

Anschaffungswert: Abschreibungsbetrag = Nutzungsdauer

7.119,00 € : 1.423,80 €/Jahr = <u>5 Jahre</u>

oder Lösung mit Dreisatz:

$$\begin{array}{ll} 4.271,40 \ € & = 3 \text{ Jahre} \\ 7.119,00 \ € & = x \text{ Jahre} \end{array}$$

$$x = \frac{3 \cdot 7\,119}{4271,4} = 5 \text{ Jahre}$$

b) jährlicher Abschreibungsbetrag = <u>1.423,80 €</u>

$$\text{Jährlicher Abschreibungsprozentsatz} = \frac{100\,\%}{\text{Nutzungsdauer}}$$

$$= \frac{100\,\%}{5 \text{ Jahre}} = \underline{20\,\%/\text{Jahr}}$$

c) Anschaffungswert	7.119,00 €
– Abschreibung nach 4 Jahren (1.423,80 €)	5.695,20 €
= Restbuchwert nach 4 Jahren	1.423,80 €
+ Gewinn	350,00 €
= Verkaufspreis	1.773,80 €

Berufstheorie: Dekoratives Gestalten

Der Einsatz von Farben

1 Farben wirken auf jeden Betrachter etwas anders. Trotzdem gibt es Gesetzmäßigkeiten, die beim Einsatz von Farbe berücksichtigt werden müssen.

Geben Sie den Symbolgehalt und die Eigenschaften der folgenden Farben an:
Rot, Orange, Gelb, Grün, Blau, Violett, Schwarz, Weiß

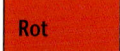 = eine aktive Farbe, die zum Handeln zwingt. Es ist Symbol für Liebe, Macht und Revolution.

 = eine belebende Farbe, die Optimismus und Freude erzeugt. Es ist Symbol der Reife, der Wärme und des Feuers.

 = eine Farbe von großer Strahlkraft. Gelb ist sehr weit sichtbar. Als Symbol steht es für den Neid.

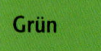 = die Grundfarbe der Natur und des Lebens. Als Symbol ist Grün die Farbe der Hoffnung.

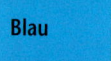 = wirkt kühl, hintergründig und befreiend. Als Farbe des seelisch-geistigen Bereichs ist es zum Symbol der Freiheit geworden.

 = wirkt prächtig, schwebend, überirdisch und geheimnisvoll. Wegen des überirdischen und geheimnisvollen Symbolgehalts findet Violett für kirchliche Zwecke Verwendung.

 = die Farbe der Würde. Schwarz wirkt trostlos. Symbolisch steht Schwarz für den Tod.

| Weiß | = das Symbol der Reinheit und des Lichts. Weiß wirkt vergrößernd und hat eine hohe Ausstrahlungskraft.

340

2 Die einzelnen Farben wirken sich unterschiedlich auf den Temperatursinn aus. Es werden daher *kalte* und *warme* Farben unterschieden.
Geben Sie jeweils 3 Beispiele an.

– **Warme Farben:**
  • gelb
  • orange
  • rot
– **Kalte Farben**
  • grün
  • blau-grün
  • blau

3 Untersuchungen haben ergeben, dass Farben auch unterschiedlich auf das Gemüt wirken. Man unterscheidet *beruhigende* Farben und *anregende* Farben.
Geben Sie jeweils Beispiele an.

– **Beruhigende Farben:**
  • grün
  • braun
  • ocker
  • beige
– **Anregende Farben:**
  • rot
  • orange

4 Nennen Sie wichtige Grundsätze für den Einsatz von Farben bei der Plakatgestaltung.

– Farben sollten bei der Plakatgestaltung nur sehr sparsam eingesetzt werden.
– Gelb und Rot sind die Farben mit dem höchsten Aufmerksamkeitswert.
– Für auffallende Überschriften ist **Rot** ausgezeichnet geeignet.
– **Gelb** wirkt gut als **Plakatgrund**.
– Wird Rot verwendet, so ist auf den gleichzeitigen Einsatz von Blau und Grün (als Schriftfarbe) zu verzichten.

5 Worauf sollte beim Einsatz von Leuchtkarton geachtet werden?

Zu beachten ist:
– Allzu viele Leuchtkartonplakate heben sich in der Wirkung gegenseitig auf.
– Vorsicht bei der Verwendung von Farbe, z. B. wirkt weiß auf Leuchtkarton stumpf und grau.
– Viele Kunden halten eine Firma, die wenig Leuchtkarton verwendet, für seriöser.

Dekoratives Gestalten

Die Gestaltung von Plakaten und Preisschildern

6 **Welche wichtigen Grundsätze der Werbepsychologie sollten bei jedem Plakat beachtet werden?**

a) Vorbei eilende Kunden müssen den Plakatinhalt mit einem Blick erfassen können.

b) Wegen der beabsichtigten Fernwirkung muss die Schrift so gewählt werden, dass das Plakat noch in etwa **30 m** Entfernung **gut lesbar** ist.

c) Der **Warenname** wird **nicht getrennt**, sondern in einem Wort geschrieben.

d) Der Plakattext sollte höchstens 5 bis 6 Worte enthalten.

e) Die Aufmerksamkeit kann durch auffallende Farben (max. 2) gesteigert werden.

f) Damit der Kunde nicht verwirrt wird, verwendet man nicht mehr als 2 Schriftarten und 2 bis 3 Schriftgrößen je Plakat.

g) Der unterschiedliche Aufmerksamkeitswert der einzelnen Felder eines Plakates muss beachtet werden.

7 Untersuchungen haben ergeben, dass verschiedene Felder eines Plakates einen unterschiedlichen Aufmerksamkeitswert haben.
Erläutern Sie, welchen Aufmerksamkeitswert die einzelnen Felder der abgebildeten Plakate haben.

a)

a)

Hoher Aufmerksamkeitswert ca. 60%
Geringerer Aufmerksamkeitswert ca. 40%

b)

b)

2	1
Höherer Aufmerksamkeitswert	**Höchster** Aufmerksamkeitswert
4	3
Geringster Aufmerksamkeitswert	**Hoher** Aufmerksamkeitswert

8 Berücksichtigen Sie die unterschiedlichen Aufmerksamkeitswerte, indem Sie den Plakattext auf dem abgebildeten Plakat sinnvoller aufteilen. Machen Sie mindestens zwei unterschiedliche Einteilungsvorschläge.

**Unser Knüller
Käsekuchen
1 Stück 1,20 €**

9 Übertragen Sie den abgebildeten Text auf ein Schild in beliebigem Format.

10 Geben Sie wichtige Grundsätze für die Erstellung von Preisschildern bzw. Plakaten an.

Wichtig ist
- Der **angebotene Artikel** wird deutlich **größer** geschrieben als der restliche Text.
- Der €-**Betrag** wird deutlich **größer** geschrieben als der angebotene Artikel.
- Der **Centbetrag** hat etwa $^1/_2$ bis $^2/_3$ der Höhe des €-Betrages.
- Bei **fetten Schriften** reicht ein **kleiner Zeilenabstand** um Wirkung zu erzielen.
- Bei **mageren Schriften** ist ein **größerer Zeilenabstand** erforderlich.
- Bei zu kleinem Rand wirkt die Schrift gezogen und gestreckt.
- Bei zu großem Rand wirkt die Schrift gepresst.

11 Welche Fehler wurden beim nachfolgend abgebildeten Plakat gemacht?

SAF TIGER Zwetschgenkuchen

1Stück   1,20

- Schlagwort nicht trennen (hier: Zwetschgenkuchen)
- Richtiger Buchstabenabstand wurde nicht beachtet (saftiger)
- Zusatzangabe wurde mehr hervorgehoben als der angebotene Artikel
- Preisangabe ist zu klein
- Centangabe hat nicht $^1/_2$ bis $^2/_3$ der Höhe des €-Betrages
- €-Angabe fehlt
- kein gleichmäßiger Rand

12 Nachfolgend sehen Sie verschiedene Schriftvorlagen.

ABCDEFGHIJKLM
abcdefghijklm
NOPQRSTUVWXYZ
nopqrsßtuvwxyz
1 2 3 4 5 6 7 8 9 0

ABCDEFGHIJKLM
abcdefghijklm
NOPQRSTUVWXYZ
nopqrsßtuvwxyz
1 2 3 4 5 6 7 8 9 0

ABCDEFGHIJKLM
abcdefghijklm
NOPQRSTUVWXYZ
nopqrsßtuvwxyz
1 2 3 4 5 6 7 8 9 0

ABCDEFGHIJKLMN
abcdefghijklmn
OPQRSTUVWXYZ
opqrsßtuvwxyz
1 2 3 4 5 6 7 8 9 0

Verwenden Sie mindestens eine dieser Vorlagen, um Plakate bzw. Preisschilder mit folgenden Texten anzufertigen.

a) Unser Verwöhnangebot
   Erdbeerschnitten
   fruchtig-frisch Stück 0,95 €

b) Für Ihre Kaffeetafel
   Schwarzwälder Kirschtorte
   1 Stück 1,60 €

c) Hefezopf mit viel Butter
   1 Stück 1,30 €

Bitte beachten Sie, dass ergänzend zu diesem Prüfungsbuch ein separates Arbeitsbuch über **Moderne Plakatschrift** erschienen ist. Es enthält zahlreiche Übungsmöglichkeiten zu verschiedenen Plakatschriften. Das Buch ist unter Bestell-Nr. 7200 beim Verlag oder über den Buchhandel lieferbar.

Wirtschaftskompetenz

Berufsbildung und Arbeitswelt

Formen der Berufsausbildung

1 Welche Gesetze regeln die Berufsausbildung?

a) das Berufsbildungsgesetz
b) die Handwerksordnung

2 Um in anerkannten Ausbildungsberufen eine einheitliche Ausbildung sicherzustellen, werden vom jeweils zuständigen Bundesministerium Ausbildungsordnungen erlassen. Welche Mindestinhalte haben solche Ausbildungsordnungen?

Eine **Ausbildungsordnung** enthält:
a) *Bezeichnung des Ausbildungsberufs*
b) *Ausbildungsdauer*
c) *Ausbildungsberufsbild* (Kenntnisse, Fertigkeiten)
d) *Ausbildungsrahmenplan* (sachliche und zeitliche Gliederung der Ausbildung)
e) *Prüfungsanforderungen*

3 Dürfen Jugendliche in nicht anerkannten Ausbildungsberufen ausgebildet werden?

Nein, nur in staatlich anerkannten Ausbildungsberufen.

4 Wo ist festgelegt, ob ein Ausbildungsberuf „anerkannt" ist?

Anerkannte Ausbildungsberufe sind im „Verzeichnis der anerkannten Ausbildungsberufe" aufgeführt. Dieses Verzeichnis wird jedes Jahr neu veröffentlicht.

5 Die Berufsausbildung in der Bundesrepublik Deutschland erfolgt üblicherweise im „dualen System".
Erklären Sie diesen Begriff.

Im **dualen System** sind **zwei Träger** gemeinsam für die berufliche Ausbildung zuständig, nämlich der **Ausbildungsbetrieb** und die **Berufsschule**.

Wirtschaftskompetenz

6 Welche Hauptaufgaben haben Berufsschule und Ausbildungsbetrieb bei der Ausbildung im dualen System?

Die **Berufsschule** vermittelt vorwiegend Allgemeinbildung und Fachtheorie.
Der **Ausbildungsbetrieb** ist hauptsächlich für die fachpraktische Ausbildung zuständig.

7 Welche Vorteile bietet die Ausbildung im dualen System?

a) Sie verbindet die Praxis im Betrieb mit der Theorie in der Schule.
b) Ziel der Schule ist die Vermittlung einer möglichst breiten Berufsausbildung und die Förderung der Allgemeinbildung. Dadurch wird der Gefahr einer ausschließlich betriebsbezogenen Ausbildung vorgebeugt.
c) Eine rein schulische Ausbildung wäre für den Steuerzahler zu teuer.
d) Die Ausbildung wird abwechslungsreicher.

8 Nennen Sie zwei mögliche Nachteile des „dualen Systems".

1. Unterschiedliche Qualität der Ausbildungsbetriebe
2. Ausbildungsbetriebe sind oft zu spezialisiert
3. teilweise mangelnde Abstimmung zwischen Ausbildungsbetrieben und Schulen

9 Berufliche Qualifikationen können auch durch berufliche Vollzeitschulen erworben werden.
Welche Vollzeitschulen bieten eine
a) Berufsvorbereitung,
b) berufliche Grundbildung,
c) volle Berufsausbildung?

a) **Berufsvorbereitung:**
  – Berufsvorbereitungsjahr
  – Berufseinstiegsjahr (in Baden-Württemberg)
  – Vorqualifizierung Arbeit/Beruf (Baden-Württemberg)
b) **berufliche Grundbildung:**
  – das Berufsgrundbildungsjahr
  – die einjährige Berufsfachschule
  – die zweijährige Berufsfachschule
c) **volle Berufsausbildung:**
  – die dreijährige Berufsfachschule
  – das Berufskolleg

Berufsausbildungsvertrag

10 Wer sind die vertragschlie-ßenden Parteien beim Berufs-ausbildungsvertrag?

Der Ausbildungsvertrag wird zwischen dem **Ausbildenden** und dem **Auszubil-denden** („Lehrling") geschlossen.
Bei Minderjährigkeit des Auszubildenden ist die Unterschrift des *gesetzlichen Vertre-ters* erforderlich.

11 Welche Formvorschrift gilt für den Abschluss des Berufs-ausbildungsvertrages?

Der Vertrag muss vor Ausbildungsbeginn **schriftlich** abgeschlossen werden.

12 Welche Mindestangaben muss ein Berufsausbildungsver-trag enthalten?

Mindestangaben eines Berufsausbil-dungsvertrages:
• Art, sachliche und zeitliche Gliede-rung der Ausbildung
• Beginn und Dauer der Ausbildung
• Dauer der Probezeit
• Vergütung (Höhe, Termin)
• Urlaubstage
• regelmäßige tägliche Arbeitszeit
• Kündigungsvoraussetzungen

13 Die Überwachung der Berufsausbildung erfolgt nach dem Berufsbildungsgesetz durch die zuständigen Stellen. Welche Stelle ist für Ihren Aus-bildungsberuf zuständig?

Die Handwerkskammer

14 Neben der Überwachung der Berufsausbildung haben die zuständigen Stellen weitere Aufgaben.
Nennen Sie diese.

a) Überwachung der persönlichen und fachlichen Eignung der Ausbilder
b) Erlassen von Prüfungsordnungen
c) Verzeichnis der Berufsausbildungsver-hältnisse (Lehrlingsrolle) führen
d) Prüfungsausschüsse bilden und Prü-fungen durchführen
e) Beratung von Auszubildenden und Ausbildenden

Wirtschaftskompetenz

15 Weshalb ist nach Berufs-bildungsgesetz und Hand-werksordnung eine Probezeit vorgeschrieben?

Beide Vertragspartner, Auszubildender **und** Ausbildender, sollen sehen, ob der Auszubildende für diese Tätigkeit geeignet ist und ob sie ihm gefällt.

16 Wie lange dauert die Probezeit?

Die **Probezeit** beträgt mindestens einen Monat und höchstens vier Monate.

17 Auch nach Ablauf der Probezeit kann ein Berufsaus-bildungsverhältnis gekündigt werden.
Nennen Sie drei Gründe und geben Sie jeweils die entsprechende Kündigungsfrist an.

a) Aus **wichtigem Grund** können beide Vertragspartner kündigen, z. B.: Diebstahl, Beleidigung, Tätlichkeiten. *Kündigungsfrist:* fristlos
b) Bei **Berufswechsel** *Kündigungsfrist:* 4 Wochen
c) Bei **Berufsaufgabe** *Kündigungsfrist:* 4 Wochen

18 Die Rechte und Pflichten des Auszubildenden sind in Berufsbildungsgesetz und Handwerksordnung festgelegt. Nennen Sie jeweils vier davon.

a) **Pflichten des Auszubildenden:**
 – Berufsschulpflicht
 – Lernpflicht
 – Pflicht zur Arbeitsleistung
 – Sorgfaltspflicht
 – Schweigepflicht
 – Wettbewerbsverbot
 – Gehorsamspflicht
b) **Rechte des Auszubildenden:**
 – Recht auf Ausbildung
 – Recht auf Ausbildungsvergütung
 – Recht auf Fürsorge
 – Recht auf Zeugnis

Möglichkeiten beruflicher Fortbildung und Umschulung

19 Zählen Sie verschiedene Möglichkeiten der allgemeinen und beruflichen Fortbildung auf.

1. Fortbildungslehrgänge einzelner Verbände und Kammern
2. Meisterschulen
3. Fachschulen
4. Volkshochschulen
5. Abendrealschulen
6. Abendgymnasien

handwerk-technik.de

20 Weshalb ist eine berufliche Fortbildung für jeden Arbeitnehmer empfehlenswert?

Gründe für eine berufliche Fortbildung:
– Anpassung an den technischen Fortschritt.
– Wer beruflich aufsteigen will, muss zusätzliche Qualifikationen vorweisen können.
– Persönlicher Beitrag zur Sicherung des Arbeitsplatzes.

21 Nennen Sie drei Fälle, in denen für Arbeitnehmer eine berufliche Umschulung erforderlich sein kann.

Gründe für eine berufliche Umschulung können sein:
– längere Arbeitslosigkeit,
– Berufsunfähigkeit durch Krankheit oder Unfall,
– Unzufriedenheit mit dem erlernten Beruf,
– Aussterben des erlernten Berufs.

22 Die Förderung der Berufsausbildung ist gesetzlich geregelt.
Welches sind in diesem Zusammenhang die drei wichtigsten Gesetze?

a) Das Bundesausbildungsförderungsgesetz (**BAföG**)
b) Das Sozialgesetzbuch III – Arbeitsförderung – (**SGB**)
c) Aufstiegsfortbildungsförderungsgesetz (**AFBG**), sog. „MeisterBAföG"

23 Welche Bildungsmaßnahmen werden im Rahmen der Arbeitsförderung nach dem Sozialgesetzbuch unterstützt?

Die **Arbeitsförderung** fördert die **berufliche** Ausbildung in einem anerkannten Ausbildungsberuf sowie gerechtfertigte Fortbildungs- und Umschulungsmaßnahmen.

24 Das Berufsbildungsgesetz beinhaltet die Bereiche <u>Fortbildung</u> und <u>Umschulung</u>.
Unterscheiden Sie diese beiden Begriffe und führen Sie je ein Beispiel aus Ihrem Berufsleben an.

a) **Fortbildung:**
Die Fortbildungsmaßnahmen erfolgen auf der *Grundlage des erlernten Berufes*. Sie sollen die beruflichen Kenntnisse und Fertigkeiten erweitern und die Anpassung an die technische Entwicklung sowie den beruflichen Aufstieg ermöglichen, z. B. die Bäckerinnung bietet einen Kurs über EDV-Einsatz in der Bäckerei an. →

Wirtschaftskompetenz

▷ *Fortsetzung der Antwort* ▷

b) Umschulung:
Die Umschulungsmaßnahmen sollen zu einer neuen beruflichen Tätigkeit befähigen, z. B. Umschulung einer Bäckereiverkäuferin zur Friseurin.

25 Für welche Bildungsmaßnahmen kann ein Bildungswilliger finanzielle Unterstützung nach dem Bundesausbildungsförderungsgesetz (BAföG) beantragen?

Durch **BAföG** werden **schulische** Bildungs- und Fortbildungsmaßnahmen gefördert wie z. B. Berufsfachschulen, Berufskollegs, Hochschulen, Fachhochschulen.

Einflüsse auf die menschliche Arbeitsleistung

26 Unterscheiden Sie zwischen inneren und äußeren Arbeitsbedingungen.
Geben Sie zusätzlich jeweils zwei Beispiele an.

a) Innere Arbeitsbedingungen:
Voraussetzungen, die der Arbeitnehmer mitbringt, wie z. B.:
– Einstellung zur Arbeit
– Leistungsfähigkeit
– Leistungsschwankungen
– Leistungsbereitschaft

b) äußere Arbeitsbedingungen:
Voraussetzungen, die der Arbeitnehmer am Arbeitsplatz vorfindet, wie z. B.:
– Arbeitszeit
– Arbeitsplatzgestaltung
– Betriebsklima
– neue Technologien

352

27 Wovon hängt die Leistungsfähigkeit eines Arbeitnehmers ab?

Die **Leistungsfähigkeit** hängt ab von
– der Berufsausbildung,
– den Fachkenntnissen,
– der körperlichen Eignung bzw. Verfassung,
– der Berufserfahrung,
– dem Lebensalter.

28 Welche Faktoren erhöhen die Leistungsbereitschaft eines Arbeitnehmers?

Die **Leistungsbereitschaft** kann erhöht werden durch
– angemessenen Verdienst,
– Freude an der Arbeit,
– gute Aufstiegschancen,
– gutes Betriebsklima,
– Selbstständigkeit.

29 Einen besonderen Einfluss auf die Arbeitsleistung hat die Gestaltung des Arbeitsplatzes. Geben Sie fünf Anforderungen an, die ein Arbeitsplatz erfüllen sollte.

1. ausreichende Beleuchtung
2. Sauberkeit
3. Schutz vor Lärm
4. Schutz vor Unfallgefahren
5. ansprechende Farben
6. angenehme Temperaturen
7. ausreichende Belüftung

30 Ein schlechtes Betriebsklima kann sich negativ auf den einzelnen Arbeitnehmer sowie auf den gesamten Betrieb auswirken.
Führen Sie jeweils zwei Auswirkungen an.

a) **Arbeitnehmer:**
– Zunahme der Krankmeldungen
– geringe Leistungsbereitschaft
– erhöhte Neigung zum Arbeitsplatzwechsel
b) **Betrieb:**
– mögliche Abschreckungswirkung auf Kunden
– schlechte Arbeitsleistungen
– erhöhte Unfallgefahr

Wirtschaftskompetenz

31 Die tägliche Leistungsfähigkeit eines Arbeitnehmers unterliegt erheblichen Schwankungen.
Wie versuchen viele Betriebe diese individuellen Leistungsschwankungen zu berücksichtigen?

Durch die Einführung der gleitenden Arbeitszeit und der individuellen Pausengestaltung.

32 Einen erheblichen Einfluss auf die menschliche Arbeit haben moderne Technologien.
a) Welche Vorteile sehen Sie darin?
b) Welche Probleme sehen Sie in modernen Technologien?

a) **Vorteile:**
 – wesentlich *schnellere* und *exaktere Arbeit* (z. B. bei EDV-Anlagen, Industrierobotern)
 – *Humanisierung der Arbeit,* sie verrichten Arbeiten, die für Menschen monoton oder gesundheitsschädigend sind.

b) **Probleme:**
 – steigende Arbeitslosigkeit
 – *erhöhte Konzentrationsanforderungen* bei Kontrolltätigkeiten
 – *sich ständig ändernde Qualifikationsanforderungen* erfordern lebenslange Weiterbildung

Rechtliche Rahmenbedingungen und Schutzvorschriften in der Arbeitswelt

33 Wodurch werden die meisten Arbeitsunfälle verursacht?

1. Menschliches Versagen (ca. 80 % der Fälle)
2. fehlende Schutzvorrichtungen
3. technisches Versagen
4. Materialfehler

34 Wie können Arbeitsunfälle verhindert werden?

a) Beachtung der Unfallverhütungsvorschriften
b) Schutzvorrichtungen an Maschinen
c) regelmäßige Wartung und Überprüfung von Arbeitsmitteln und Geräten

35 Durch zahlreiche Vor-schriften soll der technische Arbeitsschutz die Gefahren am Arbeitsplatz und an den betrieblichen Einrichtungen vermindern.
Nennen Sie vier solcher Vorschriften.

a) *Gewerbeordnung*
b) *Arbeitsstättenverordnung*
c) *Arbeitssicherheitsgesetz* (Gesetz über Betriebsärzte, Sicherheitsingenieure und andere Fachkräfte der Arbeitssicherheit)
d) *Produktsicherheitsgesetz*
e) *Chemikaliengesetz* (Gesetz zum Schutz vor gefährlichen Stoffen)
f) *Gefahrstoffverordnung* (Verordnung über gefährliche Stoffe)
g) *Unfallverhütungsvorschriften*
h) *Arbeitsschutzgesetz*

36 Welches Gesetz ist die Grundlage des Unfallschutzes?

Die **Gewerbeordnung** von 1869 ist die Grundlage des Unfallschutzes. Sie wurde seitdem mehrfach durch zeitgemäße Regelungen ersetzt und erweitert. Ergänzende Gesetze sind z. B. die Arbeits-stättenverordnung, das Produktsicher-heitsgesetz, die Gefahrstoffverordnung, Unfallverhütungsvorschriften oder das Arbeitsschutzgesetz.

37 a) Wer erlässt die Unfall-verhütungsvorschriften?
b) Wie wird die Einhaltung die-ser Vorschriften überwacht?

a) **Unfallverhütungsvorschriften** erlas-sen die Berufsgenossenschaften der einzelnen Wirtschaftszweige.
b) Durch die staatlichen Gewerbeauf-sichtsämter und durch Aufsichtsbeam-te der Berufsgenossenschaften. Beide können Geldbußen verhängen, wenn die Schutzvorschriften missachtet wurden.

38 Warum wurde in der Bun-desrepublik eine Gefahrstoff-verordnung erlassen?

Derzeit werden schätzungsweise mehr als 45 000 chemische Stoffe in mehr als 1 000 000 Zubereitungen auf dem Markt angeboten. Die Folge des →

Wirtschaftskompetenz

▷ *Fortsetzung der Antwort* ▷

zunehmenden Gebrauchs von Chemikalien: mehr als 18 000 Berufskrankheiten werden jährlich auf die Einwirkung gefährlicher Stoffe zurückgeführt

39 **Bei der Schädigung durch Gefahrstoffe unterscheidet man**
a) **Sofortschäden und**
b) **Spätschäden.**
Erläutern Sie diese Begriffe.

a) **Sofortschäden** treten direkt nach der Einwirkung oder kurz danach auf. Hierbei kann es sich um „harmlose Übelkeit", „ungefährliche Betäubungen" oder um schwere Schädigungen für das ganze Leben handeln.

b) **Spätschäden** werden erst nach jahrelanger Einwirkung bemerkt. Bei Krebs beispielsweise können Jahrzehnte vergehen, bis die Krankheit ausbricht, selbst wenn man nur kurz mit dem krebserzeugenden Stoff gearbeitet hat.

40 **Welche Aufgabe hat die Gefahrstoffverordnung?**

Sie soll Gesundheits- und Umweltgefahren verhindern, indem sie regelt,
– wie gefährliche Stoffe in den Verkehr gebracht werden,
– wie mit diesen Stoffen umgegangen wird,
– wie die Stoffe aufbewahrt werden,
– wie die Stoffe beseitigt werden.

41 **Welches Gesetz enthält Sicherheitsvorschriften für technische Arbeitsmittel (Maschinen bzw. Geräte) und verpflichtet die Hersteller, nur solche Arbeitsmittel in Verkehr zu bringen, die den Unfallverhütungsvorschriften sowie den sicherheitstechnischen Erkenntnissen entsprechen?**

Das Produktsicherheitsgesetz.

42 Was regelt die Arbeitsstättenverordnung?

Die Arbeitsstättenverordnung regelt die
Anforderungen an die menschenfreund-
liche Gestaltung der Arbeitsräume,
d. h., sie enthält z. B. Vorschriften über
Temperatur, Raumgröße, Lärmschutz,
Beleuchtung usw.

43 Welche Aufgabe hat der
soziale Arbeitsschutz?

Der **soziale Arbeitsschutz** soll die Belastung durch die Arbeit begrenzen.

44 Zählen Sie zwei wichtige
Vorschriften oder Gesetze auf,
die Regelungen zum Arbeits-
zeitschutz enthalten.

1. Arbeitszeitgesetz
2. Jugendarbeitsschutzgesetz
3. Mutterschutzgesetz

45 Für bestimmte Personengruppen bestehen besondere
Schutzgesetze.
Nennen Sie drei solcher Schutzgesetze.

1. Jugendarbeitsschutzgesetz
2. Schwerbehindertenschutz des Sozial-
gesetzbuchs (SGB, IX. Buch)
3. Mutterschutzgesetz

46 Welche Schutzvorschriften
gelten für berufstätige werdende Mütter?

a) Verbot schwerer körperlicher Arbeiten
b) Verbot von Akkord- und Fließbandar-
beit
c) Verbot von Nacht-, Sonntags- und
Feiertagsarbeit
d) Gewährung von Sonderpausen
e) Kündigungsschutz
f) Beschäftigungsverbot **6 Wochen**
vor der Entbindung und **8 Wochen**
danach

47 Nennen Sie vier wichtige
Bestimmungen des Arbeitszeit-
gesetzes.

1. Die tägliche Arbeitszeit ist auf 8 Stunden begrenzt.
2. Die tägliche Arbeitszeit kann auf
10 Stunden ausgedehnt werden,
wenn innerhalb von 6 Monaten im
Durchschnitt nicht mehr als 8 Stunden
pro Werktag gearbeitet wird.   →

Wirtschaftskompetenz

▷ *Fortsetzung der Antwort* ▷

3. Sonntags- und Feiertagsarbeit sind verboten.
4. In bestimmten Bereichen ist Sonntagsarbeit und Feiertagsarbeit erlaubt.
5. Bei einer Arbeitszeit von 6 bis 9 Stunden beträgt die Ruhezeit 30 Minuten, 45 Minuten bei einer Arbeitszeit von mehr als 9 Stunden.
6. Im Tarifvertrag können Überstunden vereinbart werden, z. B. gegen Mehrarbeitszuschlag.

48 Nennen Sie vier Bereiche, in denen das Arbeitszeitgesetz die Sonntagsarbeit und Feiertagsarbeit gestattet.

1. Bäckereien und Konditoreien
2. Gastgewerbe
3. Verkehrsbetriebe
4. Krankenhäuser
5. Rundfunk- und Fernsehanstalten
6. Theater
7. Landwirtschaft

49 Welches Einkommen erhält eine werdende Mutter während ihrer Mutterschutzfrist?

Mutterschaftsgeld, das von der Krankenkasse und vom Arbeitgeber bezahlt wird. Es entspricht dem durchschnittlichen Nettoarbeitsentgelt der letzten 3 Monate.

50 Elternzeit
a) Wer kann Elternzeit erhalten?
b) Wie lange wird Elternzeit gewährt?
c) Kann ein Arbeitgeber während der Elternzeit kündigen?

a) Die Mutter und der Vater können gleichzeitig Elternzeit nehmen.
b) Elternzeit wird 3 Jahre gewährt. 24 Monate davon können (auch ohne Zustimmung des Arbeitgebers) zwischen dem 3. und 8. Geburtstag des Kindes genommen werden.
c) Nein, frühestens nach deren Ablauf.

51 Für Kinder, die seit dem 1. Januar 2007 geboren wurden, erhalten Eltern ein Elterngeld. Nennen Sie die wichtigsten Merkmale des Elterngeldes.

Elterngeld
– erhalten Eltern, wenn ein zuvor berufstätiger Elternteil zu Hause bleibt.
– ist einkommensabhängig; es beträgt 67 % des zuvor bezogenen Nettoeinkommens, jedoch mindestens 300 € und maximal 1.800 € im Monat. →

▷ *Fortsetzung der Antwort* ▷

– wird höchstens 12 Monate gezahlt.
– wird 14 Monate gezahlt, wenn auch der andere Elternteil mindestens zwei Monate das Kind betreut.
– ist steuerfinanziert und abgabenfrei.

52 Durch das Jugendarbeitsschutzgesetz sollen jugendliche Arbeitnehmer vor körperlichen und sittlichen Gefahren geschützt werden. Nennen Sie fünf Bestimmungen dieses Gesetzes.

Wichtige Bestimmungen des *Jugendarbeitsschutzgesetzes:*

a) *Arbeitszeit:*
   höchstens 8 1/2 Std. am Tag, 40 Std. in der Woche
b) *Verbot* der Kinderarbeit
c) *Verbot* von Akkordarbeit, gefährlichen Arbeiten und Nachtarbeit
d) *Ein Schultag* mit mehr als 5 Unterrichtsstunden gilt als Arbeitstag
e) *Urlaub:*
   • 15-Jährige = 30 Werktage
   • 16-Jährige = 27 Werktage
   • 17-Jährige = 25 Werktage
f) *Ärztliche Untersuchungen:*
   • Erstuntersuchung
   • Nachuntersuchung
g) *Ruhepausen:*
   • 4 1/2 – 6 Std. Arbeitszeit = 30 Min.
   • mehr als 6 Std. Arbeitszeit = 60 Min.

53 Dürfen jugendliche Bäckerei- und Konditoreiverkäuferinnen an Samstagen und Sonntagen beschäftigt werden?

In Konditorei-Cafés ist die Beschäftigung erlaubt. Allerdings *müssen* 2 Sonntage im Monat beschäftigungsfrei sein. Zwei Samstage im Monat *sollen* beschäftigungsfrei sein.

54 Welche Institutionen überwachen die Einhaltung des Arbeitsschutzes?

a) Gewerbeaufsichtsamt
b) Technischer Überwachungsverein (TÜV)
c) Berufsgenossenschaft

Wirtschaftskompetenz

Sozialversicherungen

55 **Nennen Sie die fünf Zweige der Sozialversicherung.**

1. Krankenversicherung (KV)
2. Rentenversicherung (RV)
3. Arbeitslosenversicherung (ALV)
4. Unfallversicherung (UV)
5. Pflegeversicherung (PV)

56 **Ordnen Sie den einzelnen Sozialversicherungsarten deren wichtigste Träger zu.**

1. **Krankenversicherung:**
   Träger: Krankenkassen
2. **Rentenversicherung:**
   Träger: Deutsche Rentenversicherung
3. **Arbeitslosenversicherung:**
   Träger: Bundesagentur für Arbeit
4. **Unfallversicherung:**
   Träger: Berufsgenossenschaften
5. **Pflegeversicherung:**
   Träger: Pflegekassen, die bei den Krankenkassen eingerichtet wurden

57 **Wer zahlt die Beiträge zu den einzelnen Sozialversicherungsarten?**

	Arbeitgeber	Arbeitnehmer
KV	50%	50%[1]
RV	50%	50%
ALV	50%	50%
UV	100%	–
PV	50%	50%[2, 3]

[1] Krankenkassen können Zusatzbeiträge erheben (derzeit 0 – 1,6 %). Seit dem 1. 1. 2019 sind diese von Arbeitnehmern und Arbeitgebern je zur Hälfte zu tragen. Zuvor trugen sie die Arbeitnehmer allein.

[2] Um die Kosten der Arbeitgeber auszugleichen, strichen die Länder zunächst einen Feiertag, der stets auf einen Werktag fiel. In fast allen Bundesländern ist deshalb der Buß- und Bettag entfallen. In Sachsen wurde kein Feiertag gestrichen, deshalb ist in Sachsen der Arbeitnehmerbeitrag höher.

[3] Kinderlose Arbeitnehmer zwischen 23 und 65 Jahren zahlen 0,25 % mehr. Hierfür gibt es keinen Arbeitgeberzuschuss.

58 Obwohl die Sozialversicherung eine Pflichtversicherung für alle Arbeitnehmer ist, gelten Ausnahmeregelungen für bestimmte Personengruppen. Nennen Sie diese Gruppen.

a) Beamte
b) Selbstständige
c) Rentner
d) Arbeitnehmer ab einer bestimmten Einkommenshöhe (sog. Beitragsbemessungsgrenze und Versicherungspflichtgrenze)

59 Erläutern Sie die wesentlichen Merkmale unseres Sozialversicherungssystems.

a) Die Versicherten zahlen einen Teil der Versicherungsbeiträge.
b) Den anderen Teil zahlt der Arbeitgeber.
c) Versicherte haben einen Rechtsanspruch auf Versicherungsleistungen.
d) Sozialversicherungen sind nach dem Selbstverwaltungsgrundsatz aufgebaut.
e) Die Sozialversicherungen erhalten erhebliche Staatszuschüsse.

60 Wovon hängt die Höhe der Sozialversicherungsbeiträge ab?

Die Sozialversicherungsbeiträge sind abhängig
– von den *Beitragssätzen,*
– vom *Verdienst* des Versicherten,
– von der *Beitragsbemessungsgrenze.*

61 Erklären Sie, was man unter der *Beitragsbemessungsgrenze* versteht.

Höchstbetrag für die Beitragsberechnung. Liegt der Verdienst über der Beitragsbemessungsgrenze, dann wird der Beitrag nur bis zu dieser Grenze berechnet. Die Beitragsbemessungsgrenze wird jährlich neu festgelegt. Ihre Höhe am 1.1.2019:
• monatlich 6 700,– € (neue Bundesländer 6 150,– €) in der **Rentenversicherung** und **Arbeitslosenversicherung**
• monatlich 4 537,50 € in der **Krankenversicherung** und **Pflegeversicherung**

Wirtschaftskompetenz

62 Nennen Sie die wichtigsten Leistungen der Krankenversicherung.

Die wichtigsten Leistungen sind
– Maßnahmen zur Vorsorge und Früherkennung von Krankheiten
– Krankenhilfe
  • ärztliche Behandlung
  • zahnärztliche Behandlung
  • Arzneimittel
  • Verbandmittel
  • Heilmittel
  • Krankenhauspflege
  • häusliche Krankenpflege
– Mutterschaftshilfe
– Familienhilfe
– Krankengeld

63 Erläutern Sie die Bedeutung der Versicherungpflichtgrenze in der Krankenversicherung.

Arbeitnehmer sind nur dann pflichtversichert, wenn ihr Einkommen die **Versicherungspflichtgrenze** nicht überschreitet (2019: 5 062,50 €). Arbeitnehmer, die der Versicherungspflicht nicht mehr unterliegen, können sich freiwillig versichern, auch bei einer privaten Krankenkasse.

64 Welche Leistungen erbringt die Rentenversicherung? Zählen Sie drei Beispiele auf.

a) *Rehabilitationsmaßnahmen,* um die Arbeitskraft zu sichern oder wiederherzustellen (z. B. Umschulung, Kur)
b) *Rentenleistungen*
  – Altersrente
  – Rente wegen Erwerbsminderung
  – Waisenrente
  – Witwen- bzw. Witwerrente

65 Im Zusammenhang mit der Rentenversicherung ist immer wieder vom „Generationenvertrag" die Rede.
a) Erläutern Sie diesen Begriff.
b) Welche Probleme sehen Sie in diesem Zusammenhang?
c) Machen Sie drei Lösungsvorschläge.

a) Die Beiträge der jeweils arbeitenden Generationen ermöglichen die Renten der im Ruhestand befindlichen Generation.
b) Die arbeitende Bevölkerung wird immer geringer, während die Zahl der Rentner immer weiter zunimmt, d. h. immer weniger Arbeitnehmer müssen immer mehr Renten finanzieren. →

▷ *Fortsetzung der Antwort* ▷

c) *Lösungsmöglichkeiten:*
   – Erhöhung der Beiträge
   – geringere Rentenerhöhungen
   – Verlängerung der Lebensarbeitszeit (stufenweise Erhöhung des Rentenalters auf 67 Jahre)
   – staatliche Familienförderung zur Hebung der Geburtenzahl
   – Teilrenten (Altersteilzeit)
   – Absenkung des Rentenniveaus
   – Der Staat fördert die freiwillige private Vorsorge durch Zulagen und Steuervergünstigungen (sog. „Riester-Rente")

66 Neben der Zahlung von Arbeitslosenunterstützung hat die Arbeitslosenversicherung weitere Aufgaben.
Geben Sie hierzu drei Beispiele.

a) Arbeitsmarkt- und Berufsforschung
b) Arbeitsvermittlung
c) Berufsberatung
d) Unterstützung von: Ausbildung, Fortbildung, Umschulung
e) Kurzarbeitergeld
f) Saison-Kurzarbeitergeld

67 Welcher Unterschied besteht zwischen Arbeitslosengeld I und Arbeitslosengeld II?

a) **Arbeitslosengeld I:**
   – ist höher als Arbeitslosengeld II. Versicherte mit Kind erhalten 67 % des pauschalierten Nettoverdienstes, Versicherte ohne Kind 60 % (Stand: 1.1.2019)
   – erfordert eine längere Anwartschaftszeit.
   – Es besteht ein Rechtsanspruch auf Arbeitslosengeld I.
   – Die Dauer der Zahlung ist begrenzt. Sie hängt ab vom Alter des Versicherten sowie von dessen Beschäftigungszeit.
b) **Arbeitslosengeld II:**
   – erhalten erwerbsfähige Sozialhilfeempfänger und Langzeitarbeitslose

→

Wirtschaftskompetenz

▷ *Fortsetzung der Antwort* ▷

– ist in der Höhe identisch mit der Sozialhilfe
– wird nur ausbezahlt bei Bedürftigkeit.
– Die Zahlung ist bei älteren Arbeitnehmern zeitlich unbegrenzt.
– ist keine Leistung der Arbeitslosenversicherung, sondern wird aus Steuermitteln finanziert. Die Bundesagentur für Arbeit zahlt es lediglich aus.

68 Welche Ereignisse sind durch die gesetzliche Unfallversicherung abgedeckt?

a) *Wegeunfall* (auf dem direkten Weg zum und vom Arbeitsplatz)
b) *Unfall am Arbeitsplatz*
c) *Berufskrankheit*

69 Welche Leistungen erbringt die gesetzliche Unfallversicherung?

a) *Unfallverhütung* durch Erlass von Unfallverhütungsvorschriften sowie die Überwachung von deren Einhaltung.
b) *Heilbehandlung* (ärztl. Behandlung, Arzneimittel, Krankenhausaufenthalt usw.)
c) *Verletztengeld* (entspricht dem Krankengeld)
d) *Verletztenrente*
e) *Pflegegeld*
f) *Hinterbliebenenrente*
g) *Sterbegeld*

70 Welche Leistungen erbringt die Pflegeversicherung?

Je nach Pflegebedürftigkeit unterschiedliche Zuschüsse zur ambulanten oder zur stationären Pflege.

71 Welches Gericht ist für Streitigkeiten aus dem Sozialversicherungsrecht zuständig?

In erster Instanz das **Sozialgericht**. Die Berufungsinstanz bildet das **Landessozialgericht**. Gegen dessen Urteile kann beim **Bundessozialgericht** Revision eingelegt werden.

72 Welcher bedeutende Grundsatz gilt für die Verfahren vor den Sozialgerichten?

Die Verfahren vor den Sozialgerichten sind **kostenfrei**.

Private Zusatzversicherungen (Individualversicherungen)

73 Wie unterscheiden sich Sozialversicherungen von Privatversicherungen (Individualversicherungen)?

a) **Sozialversicherungen:**
- sind gesetzliche Pflichtversicherungen.
- Es gilt das *Solidaritätsprinzip,* d. h., die Beiträge richten sich nach dem Verdienst, die Leistungen nach den Erfordernissen.
- Die Leistungen sind gesetzlich geregelt.

b) **Individualversicherungen:**
- werden freiwillig abgeschlossen, keine Pflicht.
- Es gilt das *Leistungsprinzip,* d. h., die Beiträge (Prämien) richten sich nach versichertem Risiko und Leistungsumfang.
- Im Gegensatz zu den Sozialversicherungen decken sie nicht nur die personenbezogenen Risiken ab, sondern auch sachbezogene und vermögensbezogene.

74 In welche drei Gruppen können Privatversicherungen eingeteilt werden? Geben Sie jeweils zwei Beispiele an.

a) **Personenversicherungen:**
- private Krankenversicherung
- private Unfallversicherung
- private Rentenversicherung
- Lebensversicherung

b) **Sachversicherungen:**
- Feuerversicherung
- Reisegepäckversicherung
- Hausratversicherung

c) **Vermögensversicherungen:**
- Privathaftpflichtversicherung
- Berufshaftpflichtversicherung
- Kfz-Haftpflichtversicherung
- Rechtsschutzversicherung

Wirtschaftskompetenz

75 Welche Aufgabe hat die Haftpflichtversicherung?

Sie übernimmt Schäden, die der Versicherte aus unerlaubter Handlung einem Dritten zugefügt hat.
Beispiel: verschuldeter Verkehrsunfall bei der Kfz-Haftpflicht.

76 Welche Schäden werden normalerweise durch eine verbundene Hausratversicherung abgedeckt?

1. Feuer
2. Einbruch-Diebstahl
3. Leitwasser
4. Glasbruch

77 In einem Kaufhaus beschädigen Sie versehentlich ein teures LCD-Fernsehgerät. Welche Privatversicherung übernimmt den Schaden?

Die private Haftpflichtversicherung.

78 Welche der nachfolgend aufgeführten Versicherungen dienen nicht der privaten Vorsorge?
a) Hausratversicherung
b) Arbeitslosenversicherung
c) Reisegepäckversicherung
d) Lebensversicherung
e) gesetzliche Unfallversicherung
f) Rechtsschutzversicherung
g) gesetzliche Krankenversicherung

Nicht der privaten Vorsorge dienen:
b) Arbeitslosenversicherung
e) gesetzliche Unfallversicherung
g) gesetzliche Krankenversicherung

79 Überprüfen Sie, ob die nachfolgend aufgeführten Privatversicherungen für die 19-jährige Bäckereiverkäuferin Martina sinnvoll sind. Martina wohnt in einer Einzimmerwohnung, die sie sich nach und nach einrichten möchte. Ihr Hobby ist Gleitschirmfliegen.

a) Hausratversicherung
b) private Unfallversicherung
c) Privathaftpflicht-
   versicherung
d) private Rentenversicherung/
   Lebensversicherung
e) Berufsunfähigkeits-
   versicherung

a) **Hausratversicherung:** Nicht sinnvoll, da Martina noch keinen wertvollen Hausrat hat.

b) **private Unfallversicherung:** Sinnvoll aufgrund des nicht ganz ungefährlichen Hobbys. Außerdem übernimmt die gesetzliche Krankenversicherung nur die Heilbehandlung. Zurückbleibende Schäden wie Invalidität können nur durch eine private Unfallversicherung abgesichert werden. Dies ist für Martina besonders wichtig, da sie noch keine Rentenansprüche besitzt.

c) **Privathaftpflichtversicherung:** Sie sollte jeder Erwachsene besitzen, da Schadenersatzforderungen enorme Höhen erreichen können.

d) **private Rentenversicherung/Lebensversicherung:** Sinnvoll als Altersvorsorge, da junge Beitragszahler in der gesetzlichen Rentenversicherung nur einen Teil ihrer Altersvorsorge sehen können.

e) **Berufsunfähigkeitsversicherung:** Sinnvoll, da die gesetzliche Rentenversicherung in den ersten Berufsjahren entweder keine oder nur geringe Rente zahlt, wenn man erwerbs- oder berufsunfähig wird.

Wirtschaftskompetenz

Grundlagen des Vertragsrechts

Rechts- und Geschäftsfähigkeit

1 Unterscheiden Sie zwischen Rechtsfähigkeit und Geschäftsfähigkeit.

a) **Rechtsfähigkeit** ist die Fähigkeit, Träger von Rechten und Pflichten zu sein. Beispiele: Erbrecht, Steuerpflicht

b) **Geschäftsfähigkeit** ist die Fähigkeit, Rechtsgeschäfte vollgültig abzuschließen. Beispiele: Kündigung, Kaufvertrag

2 Wann beginnt und wann endet die Rechtsfähigkeit von natürlichen Personen (Menschen)?

Die **Rechtsfähigkeit** beginnt mit der Vollendung der Geburt und endet mit dem Tod.

3 Wann beginnt und wann endet die Rechtsfähigkeit von juristischen Personen?

Die **Rechtsfähigkeit** von juristischen Personen beginnt mit der Eintragung in ein öffentliches Register (z. B. Vereinsregister, Handelsregister) und endet mit der Löschung.

4 Welche der folgenden Personen sind „juristische Personen"?
a) Richter
b) Vertreter eines Backofenherstellers
c) Aktiengesellschaft
d) Rechtsanwalt
e) Erna Müller
f) Stadt Stuttgart

Juristische Personen sind:
c) Aktiengesellschaft
f) Stadt Stuttgart

5 Man unterscheidet drei Stufen der Geschäftsfähigkeit. Nennen Sie diese.

a) Geschäftsunfähigkeit
b) beschränkte Geschäftsfähigkeit
c) volle Geschäftsfähigkeit

6 Welche Altersgrenzen gelten für die einzelnen Stufen der Geschäftsfähigkeit?

Geschäftsfähigkeit	
Geschäftsunfähigkeit	unter 7 Jahren
beschränkte Geschäftsfähigkeit	7–18 Jahre
volle Geschäftsfähigkeit	ab vollendetem 18. Lebensjahr

7 Die 5-jährige Katrin holt aus ihrer Spardose 15,00 Euro und kauft damit eine Puppe. Ist dieser Kaufvertrag gültig?

Er ist **nichtig** (ungültig), da 5-Jährige geschäftsunfähig sind.

8 Eine 17-jährige Konditoreiverkäuferin schließt ohne Wissen ihrer Eltern einen Kaufvertrag ab.
Welche rechtliche Wirkung hat dieser Vertrag?

Der Kaufvertrag ist **schwebend unwirksam**, d.h., erst durch die nachträgliche Genehmigung des gesetzlichen Vertreters wird das Rechtsgeschäft voll gültig.

9 Welche Rechtsgeschäfte kann eine beschränkt Geschäftsfähige auch ohne die Zustimmung ihres gesetzlichen Vertreters abschließen?

Geschäfte, die
– mit eigenen Mitteln (Taschengeld) bewirkt werden,
– einen *rechtlichen Vorteil* bringen.

10 Die 16-jährige Martina kauft von ihrem Taschengeld einen MP3-Player für 90 Euro.
a) Ist dieser Kaufvertrag gültig?
b) Wie ist die Rechtslage, wenn sie den Kaufpreis nicht sofort bezahlen kann und deshalb mit dem Händler Ratenzahlung vereinbart?

a) Der Kaufvertrag ist gültig, da beschränkt Geschäftsfähige über ihr Taschengeld verfügen können.
b) Der Vertrag ist nichtig (ungültig), da beschränkt Geschäftsfähige keine Ratenkäufe abschließen dürfen, (→ mit Taschengeld nur Bargeschäfte).

Wirtschaftskompetenz

11 Ordnen Sie die folgenden Personen den einzelnen Stufen der Geschäftsfähigkeit zu:
a) eine 19-Jährige,
b) einen 5-Jährigen,
c) einen 15-Jährigen.

a) volle Geschäftsfähigkeit
b) Geschäftsunfähigkeit
c) beschränkte Geschäftsfähigkeit

Rechtsgeschäfte

12 Wodurch entstehen Rechtsgeschäfte?

Rechtsgeschäfte entstehen durch die Abgabe von **Willenserklärungen**.

13 Unterscheiden Sie zwischen einseitigen und zweiseitigen Rechtsgeschäften.
Geben Sie zusätzlich jeweils ein Beispiel an.

a) **Einseitige Rechtsgeschäfte** entstehen durch die *Willenserklärung einer Seite.*
Beispiele: Kündigung, Testament, Anfechtung
b) **Zweiseitige Rechtsgeschäfte** entstehen durch übereinstimmende Willenserklärungen von zwei Seiten.
Beispiele: Arbeitsvertrag, Kaufvertrag, Mietvertrag

14 Wie werden zweiseitige Rechtsgeschäfte genannt?

Zweiseitige Rechtsgeschäfte werden auch **Verträge** genannt.

15 Wie können Willenserklärungen abgegeben werden?

a) mündlich
b) schriftlich
c) durch schlüssiges (konkludentes) Handeln

16 Erläutern Sie anhand eines Beispiels, wie durch konkludentes (schlüssiges) Handeln ein Vertrag entstehen kann.

a) Ein Fahrgast gibt dem Busfahrer das Fahrgeld, dieser händigt wortlos den Fahrschein aus.
b) Ein Passant nimmt am Kiosk eine Zeitung und legt das Geld hin.

370

17 Für viele Rechtsgeschäfte besteht ein gesetzlicher Formzwang.
Erläutern Sie kurz die Bedeutung dieses Formzwangs.

Das Rechtsgeschäft muss in der gesetzlich vorgeschriebenen Form abgeschlossen werden.
Wird diese Formvorschrift nicht beachtet, kann das Rechtsgeschäft nichtig sein.

18 Für den Abschluss bestimmter Rechtsgeschäfte bestehen Formvorschriften. Erläutern Sie kurz diese Formvorschriften.

a) **Schriftform:**
Die Willenserklärung wird schriftlich festgehalten und von den Beteiligten eigenhändig unterschrieben. Beispiele: Berufsausbildungsvertrag, Ratenkaufverträge, Kündigung von Arbeitsverträgen
b) **öffentliche Beglaubigung:**
Die Echtheit der Unterschrift unter einem Schriftstück wird amtlich oder notariell beglaubigt. Beispiele: Anträge auf Eintragung ins Grundbuch oder Handelsregister
c) **notarielle Beurkundung:**
Ein Notar hält die Willenserklärung schriftlich fest und bestätigt Inhalt und Echtheit. Beispiele: Eheverträge, Grundstückskauf, Schenkungsversprechen

19 Überlegen Sie, weshalb der Gesetzgeber diese Formvorschriften erlassen hat.

a) Erhöhung der Rechtssicherheit (leichte Beweisbarkeit)
b) Schutz vor Übereilung und Leichtfertigkeit

20 Welcher Unterschied besteht zwischen nichtigen und anfechtbaren Rechtsgeschäften?

a) **Nichtige Rechtsgeschäfte** sind von Anfang an *nichtig* (ungültig).
b) **Anfechtbare Rechtsgeschäfte** sind von Anfang an vollgültig. Durch Anfechtung jedoch werden sie *rückwirkend nichtig.*

21 Unter welchen Voraussetzungen ist ein Rechtsgeschäft anfechtbar?

Rechtsgeschäfte sind **anfechtbar** bei
– arglistiger Täuschung,
– widerrechtlicher Drohung,
– Irrtum.

Wirtschaftskompetenz

22 Unter welchen Voraussetzungen ist ein Rechtsgeschäft nichtig?

Rechtsgeschäfte sind **nichtig** bei
– Gesetzesverstoß,
– Abschluss mit Geschäftsunfähigen,
– Verstoß gegen die guten Sitten,
– Scherzgeschäften,
– Scheingeschäften,
– Formmangel.

23 Nennen Sie zwei Beispiele für Rechtsgeschäfte, die gegen die guten Sitten verstoßen.

1. Mietwucher
2. Zinswucher

24 Geben Sie zwei Beispiele für gesetzeswidrige Rechtsgeschäfte.

1. Rauschgifthandel
2. Hehlerei
   (Handel mit gestohlenen Sachen)

25 Stellen Sie fest, ob die folgenden Rechtsgeschäfte nichtig oder anfechtbar sind und begründen Sie.
a) Ein Händler verkauft ein Motorrad als unfallfrei, das er nach einem Totalschaden selbst repariert hat.
b) Der kurzsichtige Juwelier verkauft eine teure Goldkette als Modeschmuck.
c) Ein Bäcker droht, seine Verkäuferin zu entlassen, wenn sie sich nicht mit seinem Sohn verlobt.
d) Ein Händler verkauft normales Obst als gesunde „Bio-Ware".
e) Die Renovierung einer Konditorei kostet 100 000,00 €. Um Steuern zu sparen, einigen sich Konditor und Handwerker auf eine „offizielle Rechnung" von lediglich 80 000,00 €. Der Konditor will deshalb nur noch 80 000,00 € zahlen.
f) Die 6 Jahre alte Anna holt aus ihrer Spardose 10,00 € und kauft damit Schokolade.

a) anfechtbar wegen arglistiger Täuschung
b) anfechtbar wegen Irrtums
c) anfechtbar wegen widerrechtlicher Drohung
d) anfechtbar wegen arglistiger Täuschung
e) die Rechnung ist nichtig, da sie zum Schein ausgestellt wurde
f) nichtig wegen Geschäftsunfähigkeit

Kaufvertrag

26 Ein Kaufvertrag kommt durch zwei übereinstimmende Willenserklärungen zustande. Wie heißen diese Willenserklärungen?

a) **Antrag** (Angebot, Bestellung)
b) **Annahme** (Bestellung, Bestellungsannahme)

27 Welche Pflichten ergeben sich aus dem Kaufvertrag für Käufer und Verkäufer?

a) **Käufer:**
– Zahlung des Kaufpreises
– Annahme der Ware
b) **Verkäufer:**
– Lieferung und Übereignung der Ware (mangelfrei, rechtzeitig, am rechten Ort)
– Annahme des Kaufpreises

28 Jeder Kaufvertrag besteht aus zwei Teilen, dem *Erfüllungsgeschäft* und dem *Verpflichtungsgeschäft*.
Erklären Sie diese Aussage.

Mit Vertragsabschluss verpflichten sich die Partner zu bestimmten Leistungen (= **Verpflichtungsgeschäft**). Diese müssen dann erfüllt werden (= **Erfüllungsgeschäft**).

29 Welche rechtliche Wirkung hat normalerweise ein Angebot für den Anbieter?

Ein Anbieter ist grundsätzlich an sein Angebot gebunden.

30 Welche Rechtswirkung hat ein Angebot für den Empfänger?

Keine, da er nicht verpflichtet ist, das Angebot anzunehmen.

31 Ist ein Händler verpflichtet, auf Wunsch des Kunden seine Schaufensterauslage zu verkaufen?

Nein, Schaufensterauslagen sind kein Angebot. **Angebote** sind an **bestimmte Personen** gerichtet und nicht an die Allgemeinheit.

32 Nennen Sie drei weitere Beispiele für Kaufaufforderungen, die rechtlich kein Angebot sind.

a) Zeitungsanzeigen
b) Postwurfsendungen
c) Fernsehwerbung
d) Prospekte
e) Newsletter per E-Mail

Wirtschaftskompetenz

33 Wie kann ein Anbieter die Bindung an sein Angebot ausschließen?

Ein Anbieter kann die Bindung an sein Angebot durch **Freizeichnungsklauseln** ausschließen. Beispiele: unverbindlich, so lange Vorrat reicht, Angebot freibleibend

34 Wie lange ist ein Anbieter an sein Angebot gebunden, wenn er es
a) mündlich abgegeben hat,
b) durch einen Brief unterbreitet hat?

a) Ein **mündliches Angebot** gilt nur für die Dauer des Gesprächs.
b) Ein **briefliches Angebot** muss nach ca. einer Woche angenommen werden. (Beförderungsdauer + Überlegungsfrist)

35 Gibt es gesetzliche Formvorschriften für den Abschluss von Kaufverträgen?

Für Kaufverträge gilt im Allgemeinen der Grundsatz der **Formfreiheit**, d. h. sie können mündlich, schriftlich usw. abgeschlossen werden. Ausnahmen:
– *Ratenkäufe* (Schriftform)
– *Grundstückskäufe* (notarielle Beurkundung)

36 Welche wichtigen Angaben sollte ein schriftlicher Kaufvertrag enthalten?

Ein schriftlicher Kaufvertrag sollte enthalten:
– Preis
– Art und Güte der Ware
– Liefertermine, Lieferfristen
– Garantie- bzw. Kundendienstleistungen
– Zahlungsbedingungen
– Verpackungs-, Transportkosten
– Gerichtsstand
– Preisnachlässe

37 Wie muss geliefert werden, wenn die Warenqualität nicht besonders vereinbart wurde?

• Die Ware muss sich für den im Vertrag *vorausgesetzten Verwendungszweck* eignen.
• Wurde keine Verwendung vereinbart, ist die Ware in einer Beschaffenheit zu liefern, wie sie bei gleichartigen Sachen üblich ist.

38 Wer trägt die Verpackungskosten, wenn vertraglich nichts vereinbart wurde?

Die Kosten der *Versandverpackung* trägt der *Käufer,* die *Verkaufsverpackung* geht zu Lasten des *Verkäufers.*

39 Wer trägt die Transportkosten, wenn diesbezüglich keine Vereinbarungen getroffen wurden?

Die *Transportkosten* trägt der *Käufer,* da Warenschulden Holschulden sind.

40 Bei den Zahlungsbedingungen können Rabatt und Skonto vereinbart werden.
a) Unterscheiden Sie diese beiden Begriffe.
b) Wie ist der Abzug solcher Preisnachlässe geregelt, wenn bei Kaufvertragsabschluss hierüber nichts vereinbart wurde?

a) – **Skonto** ist ein Preisnachlass für vorzeitige Zahlung. Beispiel: „Zahlbar in 30 Tagen, bei Zahlung innerhalb 10 Tagen 3 % Skonto".
– **Rabatt** ist ein Preisnachlass, der z. B. gewährt werden kann
  • für Stammkunden (Treuerabatt),
  • bei Mengenabnahme (Mengenrabatt),
  • für Mitarbeiter (Personalrabatt),
  • als Jubiläumsrabatt usw.
b) **Preisabzüge** sind nur möglich, wenn sie vertraglich vereinbart wurden.

41 Erklären Sie folgende Begriffe:
a) Erfüllungsort
b) Gerichtsstand

a) Der **Erfüllungsort** ist der Ort, an dem die vertragsmäßig vereinbarte Leistung zu erbringen ist. Hier gehen Kosten und Risiko auf den Gläubiger über.
b) Der **Gerichtsstand** gibt an, an welchem Gerichtsort bei Vertragsstreitigkeiten Klage erhoben werden muss.

42 Welche Bedeutung haben die folgenden Aussagen?
a) Geldschulden sind Schickschulden.
b) Warenschulden sind Holschulden.

a) Der Käufer erfüllt den Vertrag, wenn er das Geld an seinem Wohnsitz rechtzeitig absendet. Kosten und Gefahr gehen immer zu Lasten des Käufers.
b) Der Verkäufer muss die Ware am Ort seiner Niederlassung bereithalten, der Käufer sie auf eigene Gefahr und Kosten abholen. Lässt er sie durch den Verkäufer zusenden, trägt er das Transportrisiko.

Wirtschaftskompetenz

43 Unterscheiden Sie die Begriffe:
a) Besitz
b) Eigentum

a) **Besitz:**
Besitzer ist jemand, der die tatsächliche Herrschaft über eine Sache hat, z. B. der Mieter einer Wohnung.

b) **Eigentum:**
Eigentümer ist, wer die rechtliche Herrschaft über eine Sache hat. Beispiel: der Vermieter ist Eigentümer einer Wohnung, der Mieter ist Besitzer.

44 In den meisten Kaufverträgen erfolgt die Lieferung unter „Eigentumsvorbehalt". Erklären Sie diesen Begriff.

Eigentumsvorbehalt besagt, dass die gelieferte Ware bis zur vollständigen Bezahlung Eigentum des Verkäufers bleibt. Dem Käufer wird die Ware zwar übergeben, aber er wird zunächst nur ihr Besitzer. Kommt er mit der Zahlung in Verzug, kann der Verkäufer sie zurücknehmen und vom Vertrag zurücktreten, wenn er zuvor erfolglos eine Nachfrist gesetzt hat.

Pflichtverletzungen bei der Erfüllung von Kaufverträgen

45 Welche Mängel können bei einer mangelhaften Lieferung auftreten?

Ein **Sachmangel** liegt vor, wenn die Ware nicht die vertraglich vereinbarte Beschaffenheit hat, also:
– *falsche Ware,* z. B. Kamillentee statt Bronchialtee
– *zu wenig,* z. B. 2 kg Tee statt 5 kg
– *fehlerhafte Ware,* z. B. Kittel mit Löchern
– *schlechte Qualität,* z. B. Nachtcreme riecht ranzig
– *Montagemangel,* z. B. fehlende Montageanleitung oder unsachgemäße Montage
– *nicht eingehaltene Werbeaussagen,* i. B. Benzinverbrauch eines Autos
Ein **Rechtsmangel** wäre z. B. Verkauf eines Autos, das sicherungsübereignet ist.

46 Je nach Sachverhalt kann der Käufer bei einer mangelhaften Lieferung unterschiedliche Rechte in Anspruch nehmen.
a) Nennen Sie diese.
b) Erläutern Sie, in welcher Reihenfolge diese Rechte in Anspruch genommen werden können.

a)
- **Nacherfüllung**
- **Rücktritt vom Vertrag**
- **Minderung** (Preisnachlass)
- **Schadenersatz**

b) **Zuerst** muss der Käufer die **Nacherfüllung** verlangen. Erst wenn diese während einer *angemessenen Frist* fehlschlägt (bei Reparatur zwei Versuche) hat er die Möglichkeit
- vom Kaufvertrag zurückzutreten oder
- den Kaufpreis zu mindern *(Minderung)*
- zusätzlich *Schadenersatz* zu verlangen

47 Wie kann bei einer mangelhaften Lieferung die Nacherfüllung erfolgen?

Der Käufer *kann wählen* zwischen
- der Beseitigung des Mangels (Nachbesserung) und
- der Lieferung einer mangelfreien Sache (Ersatzlieferung)

48 Unter welchen Voraussetzungen kann ein Käufer bei einer mangelhaften Lieferung Schadenersatz verlangen?

Schadenersatz kann **nur** verlangt werden, wenn der Käufer dem Verkäufer erfolglos eine angemessene Frist zur Nacherfüllung gesetzt hat.
Anmerkung: Die Nachfrist ist entbehrlich, wenn besondere Umstände vorliegen, die eine sofortige Geltendmachung des Schadenersatzanspruchs rechtfertigen.

49 Martina erwirbt in einer Boutique eine Bluse. Auf der Verpackung steht, dass das Kleidungsstück waschbar sei. Beim Waschen geht die Bluse ein und färbt auf andere Wäschestücke ab.
Welche Rechte kann Martina beanspruchen?

Da Werbeaussagen nicht eingehalten wurden, liegt ein Sachmangel vor. Sie kann deshalb Nacherfüllung verlangen und zusätzlich Schadenersatz. Da besondere Umstände vorliegen, ist eine Nachfrist für den Schadenersatzanspruch nicht erforderlich.

Wirtschaftskompetenz

50 Erna Pfiffig kauft im Möbelhaus Müller einen Schrank als Sonderangebot zu einem günstigen Preis. Nachdem die Ware beschädigt geliefert wird, setzt sie Herrn Müller eine angemessene Nachfrist für die Lieferung eines mangelfreien Schrankes. Herr Müller weigert sich den Mangel zu beseitigen, da er gerade keinen LKW zur Verfügung habe.

a) Kann Erna Pfiffig vom Vertrag zurücktreten, um den gleichen Schrank anderswo zu kaufen?

b) Als sie versucht, den gleichen Schrank anderswo zu kaufen, muss sie feststellen, dass er überall viel teurer ist als beim Möbelhaus Müller. Kann Erna Pfiffig den Mehrpreis von Herrn Müller verlangen?

a) Ja, da Herr Müller die Nacherfüllung verweigert hat, kann sie vom Vertrag zurücktreten.

b) Da sie erfolglos eine Nachfrist gesetzt hat, kann sie zusätzlich Schadenersatz verlangen, hier: die Erstattung des Mehrpreises.

51 Innerhalb welcher Frist muss bei einer mangelhaften Lieferung bei einem <u>Verbrauchsgüterkauf</u> geprüft und gerügt werden?

Innerhalb von 2 Jahren, dann verjährt die Sachmangelhaftung (Gewährleistung).
Anmerkung: Ein Verbrauchsgüterkauf liegt vor, wenn ein Verbraucher von einem Unternehmer eine bewegliche Sache kauft.

52 Können die Rechte des Käufers bei einer mangelhaften Lieferung eingeschränkt oder abgeändert werden?

Ja, durch „<u>A</u>llgemeine <u>G</u>eschäftsbedingungen" (AGB). Privatverkäufer können die Sachmangelhaftung sogar ganz ausschließen.
Anmerkung: siehe hierzu auch Kapitel Verbraucherbewusstes Verhalten (S. 392 f.)

53 Käufer und Verkäufer, die ihre Verpflichtungen aus einem Kaufvertrag nicht erfüllen, geraten in Verzug. Welche Verzugsarten werden unterschieden?

a) Lieferungsverzug
b) Annahmeverzug
c) Zahlungsverzug

54 Welche Voraussetzungen müssen vorliegen, damit ein Lieferer in Verzug gerät?

a) Die Lieferung muss **fällig** sein.
b) Die Lieferung muss durch eine **Mahnung** angefordert werden und die Mahnung erfolglos bleiben.
Bei kalendermäßig bestimmten Terminen (z. B. Lieferung am 16.10.2019) ist keine Mahnung erforderlich.
c) Es muss ein **Verschulden** des Lieferanten vorliegen.

55 Welche Rechte hat der Käufer beim Lieferungsverzug?

Käuferrechte beim Lieferungsverzug:
a) **Unter Setzung einer Nachfrist** kann der Käufer
  – Lieferung verlangen (Nacherfüllung)
  – Lieferung *und* Schadenersatz wegen verspäteter Lieferung verlangen
b) **Nach Verstreichen einer angemessenen Nachfrist** kann der Käufer
  – die Lieferung ablehnen und vom Vertrag zurücktreten oder
  – Schadenersatz *statt* der Leistung verlangen
  – zusätzlich Schadenersatz verlangen.

56 Wenn der Käufer die ordnungsgemäß gelieferte Ware nicht abnimmt, gerät er in Annahmeverzug.
Welche Rechte kann der Lieferer in diesem Fall in Anspruch nehmen?

Beim **Annahmeverzug** kann der Verkäufer
– die Ware zurücknehmen und vom *Vertrag zurücktreten,*
– die Ware auf Kosten des Käufers *einlagern und auf Abnahme klagen,*
– die Ware öffentlich versteigern lassen (Selbsthilfeverkauf).

57 Welche Rechte hat der Gläubiger bei Zahlungsverzug?

Beim **Zahlungsverzug** kann der Verkäufer
– Zahlung verlangen, auf Zahlung klagen,
– Zahlung und Schadenersatz verlangen,
– nach Ablauf einer *Nachfrist* Schadenersatz wegen Nichterfüllung verlangen und die Ware zurücknehmen,
– nach Ablauf einer *Nachfrist* vom Vertrag zurücktreten und die Ware zurücknehmen.

Wirtschaftskompetenz

Verjährung von Forderungen

58 Erläutern Sie die Wirkung der Verjährung.

> Der Gläubiger kann nach Ablauf der Verjährungsfrist seine Forderung *nicht mehr gerichtlich einklagen.* Der Schuldner kann die Leistung verweigern. Die Forderung besteht aber dennoch weiter.

59 Nennen Sie die wichtigsten Verjährungsfristen und geben Sie die Forderungen an, die in der jeweiligen Frist verjähren.

Wichtige Verjährungsfristen	
30 Jahre	▸ Ansprüche aus einem Erbfall
	▸ vollstreckbare Titel, z. B. Gerichtsurteil
10 Jahre	▸ Ansprüche aus Rechten an Grundstücken, z. B. Kauf, Hypothek, Grundschuld
5 Jahre	▸ Ansprüche aus Mängeln an Bauwerken
3 Jahre	▸ die regelmäßige Verjährungsfrist für alle Ansprüche
2 Jahre	▸ Sachmangelhaftung (Gewährleistungsansprüche) beim Verbrauchsgüterkauf

60 Wodurch kann die Verjährung gehemmt werden? Zählen Sie drei Möglichkeiten auf.

1. Mahnbescheid
2. Klageerhebung
3. höhere Gewalt
4. Verhandlungen über den Anspruch
5. Beginn eines schiedsrichterlichen Verfahrens

61 Welcher Unterschied besteht zwischen Hemmung und Neubeginn der Verjährung?

a) Beim **Neubeginn** fängt die Frist aufs Neue an, beginnend am Tag des Neubeginns.
b) Bei der **Hemmung** ruht der Verjährungsablauf für einen bestimmten Zeitraum. Die Frist verlängert sich um die Dauer der Hemmung. Vom Hemmungsgrund hängt es ab, ob noch eine Nachfrist von 3 oder 6 Monaten hinzugerechnet wird.

62 Wodurch wird ein Neubeginn der Verjährung bewirkt?

Einen Neubeginn der Verjährung bewirkt:
a) Schuldanerkenntnis durch den Schuldner (z. B. durch Abschlagszahlung, Zinszahlung)
b) gerichtliche oder behördliche Vollstreckungshandlungen
c) die Anerkennung von Mängelansprüchen durch Nacherfüllung

63 Herr Köpf vergisst die am 15.3.2019 fällige Zahnarztrechnung.
Wann beginnt und wann endet die Verjährungsfrist?

Beginn: 31.12.2019
Ende: 31.12.2022
*Begründung: Die allgemeine Verjährungsfrist beträgt 3 Jahre, **beginnend ab dem Jahresende**, in dem der Anspruch entstand.*

64 Tanja kauft in einem Fachgeschäft am 16.8.2019 einen Mikrowellenherd.
Wann ist ihr Anspruch auf Sachmangelhaftung (Gewährleistung) verjährt?

Beginn: 16.8.2019
Ende: 16.8.2021
*Begründung: Für Anspruch auf Sachmangelhaftung (Gewährleistung) beträgt die Verjährungsfrist zwei Jahre, beginnend **ab dem Tag der Entstehung des Anspruchs**.*

65 Frau Elster bezahlt die Rechnung für die gelieferten Torten vom 17.6.2018 nicht.
a) Wann wäre die Forderung des Konditormeisters verjährt?
b) Am 1.7.2019 überweist Frau Elster eine Abschlagszahlung.
Welche Auswirkung auf die Verjährung hat diese Abschlagszahlung?

a) *Beginn:* 31.12.2018
   Ende: 31.12.2021
b) Die Verjährung beginnt neu.
   Beginn: 1.7.2019
   Ende: 1.7.2022

Wirtschaftskompetenz

Vertragsarten

66 Geben Sie die Vertragspartner und die wesentlichen Inhalte von folgenden Vertragsarten an:

a) Kaufvertrag
b) Mietvertrag
c) Leihvertrag
d) Pachtvertrag
e) Darlehensvertrag
f) Dienstvertrag

Wichtige Vertragsarten	
Kaufvertrag	**Käufer – Verkäufer** Übereignung von Sachen gegen Bezahlung
Mietvertrag	**Mieter – Vermieter** **Gebrauch** von Sachen **gegen Entgelt**. Rückgabe derselben Sache, z. B. Mietauto.
Leihvertrag	**Leiher – Verleiher** **Gebrauch** von Sachen, **unentgeltlich**. Rückgabe derselben Sache, z. B. Buch aus Leihbücherei.
Pachtvertrag	**Pächter – Verpächter** **Gebrauch** von Sachen + **Ertrag, gegen Entgelt,** Rückgabe derselben Sache, z. B. Pacht eines Gartens.
Darlehensvertrag (Sachdarlehensvertrag)	**Darlehensgeber – Darlehensnehmer** **Verbrauch** von Sachen, entgeltlich oder unentgeltlich. Rückgabe **gleichartiger** (aber anderer) Sachen, z. B. „Ausleihen von fünf Eiern".
Werkvertrag	**Unternehmer – Besteller** Herstellung „eines Werkes" gegen Vergütung, z. B. Autoreparatur.
Dienstvertrag	**Arbeitgeber – Arbeitnehmer** Leistung von Diensten gegen Bezahlung.

67 Wie unterscheiden sich

a) Mietvertrag und Leihvertrag,
b) Mietvertrag und Pachtvertrag?

a) Der *Leihvertrag* ist im Gegensatz zum Mietvertrag *unentgeltlich.*
b) Dem Mieter steht nur der Gebrauch einer Sache zu, dem *Pächter Gebrauch und Ertrag.*

68 Welche Vertragsarten liegen in den folgenden Fällen vor?

a) Herr Baumann bringt sein Auto zur Reparatur.

b) Herr Pfiffig bringt seinem Schneider einen Anzugsstoff, um sich daraus einen Maßanzug schneidern zu lassen.

c) Frau Huber holt sich in der Stadtbücherei ein Buch.

d) Frau Putzig wählt im Einrichtungshaus einen Stoff aus und lässt sich Vorhänge daraus nähen.

e) Ein Rechtsanwalt vertritt seinen Mandanten vor Gericht.

a) Werkvertrag
b) Werkvertrag
c) Leihvertrag
d) Werkvertrag*
e) Dienstvertrag

---

* **Anmerkung:** Hat ein Vertrag die Lieferung und Herstellung beweglicher Sachen zum Gegenstand, dann werden die Vorschriften über den Kaufvertrag angewendet.

Haftung und Schadenersatz

69 Erklären Sie den Begriff „Haftung".

Haftung ist die Verpflichtung einer Person, den Schaden zu ersetzen, den sie durch eigenes Verschulden verursacht hat.

70 Welche wichtigen Haftungsgründe gibt es?

a) **Haftung aus Verträgen**
   – Versicherungsverträge
   – Garantieerklärungen
   – schuldhafte Vertragsverletzung
b) **Haftung nach dem Produkthaftungsgesetz**
c) **Unerlaubte Handlung**

Wirtschaftskompetenz

71 a) Wie haften Minderjährige für unerlaubte Handlungen?

b) Wie haften Eltern für unerlaubte Handlungen ihrer Kinder?

a) – **Minderjährige unter 7 Jahren** haften nicht für verursachte Schäden, da sie *nicht deliktsfähig* sind.

– **Minderjährige von 7 bis 18 Jahren** haften nur dann für verursachte Schäden, wenn sie die erforderliche Einsicht besaßen, d. h. sie sind *beschränkt deliktsfähig.*

– **Kinder**, die am Straßenverkehr teilnehmen, haften erst ab **10 Jahren**. Diese Haftungsbefreiung gilt allerdings nicht, wenn sie absichtlich einen Schaden herbeiführen. Beispiel: Die neunjährige Carola wirft von einer Autobahnbrücke Pflastersteine auf die fahrenden Autos.

b) **Eltern** haften nur, wenn sie ihre Aufsichtspflicht verletzt haben.

72 Welcher Grundsatz gilt für Personen, die zum Schadenersatz verpflichtet sind?

Es gilt der Grundsatz der **Naturalherstellung,** d. h. es muss der Zustand hergestellt werden, der ohne das schädigende Ereignis vorhanden wäre.

73 Nennen Sie Beispiele für Schäden, bei denen statt Naturalherstellung Schadenersatz in Geld möglich ist.

Schadenersatz in Geld ist möglich, z. B. bei

– Totalschaden,
– Wertminderung,
– Verdienstausfall,
– Schmerzensgeld.

Verbraucherbewusstes Verhalten

Verbraucherberatung

1 Erläutern Sie, was man unter Verbraucherschutz versteht.

> Durch den **Verbraucherschutz** soll in erster Linie verhindert werden, dass der Bürger in der modernen Konsumgesellschaft gesundheitliche Schäden erleidet und wirtschaftlich übervorteilt wird.

2 Ein Verbraucher hat verschiedene Möglichkeiten, sich vor dem Kauf einer Ware zu informieren.
Nennen Sie drei davon.

1. Erkundigung bei Fachleuten im Bekanntenkreis
2. Tests der Stiftung Warentest
3. Testberichte in den Massenmedien
4. Fachzeitschriften
5. Ausprobieren (z. B. Probefahrt)

3 Zählen Sie drei verschiedene Institutionen auf, die Verbraucherinteressen vertreten.

1. Verbraucherzentralen
2. Verbraucherverbände wie z. B. der Deutsche Mieterbund
3. Stiftung Warentest
4. Massenmedien

4 Welche Aufgaben nehmen die Verbraucherzentralen wahr?
Verbraucherzentralen:

- vertreten die Verbraucherinteressen gegenüber Staat und Wirtschaft,
- leisten Öffentlichkeitsarbeit durch Veranstaltungen und zahlreiche Informationsschriften,
- unterstützen Verbraucher bei Reklamationen,
- gehen gegen unlauteres Verhalten von Anbietern vor,
- führen Beratungsgespräche z. B. über Wohnen, Einkauf, Ernährung, Energieeinsparung.

Wirtschaftskompetenz

5 Die Verbraucherschutz-
vereine haben verschiedene
Möglichkeiten, um die Verbrau-
cherinteressen zu wahren.
Zeigen Sie dies am Beispiel der
Mieterschutzvereine.

6 In den Medien erfolgt eine
sehr umfangreiche Verbrau-
cherberatung.
Belegen Sie diese Aussage
durch verschiedene Beispiele.

Möglichkeiten der **Mieterschutzvereine**
sind z. B.:
– Rechtsberatung,
– Hilfe bei der Auflösung des Mietver-
   trages,
– Rechtsbeistand bei Gerichtsverfahren.

1. Veröffentlichungen der Stiftung Warentest, z. B. die Zeitschriften „test" und
   „Finanztest", zahlreiche Sonderhefte
2. Broschüren der Verbraucherzentralen
   und Verbraucherverbände
3. Informationsschriften der Ministerien
   von Bund und Ländern, z. B. „Weg-
   weiser für Verbraucher", „Dein Recht
   als Mieter"
4. Tipps von Tageszeitungen
5. Fachzeitschriften, z. B. über Computer
   oder Autos
6. Verbrauchersendungen in Fernsehen
   und Hörfunk, z. B. WISO, Plusminus

Verbraucherschutzgesetze

7 Zählen Sie fünf wichtige
Verbraucherschutzbestimmun-
gen auf.

Wichtige Verbraucherschutzbestimmungen
– **BGB (Bürgerliches Gesetzbuch)** Es enthält z. B. Regelungen zu „Haus-türgeschäften", Ratenkauf, Fernabsatz-verträgen, allgemeinen Geschäftsbe-dingungen und Verbraucherkrediten
– **Gesetz gegen unlauteren Wettbewerb (UWG)**
– **Produkthaftungsgesetz**
– **Preisangabenverordnung**
– **Mess- und Eichgesetz**
– **Lebensmittelinformations-verordnung**
– **EU-Textilkennzeichnungs-verordnung**
– **Verbraucherinformationsgesetz (VIG)**

8 Zählen Sie vier gesetzliche Warenkennzeichnungsvorschriften auf.

1. Lebensmittelinformationsverordnung
2. Mess- und Eichgesetz
3. Preisangabenverordnung
4. EU-Textilkennzeichnungsverordnung
5. Qualitätsklassen (Handelsklassen)

9 Welche Waren werden nach Handelsklassen gekennzeichnet und angeboten?

Alle wichtigen Obst- und Gemüsesorten, Eine niedrigere Handelsklasse macht sich im Preis bemerkbar.

10 Durch Güte- und Prüfzeichen werden Mindestanforderungen für die Sicherheit und Qualität der betreffenden Waren festgelegt.
Nennen Sie fünf solcher Zeichen.

1. Wollsiegel
2. Weinsiegel
3. Deutsche Markenbutter
4. DIN-Zeichen
5. VDE (Verband Deutscher Elektrotechniker)
6. GS geprüfte Sicherheit (für technische und elektrische Geräte)
7. CE-Zeichen (wenn Mindestsicherheitsnormen der EU erfüllt werden)

11 Welche wichtigen Angaben müssen auf Fertigpackungen angebracht werden, in denen Lebensmittel enthalten sind?

1. Verkehrsbezeichnung
2. Anschrift des Herstellers
3. Verzeichnis der Zutaten (Inhaltsstoffe) in der Reihenfolge des Mengenanteils
4. allergene Stoffe
5. Füllmenge
6. Mindesthaltbarkeitsdatum
7. Los- bzw. Chargennummer zur Rückverfolgung bei Packungen ohne Mindesthaltbarkeitsdatum
8. Nährwerttabelle

12 Welche Produkte dürfen mit dem nachfolgend abgebildeten Zeichen gekennzeichnet werden und wie wird dieses Zeichen genannt?

Besonders umweltfreundliche Produkte dürfen mit dem **Umweltzeichen** gekennzeichnet werden, z. B. wiederverwertbare Umverpackungen bei biologisch abbaubarem Inhalt.

Wirtschaftskompetenz

13 **Mit welchen Angaben müssen Textilerzeugnisse nach der EU-Textilkennzeichnungs-verordnung gekennzeichnet werden?**

Der Verbraucher muss deutlich erkennen können, welche Rohstoffe in welcher Menge das Textilerzeugnis enthält (z. B. 75 % Baumwolle, 25 % Polyester).

14 **Nennen Sie drei wichtige Regelungen der Preisangaben-verordnung.**

Regelungen der **Preisangaben-verordnung:**
- Ausgestellte Waren müssen mit einer deutlichen Preisangabe versehen sein.
- Preise für Dienstleistungen (z. B. Friseur, Gaststätten) müssen in Schau-fenstern oder Schaukästen ausge-hängt sein.
- Heranfahrende Kraftfahrer müssen von der Straße aus die Kraftstoffpreise der Tankstellen deutlich erkennen können.
- Kreditverträge müssen den „effekti-ven Jahreszins" enthalten.
- Die angegebenen Preise müssen End-preise sein, d.h. inkl. Mehrwertsteuer.
- Bei Waren, die noch abgewogen wer-den, müssen die Preise in 100 g oder 1 000 g angegeben werden.

15 **Welche Absicht verfolgt das „Gesetz gegen den unlauteren Wettbewerb" (UWG)?**

Es soll Verbraucher vor dem wettbe-werbswidrigen Verhalten einzelner Anbieter schützen.

16 **Welche Handlungen eines Anbieters sind nach dem UWG verboten?**

Nach dem **UWG** sind verboten:
- **Unlautere Werbung,** die z. B.
  - beim Käufer *Angst* verursacht
  - *Konkurrenten anschwärzt* und ver-unglimpft.
  - *fremde Geschäfts-, Waren-, oder Firmenzeichen benutzt.*
- **Irreführende Werbung,** z. B.
  - *irreführende Angaben* über Ursprung, Herstellungsart und Preis der Ware.
  - *irreführende Angaben* über den Ver-kaufsanlass, z. B. Räumungsverkauf wegen Umbau, obwohl nur eine Wand gestrichen wird.   →

▷ *Fortsetzung der Antwort* ▷

– *Mondpreiswerbung,* unangemessen kurze Zeit wird ein besonders hoher Preis angesetzt, nur um ihn mit viel Getöse wieder herabzusetzen.
– *Lockvogelangebote,* sie liegen vor, wenn die beworbene Ware nicht mindestens zwei Tage vorrätig ist.
– *Werbung mit Selbstverständlichkeiten* wie „Wir geben 2 Jahre Garantie".
• **Unzumutbar belästigende Werbung** hierzu zählen
– Anrufe beim Verbraucher zu Hause, E-Mails, Fax oder SMS
– Zusenden unbestellter Waren
– unangemeldete Hausbesuche
– belästigendes Ansprechen auf der Straße, ohne dass der Werbende sofort als solcher zu erkennen ist.

|17| **Fernabsatzverträge** Welches besondere Recht kann ein Verbraucher nach dem BGB (Bürgerlichen Gesetzbuch) in Anspruch nehmen, wenn er einen Fernabsatzvertrag abschließt?

Bestellungen per Katalog, Brief, Internet oder Telefon können innerhalb von 14 Tagen zurückgeschickt werden. Dieses Widerrufsrecht gilt auch bei „Haustürgeschäften" (nicht möglich ist ein Widerruf bei Internetauktionen sowie Lieferung von Speisen und Getränken, z. B. Pizzaservice). Die Kosten der Rücksendung kann der Verkäufer dem Käufer auferlegen. Der Käufer muss den Widerruf nicht begründen. Er muss ihn aber unmissverständlich erklären, d. h., es genügt nicht, die Ware nur zurückzuschicken. Dafür kann der Widerruf auch mundlich oder per E-Mail erfolgen.

|18| **Elektronischer Geschäftsverkehr (e-commerce)** Schließen Kunden elektronisch Verträge (i. d. R. im Internet), schützt sie das BGB durch besondere Regelungen. Nennen Sie diese.

Nach den Bestimmungen über den **elektronischen Geschäftsverkehr** muss der Unternehmer
1. sicherstellen, dass Eingabefehler vor Abgabe der Bestellung erkannt und berichtigt werden können.
2. dem Kunden die Möglichkeit einräumen, Vertragsbedingungen und   →

Wirtschaftskompetenz

▷ *Fortsetzung der Antwort* ▷

allgemeine Geschäftsbedingungen nicht nur am Bildschirm abzurufen, sondern diese auch problemlos auf den eigenen PC zu überspielen und zu speichern.

3. den Eingang der Bestellung unverzüglich mit elektronischer Post bestätigen.

Verstößt der Händler gegen eine der drei Bedingungen, dann verlängert sich das 14-tägige Widerrufsrecht um 1 Jahr, d. h. der Kunde kann innerhalb von 1 Jahr und 14 Tagen den Vertrag widerrufen.

19 Beurteilen Sie die folgenden Fälle und geben Sie an, gegen welche Vorschrift dabei gegebenenfalls verstoßen wurde.

a) Die Brauerei Pichler verkauft ihr Bier unter dem Werbeslogan: „Das beste Bier der Welt!"

b) In einem Supermarkt hängt folgendes Angebotsplakat:

c) Eine Bäckerei bietet konventionelle Brötchen als Bioware an.

d) Sie erhalten von einem Versandhaus für 45 € unbestellt einen Pullover zugeschickt.

a) verboten nach UWG

b) verboten nach der Preisangabenverordnung

c) verboten nach UWG

d) verboten nach UWG

20 Wie soll das Produkthaftungsgesetz den Verbraucher vor fehlerhaften Waren schützen?

Durch das **Produkthaftungsgesetz** wird der Hersteller verpflichtet, den Schaden zu ersetzen, der durch ein fehlerhaftes Produkt entstanden ist. Dabei haftet der Hersteller verschuldensunabhängig, d. h., es ist unerheblich, ob ihn ein Verschulden trifft oder nicht.

21 Welche Waren werden nicht vom Produkthaftungsgesetz erfasst?

1. Arzneimittel
2. landwirtschaftliche Rohprodukte

22 Wie hoch ist nach dem Produkthaftungsgesetz die Selbstbeteiligung bei einem Sachschaden?

Die Selbstbeteiligung beträgt 500 €.

23 Welches besondere Recht kann ein Käufer bei einem Ratenkauf (Teilzahlungsgeschäft) in Anspruch nehmen?

Einen **Ratenkauf** kann der Käufer innerhalb von 14 Tagen ohne Angabe von Gründen *mündlich, schriftlich oder per E-Mail* widerrufen.

24 Wie sollten Sie den Widerruf eines Ratenkaufs oder eines Fernabsatzvertrages zustellen?

Aus Gründen der Beweisbarkeit empfiehlt sich die Versendung als Einschreiben.

25 Bei einem Ratenkauf ist der Verkäufer verpflichtet, dem Käufer bestimmte Angaben mitzuteilen. Nennen Sie diese.

– Barzahlungspreis
– Teilzahlungspreis
– Anzahl, Höhe und Fälligkeit der Raten
– effektiver Jahreszins
– deutliche Belehrung über das Widerrufsrecht (2. Unterschrift)

26 Welche Vorteile sprechen für den Ratenkauf?

a) Sofortige Verfügbarkeit der Ware
b) Widerrufsmöglichkeit innerhalb von 14 Tagen
c) gleichmäßige Verteilung der Zahlungsbelastung
d) Möglichkeit, Sonderangebote auszunützen

27 Nennen Sie drei mögliche Nachteile beim Ratenkauf.

1. Zinsbelastung
2. kein Skontoabzug möglich
3. zusätzliche Belastung z. B. durch Risikolebensversicherung oder Provisionen
4. die Dauer der Ratenzahlung kann die Nutzungsdauer der Ware übersteigen

Wirtschaftskompetenz

28 Haustürgeschäfte
Welche besonderen Rechte räumt das BGB (Bürgerliche Gesetzbuch) einem Kunden ein, der ein sogenanntes „Haustürgeschäft" abschließt?

Außerhalb von Geschäftsräumen geschlossene Verträge („Haustürgeschäfte") können innerhalb von 14 Tagen ohne Angabe von Gründen durch eindeutige Erklärung schriftlich, mündlich oder per E-Mail widerrufen werden.

29 **Welche Geschäfte fallen unter den Begriff „Haustürgeschäfte"?**
Nennen Sie zwei Beispiele.

„Haustürgeschäfte" entstehen durch überraschendes Ansprechen des Kunden am Arbeitsplatz, an der Wohnung, bei Kaffeefahrten, bei Freizeitveranstaltungen, auf der Straße. Vereinfacht: **Außerhalb von Geschäftsräumen geschlossene Verträge.**

30 **Nennen Sie drei Beispiele für Geschäfte, die <u>nicht</u> unter die Regelungen des BGB über den Widerruf von Haustürgeschäften fallen.**

1. Kunde hat den Vertreter selbst bestellt
2. bei Versicherungsverträgen*
3. bei Bagatellgeschäften (unter 40 €)
Anmerkung: Hier gibt es ein spezielles Widerrufsrecht von 14 bzw. 30 Tagen nach dem Versicherungsvertragsgesetz.

31 Allgemeine Geschäftsbedingungen
Erläutern Sie, was man unter „allgemeinen Geschäftsbedingungen" (AGB) versteht.

AGB sind vorformulierte Vertragsklauseln. Sie gelten für alle Verträge, die der betreffende Geschäftsmann abschließt, und enthalten meist Abänderungen der gesetzlichen Bestimmungen (BGB).

32 **Weshalb wurden in das BGB zahlreiche Bestimmungen zur Regelung der allgemeinen Geschäftsbedingungen aufgenommen?**

Durch die AGB änderten viele Geschäftsleute die gesetzlichen Regelungen zu ihren Gunsten ab und übervorteilten sodie Kunden.

33 **Zählen Sie drei wesentliche Regelungen auf, die das BGB zur Regelung der „allgemeinen Geschäftsbedingungen" (AGB) enthält.**

1. AGB werden nicht automatisch Vertragsbestandteil. Der Kunde muss darauf hingewiesen werden, sie zur Kenntnis nehmen können und sie akzeptieren.
2. Das „Kleingedruckte" muss mühelos lesbar und verständlich sein.
3. Unangemessen lange Lieferfristen sind nicht zulässig.
4. Überraschende Klauseln sind unzulässig.

▷ *Fortsetzung der Antwort* ▷

5. Preiserhöhungen dürfen frühestens 4 Monate nach Vertragsabschluss erfolgen.
6. Die gesetzlichen Sachmangelhaftungsfristen dürfen nicht verkürzt werden.
7. Bei mangelhafter Lieferung gilt grundsätzlich das BGB. Vorbehaltene Nachbesserungen müssen kostenlos erfolgen.

34 **Vier Wochen nach Lieferung des Teppichbodens erscheint der Händler bei Frau Huber, um den Teppichboden zu reinigen. Als diese sich weigert, erklärt er, dass er aufgrund seiner allgemeinen Geschäftsbedingungen berechtigt sei, monatlich eine vergütungspflichtige Reinigung durchzuführen.**
Wie beurteilen Sie den Fall?

Überraschende Klauseln sind nach dem BGB (Bürgerlichen Gesetzbuch) unzulässig.

Folgen von Zahlungsverzug

35 **Wann gerät ein Schuldner in Zahlungsverzug?**

Zahlungsverzug liegt vor,
a) wenn zum fest vereinbarten Zahlungstermin nicht gezahlt wurde,
b) wenn innerhalb der vereinbarten Zahlungsfrist nicht gezahlt wurde,
c) wenn der Gläubiger nach Eintritt der Fälligkeit mahnt und diese Mahnung erfolglos bleibt,
d) spätestens nach Ablauf von 30 Tagen seit Zugang einer Rechnung.
Anmerkung: Siehe auch S. 379 Zahlungsverzug

36 **Nennen Sie die wichtigsten Schritte des außergerichtlichen Mahnverfahrens.**

Zahlungserinnerung
↓
1. Mahnung
↓
2. Mahnung mit Androhung gerichtlicher Maßnahmen

Wirtschaftskompetenz

37 Zahlt ein Schuldner nicht, so kann er auf Veranlassung des Gläubigers durch das Gericht zur Zahlung aufgefordert werden.
Nennen Sie die genaue Bezeichnung für diese gerichtliche Zahlungsaufforderung.

Mahnbescheid

38 Welche Möglichkeit hat der Gläubiger, wenn der Mahnbescheid erfolglos bleibt?

Er kann einen **Vollstreckungsbescheid** beantragen.

39 Wie wird ein Gläubiger verfahren, wenn der Schuldner auf den Vollstreckungsbescheid nicht reagiert?

Er wird nach Ablauf der Einspruchsfrist (14 Tage) vom Gerichtsvollzieher die **Zwangsvollstreckung** durchführen lassen.

40 Wie kann ein Schuldner auf einen Mahnbescheid reagieren?

a) *Er zahlt* – das Verfahren ist beendet.
b) *Er erhebt Widerspruch* – auf Antrag Gerichtsverhandlung.
c) *Er reagiert nicht* – Gläubiger kann Vollstreckungsbescheid beantragen.

41 Wie kann ein Schuldner auf einen Vollstreckungsbescheid reagieren?

a) *Er zahlt* – das Verfahren ist beendet.
b) *Er erhebt Einspruch* – von Amts wegen Gerichtsverhandlung.
c) *Er reagiert nicht* – Gläubiger kann Zwangsvollstreckung durchführen lassen.

42 Welches Gericht ist für den Erlass eines Mahnbescheids zuständig?

Das für den Gläubiger zuständige Amtsgericht.

43 Welche Möglichkeit hat der Gläubiger bei einer erfolglosen Zwangsvollstreckung?

Er kann verlangen, dass der Schuldner ein Vermögensverzeichnis aufstellt und darüber eine **eidesstattliche Versicherung** abgibt. Bei Verweigerung kann er **Beugehaft** beantragen.

44 Wie wird die Zwangsvoll-streckung durchgeführt?

Der Gerichtsvollzieher pfändet den pfändbaren Teil des Vermögens des Schuldners.

45 Wie läuft eine Sachpfän-dung ab?

Der Gerichtsvollzieher beschlagnahmt die zu pfändenden Gegenstände, indem er sie mitnimmt oder ein Pfandsiegel anbringt.

46 Wie werden die gepfände-ten Gegenstände verwertet?

Die gepfändeten Gegenstände wer-den öffentlich versteigert, wobei der Schuldner mitsteigern darf. Den Erlös der Versteigerung erhält bis zur Höhe seiner Forderung der Gläubiger. Eventuelle Mehrerlöse bekommt der Schuldner.

47 Bestimmte Gegenstände sind unpfändbar.
Geben Sie hierzu zwei Beispiele.

1. Gegenstände für eine einfache Lebensführung, z. B. Bett, Fernseher, Herd
2. Gegenstände für die Berufsausübung, z.B. die Geige eines Musikers
3. Teile des Einkommens

48 Ein Zivilprozess kann auf verschiedene Weise beendet werden.
Wie enden die folgenden Verfahren?
a) Der Kläger erscheint nicht zur Verhandlung.
b) Die Parteien einigen sich.
c) Der Kläger erkennt, dass er keinen Erfolg haben wird.
d) Jede Partei ist überzeugt von ihrer Position.

a) Versäumnisurteil (Klage wird abgewiesen)
b) Vergleich
c) Zurücknahme der Klage
d) Urteil

Wirtschaftskompetenz

Umgang mit Geld

Zahlungsmöglichkeiten

1 Man unterscheidet drei verschiedene Zahlungsarten. Erläutern Sie kurz deren Merkmale.

a) **Barzahlung:**
Es wird mit Bargeld bezahlt; weder Zahler noch Zahlungsempfänger benötigen ein Konto.
Beispiele: persönliche Geldübergabe, Geldversand der Postbank, Wertbrief, Express-Brief

b) **Halbbare Zahlung:**
Da ein Teil der Zahlung bargeldlos abläuft, muss entweder der Zahler oder der Zahlungsempfänger über ein Girokonto verfügen.
Beispiele: Zahlschein, Barscheck, Nachnahme.

c) **Bargeldlose Zahlung:**
Die Zahlung erfolgt vollkommen bargeldlos, von Konto zu Konto, deshalb müssen Zahler und Zahlungsempfänger jeweils über ein Girokonto verfügen.
Beispiele: Überweisung, Verrechnungsscheck, Dauerauftrag, Lastschrift.

2 In welchen Fällen ist die Barzahlung sinnvoll?

a) Bei alltäglichen Geschäften über niedrige Beträge.
b) Wenn weder Zahlungsempfänger noch Zahler ein Girokonto haben.
c) Bei Zweifeln an der Zahlungswilligkeit oder Zahlungsfähigkeit

3 Worauf sollte bei jeder Barzahlungsform geachtet werden?

Auf die Aushändigung einer *Quittung* bzw. eines Zahlungsbeleges.

4 Welche Barzahlungsbelege kennen Sie?

Barzahlungsbelege sind
- Kassenzettel,
- quittierte Rechnung,
- Quittung,
- Einlieferungsschein des Express-Briefes oder des Geldversands der Postbank.

5 Welche Angaben müssen aus einer Quittung unbedingt ersichtlich sein?

1. Name des Zahlers
2. Zahlungsbetrag
3. Zahlungsgrund
4. Datum der Zahlung
5. Empfangsbestätigung
6. Unterschrift des Zahlungsempfängers

6 Wann ist eine Zahlung mit Express-Brief, Wertbrief oder mit Geldversand der Postbank sinnvoll?

Bequeme Barzahlungsmöglichkeit, wenn Zahlungsempfänger und Zahler nicht am gleichen Ort wohnen und kein Girokonto besitzen.

7 Welche Nachteile sehen Sie in der Zahlung durch Express-Brief, Wertbrief oder Geldversand der Postbank?

Die Gebühren sind wesentlich höher als bei anderen Zahlungsarten.

8 Welche Voraussetzungen müssen gegeben sein, damit man am halbbaren oder am bargeldlosen Zahlungsverkehr teilnehmen kann?

Man muss über ein **Girokonto** verfügen bei Banken oder Sparkassen.

9 Heutzutage verfügt nahezu jedermann über ein Girokonto. Nennen Sie vier Leistungen, die ein Kontoinhaber in Anspruch nehmen kann.

1. Durchführen von Überweisungen, Daueraufträgen, Lastschriften usw.
2. Zahlen oder Geld abheben mit Karten
3. Spardaueraufträge mit gleichem Betrag oder mit Beträgen in wechselnder Höhe (als Abschöpfung der am Monatsende verbleibenden Restbeträge)
4. Kreditgewährung
5. Teilnahme am Scheckverkehr

Wirtschaftskompetenz

10 **Welche Voraussetzungen muss man in der Regel erfüllen, um ein Girokonto zu eröffnen?**

Wer ein Girokonto eröffnen will, muss
– volljährig sein (bei Minderjährigen müssen die gesetzlichen Vertreter zustimmen),
– seinen Personalausweis vorlegen,
– die Geschäftsbedingungen der Bank anerkennen,
– seine Unterschrift zu Prüfzwecken hinterlegen.

11 **Wozu dient der Kontoauszug?**

a) Er informiert über den aktuellen Kontostand.
b) Er zeigt die Einzahlungen und Auszahlungen auf.
c) Er dient als Kontrolle des gesamten Zahlungsverkehrs, da alle Kontoauszüge fortlaufend nummeriert sind.

12 **Wie erfolgt die Zahlung mit Zahlschein?**

Der Schuldner zahlt das Geld bei einer Bank oder Sparkasse *bar* mit einem **Zahlschein** ein. Dem Zahlungsempfänger wird der Betrag auf dem Girokonto gutgeschrieben. Bei der Einzahlung muss eine Gebühr entrichtet werden.

13 **In welchen Fällen ist ein Geldeinzug durch Nachnahme sinnvoll?**

a) Häufig sollen Waren nur gegen sofortige Bezahlung ausgehändigt werden wie z. B. beim Versandhandel.
b) Um nicht bezahlte Rechnungen bar einzuziehen.

14 **Welche wichtigen Angaben müssen bei einem SEPA-Überweisungsformular eingetragen werden?**

a) Name und Anschrift von Zahlungsempfänger und Zahler
b) **IBAN** (internationale 22-stellige Bankkontonummer) von Zahlungsempfänger und Zahler; sie genügt bei nationalen Überweisungen
c) **BIC** (Bank-Code der Empfängerbank), bei Überweisungen ins Ausland erforderlich
d) Überweisungsbetrag in Euro
e) Datum
f) Unterschrift des Zahlers

15 Die folgende Abbildung zeigt ein verkleinertes SEPA-Überweisungsformular, wie es bei den meisten Banken verwendet wird.
Geben Sie an, wer die einzelnen Teile erhält.

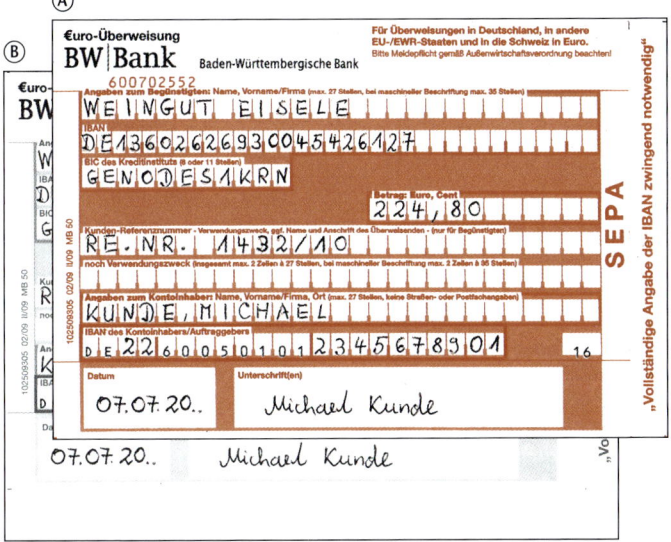

Ⓐ verbleibt bei der Bank als Auftragsbeleg.
Ⓑ verbleibt als Zahlungsbeleg beim Zahler.

16 Welche Vorteile sehen
Sie in der Einrichtung eines
Dauerauftrages?

a) Sicherheit, dass die Zahlung nicht
vergessen wird.
b) Arbeitserleichterung, da für die
Zahlungen nur einmalig ein Formular,
nämlich der Dauerauftrag, ausgefüllt
werden muss.

17 In welchen Fällen ist die
Einrichtung eines Dauerauftrages sinnvoll?

Wenn an denselben Zahlungsempfänger
länger gleich bleibende Zahlungen geleistet werden müssen.
Beispiele: Miete, Rundfunkgebühren,
Vereinsbeiträge, Zeitungsabonnements.

Wirtschaftskompetenz

18 Wann ist eine Zahlung nach dem Lastschriftverfahren (Einzugsermächtigung) empfehlenswert?

Wenn wiederkehrende Zahlungen in *wechselnder Höhe* an den gleichen Zahlungsempfänger geleistet werden müssen. Beispiel: Telefonrechnung.

19 Wie können Sie gegen einen überhöht abgebuchten Lastschriftbetrag vorgehen?

Bei einer unberechtigten Abbuchung muss die Bank den Betrag zurückbuchen, wenn der Kontoinhaber die Belastung nicht anerkennt, und zwar kostenlos. Der Widerspruch gegen eine unberechtigte Abbuchung muss vom Kontoinhaber nicht begründet werden. Einsprüche, die innerhalb von 8 **Wochen** nach einer unberechtigten Abbuchung erfolgen, werden von den Banken immer akzeptiert.

20 Welche Voraussetzungen müssen gegeben sein, damit man Zahlungen mit Scheck begleichen kann?

1. Volljährigkeit
2. der Zahler muss ein Girokonto besitzen
3. das Girokonto muss ein Guthaben oder einen bewilligten Kredit aufweisen
4. gültige Scheckformulare

21 Welcher Unterschied besteht zwischen einem Verrechnungsscheck und einem Barscheck?

a) **Verrechnungsscheck:** Ein Verrechnungsscheck darf nicht bar ausgezahlt werden. Der Scheckbetrag wird auf dem Konto des Überbringers *gutgeschrieben.*
b) **Barscheck:** Der Überbringer erhält den Scheckbetrag am Schalter des Kreditinstituts *bar ausbezahlt.*

22 Wie kann ein Barscheck zu einem Verrechnungsscheck gemacht werden?

Indem man in der Regel in die linke obere Ecke des Schecks „Nur zur Verrechnung" einträgt. Diese Eintragung ist unwiderruflich.

23 Weshalb gilt die Zahlung mit Verrechnungsschecks als besonders sicher?

Der Verrechnungsscheck wird nicht bar ausbezahlt, sondern nur auf dem Konto des Einreichers gutgeschrieben. Da nachvollzogen werden kann, wem er gutgeschrieben wurde, ist eine missbräuchliche Verwendung fast ausgeschlossen.   →

Anmerkung: In letzter Zeit werden zunehmend gestohlene Verrechnungsschecks eingelöst, vor allem auf ausländischen Girokonten, die mit gefälschten Papieren eröffnet wurden. Für den Zahler ist das Geld verloren, denn er trägt das Risiko der Übermittelung. Verbraucherzentralen und Banken warnen deshalb davor, Verrechnungsschecks in einfachen Briefen zu verschicken.

24 Teilen Sie die Ziffern in der nachfolgenden Scheckabbildung nach folgenden Gesichtspunkten ein:
a) gesetzliche Bestandteile des Schecks
b) kaufmännische Bestandteile des Schecks

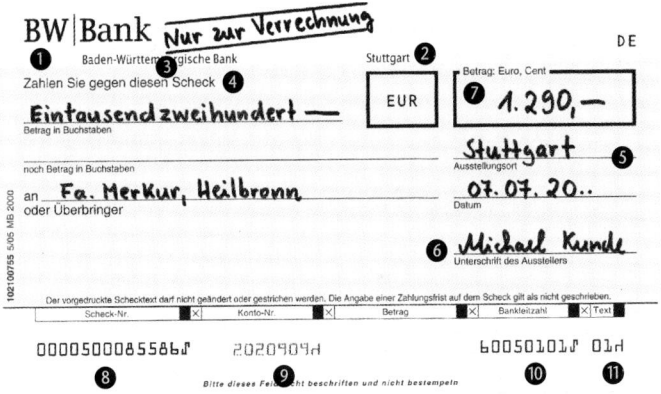

a) **Gesetzliche Bestandteile:**

❶ Bezogenes Geldinstitut
❷ Zahlungsort
❸ Wort „Scheck" im Text der Urkunde
❹ die unbedingte Anweisung, eine bestimmte Geldsumme zu zahlen
❺ Tag und Ort der Ausstellung
❻ Unterschrift des Ausstellers

b) **kaufmännliche Bestandteile:**

❼ Scheckbetrag in Ziffern
❽ Schecknummer
❾ Kontonummer
❿ Bankleitzahl
⓫ Codierzeile

Wirtschaftskompetenz

25 Wenn Sie den Scheck aus Aufgabe [24] betrachten, werden Sie feststellen, dass der Betrag in Ziffern von dem Betrag in Worten abweicht. Welchen Betrag wird die Bank auszahlen?

Bei Abweichungen ist der Betrag in Worten maßgebend (gesetzlicher Bestandteil).

26 Ein Kunde möchte seine Einkäufe mit Scheck bezahlen. Der Verkäufer ist nur bereit, Bargeld anzunehmen. Ist der Käufer verpflichtet, mit Bargeld zu bezahlen, oder kann er auf Scheckzahlung bestehen?

Nein, er muss bar bezahlen, da ein Scheck kein gesetzliches Zahlungsmittel ist.

Zahlung mit Karten

27 Welche Nutzungsmöglichkeiten ermöglichen Girokarten?

a) In Verbindung mit einer persönlichen Geheimzahl kann mit ihnen an allen ec-Geldautomaten Bargeld abgehoben werden.
b) Die Karten ermöglichen verschiedene Formen der bargeldlosen Zahlung.

28 Die nachfolgende Abbildung zeigt eine weitere bargeldlose Zahlungsmöglichkeit.
a) Wie wird sie genannt?
b) Erläutern Sie kurz den Zahlungsvorgang.

29 Die nachfolgenden Abbildungen weisen auf verschiedene Zahlungsmöglichkeiten mit Karten hin.
Geben Sie an, wie die einzelnen Zahlungsmöglichkeiten genannt werden.
Geben Sie außerdem an, wie jeweils der Zahlungsvorgang erfolgt.

a) **Kreditkarte**
b) – Der Zahler hat bei einer Kreditkartengesellschaft, die seine Kreditkarte ausstellt, ein Konto.
  – Zur Zahlung legt er die Kreditkarte vor.
  – Der Zahlungsempfänger reicht die Rechnung mit Unterschrift und Angaben des Zahlers bei der Kartengesellschaft ein.
  – Die Kartengesellschaft zahlt den Betrag abzüglich einer Provision aus.
  – Der Zahler erhält in der Regel monatlich eine Abrechnung von der Gesellschaft über die bezahlten Beträge.

❶ Electronic cash
Zahlung mit:
Girokarte + Geheimzahl

❷ Maestro (= electronic cash weltweit)
Zahlung mit:
Girokarte + Geheimzahl

❸ ELV (**E**lektronisches **L**astschriftverfahren ⇒ ohne Zahlungsgarantie)
Zahlung mit:
Girokarte + Unterschrift

❹ Geldkarte
Zahlung mit:
aufladbarer Geldkarte

❺ Kreditkarte
Zahlung mit:
Kreditkarte + Unterschrift

Wirtschaftskompetenz

30 Welche Ausrüstung benötigen Sie, wenn Sie Ihre Bankgeschäfte mit Homebanking bzw. Internetbanking erledigen möchten?

– einen Telefon- bzw. DSL-Anschluss
– einen PC
– entsprechende Software
– ein Modem
– oder: Smartphone/Tablet-PC mit entsprechender App

31 Welche Zahlungsmöglichkeiten halten Sie in den folgenden Fällen für besonders sinnvoll?
a) Kauf eines Buches
b) monatliche Wohnungsmiete
c) monatliche Telefonrechnung
d) Kauf eines Farbfernsehgerätes
e) Begleichung der Malerrechnung

a) **Barzahlung**, da es sich um einen geringen einmaligen Betrag handelt.
b) **Dauerauftrag**, da eine wiederkehrende Zahlung in *gleichbleibender* Höhe vorliegt.
c) **Lastschriftverfahren (Einzugsermächtigung)**, da es sich um eine wiederkehrende Zahlung in *schwankender* Höhe handelt.
d) **Electronic cash, Kreditkarte oder Barscheck**, da es sich um einen größeren Geldbetrag handelt. Aus Sicherheitsgründen trägt man größere Geldbeträge nicht mit sich herum.
e) Überweisung, da einmalig ein höherer Betrag gegen Rechnung bezahlt werden muss.

32 Einem Lieferanten sollen 140 € bezahlt werden, wobei Sie lediglich seine Anschrift kennen.
Geben Sie zwei Zahlungsvorschläge.

a) Geldversand der Postbank
b) Zahlung mit Express-Brief
c) Zusendung eines Verrechnungsschecks

Kaufkraftschwankungen

33 Erläutern Sie, was man unter der Kaufkraft des Geldes versteht.

Die **Kaufkraft** (Geldwert) gibt an, welche Gütermenge man für einen bestimmten Geldbetrag kaufen kann.

34 Welche Auswirkung auf die Kaufkraft haben
a) steigende Preise,
b) sinkende Preise?

a) Steigen die Preise, sinkt die Kaufkraft.
b) Sinken die Preise, steigt die Kaufkraft.

35 Wie kann der Wert des Geldes (Kaufkraft) gemessen werden?

Um die Kaufkraft zu messen, werden Messzahlen (Indizes) verwendet, welche Preisveränderungen anzeigen. Der wichtigste Index für die Verbraucher ist der vom statistischen Bundesamt ermittelte **Verbraucherpreisindex** (Preisindex für die Lebenshaltung).

36 Wie kommt der Preisindex für die Lebenshaltung zustande?

In einem „*Warenkorb*" werden die Konsumausgaben von Durchschnittshaushalten zusammengefasst. Die Preise in einem bestimmten Jahr, dem *Basisjahr*, setzt man gleich 100. Dann ermittelt man, was derselbe Warenkorb in den folgenden Monaten oder Jahren kostet. Preisänderungen vor und nach dem Basisjahr werden in Prozent ausgedrückt.

37 Wann spricht man von *Inflation* und wann von *Deflation*?

a) **Inflation:**
   Kaufkraftverlust (Geldentwertung), da die Geldmenge schneller wächst als die Gütermenge.
b) **Deflation:**
   Kaufkraftzunahme (steigender Geldwert), da die Geldmenge langsamer wächst als die Gütermenge.

38 Wie wirkt sich eine Inflation auf die Bürger aus? Zählen Sie mindestens drei Auswirkungen auf.

Inflation bedeutet
– steigende Preise,
– abnehmende Kaufkraft,
– Abnahme der effektiven Schuldenlast,
– Entwertung von Sparguthaben.

39 Nennen Sie drei Auswirkungen einer Deflation für die Bürger.

Deflation bedeutet
– sinkende Preise,
– zunehmende Kaufkraft,
– Zunahme der effektiven Schuldenlast,
– Sparguthaben gewinnen an Wert.

40 Weshalb sind Sparer und Gläubiger besonders stark von einer Inflation betroffen?

a) Die Kaufkraft der Ersparnisse nimmt ab.
b) Das ausgeliehene Geld hat bei der Rückzahlung einen geringeren Wert.

Wirtschaftskompetenz

41 Wie versucht die Bevölkerung eine Entwertung ihrer Ersparnisse zu vermeiden?

Die Ersparnisse werden in Sachwerten angelegt. Beispiele: Häuser, Gold, Grundstücke, Aktien

42 Wer hat in den Ländern der Währungsunion darauf zu achten, dass die Kaufkraft des Geldes erhalten bleibt?

Die Europäische Zentralbank (EZB). Die Hauptaufgabe der EZB ist die Sicherung der Preisstabilität.

43 Seit 1999 ist der Euro (€) die Währung der Bundesrepublik Deutschland sowie die Währung der Mitgliedstaaten der Währungsunion.
Erläutern Sie diese Aussage.

Der Euro (€) ist das alleinige gesetzliche Zahlungsmittel. Er muss angenommen werden zur Bezahlung einer Schuld, *Banknoten* unbegrenzt, *Münzen* begrenzt (max. 50 Stück).

44 Wer hat das Recht zur Ausgabe von
a) Eurobanknoten,
b) Euromünzen?

a) Eurobanknoten: die EZB
b) Euromünzen: die einzelne Regierung des jeweiligen Mitgliedslandes

45 Erläutern Sie, was man unter einem Wechselkurs versteht.

Der **Wechselkurs** gibt den Außenwert einer Währung an, nämlich wie viele Einheiten einer ausländischen Währung auf einen € entfallen, z. B. 1,09 Schweizer Franken für einen €.

46 Wo werden Wechselkurse gebildet?

An den Devisenbörsen.

47 Man unterscheidet feste und flexible (freie) Wechselkurse.
Erklären Sie diese Begriffe.

a) **Feste Wechselkurse:**
Es existieren amtlich festgelegte Kurse (Umtauschverhältnisse), die für einen längeren Zeitraum gelten und auf die sich die beteiligten Staaten geeinigt haben. Beispiel: Europäisches Währungssystem (EWS) sowie dessen Nachfolger, der Wechselkursmechanismus II (WKM II)
b) **Flexible Wechselkurse:**
Der Kurs (Umtauschverhältnis) wird an den Devisenbörsen laufend neu bestimmt durch Angebot und Nachfrage (sog. Floaten).

48 Welche Vorteile bieten feste Wechselkurse?

a) Keine heftigen Kursschwankungen, denn starke Kursschwankungen haben große Auswirkungen auf Einfuhr (Import) und Ausfuhr (Export).
b) Sichere Kalkulation bei Aus- und Einfuhren.

49 Wer gehört derzeit dem Wechselkursmechanismus II (WKM II) an?

Dänemark

50 Für welche weiteren Länder wird der Wechselkursmechanismus II zukünftig von erheblicher Bedeutung sein?

Von den bis 2013 neu in die EU eingetretenen Ländern gehören folgende noch nicht dem WKM II an: Bulgarien, Kroatien, Polen, Rumänien, Tschechien und Ungarn. Sie müssen mindestens 2 Jahre dem WKM II angehört haben, damit sie an der Währungsunion teilnehmen können.

51 Dänemark gehört dem Wechselkursmechanismus II (WKM II) an. Deshalb darf sich der Kurs der dänischen Krone gegenüber dem Euro nur in einem festgelegten Rahmen bewegen.
Ordnen Sie auf der nachfolgenden Abbildung den Zahlen 1-4 die folgenden Begriffe zu und erklären Sie deren Bedeutung.
– Parität
– Bandbreite
– Oberer Interventionskurs
– Unterer Interventionskurs

1 = Parität
Amtlich festgelegter Wechselkurs zwischen den Währungen der Mitgliedsländer. Bezugsgröße: Euro
2 = Bandbreite
Die Währungskurse der Mitgliedsländer des WKM II dürfen von der Parität nur innerhalb bestimmter Grenzen nach oben oder unten abweichen. Diesen Bereich nennt man Bandbreite.
3 = Oberer Interventionskurs
Obere Grenze der Bandbreite. Droht der Kurs einer Mitgliedswährung diese Grenze zu überschreiten, sind die Notenbanken der übrigen Mitgliedsländer zu Interventionen (zum Eingreifen) verpflichtet.
→ Sie müssen die betreffende Währung verkaufen, um den Kurs zu drücken.
4 = Unterer Interventionskurs
Untere Grenze der Bandbreite. Droht der Kurs einer Mitgliedswährung diese Grenze zu unterschreiten, sind die Notenbanken der übrigen Mitgliedsländer zu Interventionen (zum Eingreifen) →

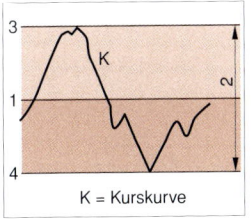

K = Kurskurve

Wirtschaftskompetenz

▷ *Fortsetzung der Antwort* ▷

verpflichtet. Sie müssen die betreffende Währung kaufen, um den Kurs zu stützen.

52 Angenommen, der Wechselkurs des Euro würde gegenüber dem US-Dollar ansteigen. Welche Auswirkungen hat dieser Anstieg für
a) deutsche Amerikaurlauber?
b) einen Importeur von arabischem Rohöl, der seine Öleinfuhren mit US-Dollars bezahlen muss?
c) eine deutsche Automobilfabrik, die ihre Autos in die USA exportiert?

a) **Amerikaurlauber:** Der Urlaub wird billiger, da die Reise-Dollars mit weniger Euro bezahlt werden müssen.
b) **Rohölimporteur:** Die Öleinfuhr wird billiger, da weniger Euro aufgewendet werden müssen für den Dollarbetrag, mit dem das Öl bezahlt werden muss.
c) **Exporteur:** Käufer in den USA bezahlen ihre Autos in Dollars, der Exporteur erhält beim Umtausch weniger Euro. Um den gleichen Euro-Betrag zu erhalten, muss er seine Preise in den USA erhöhen. Mögliche Folge: Rückgang des Exports.

53 Gehen Sie von der Bundesrepublik Deutschland aus und untersuchen Sie, in welchen Fällen der Wechselkurs des Euro steigt und in welchen Fällen der Wechselkurs sinkt.
a) Exporte werden teurer
b) Importe werden teurer
c) Auslandsreisen werden teurer
d) Auslandsreisen werden billiger

a) Wechselkurs steigt
b) Wechselkurs sinkt
c) Wechselkurs sinkt
d) Wechselkurs steigt

54 Zählen Sie drei Vorteile auf, die für eine einheitliche europäische Währung sprechen.

1. Verluste durch Wechselkursschwankungen entfallen
2. Grenzüberschreitende Investitionen werden erleichtert
3. Kosten für den Umtausch in verschiedene Währungen entfallen
4. Preisvergleiche z. B. im Internet werden erleichtert.

55 Am 1. Januar 2002 wurden die Euro-Banknoten und Euro-Münzen eingeführt.
a) In welchen Ländern ist heute (2019) der Euro gesetzliches Zahlungsmittel?
b) Welche EU-Länder haben an der Währungsunion nicht teilgenommen und stattdessen ihre nationalen Währungen behalten?

a) Belgien, Deutschland, Estland, Finnland, Frankreich, Griechenland, Irland, Italien, Lettland, Litauen, Luxemburg, Malta, Niederlande, Österreich, Portugal, Slowakei, Slowenien, Spanien, Zypern
b) Dänemark, Großbritannien*, Schweden
   Anmerkung: siehe auch Frage 50, S. 407

---

* Großbritannien will bis spätestens 31.10.2019 aus der EU austreten.

56 Wie sollte sichergestellt werden, dass nur stabile Währungen an der Währungsunion teilnehmen?

In einem **Stabilitätspakt** verpflichteten sich die Mitgliedsländer der Währungsunion, bestimmte Grenzen bei der *Staatsverschuldung,* der *Haushaltsverschuldung,* dem *Preisanstieg* und dem *Zinsniveau* nicht zu überschreiten. Beispiele: Jährliche Neuverschuldung höchstens 3 % des Bruttoinlandsprodukts (BIP), gesamte Staatsverschuldung höchstens 60 % des BIP.
Anmerkung: Auch nach Eintritt in die Währungsunion muss ein Land diese Grenzen einhalten, andernfalls muss es „Strafe" zahlen.

57 Erläutern Sie, was man unter der Eurokrise versteht.

Die Einhaltung der Stabilitätskriterien wurde in der Vergangenheit nicht konsequent durchgesetzt. Deshalb konnten einige Euroländer so viele Schulden anhäufen, dass sie sich keine neuen Kredite mehr leisten können. Weil die Geldgeber Angst haben, das Geld nicht zurückzuerhalten, sind auch die Zinsen für diese Länder gestiegen. Da die Anleger befürchten, dass sich die Pleite eines Eurolandes auf die Währung Euro und die anderen Euroländer auswirkt, spricht man von der **Eurokrise.**

58 Welche Euroländer haben derzeit (August 2019) Probleme mit ihren Schulden?

Zu den Staaten mit den größten Problemen gehören derzeit Griechenland, Portugal, Irland, Zypern und Italien. $\rightarrow$

Wirtschaftskompetenz

▷ *Fortsetzung der Antwort* ▷

Aber auch Länder wie Frankreich werden von den internationalen Ratingagenturen bereits kritisch beobachtet.

59 Welche Maßnahmen der Euroländer sollen dazu beitragen, die Eurokrise zu lösen?

1. Die EZB kauft niedrig verzinste Staatsanleihen verschuldeter Eurostaaten auf.
2. Der „**Dauerhafte Europäische Rettungsschirm (ESM)**" soll als neugegründete Gesellschaft überschuldeten Ländern mit günstigen Krediten helfen.
3. In einem **Fiskalpakt** haben sich die Eurostaaten verpflichtet, eine Schuldenbremse in ihre Verfassung aufzunehmen und strengere Stabilitätskriterien einzuhalten. Bei deren Verletzung sollen automatisch drastische Geldbußen fällig werden. **Anmerkung:** Mit Ausnahme Großbritanniens erklärten sich auch die Nichteuroländer der EU dazu bereit, am Fiskalpakt teilzunehmen.

Sparen

60 Sparer können unter verschiedenen Sparformen wählen.
Nennen Sie mindestens vier Beispiele.

1. Sparbuch
2. Termineinlagen (Festgeld)
3. festverzinsliche Wertpapiere
4. Aktien
5. Investmentzertifikate
6. Versicherungssparen
7. Bausparen

61 Von welchen Gesichtspunkten sollte die Wahl der Anlageform abhängig gemacht werden?

Die Wahl der Sparform hängt ab von:

- **Ertrag (Rendite)**
- **Risiko**
- **Verfügbarkeit**
- **Steuerersparnis** wegen staatlicher Förderung der Sparform, z. B. Bausparen, Beteiligungssparen, Immobilien

62 Welcher Zusammenhang besteht normalerweise zwischen Verfügbarkeit, Ertrag und Risiko einer Geldanlage?

a) Bei Geldanlagen mit hoher Verzinsung ist die Verfügbarkeit beschränkt.
b) Geldanlagen mit großem Ertrag haben ein vergleichsweise hohes Risiko.

63 Bei einem normalen Sparbuch werden die Einlagen nicht hoch verzinst.
Weshalb ist es dennoch die verbreitetste Sparform?

Wegen der schnellen Verfügbarkeit des Geldes. Innerhalb eines Kalendermonats können je nach Bank zwischen 1 500 und 2 000 € abgehoben werden, höhere Beträge müssen normalerweise 3 Monate vorher gekündigt werden. Welche Kündigungsfrist letztendlich gilt, hängt von den *allgemeinen Sparbedingungen* der jeweiligen Bank ab.

64 Womit muss ein Sparer rechnen, der ein normales Sparbuch besitzt und kurzfristig 3 000 € abheben möchte?

Für den Betrag, der den monatlich zulässigen Abhebungsbetrag übersteigt, wird das Kreditinstitut Vorschusszinsen berechnen.

65 Welchen Vorteil bringt dem Sparbuchinhaber eine vereinbarte längere Kündigungsfrist?

Bei vereinbarten Kündigungsfristen (z. B. 6 Monate, 1 Jahr, 2 Jahre) werden höhere Zinsen gezahlt.

66 Wie ist die Verfügbarkeit von
a) Termineinlagen,
b) Aktien,
c) festverzinslichen Wertpapieren?

a) **Termineinlagen** sind für die gesamte Laufzeit von 1, 3, 6 oder 12 Monaten festgelegt.
b) **Aktien** können an jedem Börsenhandelstag zum Tageskurs verkauft werden.
c) **Festverzinsliche Wertpapiere** können an jedem Börsenhandelstag zum Tageskurs verkauft werden.

67 Welches Risiko gehen Sie ein, wenn Sie Ihre Ersparnisse anlegen in:
a) Sparbriefen,
b) festverzinslichen Wertpapieren,
c) Aktien?

a) **Sparbriefe:** kein Risiko
b) **Festverzinsliche Wertpapiere:** Kursverluste – aber auch Kursgewinne – sind möglich, falls vor Fälligkeit verkauft wird.
c) **Aktien:** Kursverluste und Kursgewinne sind möglich. In Extremfällen kann es zu einem Totalverlust kommen.

Wirtschaftskompetenz

68 Erläutern Sie, was man unter festverzinslichen Wertpapieren versteht.

Festverzinsliche Wertpapiere sind Urkunden. Ihr Aussteller verpflichtet sich, das erhaltene Geld dem Käufer des Wertpapiers zu einem bestimmten Zeitpunkt zurückzuzahlen und bis dahin einen vereinbarten Zinssatz zu entrichten. Beispiele: Pfandbriefe, Kommunalobligationen, Anleihen des Bundes.

69 Von welchen Faktoren hängt die Rendite (wirklicher Ertrag) eines festverzinslichen Wertpapiers ab?

a) Vom *Nominalzins* (auf dem Wertpapier angegebener Zins)
b) vom *Anschaffungskurs* (Kurswert beim Kauf)
c) von der *Laufzeit*
d) vom *Rückzahlungskurs*

70 Bei Aktien kann man erhebliche Kursverluste erleiden. Festverzinsliche Wertpapiere sind dagegen sichere Geldanlagen.
Stimmen diese Aussagen?

Mit einer **Aktie** beteiligt man sich an einer Unternehmung, ihrem Vermögen und ihren Fähigkeiten. Ändert sich beispielsweise deren Ertragsaussicht, verschlechtert sich der Kurs, teilweise unter den Einstandskurs. Bei **festverzinslichen Wertpapieren** gibt man dem Aussteller des Papiers einen Kredit. Dieser wird nach Ablauf der vereinbarten Laufzeit in voller Höhe zurückgezahlt. Während der Laufzeit kann es zu Kursschwankungen kommen, wenn der Kapitalmarktzins gegenüber dem Wertpapierzins steigt oder fällt. An der 100%igen Endauszahlung des Nennbetrages ändert sich jedoch nichts.

71 Welche Gewinnmöglichkeiten bietet eine Aktie normalerweise dem Aktionär?

a) Dividende (Gewinnanteil)
b) evtl. Kursgewinne bei Verkauf
c) Bezugsrechte bei Kapitalerhöhungen

72 Weshalb haben Investmentzertifikate geringere Kursschwankungen als Aktien?

Der Wertpapierbestand der Investmentfonds ist breit gestreut.

412

73 Welchem Zweck dient das Bausparen?

Der Bausparer erhält ein zinsgünstiges Darlehen, das zum Kauf, zur Renovierung oder zum Bau eines Hauses oder einer Wohnung verwendet werden kann.

74 Welchen Zweck hat das Versicherungssparen?

Private Zukunftsvorsorge

75 Kapitaleinkünfte, die den Freibetrag von 801 € übersteigen, unterliegen der Abgeltungssteuer.
a) Wie viel Prozent beträgt die Abgeltungssteuer?
b) Wie wird die Abgeltungssteuer erhoben?

Stand: 1.1.2019

a) Die **Abgeltungssteuer** beträgt 25 %.
b) Die Bank behält die Steuer ein und führt sie an das Finanzamt ab. **Die Folge:** Der Sparer muss die Kapitaleinkünfte nicht mehr in der Einkommensteuererklärung angeben. Sparer, deren persönlicher Einkommensteuersatz unter 25 % liegt, erhalten zu viel gezahlte Abgeltungssteuer zurück, wenn sie eine Steuererklärung abgeben.

76 Ein Sparer möchte seinen Freibetrag in Anspruch nehmen. Wie muss er verfahren, damit seine Bank die Abgeltungssteuer nicht einbehält?

Stand: 1.1.2019

Der Sparer muss seiner Bank einen **Freistellungsauftrag** erteilen. Wer sein Geld bei mehreren Banken angelegt hat, muss mehrere Freistellungsaufträge erteilen. Deren Summe darf den Freibetrag jedoch nicht übersteigen (Ledige 801 €, Verheiratete 1 602 €).

77 Welche Sparformen werden staatlich gefördert?

a) Beteiligungssparen (= Kauf von Beteiligungspapieren wie z. B. Aktien)
b) Bausparen
c) Mitarbeiterbeteiligungsfonds

78 Welche Einkommensgrenzen gelten für die staatliche Sparförderung
a) beim Bausparen,
b) beim Beteiligungssparen?

Stand: 1.1.2019

a) Bausparen: 25 600 € zu versteuerndes Einkommen bei Ledigen, 51 200 € bei Verheirateten
b) Beteiligungssparen: 20 000 € zu versteuerndes Einkommen bei Ledigen, 40 000 € bei Verheirateten.

Wirtschaftskompetenz

79 Welche Sparleistungen fördert der Staat durch steuerfreie Arbeitnehmersparzulagen?

———————

Stand 1.1.2019

a) Bausparen, jährlich höchstens 9 % von 470 € (Ledige)
b) Beteiligungssparen, jährlich höchstens 20 % von 400 € (Ledige).

80 Welche zusätzliche Förderung gewährt der Staat für das Bausparen?

———————

Stand 1.1.2019

8,8 %ige Bausparprämie von höchstens 512 € bei Ledigen (1 024 € Verheiratete)

Kreditvertrag

81 Welches sind die bedeutendsten Kreditarten für Privatleute?

a) Dispositionskredit
b) Anschaffungsdarlehen (Konsumentenkredit)
c) Hypothekendarlehen

82 Erläutern Sie, was man unter einem Dispositionskredit versteht und welche Vorteile er einem Kreditnehmer bietet.

Dispositionskredit:
Der Kreditnehmer kann sein Girokonto überziehen, z. B. bis zum einfachen oder doppelten Monatseinkommen.
Vorteile:
– jederzeitige Zahlungsfähigkeit
– ein besonderer Kreditvertrag wird nicht benötigt
– Zinsen fallen nur an, solange überzogen ist
– jede Einzahlung vermindert die Kreditsumme

83 Ute will für 2000 € einen Gebrauchtwagen kaufen. Sie überlegt, ob sie den Wagen durch einen Überziehungskredit (Dispositionskredit) oder durch ein zweijähriges Anschaffungsdarlehen (Konsumentenkredit) finanzieren soll. Wozu würden Sie raten?

Zinsen für Überziehungskredite sind relativ hoch, bei längeren Laufzeiten sind Anschaffungsdarlehen (Konsumentenkredit) günstiger.

84 Wozu werden Hypothekendarlehen benötigt?

In der Regel um den Bau bzw. den Kauf von Häusern oder Eigentumswohnungen zu finanzieren.

85 Nennen Sie vier mögliche Sicherheiten, die eine Bank für eine Kreditgewährung verlangen könnte.

1. Sicherungsübereignung
2. Lohn- und Gehaltsabtretung
3. Bürgschaft
4. Grundschuld, Hypothek
5. Verpfändung von Wertpapieren, Schmuck usw.

86 Erläutern Sie, was man unter einer Sicherungsübereignung versteht.

Eine Sache (z. B. gekauftes Auto) wird zur Sicherheit vertraglich dem Kreditinstitut übereignet, der Schuldner darf sie jedoch weiter benutzen. Werden die Zahlungsverpflichtungen nicht erfüllt, nimmt der Gläubiger die Sache in Besitz, verkauft sie und deckt dadurch seine Forderung.

87 Mit Hilfe der *Schufa* prüft die Bank die Kreditwürdigkeit, bevor sie einen Kreditvertrag eingeht.
Erklären Sie diese Aussage.

Träger der **Schufa** sind Kreditinstitute und Einzelhandelsunternehmen. Bei der Schufa (Schutzgemeinschaft für allgemeine Kreditsicherung) werden in Anspruch genommene Kredite gespeichert. Wird ein gewährter Kredit nicht zurückbezahlt, dann wird dies ebenfalls bei der Schufa registriert. Anhand der Informationen der Schufa gewinnen die Kreditinstitute einen ersten Eindruck, ob ein Kreditnehmer in der Lage ist, einen Kredit zurückzuzahlen.

88 Durch das BGB (Bürgerliches Gesetzbuch) sollen Verbraucher vor Übervorteilung geschützt werden, wenn sie einen Kredit aufnehmen, der 200 € übersteigt.
Nennen Sie die wichtigsten Bestimmungen für diesen Verbraucherdarlehensvertrag (Verbraucherkredit).

1. Kreditverträge müssen schriftlich abgeschlossen werden.
2. Dem Kreditnehmer müssen bestimmte Mindestangaben gemacht werden (z. B. Nominalzins, Effektivzins, Gesamtbetrag der Raten, Nebenkosten, Sicherheiten usw.).
3. Kreditverträge können innerhalb von 14 Tagen ohne Angabe von Gründen schriftlich widerrufen werden.

Wirtschaftskompetenz

89 Erläutern Sie, was man unter dem *effektiven Jahreszins* versteht.

Damit man verschiedene Angebote besser vergleichen kann, müssen Kreditinstitute den **effektiven Jahreszins** angeben. Er enthält die tatsächliche Belastung (Zinsen, Restschuldversicherungen, Provisionen usw.). Beispiel: Ein Kredit mit niedrigem Zins und hohen Nebengebühren kann sehr teuer sein, umgekehrt kann ein Kredit mit höherem Zins und niedrigen Nebengebühren sehr günstig sein.

Nach der EU-Verbraucherkreditrichtlinie müssen Kreditinstitute den Effektivzins für die <u>voraussichtliche Gesamtlaufzeit</u> eines Darlehens ermitteln. Nur, wer weiß schon, wie das Zinsniveau in 30 oder 45 Jahren sein wird? So können die Institute den Zinssatz für die Restlaufzeit (nach der vereinbarten Zinsbindung) z. B. extrem niedrig schätzen. So niedrig, dass der Effektivzinssatz sogar unter dem Sollzins liegt. Da solche Angebote realitätsfremd sind, sollte man sich zusätzlich Beispielrechnungen geben lassen und nach einem Tilgungsplan fragen. Nur so sind Hypothekenkredite mit langen Laufzeiten vergleichbar.

90 Heutzutage ist es relativ einfach, sich Konsumwünsche mithilfe von Krediten zu erfüllen.
Welche Gefahren sind mit der Aufnahme von Konsumentenkrediten für den Kreditnehmer verbunden?

a) Man kann durch lange Krankheit oder Arbeitslosigkeit unerwartet in Zahlungsschwierigkeiten kommen.
b) Man kann sich finanziell „übernehmen", d. h. der größte Teil des monatlich zur Verfügung stehenden Arbeitsentgelts muss für Kreditraten verwendet werden.

91 Wie sollte ein Kreditnehmer vorgehen, wenn er unerwartet in finanzielle Schwierigkeiten gerät?

1. Er sollte zunächst mit seinem Kreditinstitut eine Verlängerung der Laufzeit des Kredits vereinbaren. Dadurch könnte die monatliche Belastung gesenkt werden.
2. Er könnte Freunde und Verwandte um Hilfe bitten.
3. Überall gibt es Schuldnerberatungsstellen, an die man sich wenden kann.
4. Er sollte keine Kreditverträge bei einem „Kredithai" unterschreiben.

92 Mehr als drei Millionen Haushalte sind überschuldet. Das neue *Insolvenzrecht* bietet für viele Überschuldeten einen Ausweg aus der Schuldenfalle. Weshalb sollte die Möglichkeit einer Privatinsolvenz nur als allerletzter Schritt gewählt werden?

Abgewickelte Privatinsolvenzen werden bei der Schufa und anderen Auskunfteien registriert. Die Folge: die von ihren Schulden befreite Privatperson verliert zwar ihre Schulden, gleichzeitig aber auch ihre Kreditwürdigkeit, selbst Jahre später wird sie Mühe haben einen neuen Kredit zu erhalten. Viele Banken werden die Eröffnung eines Girokontos ablehnen oder zumindest keine Scheckformulare, Kreditkarten und Girokarten ausstellen. Mobilfunkunternehmen werden keinen „Handy-Vertrag" abschließen.

Wirtschaftskompetenz

Grundlagen des Arbeitsrechts

Einzelarbeitsvertrag

1 Schon vor Abschluss eines Arbeitsvertrages haben die Vertragspartner bestimmte Pflichten.
a) Nennen Sie die wichtigsten Pflichten des Bewerbers.
b) Nennen Sie die wichtigsten Pflichten des Einstellenden.

a) **Pflichten des Bewerbers:**
  – wahrheitsgemäße Auskunft über seine Qualifikation, z. B. darf eine Bäckereiverkäuferin nicht verschweigen, dass sie eine Mehlallergie hat
  – Lohnpfändungen mitteilen
b) **Pflichten des Einstellenden:**
  – diskreter Umgang mit den Bewerbungsunterlagen
  – Verbot bestimmter Fragen, z. B. nach Religions-, Partei- oder Gewerkschaftszugehörigkeit, nach Schwangerschaft, Vorstrafen oder Gesundheit
  – Kostenersatz, wenn er den Bewerber zum Vorstellungsgespräch eingeladen hatte

2 Welche Unterlagen gehören zu den üblichen Bewerbungsunterlagen?

Die üblichen Bewerbungsunterlagen bilden
  – Bewerbungsschreiben,
  – Lebenslauf mit Bewerbungsfoto,
  – Schulzeugnisse,
  – Nachweis der Berufsausbildung z. B. Gesellenbrief,
  – Arbeitszeugnisse.

3 Welche Unterlagen gehören zu den Arbeitspapieren, die ein Arbeitnehmer seinem Arbeitgeber aushändigen muss?

Arbeitspapiere:
  – Steueridentifikationsnummer und Geburtsdatum (erforderlich für Abruf der Besteuerungsmerkmale),
  – Sozialversicherungsausweis,
  – Urlaubsbescheinigungen,
  – evtl. Abschriften von Zeugnissen und anderen Qualifikationen.
  – Mitgliedsbescheinigung der gewählten Krankenkasse

4 Benötigen Bürger aus einem Mitgliedsland der Europäischen Union (EU) eine Arbeitserlaubnis, wenn sie in einem anderen EU-Land einen Arbeitsvertrag abschließen wollen?

Nein, innerhalb der gesamten EU können Arbeitnehmer ohne besondere Arbeitserlaubnis Arbeitsverträge eingehen.

5 Gibt es für den Abschluss eines Arbeitsvertrags bestimmte Formvorschriften?

Der Abschluss eines Arbeitsvertrages ist **formfrei**, d. h. er kann mündlich, schriftlich oder durch schlüssiges Handeln zustande kommen.
Allerdings trat 1995 das sogenannte *Nachweisgesetz* in Kraft. Seither muss jeder Arbeitgeber die wesentlichen Vertragsinhalte schriftlich festhalten, die Niederschrift unterschreiben und dem Arbeitnehmer aushändigen.

6 Welche Vertragsinhalte muss ein schriftlicher Arbeitsvertrag enthalten?
Geben Sie fünf Punkte an.

1. Personalien der Vertragspartner
2. Art der Arbeit
3. Beginn des Arbeitsvertrages
4. Dauer des Jahresurlaubs
5. Kündigungsfristen
6. Höhe des Verdienstes
7. Tages- oder Wochenarbeitszeit

7 Beim Abschluss eines Arbeitsvertrages müssen zahlreiche Gesetze und Vorschriften beachtet werden. Nennen Sie mindestens fünf davon.

1. Bürgerliches Gesetzbuch
2. Handwerksordnung
3. Jugendarbeitsschutzgesetz
4. Mutterschutzgesetz
5. Arbeitszeitgesetz
6. Kündigungsschutzgesetz
7. Bundesurlaubsgesetz
8. Gewerbeordnung
9. Nachweisgesetz
10. Tarifvertrag
11. Betriebsvereinbarung

8 Arbeitgeber und Arbeitnehmer gehen mit dem Arbeitsvertrag bestimmte Pflichten ein. Nennen Sie jeweils drei davon.

a) **Pflichten des Arbeitgebers:**
   – Vergütungspflicht
   – Beschäftigungspflicht
   – Fürsorgepflicht
   – Zeugnispflicht

→

Wirtschaftskompetenz

▷ *Fortsetzung der Antwort* ▷

b) Pflichten des Arbeitnehmers:
- Pflicht zur Arbeitsleistung
- Sorgfaltspflicht
- Schweigepflicht
- Gehorsamspflicht
- Wettbewerbsverbot

9 **An einer Maschine fehlt die vorgeschriebene Schutzvorrichtung. Dadurch wird ein Arbeitnehmer schwer verletzt. Gegen welche Vertragspflicht wurde verstoßen und welche rechtlichen Folgen können sich ergeben?**

Es wurde gegen die *Fürsorgepflicht* verstoßen. Mögliche Folgen:
- fristlose Kündigung durch den Arbeitnehmer
- Bußgelder von Berufsgenossenschaft und Gewerbeaufsichtsamt
- Schadenersatzforderungen

10 **Worin unterscheidet sich ein <u>einfaches</u> von einem <u>qualifizierten</u> Arbeitszeugnis?**

a) Ein **einfaches Zeugnis** informiert nur über die Art und die Dauer der Beschäftigung.

b) Ein **qualifiziertes Zeugnis** enthält zusätzlich Informationen über Leistungen, Führung, besondere Kenntnisse und Fähigkeiten des Arbeitnehmers. Deshalb verlangen fast alle Arbeitgeber ein qualifiziertes Arbeitszeugnis.

11 **Wodurch kann ein Arbeitsverhältnis beendet werden?**

a) Durch *Zeitablauf*

b) durch *Aufhebungsvertrag*

c) durch *schriftliche Kündigung**

12 **Unterscheiden Sie zwischen <u>ordentlicher</u> und <u>außerordentlicher</u> Kündigung.**

a) Die **ordentliche Kündigung** erfolgt unter Einhaltung einer **Kündigungsfrist.**

b) Die **außerordentliche Kündigung** erfolgt fristlos aus wichtigem Grund, z. B. Diebstahl, Beleidigung.

---

* Seit 1. Mai 2000 sind nur schriftliche Kündigungen gültig.

13 **Welche gesetzliche Kündigungsfrist gilt für alle Arbeitnehmer?**

Für alle Arbeitnehmer gilt eine einheitliche Kündigungsfrist von 4 Wochen zum 15. eines Monats oder zum Monatsende[1].

[1] Längere Fristen gelten für langjährige Mitarbeiter. Diese Fristen sind aber nur für den Arbeitgeber verbindlich, sofern der Tarifvertrag keine abweichenden Regelungen enthält.

14 **Langjährige Mitarbeiter können längere Kündigungsfristen beanspruchen. Nennen Sie diese verlängerten gesetzlichen Kündigungsfristen.**

Betriebs-zugehörigkeit	verlängerte Kündigungsfristen
ab 2 Jahren	**1 Monat** zum Monatsende
ab 5 Jahren	**2 Monat**e zum Monatsende
ab 8 Jahren	**3 Monat**e zum Monatsende
ab 10 Jahren	**4 Monat**e zum Monatsende
ab 12 Jahren	**5 Monat**e zum Monatsende
ab 15 Jahren	**6 Monat**e zum Monatsende
ab 20 Jahren	**7 Monat**e zum Monatsende

15 **Eine Arbeitnehmerin erhält am 10. Mai die Kündigung. Wann ist ihr letzter Arbeitstag?**

Der letzte Arbeitstag ist der 15. Juni, da bis zum Monatsende nicht die erforderliche Kündigungsfrist von 4 Wochen erreicht wird.

16 **Nennen Sie drei Personengruppen, die einen besonderen Kündigungsschutz genießen.**

1. Werdende Mütter
2. Schwerbehinderte
3. Auszubildende
4. Betriebsratsmitglieder

17 **Begründen Sie die Notwendigkeit des besonderen Kündigungsschutzes am Beispiel eines Betriebsratsmitgliedes.**

Nur ein Betriebsrat, der keine Kündigung befürchten muss, kann seine Aufgaben uneingeschränkt wahrnehmen.

Wirtscnaftskompetenz

18 Welche Voraussetzungen müssen vorliegen, damit ein Arbeitnehmer Rechte aus dem Kündigungsschutzgesetz geltend machen kann?

1. Der Arbeitnehmer muss dem Betrieb länger als 6 Monate angehören.
2. Der Betrieb muss mehr als 5 Arbeitnehmer beschäftigen und mehr als 10 bei Neueinstellungen.

19 Welche Unterlagen erhält ein entlassener Arbeitnehmer von seinem Arbeitgeber?

1. Zeugnis
2. Sozialversicherungsnachweise
3. Urlaubsbescheinigung
4. evtl. Ausgleichsquittung
5. Lohnsteuerbescheinigung

20 Wozu dient die Ausgleichsquittung?

Eine Ausgleichsquittung wird vom Arbeitgeber und vom Arbeitnehmer unterschrieben. Beide bescheinigen sich darin gegenseitig, dass sie keine Forderungen (z. B. Urlaub, Lohn, Arbeitskleidung) mehr haben.

Tarifverträge

21 Weshalb wird ein Tarifvertrag auch als kollektiver Arbeitsvertrag bezeichnet?

Da der Tarifvertrag Löhne und Arbeitsbedingungen für Arbeitnehmer ganzer Wirtschaftszweige regelt, nennt man ihn auch einen kollektiven Arbeitsvertrag.

22 Wer schließt Tarifverträge ab?

Tarifverträge werden zwischen den Gewerkschaften und den Arbeitgeberverbänden abgeschlossen.

23 Man unterscheidet grundsätzlich zwei verschiedene Tarifvertragsarten.
a) Nennen Sie diese.
b) Geben Sie die wesentlichen Merkmale jeder Art an.
c) Weshalb wurde diese Unterscheidung vorgenommen?

a) Man unterscheidet:
   – den Mantel- oder Rahmentarifvertrag
   – den Lohn- bzw. Gehaltstarifvertrag
b) Der **Manteltarifvertrag** regelt die Arbeitsbedingungen wie z. B.: Urlaub, Urlaubsgeld, Arbeitszeit, Kündigungsfristen, Pausen, soziale Leistungen, Mehrarbeit
   Der **Lohntarifvertrag** regelt die Höhe der Entlohnung.

→

▷ *Fortsetzung der Antwort* ▷

c) Manteltarifverträge haben eine mehr-
jährige Laufzeit, Lohntarife gelten
in der Regel nur ein Jahr. Durch die
Aufteilung müssen bei der jährlichen
Lohnanpassung die Rahmenbedin-
gungen nicht jedes Mal neu verhandelt werden.

24 Erklären Sie folgende
Begriffe aus dem Tarifvertrags-
recht.
a) Tarifautonomie
b) Friedenspflicht
c) Unabdingbarkeit des Tarifvertrages
d) Allgemeinverbindlichkeit

a) **Tarifautonomie:** Arbeitgeberverbände und Gewerkschaften dürfen selbstständig Tarifverträge abschließen. Der
Staat hat kein Eingriffsrecht.

b) **Friedenspflicht:** Während der Lauf-
zeit eines Tarifvertrages dürfen keine
Arbeitskampfmaßnahmen (Streik,
Aussperrung) durchgeführt werden.

c) **Unabdingbarkeit des Tarifvertrags:**
Ein Einzelarbeitsvertrag darf nur *bessere,* niemals schlechtere Bedingungen
als der Tarifvertrag enthalten. Diese
Bestimmung gilt jedoch nur, wenn
der Tarifvertrag für den Arbeitsvertrag
verbindlich ist.

d) **Allgemeinverbindlichkeit:** Der
Bundesminister für Arbeit und Soziales
kann einen Tarifvertrag für allgemein
verbindlich erklären. Er gilt dann für
alle Arbeitnehmer des betreffenden
Wirtschaftszweiges, also auch für
diejenigen, die nicht den vertragsschließenden Verbänden angehören.

25 Ein Tarifvertrag ist nicht
allgemein verbindlich. Sind
die Tarifbestimmungen beim
Abschluss eines Einzelarbeits-
vertrages verbindlich, wenn der
Arbeitnehmer Mitglied in der
Gewerkschaft, der Arbeitgeber
jedoch nicht im Arbeitgeberverband ist?

Nein, denn ein Tarifvertrag ist nur dann
verbindlich, wenn Arbeitgeber *und*
Arbeitnehmer den vertragsschließenden
Verbänden angehören, also muss der
Arbeitnehmer in der Gewerkschaft und
der Arbeitgeber im Arbeitgeberverband
sein.

Wirtschaftskompetenz

26 Eine Arbeitnehmerin erhält laut Arbeitsvertrag 26 Werktage Jahresurlaub. Im Tarifvertrag sind 25 Tage vorgesehen. Im Bundesurlaubsgesetz ist von 24 Werktagen die Rede. Zusätzlich liegt eine Betriebsvereinbarung vor, die 28 Tage Urlaub vorsieht.
Wie viel Urlaubstage kann sie beanspruchen?

Nach dem Grundsatz der Unabdingbarkeit gilt die günstigste Regelung, in diesem Fall 28 Tage.

27 Nach gescheiterten Tarifverhandlungen kommt es häufig zum Arbeitskampf. Welches sind in diesem Zusammenhang die äußersten Mittel von Arbeitgebern und Gewerkschaften?

a) Arbeitgeber: *Aussperrung*
b) Arbeitnehmer: *Streik*

28 Unter welchen Voraussetzungen kann eine Gewerkschaft zum Streik aufrufen?

a) Der Gewerkschaftsvorstand muss eine **Urabstimmung** genehmigen.
b) 75 % der Stimmberechtigten (also der abstimmenden Gewerkschaftsmitglieder) müssen bei dieser Urabstimmung für einen Streik stimmen.*

---

* Einzelne Gewerkschaften haben in ihren Satzungen andere Voraussetzungen.

29 Welche Auswirkungen hat eine Aussperrung für die betroffenen Arbeitnehmer?

– Die ausgesperrten Arbeitnehmer dürfen nicht an ihren Arbeitsplatz,
– Da sie nicht arbeiten dürfen, erhalten sie auch keinen Lohn bzw. kein Gehalt.
– Deshalb erhalten Gewerkschaftsmitglieder Streikgeld.
– Nicht Organisierte müssen von ihren Ersparnissen leben.

30 Man unterscheidet verschiedene Streikarten. Nennen Sie drei davon.

a) **Generalstreik:** Die gesamte Wirtschaft eines Landes wird bestreikt.
b) **Flächenstreik:** Ein ganzer Wirtschaftszweig wird bestreikt.
c) **Schwerpunktstreik:** Nur die wichtigsten Betriebe eines Wirtschaftszweiges werden bestreikt.
d) **Wilder Streik:** Es wird ohne Urabstimmung und ohne Genehmigung der Gewerkschaft gestreikt.
e) **Warnstreik:** Die Arbeit wird für kurze Zeit unterbrochen, um die Streikbereitschaft zu zeigen.

31 Um ihre Forderungen durchzusetzen und um Streikgelder zu sparen, lässt die Gewerkschaft ver.di (Vereinte Dienstleistungsgewerkschaft) „lediglich" die Beschäftigten der Müllabfuhr streiken. Welche Streikart liegt vor?

Ein **Schwerpunktstreik,** da nur die wichtigsten Betriebe bestreikt wurden.

32 Um politische Forderungen durchzusetzen, haben 2018 in Griechenland alle Arbeitnehmer die Arbeit niedergelegt. Um welche Streikart handelt es sich?

Einen **Generalstreik,** da die gesamte Wirtschaft bestreikt wurde.

Betriebsvereinbarung

33 Wer sind die Vertragspartner bei einer Betriebsvereinbarung?

Betriebsvereinbarungen werden zwischen dem Arbeitgeber und dem Betriebsrat geschlossen.

34 Unterscheiden Sie zwischen Tarifvertrag und Betriebsvereinbarung.

Während Tarifverträge für ganze Wirtschaftszweige geschlossen werden, gelten Betriebsvereinbarungen nur für den einzelnen Betrieb.

Wirtschaftskompetenz

35 Welche wichtigen Punkte können in einer Betriebsvereinbarung geregelt werden? Geben Sie drei Beispiele an.

Betriebsvereinbarungen regeln z. B.
- Beginn und Ende der täglichen Arbeitszeit
- Pausen
- betriebliche Sozialeinrichtungen
- Unfallverhütungsvorschriften
- Urlaubspläne

Interessenvertretung der Arbeitnehmer

36 Welche Voraussetzungen muss ein Arbeitnehmer erfüllen, damit er bei Betriebsratswahlen kandidieren kann?

Er muss mindestens 6 Monate dem Betrieb angehören und mindestens 18 Jahre alt sein.

37 Wer ist wahlberechtigt bei Betriebsratswahlen?

Wahlberechtigt ist jeder Arbeitnehmer, der das 18. Lebensjahr vollendet hat.

38 Ab welcher Arbeitnehmerzahl darf ein Betriebsrat gewählt werden?

a) In Betrieben, die mindestens 5-20 Arbeitnehmer haben, kann ein **Betriebsobmann** gewählt werden.
b) In Betrieben mit mehr als 20 Arbeitnehmern kann ein aus drei Mitgliedern bestehender **Betriebsrat** gewählt werden.

39 Welche allgemeinen Aufgaben hat der Betriebsrat?

a) Er beantragt beim Arbeitgeber Maßnahmen, die dem Betrieb und den Arbeitnehmern dienen.
b) Er bereitet die Wahl der Jugend- und Auszubildendenvertretung (JAV) vor und führt sie durch.
c) Er arbeitet mit der JAV zusammen.
d) Er bringt die Anregungen von Arbeitnehmern und JAV beim Arbeitgeber vor.
e) Er achtet darauf, dass Tarifverträge, Arbeitsschutzgesetze, Unfallverhütungsvorschriften usw. eingehalten werden.

40 Wer vertritt im Betrieb die besonderen Belange der jugendlichen Arbeitnehmer?

Die **Jugend- und Auszubildendenvertretung (JAV)**. Wählbar sind alle Arbeitnehmer des Betriebes, die noch keine 25 Jahre alt sind.

41 Wer wählt die Jugend- und Auszubildendenvertretung?

Wahlberechtigt sind alle jugendlichen Arbeitnehmer sowie Auszubildende unter 25 Jahren.

42 Wie lange ist die Amtszeit
a) der Jugend- und Auszubildendenvertretung,
b) des Betriebsrates?

a) JAV: 2 Jahre
b) Betriebsrat: 4 Jahre

43 In welchen betrieblichen Bereichen hat der Betriebsrat
a) ein Beratungsrecht,
b) ein eingeschränktes Mitbestimmungsrecht,
c) ein Mitbestimmungsrecht?

a) **Beratungsrechte** hat der Betriebsrat in *wirtschaftlichen* Angelegenheiten.
b) Ein **eingeschränktes Mitbestimmungsrecht** hat der Betriebsrat in *personellen* Angelegenheiten.
c) Ein **Mitbestimmungsrecht** besitzt der Betriebsrat in *sozialen* Angelegenheiten.

44 Geben Sie je drei Beispiele an für
a) soziale Angelegenheiten,
b) personelle Angelegenheiten.

a) *Soziale Angelegenheiten:* z.B.:
– Arbeitszeit
– Sozialeinrichtungen
– Unfallverhütung
– Urlaub
– Pausen
b) *personelle Angelegenheiten:* z.B.:
– Einstellungen
– Versetzungen
– Kündigungen
– Umgruppierungen

Wirtschaftskompetenz

45 Nehmen Sie Stellung zu folgenden betrieblichen Situationen.

a) Die Geschäftsleitung verlegt den täglichen Arbeitsbeginn eine Stunde vor.

b) Einige Mitarbeiter sollen in ein Zweigwerk versetzt werden.

c) Betriebsrat und Geschäftsleitung einigen sich nicht über die Verwaltung der Betriebskantine.

d) Die Geschäftsleitung beschließt die Herstellung eines neuen Produktes.

e) Der Arbeitgeber hat bei der Auswahl des zu kündigenden Arbeitnehmers soziale Gesichtspunkte nicht ausreichend berücksichtigt.

a) Die Veränderung der Arbeitszeit ist eine **soziale Angelegenheit**, d. h. der Betriebsrat hat ein **Mitbestimmungsrecht**. Ohne seine Zustimmung ist die Maßnahme nicht möglich.

b) Die Versetzung von Mitarbeitern ist eine **personelle Maßnahme**. Der Betriebsrat hat deshalb nur ein **eingeschränktes Mitbestimmungsrecht**. Er kann seine Zustimmung nur verweigern, wenn er schwerwiegende Gründe hat.

c) Die Verwaltung betrieblicher Sozialeinrichtungen gehört zum **sozialen Bereich**. Hier hat der Betriebsrat ein **Mitbestimmungsrecht**, d.h. ohne seine Zustimmung sind Maßnahmen nicht möglich.

d) Die Herstellung neuer Produkte gehört zum **wirtschaftlichen Bereich**. Hier hat der Betriebsrat nur ein Beratungsrecht.

e) Die Kündigung ist nach dem Kündigungsschutzgesetz unzulässig. Ohne eine Anhörung des Betriebsrates ist die Kündigung unwirksam. Da soziale Gesichtspunkte unberücksichtigt blieben, wird der Betriebsrat widersprechen und der Arbeitnehmer wird beim Arbeitsgericht Klage einreichen. Die Folge: der Arbeitnehmer muss so lange weiterbeschäftigt werden, bis das Arbeitsgericht entschieden hat.

46 Beschreiben Sie kurz Aufgabe und Zusammensetzung einer Betriebsversammlung.

Einmal pro Kalendervierteljahr muss der Betriebsrat eine **Betriebsversammlung** abhalten und einen Tätigkeitsbericht abgeben. Arbeitgeber und Arbeitnehmer haben das Recht, auf der Versammlung zu sprechen. Geleitet wird sie vom Betriebsratsvorsitzenden.

Arbeitsgericht

47 **Für welche Streitigkeiten sind Arbeitsgerichte zuständig?**

Arbeitsgerichte sind zuständig für Streitigkeiten zwischen
– Arbeitnehmern und Arbeitgeber aus dem Arbeitsvertrag,
– Auszubildenden und Ausbildenden aus dem Berufsausbildungsvertrag,
– den Tarifvertragsparteien aus dem Tarifvertrag,
– Betriebsrat und Arbeitgeber aus dem Betriebsverfassungsrecht.

48 **a) Erläutern Sie die Zusammensetzung eines Arbeitsgerichtes in der 1. Instanz.**
b) Begründen Sie diese Zusammensetzung.

a) 1 Berufsrichter als Vorsitzender, 1 ehrenamtlicher Richter der Arbeitgeberseite, 1 ehrenamtlicher Richter der Arbeitnehmerseite.
b) Um die Praxis des Arbeitslebens ausgewogen zu berücksichtigen, werden die Laienrichter jeweils von der Arbeitgeber- und der Arbeitnehmerseite gestellt.

49 **Müssen die Parteien das Urteil des Arbeitsgerichts widerspruchslos hinnehmen?**

Nein, gegen das Urteil des **Arbeitsgerichts** kann *Berufung* beim **Landesarbeitsgericht** eingelegt werden. Gegen Urteile des Landesarbeitsgerichts kann beim **Bundesarbeitsgericht** *Revision* eingelegt werden.

50 **Womit beginnt das Verfahren beim Arbeitsgericht?**

Mit einer *Güteverhandlung.*

Wirtschaftskompetenz

Entlohnung der Arbeit

Lohnformen

1 Man unterscheidet verschiedene Lohnarten. Nennen Sie diese.

Lohnformen:
a) *Zeitlohn*
b) *Leistungslohn*
- Prämienlohn
- Akkordlohn
  - Stückgeldakkord
  - Stückzeitakkord
c) *Beteiligungslohn*

2 Bei welchen Tätigkeitsmerkmalen ist der Zeitlohn die geeignete Lohnform?

a) Wenn Qualität wichtiger ist als die Arbeitsmenge.
b) Wenn das Arbeitsergebnis schwer zu messen ist (z. B. bei Büroberufen).
c) Wenn unterschiedliche Arbeiten anfallen (z. B. Bäckereiverkäuferinnen).

3 Nennen Sie den jeweils wichtigsten Vor- und Nachteil des Zeitlohnes für
a) den Arbeitnehmer,
b) den Arbeitgeber.

a) **Arbeitnehmer:**
Vorteil: geringerer Leistungsdruck (weniger Stress).
Nachteil: Mehrleistungen bzw. Leistungsunterschiede werden nicht berücksichtigt.
b) **Arbeitgeber:**
Vorteil: bessere Qualität der Arbeit.
Nachteil: Leistungskontrollen sind nötig.

4 Unter welchen Voraussetzungen kann Akkord gearbeitet werden?

a) Der Arbeiter muss das Arbeitstempo beeinflussen können.
b) Die Arbeitsgänge müssen sich wiederholen.
c) Für das einzelne Stück muss die Bearbeitungszeit (Normalleistung) vorliegen.

5 Der Akkordlohn bietet für Arbeitnehmer und Arbeitgeber zahlreiche Vorteile.
Nennen Sie die wichtigsten davon.

a) **Arbeitgeber:**
- durch Lohnanreiz hohe Arbeitsleistung
- Leistungskontrollen sind unnötig
- Kostensenkung
- Produktivitätssteigerung

b) **Arbeitnehmer:**
- Mehrleistung hat mehr Verdienst zur Folge
- leistungsgerechtere Entlohnung

6 Welche Nachteile des Akkordlohnes sehen Sie für
a) den Arbeitnehmer,
b) den Arbeitgeber?

a) **Arbeitnehmer:**
- mögliche Gesundheitsschäden durch andauernde Höchstleistung
- erhöhte Unfallgefahr

b) **Arbeitgeber:**
- nachlassende Qualität
- Qualitätskontrollen sind nötig

7 Eine Arbeitnehmerin lötet elektrische Schaltungen. Für diese Akkordarbeit werden pro Stück 0,44 € vergütet. Welchen Akkordlohn erhält sie bei einer Tagesleistung von 250 Stück? Welchem Normalstundenlohn entspricht diese Leistung?

Akkordlohn
= 0,44 € × 250 St. = 110,00 €

Normalstundenlohn
= 110,00 € : 8 h = 13,75 €

8 Eine Arbeitnehmerin erhält einen Grundlohn von 11,20 €/Std. Die Normalleistung beträgt 16 Stück/Std. Ihre tatsächliche Leistung beträgt jedoch 156 Stück in 8 Stunden.
Berechnen Sie
a) den Stückakkordsatz,
b) den Bruttolohn,
c) den tatsächlichen Stundenlohn.

a) **Stückakkordsatz:**
$$\frac{11,20\ €}{16\ \text{Stück}} = 0,70\ €$$

b) **Bruttolohn:**
156 Stück × 0,70 € = 109,20 €

c) **tatsächlicher Stundenlohn:**
$$\frac{109,20\ €}{8\ \text{Stunden}} = 13,65\ €$$

Wirtschaftskompetenz

9 Durch welche Lohnart wird versucht, die Vorteile von Zeitlohn und Akkordlohn zu verbinden sowie deren Nachteile zu vermindern?

Durch den **Prämienlohn.**

10 Geben Sie drei Beispiele für die Anwendung des Prämienlohns.

a) *Qualitätsprämien* für gute Arbeit
b) *Terminprämien* für eingehaltene Termine
c) *Ersparnisprämien* für sparsamen Umgang mit Material
d) *Mengenprämien,* wenn mehr hergestellt wird

11 Erklären Sie, was man unter einem Beteiligungslohn versteht.

Beteiligungslohn:
Die Arbeitnehmer sind am Unternehmenserfolg beteiligt, z.B. durch:
– Auszahlen von *Gewinnanteilen*
– *Kapitalbeteiligung* mit Belegschaftsaktien

12 Welche Gründe können einen Arbeitgeber veranlassen, seinen Mitarbeitern einen Beteiligungslohn zu gewähren?

a) Die Arbeitnehmer haben ein größeres Interesse am Unternehmenserfolg.
b) Höhere Arbeitsleistung.
c) Mehr Kapital für Investitionen.
d) Weniger Wechsel von Arbeitnehmern, da die Zufriedenheit bei der Arbeit größer ist.

13 Welche Schwierigkeiten stehen einer allgemeinen Einführung des Beteiligungslohnes im Wege?

a) Unternehmen erzielen unterschiedliche Gewinne.
b) Manche Unternehmungen, z. B. öffentliche, erwirtschaften keine Gewinne.
c) Die Frage, ob die Arbeitnehmer auch an Verlusten beteiligt sind.

Gerechte Entlohnung

14 Viele Unternehmen versuchen durch Arbeitsplatzbewertung eine leistungsgerechtere Entlohnung zu erreichen.
Welches sind hierbei die zwei wichtigsten Bewertungsmethoden?

a) **Analytische Arbeitsbewertung:**
Die Arbeit wird nach verschiedenen Anforderungen untersucht (analysiert), z. B. nach:
– Umwelteinflüssen
– Verantwortung
– körperlicher Belastung
– geistiger Belastung
– geistigem Können
– körperlichem Können

b) **Summarische Arbeitsbewertung:**
Die Arbeit wird pauschal als Ganzes bewertet, in der Regel nach Lohngruppen.

15 Neben der Leistung werden für die Ermittlung des gerechten Lohns soziale Gesichtspunkte berücksichtigt. Nennen Sie drei Beispiele.

Soziale Gesichtspunkte:
– Alter
– Familienstand
– Dauer der Betriebszugehörigkeit

Lohnabrechnung

16 Unterscheiden Sie zwischen Bruttogehalt (bzw. Bruttolohn) und Nettogehalt (bzw. Nettolohn).

Der **Bruttolohn** ist der vereinbarte Gesamtlohn.
Den **Nettolohn** erhält man, wenn man den Bruttolohn um die gesetzlichen Abzüge vermindert.

17 Im Bruttolohn können Zulagen und Zuschläge enthalten sein.
Erläutern Sie diese beiden Begriffe.

a) **Zulagen** (in Euro) können nach unterschiedlichen Gesichtspunkten gewährt werden.
Beispiele: Schmutzzulage, Gefahrenzulage, Lärmzulage, Kassenzulage, Arbeitgeberanteile zu den vermögenswirksamen Leistungen. →

Wirtschaftskompetenz

▷ *Fortsetzung der Antwort* ▷

b) **Zuschläge** (in %) werden als Prozentzuschläge vom Grundlohn berechnet. Ihre Höhe ist tariflich oder gesetzlich geregelt.
Beispiele: Zuschläge für Mehrarbeit, Sonntagsarbeit, Nachtarbeit.

18 **Welche gesetzlichen Abzüge werden vom Bruttolohn einbehalten?**

Gesetzliche Abzüge:
a) Lohnsteuer
b) Kirchensteuer
c) Solidaritätszuschlag
d) Arbeitnehmeranteile zur gesetzlichen Sozialversicherung

19 **Unterscheiden Sie Nettolohn und ausbezahlten Lohn.**

Vermindert man den Nettolohn um die *sonstigen Abzüge,* dann erhält man den **ausbezahlten Lohn.**

20 **Geben Sie drei Beispiele für sonstige Abzüge.**

Sonstige Abzüge:
– Mietzahlungen für Betriebswohnungen
– Einbehaltung ausgezahlter Vorschüsse
– Lohnpfändungen
– Sparbeiträge für Sparverträge

21 **Erklären Sie, was man unter Lohnzusatzkosten[1] versteht.**

Lohnzusatzkosten sind Kosten, die ein Arbeitgeber zusätzlich zum Bruttolohn des Arbeitnehmers aufbringen muss. Beispiele:
– Arbeitgeberanteile zur Sozialversicherung
– Lohnfortzahlung bei Krankheit
– Urlaub

---

[1] In der Industrie der „alten" Bundesländer betrugen die durchschnittlichen Lohnzusatzkosten 2016 rund 69 % der gezahlten Löhne.

22 **Welcher Unterschied besteht zwischen Nominallohn und Reallohn?**

a) Der **Nominallohn** ist der in *Geld* ausgedrückte Lohn. Da der Nominallohn die Preissteigerungen enthält, berücksichtigt er nicht die Kaufkraft.
b) Der **Reallohn** berücksichtigt die *Kaufkraft,* also die Warenmenge, die damit gekauft werden kann. Man ermittelt ihn jedes Jahr, indem man die Preissteigerungen herausrechnet.

23 Der Nominallohn einer Verkäuferin ist um 4% gestiegen, die Preissteigerungsrate der Volkswirtschaft beträgt 6 %. Wie wirkt sich dies auf den Reallohn der Verkäuferin aus?

Der Reallohn der Verkäuferin ist um 2 % gesunken.

24 Die Arbeitnehmerin Amanda Meier hat einen Stundenlohn von 10,20 €. Im letzten Monat kam sie auf 168 Arbeitsstunden. Zusätzlich leistete sie 8 Überstunden, für die ein Zuschlag von 25% gewährt wird.
a) Berechnen Sie den Bruttolohn.
b) Berechnen Sie den Nettolohn und berücksichtigen Sie dabei folgende Abzüge: Lohnsteuer 142,50 €, Kirchensteuer 8 % der Lohnsteuer, Solidaritätszuschlag 5,5% der Lohnsteuer, Arbeitnehmeranteil zur Sozialversicherung 19,875 %.

a) 168 Std. zu 10,20 €   1 713,60 €
  + 8 Std. zu 12,75 €   102,00 €
  Bruttolohn   **1 815,60 €**

b)   Bruttolohn   1 815,60 €
  – Lohnsteuer   142,50 €
  – Solidaritätszuschlag   7,84 €
  – Kirchensteuer   11,40 €
  – Sozialversicherung   360,85 €
  Nettolohn   **1 293,01 €**

25 Das Bruttogehalt einer Bäckereiverkäuferin beträgt 1 894,00 €. Die Lohnsteuer beläuft sich auf 159,16 €, die Kirchensteuer auf 12,73 €, der Solidaritätszuschlag auf 8,75 €, der Arbeitnehmeranteil zur Sozialversicherung auf 381,17 €. Die vermögenswirksamen Leistungen betragen 39,88 €.
a) Wie hoch ist das Nettogehalt?
b) Wie hoch ist der auszuzahlende Betrag?

a)   Bruttogehalt   1 894,00 €
  – Lohnsteuer   159,16 €
  – Kirchensteuer   12,73 €
  – Solidaritätszuschlag   8,75 €
  – Sozialversicherung   381,17 €
  Nettogehalt   **1 332,19 €**

b)   Nettogehalt   1 332,19 €
  – vermögenswirksame
    Leistungen   39,88 €
  auszuzahlender Betrag **1 292,31 €**

Wirtschaftskompetenz

26 Zeigen Sie am Beispiel der Grafik über Arbeitskosten, dass der Industriestandort Deutschland zunehmend in Gefahr gerät.

Eine besondere Stärke im internationalen Wettbewerb waren bisher die Motivation und die Qualifikation der deutschen Arbeitnehmer. Allerdings machen die hohen Lohn- und Lohnzusatzkosten die deutschen Arbeitnehmer zu sehr teuren Beschäftigten. Da auch andere Kosten, z. B. Grundstückspreise, in Deutschland besonders hoch sind, überlegen viele Investoren, ob sie ihre Investitionen nicht in Länder mit niedrigerem Kostenniveau verlagern sollen.

Arbeitskosten in der EU

Bruttoverdienste und Lohnnebenkosten 2018 in der gesamten Wirtschaft* je geleistete Stunde in Euro

Dänemark	43,50 €
Luxemburg	40,60
Belgien	39,70
Schweden	36,60
Niederlande	35,90
Frankreich	35,80
Deutschland	34,60
Österreich	34,00
Finnland	33,60
Irland	32,10
Italien	28,20
Großbritannien	27,40
EU	27,40
Spanien	21,40
Slowenien	18,10
Zypern	16,30
Griechenland	16,10
Malta	14,70
Portugal	14,20
Tschechien	12,60
Estland	12,40
Slowakei	11,60
Kroatien	10,90
Polen	10,10
Lettland	9,30
Ungarn	9,20
Litauen	9,00
Rumänien	6,90
Bulgarien	5,40

*ohne Landwirtschaft und öffentliche Verwaltung
Schätzungen
Quelle: Eurostat

© Globus 13140

27 Welche Länder innerhalb der EU kommen als *„Billiglohnländer"* für die *„Kapitalflucht"* von Investoren in Frage? Betrachten Sie hierzu die Abbildung oben.

a) Bulgarien
b) Rumänien
c) Litauen
d) Ungarn
e) Lettland
f) Polen

Soziale Marktwirtschaft

Markt als Koordinator von Angebot und Nachfrage

1 Erläutern Sie, was man unter einem Markt versteht.

> Ein **Markt** ist jedes Zusammentreffen von Anbietern und Nachfragern, um Güter auszutauschen. Beispiele: am Marktplatz, im Supermarkt, bei einer Versteigerung.

2 Nach der <u>Art</u> der gehandelten <u>Güter</u> unterscheidet man verschiedene <u>Marktarten</u>. Nennen Sie hierzu fünf Beispiele.

Marktarten
1. Arbeitsmarkt
2. Automarkt
3. Antiquitätenmarkt
4. Kapitalmarkt
5. Kaffeemarkt
6. Dienstleistungsmarkt
7. Konsumgütermarkt
8. Geldmarkt
9. Investitionsgütermarkt

3 Wie werden die Märkte genannt, auf denen folgende Güter gehandelt werden:
a) Kurzfristige Kredite,
b) Arbeitsleistungen,
c) Hypotheken,
d) Fernsehgeräte,
e) Schleifmaschinen,
f) Friseurleistungen?

a) Geldmarkt
b) Arbeitsmarkt
c) Kapitalmarkt
d) Konsumgütermarkt
e) Investitionsgütermarkt
f) Dienstleistungsmarkt

4 Entsprechend der Zahl der Marktteilnehmer unterscheidet man grundsätzlich drei verschiedene Marktformen. Nennen Sie diese.

Marktformen
1. Polypol
2. Oligopol
3. Monopol

Wirtschaftskompetenz

5 Geben Sie zu den nachfolgenden Abbildungen die entsprechenden Marktformen an.

1. Polypol
2. Angebotsoligopol
3. Angebotsmonopol

1. 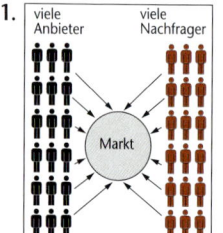 **2.** 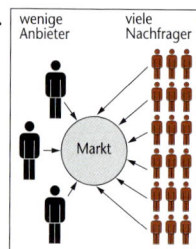 **3.**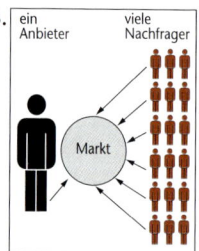

6 Geben Sie jeweils ein Beispiel für folgende in Deutschland vorkommende Marktformen:

a) Angebotsmonopol
b) Nachfragemonopol
c) Angebotsoligopol
d) Nachfrageoligopol

a) – Deutsche Post AG bis 2008 im Berich der Briefbeförderung
   – Wasserwerke
b) – Deutsche Bahn AG für Lokomotiven
   – Bundeswehr für Panzer
c) – Zigarettenmarkt
   – Benzinmarkt
   – Automarkt
d) – Vielen Landwirten stehen wenige Molkereien gegenüber.

7 Nennen Sie drei typische Verhaltensweisen bei einem Angebotsoligopol.

a) *Preisabsprachen*
b) *Schädigungswettbewerb* (ruinöse Konkurrenz)
c) Ersatz des Preiswettbewerbs durch besonders *intensive Werbung*
d) *Preisführerschaft,* d.h. ein Oligopolist, meist der mit dem größten Marktanteil, bestimmt den Preis, die anderen ziehen nach.

8 Wie wirkt sich bei vollständiger Konkurrenz der Preis eines Gutes auf
a) die Nachfragemenge und
b) die Angebotsmenge aus?

a) *Einfluss auf die Nachfragemenge:*
- hoher Preis
  → geringe Nachfragemenge
- niedriger Preis
  → hohe Nachfragemenge

b) *Einfluss auf die Angebotsmenge:*
- hoher Preis
  → großes Angebot
- niedriger Preis
  → geringes Angebot

9 Erläutern Sie, was man unter dem Gleichgewichtspreis versteht.

Beim **Gleichgewichtspreis** stimmen angebotene Menge und nachgefragte Menge überein. Hier wird die größte Menge umgesetzt

10 Angebot und Nachfrage beeinflussen den Preis des Gutes. Wie entwickelt sich bei vollständiger Konkurrenz der Preis in folgenden Situationen:
a) Hohe, zunehmende Nachfrage,
b) geringe, abnehmende Nachfrage,
c) geringes Angebot,
d) hohes, zunehmendes Angebot.

a) steigender Preis
b) sinkender Preis
c) steigender Preis
d) sinkender Preis

11 Ein Monopolist kann den Preis selbstständig und ohne Rücksicht auf Konkurrenten bestimmen. Dennoch werden auch Monopolbetriebe verschiedene Gesichtspunkte berücksichtigen, wenn sie ihre Preise festsetzen.
Nennen Sie drei davon.

1. Bei höheren Preisen geht die Nachfrage zurück, bei niedrigen steigt sie.
2. Auch Monopolbetriebe versuchen den größtmöglichen Gewinn zu erzielen. Dies ist bei dem Preis der Fall, wo der Unterschied von Einnahmen und Kosten am größten ist.
3. Bei zu hohen Preisen schränken sich die Nachfrager ein oder steigen auf Ersatzgüter um.
4. Evtl. greift der Staat bei zu hohen Preisen ein und untersagt die Preisfestsetzung.

Wirtschaftskompetenz

12 Erklären Sie, was man unter einem nicht organisierten Markt versteht.

Ein **nicht organisierter Markt** ist das zufällige Zusammentreffen von Käufern und Verkäufern, z. B. in einem Ladengeschäft.

13 Zählen Sie zwei Beispiele für organisierte Märkte auf.

a) Börsen
b) Messen
c) Wochenmärkte

Wettbewerbsstörungen

14 Welche besondere Form der Unternehmenskonzentration zeigt die Abbildung?

Die Abbildung zeigt den Aufbau eines **Kartells**.

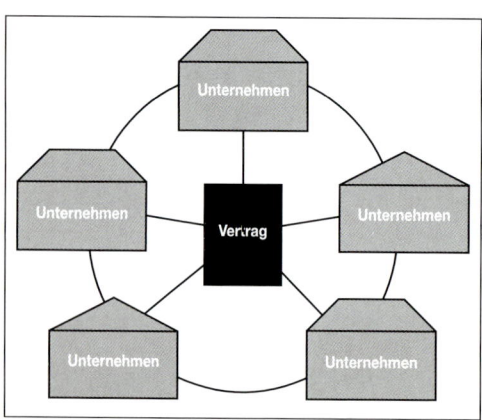

15 Erläutern Sie, was man unter einem Kartell versteht.

Ein **Kartell** ist der vertragliche Zusammenschluss von Unternehmungen, die *ihre wirtschaftliche Selbstständigkeit eingeschränkt* (durch Vertrag), ihre rechtliche Selbstständigkeit jedoch behalten haben.

16 Erklären Sie folgende Begriffe:
a) Preiskartell,
b) Gebietskartell,
c) Rabattkartell,
d) Normen- und Typenkartell,
e) Quotenkartell.

a) **Preiskartelle** (= verboten)
Die Mitglieder verpflichten sich einheitliche Preise zu verlangen.

b) **Gebietskartelle** (= verboten)
Die Mitglieder teilen sich bestimmte Absatzgebiete zu.

c) **Rabattkartelle** (= verboten)
Die Mitglieder gewähren die gleichen Rabatte.

d) **Normen- und Typenkartelle (= freigestellt)**
Die Mitglieder beschließen die einheitliche Anwendung von Normen und Typen.

e) **Quotenkartelle** (= verboten)
Die Mitglieder teilen sich bestimmte Produktionsmengen zu, um über die Angebotsmenge den Preis zu beeinflussen.

17 Die Erdöl exportierenden Länder haben sich in der OPEC zu einem Kartell zusammengeschlossen. Um welche Kartellart handelt es sich bei diesem Zusammenschluss?

Bei diesem Zusammenschluss liegt ein Preis- und ein Quotenkartell vor, weil die OPEC-Staaten die Preise je Barrel Rohöl und die Fördermenege je Mitgliedsland festlegen wollen.

18 Erklären Sie, was man unter einem Konzern versteht.

Ein **Konzern** ist ein Zusammenschluss von rechtlich selbstständigen Unternehmungen, die durch eine einheitliche Leitung *ihre wirtschaftliche Selbstständigkeit aufgegeben* haben, z. B.: Muttergesellschaft VW, Tochtergesellschaft Audi.

19 Erläutern Sie folgende Begriffe aus dem Bereich der Konzerne:
a) Muttergesellschaft,
b) Tochtergesellschaft,
c) Schwestergesellschaften,
d) Holdinggesellschaft.

a) **Muttergesellschaft** nennt man das Konzernunternehmen, das die anderen Unternehmen beherrscht.

b) **Tochtergesellschaften** werden die abhängigen Unternehmen genannt.

c) **Schwestergesellschaften** sind Unternehmen, die gegenseitige Beteiligungen besitzen. →

Wirtschaftskompetenz

▷ *Fortsetzung der Antwort* ▷

d) Eine **Holdinggesellschaft** liegt vor, wenn an der Spitze eines Konzerns eine reine Verwaltungsgesellschaft steht, die nur Beteiligungen besitzt, selbst aber nicht produziert.

20 **Erläutern Sie, was man unter einem Trust versteht.**

Ein **Trust** ist ein Zusammenschluss von Unternehmen, die sowohl ihre *rechtliche* als auch ihre *wirtschaftliche Selbstständigkeit verlieren.* Sie werden zu einem neuen Unternehmen verschmolzen. Man bezeichnet dies auch als **Fusion**.

21 **Grundsätzlich kann ein Trust auf zwei Arten entstehen. Nennen Sie diese.**

a) Durch **Aufnahme**; ein Unternehmen nimmt die anderen auf.

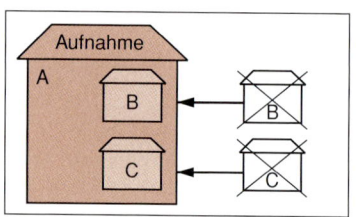

b) Durch **Neugründung**; es wird eine neue Gesellschaft gegründet, in der alle aufgehen.

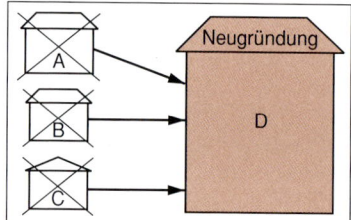

22 Begründen Sie, in welcher der nachfolgenden Abbildungen eine anorganische, in welcher eine horizontale, und in welcher eine vertikale Unternehmenskonzentration vorliegt.
Erläutern Sie zusätzlich diese Begriffe.

a) **Horizontaler Zusammenschluss:**
= in allen zusammengeschlossenen Unternehmen werden gleichartige Produkte hergestellt.
Hier: drei zusammengeschlossene Unternehmen verkaufen allesamt Möbel.

b) **vertikaler Zusammenschluss**
= Unternehmen einer Produktionskette sind zusammengeschlossen. Hier: Sägewerk – Möbelfabrik – Möbelgeschäft

c) **anorganischer Zusammenschluss:**
= Zusammenschluss branchenfremder Unternehmen. Hier: Brauerei – Bank-Möbelfabrik

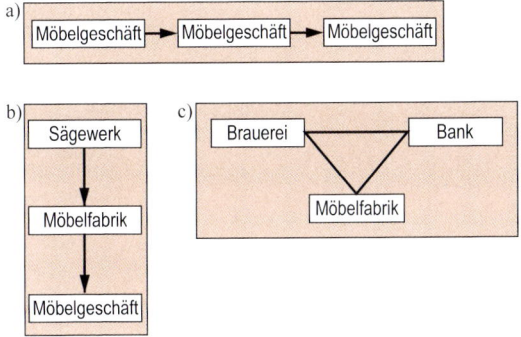

23 Welche Vorteile bringt die Unternehmenskonzentration?

Vorteile der Unternehmenskonzentration sind:

– Sicherung von Beschaffungsmöglichkeiten
– Sicherung von Absatzmöglichkeiten
– Kostenvorteile
– Rationalisierungsmöglichkeiten   →

Wirtschaftskompetenz

▷ *Fortsetzung der Antwort* ▷

– Risikoverteilung bei anorganischen Zusammenschlüssen; Verluste in einem Wirtschaftszweig könnnen durch Gewinne in einem anderen ausgeglichen werden.
– Preissenkungen, wenn die Unternehmen ihre Kostenersparnis weitergeben.
– Höhere Kapitalkraft ermöglicht neue Entwicklungen und umfangreichere Forschungen.
– Normung und Typisierung ermöglicht eine kostengünstigere Massenproduktion.
– Durch eine größere Marktmacht können sich Unternehmen im internationalen Wettbewerb besser behaupten.

24 Welche Nachteile können durch übermäßige Unternehmenskonzentration für die Volkswirtschaft entstehen?

Derartige Nachteile sind:
– Möglichkeit monopolistisch überhöhter Preise, da der Wettbewerb weitgehend entfällt.
– Hemmung des Fortschritts durch den Schutz rückständiger Betriebe (keine Konkurrenz).
– Behinderung des Leistungswettbewerbs, wenn die Kosten unwirtschaftlich arbeitender Betriebe den Preis bestimmen.
– Konzern- und Trustbildung kann marktbeherrschende Unternehmen entstehen lassen.
– Fehlentscheidungen derartiger Großbetriebe können zu Wirtschaftskrisen führen.

25 Wer wacht darüber, dass marktbeherrschende Unternehmen ihre wirtschaftliche Macht nicht missbrauchen?

Die Landesbehörden betroffener Bundesländer, länderübergreifend das Bundeskartellamt in Bonn.

26 In welchem Gesetz sind Unternehmenszusammenschlüsse geregelt?

Im Gesetz gegen Wettbewerbsbeschränkungen **(Kartellgesetz)**

27 Nennen Sie wichtige Bereiche des Kartellgesetzes.

a) Fusionskontrolle bei Unternehmenskonzentrationen
b) Missbrauchsaufsicht gegenüber marktbeherrschenden Unternehmen
c) Überwachung des Kartellverbotes

28 Unter welchen Voraussetzungen kann das Bundeskartellamt die Fusion von zwei Unternehmungen verbieten?

Vereinfacht ausgedrückt: wenn durch den Zusammenschluss eine marktbeherrschende Stellung entstehen würde.

29 Eine wichtige Aufgabe des Kartellamtes ist die Missbrauchsaufsicht.
Erläutern Sie, was man darunter versteht.

Hat ein Unternehmen keinen Konkurrenten oder unterliegt es keinem wesentlichen Wettbewerb, dann spricht man von einer marktbeherrschenden Stellung. Nutzt ein Unternehmen diese Stellung missbräuchlich aus, kann das Kartellamt dies untersagen.

30 Wie kann das Kartellamt Verstöße gegen das Wettbewerbsrecht ahnden?

Mit Geldbußen in Millionenhöhe.

31 Welche Ziele strebte die EU durch ihre Eingriffe in den Agrarmarkt an und welcher Maßnahmen bediente sie sich dabei in der Vergangenheit?

Ziele:
– Sicherstellung der Lebensmittelversorgung der Bevölkerung, auch in Krisenzeiten
– sicheres Einkommen für Landwirte
– freier Warenverkehr innerhalb der EU
– Schutz des gemeinschaftlichen Preisniveaus gegen Unterbietung durch den Weltmarkt
Maßnahmen:
– Abnahmegarantie
– feste Mindestpreise
– Schutz durch Einfuhrzölle

Wirtschaftskompetenz

32 In der Vergangenheit war die EU verpflichtet, Restmengen landwirtschaftlicher Produkte zum festgelegten Mindestpreis aufzukaufen. Zeigen Sie am Beispiel dieser Abnahmegarantie, welche Folgen staatliche Eingriffe in das Marktgeschehen haben können.

a) Da die Abnahme garantiert wurde, entstanden enorme Überschüsse, z. B. bei Wein, Fleisch, Gemüse.

b) Die Überschüsse mussten aufgekauft und eingelagert oder vernichtet werden, dies erforderte enorme Ausgaben (über 40 % des gesamten EU-Haushalts).

c) Kleinere Betriebe lebten weiterhin am Rande des Existenzminimums, während rentable Großbetriebe Subventionen erhielten.

33 a) Zählen Sie wichtige Schritte der geplanten Reform des EU-Agrarmarktes auf.

b) Die Weltmarktpreise für landwirtschaftliche Produkte unterscheiden sich zum Teil erheblich von dem EU-Preisniveau. Wie gleicht die EU solche Preisunterschiede aus?

a) Geplante Reform des EU-Agrarmarktes:
- Sicherung der Nahrungsmittelversorgung in der EU angesichts steigender Weltbevölkerung
- Preise landwirtschaftlicher Produkte nähern sich den Weltmarktpreisen
- Landwirte erzielen ihr Einkommen aus dem Verkauf ihrer Erzeugnisse und aus Direktzahlungen
- Direktzahlungen sind nach oben begrenzt
- Naturschutz beeinflusst die Höhe der Direktzahlungen
- Exportsubventionen bei billigeren Weltmarktpreisen
- Bessere Förderung benachteiligter Gebiete, z. B. bei Anbau auf schlechten Böden

b) Der Ausgleich erfolgt durch Subventionen an die Landwirtschaft. Beim Export von landwirtschaftlichen Erzeugnissen erstattet die EU den Unterschiedsbetrag zwischen dem niedrigeren Weltmarktpreis und dem höheren EU-Preis an den exportierenden Landwirt. Importe werden durch einen Zuschlag künstlich verteuert.

Bedeutung des Staates in der sozialen Marktwirtschaft

34 **Zählen Sie drei Wirtschafts-ordnungen auf.**

1. Freie Marktwirtschaft
2. Zentralverwaltungswirtschaft (zentrale Planwirtschaft)
3. soziale Marktwirtschaft

35 **Die freie Marktwirtschaft war die Wirtschaftsordnung der Industriestaaten des 19. Jahrhunderts.**
Nennen Sie drei Merkmale der <u>freien Marktwirtschaft</u>.

1. Freie Planung von Produktion und Verbrauch
2. Preisbildung durch Angebot und Nachfrage
3. freier Wettbewerb mit dem Ziel maximalen Gewinns
4. Privateigentum an Produktionsmitteln
5. der Staat greift in den Wirtschaftsablauf nicht ein. Er sichert lediglich: Rechtspflege, Bildung, Geldwesen, persönlichen Schutz, Vertragsfreiheit, Privateigentum usw.

36 **Nennen Sie drei Merkmale der <u>Zentralverwaltungswirtschaft</u>.**

1. Totale staatliche Planung von Verbrauch und Produktion, Arbeitseinsatz, Lohnhöhe usw.
2. staatliche Preisfestsetzung
3. Produktionsmittel sind Staatseigentum
4. oberstes Ziel ist nicht Gewinnerzielung, sondern Planerfüllung

37 **Nennen Sie jeweils drei Vorteile und drei Nachteile der <u>freien Marktwirtschaft</u>.**

a) **Vorteile:**
   – freie Entfaltung der Persönlichkeit
   – freie Berufs- und Arbeitsplatzwahl
   – Höchstleistungen durch freien Wettbewerb und Gewinnaussicht
   – frei verfügbares Privateigentum, auch an Produktionsmitteln

b) **Nachteile:**
   – Ausbeutung wirtschaftlich Schwacher
   – Preisabsprachen sind möglich
   – keine arbeits- und sozialrechtliche Absicherung $\rightarrow$

Wirtschaftskompetenz

▷ *Fortsetzung der Antwort* ▷

- Löhne teilweise unter dem Existenzminimum
- Konjunkturschwankungen mit großer Arbeitslosigkeit
- Arbeitslosigkeit kann Verelendung, Kinderarbeit usw. zur Folge haben

38 Welche Vorteile und welche Nachteile der <u>Zentralverwaltungswirtschaft</u> kennen Sie?
Nennen Sie jeweils drei Beispiele.

a) **Vorteile:**
- Staat verhindert die Ausbeutung wirtschaftlich Schwacher
- keine Arbeitslosigkeit, da jeder Arbeitnehmer „verplant" werden kann
- keine Konjunkturschwankungen
- verbilligte Güter des Grundbedarfs (Wohnraum, Grundnahrungsmittel usw.)

b) **Nachteile:**
- keine freie Berufs- und Arbeitsplatzwahl
- kein Privateigentum an Produktionsmitteln
- Versorgungslücken
- mangelnder Leistungsanreiz
- geringe Auswahl an Konsumgütern
- aufwendiger Verwaltungsapparat

39 Wie wird die Wirtschaftsordnung der Bundesrepublik Deutschland genannt?

Die **soziale Marktwirtschaft**

40 Welcher Hauptunterschied besteht zwischen der freien Marktwirtschaft und der sozialen Marktwirtschaft?

Bei der **sozialen Marktwirtschaft** greift der Staat in den Wirtschaftsablauf ein, um die wirtschaftlich Schwächeren zu schützen, z. B. durch Gesetze oder Subventionen. Die **freie Marktwirtschaft** wird also eingeschränkt zugunsten sozialer Gerechtigkeit.

41 In welchen Bereichen erfolgen die staatlichen Eingriffe in der sozialen Marktwirtschaft?

– *Sozialpolitik,* z. B. Sozialversicherungen
– *Wettbewerbspolitik,* z. B. Kartellgesetz
– *Einkommenspolitik,* z. B. Steuerprogression
– *Strukturpolitik,* z. B. Subventionen
– *Konjunkturpolitik,* z. B. öffentliche Ausgaben
– *Öffentliche Unternehmungen,* z. B. Verkehrsbetriebe

42 Weshalb ergreift der Staat in der sozialen Marktwirtschaft <u>konjunkturpolitische</u> Maßnahmen?

Starke Konjunkturschwankungen können zu Produktionseinschränkungen, Arbeitslosigkeit oder Inflation führen.

43 Nennen Sie drei Gesetze, die in der Bundesrepublik Deutschland der <u>Sicherung des Wettbewerbs</u> dienen.

– Kartellgesetz (Gesetz gegen Wettbewerbsbeschränkungen)
– Gesetz gegen unlauteren Wettbewerb (UWG)
– die Preisangabenverordnung das Mess- und Eichgesetz

44 Welche Aufgabe haben <u>öffentliche Unternehmungen</u> in unserer sozialen Marktwirtschaft?

Die gleichmäßige Versorgung der Bevölkerung mit wichtigen Gütern und Dienstleistungen. Beispiel: Öffentliche Verkehrsbetriebe bedienen auch unrentable Nebenstrecken.

45 Eine wesentliche Aufgabe des Staates in der sozialen Marktwirtschaft ist die soziale Sicherheit und Gerechtigkeit. Mit welchen Maßnahmen der <u>Sozialpolitik</u> soll dies erreicht werden?

a) Sozialversicherungen
b) Sozialhilfe bzw. Sozialgeld
c) Wohngeld
d) Sozialwohnungen
e) Ausbildungsförderung
f) Sparförderung
g) Kindergeld
h) Steuerprogression
i) Arbeitsschutzbestimmungen

Wirtschaftskompetenz

Sozialprodukt als gesamtwirtschaftliche Messgröße

46 Erklären Sie, was man unter dem Bruttoinlandsprodukt versteht.

Das **Bruttoinlandsprodukt** ist der in Marktpreisen ausgedrückte Wert aller Güter und Dienstleistungen, die innerhalb eines Jahres in einem Staat innerhalb der Landesgrenzen erzeugt worden sind.

47 Welcher Unterschied besteht zwischen *nominalem* und *realem* Bruttoinlandsprodukt?

a) **Nominales Bruttoinlandsprodukt:**
Es wird zu Marktpreisen bewertet und *enthält* somit sämtliche *Preissteigerungen* der Güter und Dienstleistungen, die in der Volkswirtschaft erzeugt worden sind.

b) **Reales Bruttoinlandsprodukt:**
Im Gegensatz zum nominalen Bruttoinlandsprodukt enthält es *keine Preissteigerungen*. Man legt hierzu die Preise eines bestimmten Basisjahres, z. B. 2015, zugrunde und berechnet den Wert der erzeugten Güter und Dienstleistungen in Preisen des Basisjahres.

48 Welches Bruttoinlandsprodukt, das reale oder das nominale, gibt Auskunft darüber, ob der Lebensstandard einer Bevölkerung gestiegen ist?

Das reale Bruttoinlandsprodukt, da es um Preissteigerungen bereinigt ist.

49 Weshalb gibt das reale Bruttoinlandsprodukt allein keine verlässliche Auskunft darüber, ob der Lebensstandard einer Bevölkerung gestiegen ist?

Nur wenn das reale **Bruttoinlandsprodukt pro Kopf** steigt, wächst der Lebensstandard. Erst jetzt stehen jedem Einwohner mehr Güter und Dienstleistungen zur Verfügung. Wächst dagegen die Bevölkerungszahl schneller als das reale Bruttoinlandsprodukt, so sinkt der Lebensstandard → Problem vieler Entwicklungsländer.

50 Wo entsteht das Bruttoinlandsprodukt?
Nennen Sie zwei Bereiche.

Entstehungsbereiche des Bruttoinlandsproduktes:
– Dienstleistungsbereich (z. B. Banken, Versicherungen)
– Produzierendes Gewerbe (z. B. Handwerk, Industrie)
– Land- und Forstwirtschaft

51 Wie wird das Bruttoinlandsprodukt verwendet?

Verwendung des Bruttoinlandsproduktes:
– Privater Verbrauch
– Staatsausgaben
– Investitionen
– Außenbeitrag (= Differenz zwischen Einfuhr und Ausfuhr)

52 Normalerweise steigt der Wert des realen Bruttoinlandsprodukts von Jahr zu Jahr. Nennen Sie hierfür zwei Gründe.

a) Produktivitätssteigerungen durch neue Technologien (z. B. Computer, CNC-Maschinen, Roboter) oder durch Rationalisierung
b) mehr Staatsausgaben
c) gestiegener Konsumbedarf der Arbeitnehmer, z. B. durch zunehmende Berufstätigkeit der Frauen

53 Zeigen Sie an zwei Beispielen, dass die Aussagekraft des Bruttoinlandsprodukts begrenzt ist.

– Viele Leistungen sind nicht erfasst, z. B. Hausfrauenarbeit, ehrenamtliche Vereinsarbeit.
– Schwarzarbeit ist nicht genau erfasst (ca. 15–20 % des Bruttoinlandsproduktes – mit steigender Tendenz)
– Es enthält auch Leistungen, die den Lebensstandard mindern, z. B. Aufwendungen für die Beseitigung von Umweltschäden, Unfallschäden etc.

Probleme der sozialen Marktwirtschaft

54 In den letzten Jahren wurden die sozialen Leistungen erheblich verbessert. Welche Probleme sehen Sie in diesem Zusammenhang?

Verbesserte Sozialleistungen bewirken höhere Kosten. Die Folge:
– steigende Sozialversicherungsbeiträge
– Einschränkung der Leistungen (siehe z. B. Krankenversicherung)
– erhebliche Staatsverschuldung, um staatliche Leistungen wie Arbeitslosengeld II, Sozialgeld, Kindergeld zu finanzieren

Wirtschaftskompetenz

55 a) Welches Problem kennzeichnet die Zukunft der Rentenversicherung?
b) Welche Lösungsvorschläge sind hierzu im Gespräch?

a) Immer weniger Beitragszahler müssen immer mehr Renten finanzieren.
b) – Erhöhung der Beiträge
 – Absenkung des Rentenniveaus
 – Erhöhung des Rentenalters
 – höhere Staatszuschüsse
 – Teilrenten
 – erhöhte Eigenvorsorge
 – Der Staat fördert die freiwillige private Vorsorge durch Zuschüsse und Steuervergünstigungen („Riester-Rente")

56 Häufig wird behauptet, das soziale Netz würde von vielen missbraucht.
Nennen Sie hierzu drei Beispiele.

– Wohngeld weiterbeziehen, obwohl die Einkommensgrenze überschritten ist.
– Sozialgeld oder Sozialhilfe beziehen, obwohl man arbeitsfähig ist und Arbeit bekommen könnte.
– Bei Arbeitsunlust Krankheit vorschieben; durch die Lohnfortzahlung fällt kein Entgelt aus.
– Arbeitsbereitschaft vortäuschen, um bei Arbeitslosigkeit Arbeitslosenunterstützung kassieren zu können.

57 In welchem Gesetz sind die Ziele unserer staatlichen Wirtschaftspolitik festgelegt?

Im **Stabilitätsgesetz**, genauer gesagt im „Gesetz zur Förderung der Stabilität und des Wachstums in der Wirtschaft".

58 Im Stabilitätsgesetz sind die vier allgemeinen Ziele unserer staatlichen Wirtschaftspolitik festgelegt.
Wie lauten diese vier Ziele?

1. Preisstabilität
2. Vollbeschäftigung
3. angemessenes Wirtschaftswachstum
4. außenwirtschaftliches Gleichgewicht

59 Weshalb spricht man bei den vier allgemeinen Zielen der staatlichen Wirtschaftspolitik auch vom magischen Viereck?

Magisches Viereck:
Es bedarf der Kunst eines Magiers, alle Ziele gleichzeitig und gleich gut zu erreichen. Denn unter Maßnahmen zur Förderung eines Zieles leidet häufig ein anderes.

60 Um welche Ziele wurde das magische Viereck zum magischen Sechseck erweitert?

a) Umweltschutz
b) gerechte Einkommens- und Vermögensverteilung

61 Zwischen den einzelnen Zielen der Wirtschaftspolitik (magisches Viereck bzw. Sechseck) bestehen zahlreiche Zielkonflikte.
Geben Sie hierzu zwei Beispiele.

1. Preisstabilität erfordert preisdämpfende Maßnahmen, diese gefährden Wirtschaftswachstum und Vollbeschäftigung.
2. Wirtschaftswachstum kann Umweltschutz gefährden.
3. Vollbeschäftigung erfordert Maßnahmen, welche die Preisstabilität gefährden.

62 Erklären Sie, was man unter der Konjunktur versteht.

Unter **Konjunktur** versteht man die Veränderung der Wirtschaftslage. Die Veränderung ersieht man aus gesamtwirtschaftlichen Daten wie z. B. Preise, Beschäftigung, Produktion usw. Vereinfacht ausgedrückt: **Konjunktur** → *die jeweilige Wirtschaftslage*

63 Benennen Sie in der nachfolgenden Abbildung die einzelnen Phasen eines Konjunkturzyklus und geben Sie zu jeder der vier Konjunkturphasen mindestens zwei Merkmale an.

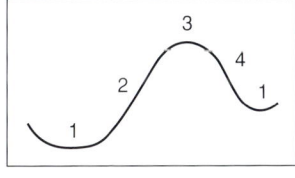

1 **Depression (Tiefstand):**
   – kaum Investitionen
   – niedrige Preise
   – Produktionstiefstand
   – hohe Arbeitslosigkeit
   – tiefe Börsenkurse
2 **Expansion (Aufschwung):**
   – Produktion nimmt zu
   – Investitionen nehmen zu
   – Preise steigen
   – Arbeitslosigkeit geht zurück
   – Börsenkurse steigen
3 **Boom (Hochkonjunktur):**
   – Produktionshöchststand
   – Vollbeschäftigung bzw. Überbeschäftigung
   – Inflationäre Entwicklung bei Löhnen und Preisen
   – Börsenkurse auf Höchststand   →

Wirtschaftskompetenz

▷ *Fortsetzung der Antwort* ▷

64 Die staatliche Konjunkturpolitik soll antizyklisch sein.
Beispielsweise soll der Staat
während einer Depression
konjunkturbelebende Maß-
nahmen ergreifen, in Zeiten
der Hochkonjunktur dagegen
konjunkturdämpfende.
Geben Sie jeweils zwei
Beispiele an.

65 Wie lange dauert in der
Regel ein Konjunkturzyklus?

66 Wie wirken sich
a) Steuererhöhungen und
b) Steuersenkungen
während einer Rezession
(Abschwung) aus?

67 Wie wirken sich
a) Steuererhöhungen und
b) Steuersenkungen
während einer Hochkonjunktur
aus?

4 **Rezession (Abschwung):**
  – Investitionen nehmen ab
  – Produktionsrückgang
  – zunehmende Arbeitslosigkeit
  – sinkende Preise
  – sinkende Börsenkurse

a) **Konjunkturdämpfende Maßnah-
   men:**
  – Staatsaufträge vermindern
  – Steuern erhöhen
  – Sparprämien gewähren
  – Abschreibungen senken
b) **Konjunkturfördernde Maßnahmen:**
  – Staatsaufträge erhöhen
  – Steuern senken
  – Sparprämien verringern
  – Abschreibungen erhöhen

Ca. 4–5 Jahre

a) *Steuererhöhungen* verringern die
   Massenkaufkraft und verschärfen die
   ohnehin schwierige Konjunkturlage.
b) *Steuersenkungen* vergrößern die Massenkaufkraft und stützen somit die
   Not leidende Konjunktur.

a) *Steuererhöhungen* bewirken durch
   die erfolgte Abschöpfung von Massenkaufkraft eine Dämpfung
   der Konjunktur.
b) *Steuersenkungen* bewirken durch
   zusätzliche Massenkaufkraft ein
   weiteres Ankurbeln der ohnehin schon
   überhitzten Konjunktur.

68 Durch welche Maßnahmen können
a) der Staat,
b) die Unternehmer und
c) die Verbraucher
während einer Rezession (Abschwung)die Konjunktur beleben?
Nennen Sie jeweils zwei Beispiele.

a) *Staat:*
 – Steuersenkungen
 – Staatsaufträge erhöhen
 – Investitionszulagen
b) *Unternehmer:*
 – Sonderangebote machen
 – Inanspruchnahme staatlicher Konjunkturprogramme
 – zusätzliche Werbung
 – Bereitstellung günstiger Kredite durch Banken
c) *Verbraucher:*
 – Ausnutzung von Sonderangeboten
 – Inanspruchnahme von Krediten
 – zusätzlicher Konsum, evtl. Auflösung von Sparguthaben

69 Wie kann die Europäische Zentralbank (EZB) die Wirtschaftspolitik beeinflussen?

Die **EZB** kann die Geldmenge verkleinern oder vergrößern, indem sie z. B. die Refinanzierungssätze oder die Mindestreservesätze erhöht oder senkt. Als Folge davon verbilligen oder verteuern sich die Kredite der Privatbanken entsprechend.

Finanzierung staatlicher Aufgaben

70 Welche öffentlichen Abgaben erhebt der Staat, um seinen Haushalt abzugleichen?

1. Steuern
2. Zölle
3. Gebühren und Beiträge

71 Wodurch unterscheiden sich
a) Gebühren und
b) Beiträge?

a) **Gebühren** sind Preise für bestimmte staatliche Leistungen *an den einzelnen Bürger,* z. B. für einen Pass, Rundfunk.
b) **Beiträge** sind Preise für bestimmte staatliche Leistungen *an die Gemeinschaft,* z. B. für Kanalisation, Sozialversicherung.

Wirtschaftskompetenz

72 Was versteht man unter Zöllen?
Nennen Sie drei Zollarten.

Zölle sind Abgaben, die im grenzüberschreitenden Warenverkehr erhoben werden, z. B. Einfuhrzölle, Ausfuhrzölle, Schutzzölle

73 Welchem Zweck dienen Schutzzölle?

Sie sollen die inländische Wirtschaft vor ausländischer Konkurrenz schützen, indem niedrigere Weltmarktpreise auf das Inlandsniveau angehoben werden.
Beispiele: Landwirtschaft, Textilindustrie

74 Die öffentliche Hand (Bund, Länder, Gemeinden) verwendet ihre Einnahmen zur Erfüllung öffentlicher Aufgaben.
Nennen Sie drei Beispiele.

1. Soziale Sicherung
2. Verteidigung
3. Verkehrswesen, Straßenbau
4. Bildung
5. Polizei und Justiz
6. Gesundheitswesen

75 Welche Ziele versucht der Staat durch die Steuererhebung zu erreichen?

a) Finanzierung der Staatsaufgaben
b) Beeinflussung der Konjunktur
c) Beeinflussung des Konsumentenverhaltens (z. B. hohe Tabaksteuer soll vom Rauchen abhalten)
d) gerechte Verteilung von Einkommen und Vermögen (z. B. Steuerprogression)

76 Teilen Sie Steuern nach der Erhebungsart ein.

Nach der Erhebungsart unterscheidet man **direkte** und **indirekte** Steuern.

77 Unterscheiden Sie zwischen direkten und indirekten Steuern.

a) **Direkte Steuern** werden beim Steuerschuldner *direkt* erhoben. Steuerzahler und Steuerträger sind dieselbe Person. Beispiele: Einkommensteuer, Grundsteuer, Gewerbesteuer
b) **Indirekte Steuern** werden auf dem Umweg über bestimmte Waren erhoben, sie sind im Kaufpreis enthalten. Der Käufer *zahlt* sie also *indirekt*, da der Verkäufer sie an das Finanzamt überweist. Beispiele: Umsatzsteuer, Kaffeesteuer, Mineralölsteuer

78 Teilen Sie Steuern nach dem Steuergegenstand ein.

Nach dem Steuergegenstand unterscheidet man:
- **Besitzsteuern**
- **Verkehrsteuern**
- **Verbrauchsteuern**

79 Zählen Sie drei Besitzsteuern auf.

1. Einkommensteuer
2. Lohnsteuer
3. Grundsteuer

80 Unterscheiden Sie zwischen *Verbrauchsteuern* und *Verkehrsteuern*.

a) **Verbrauchsteuern** erfassen Beträge, die für bestimmte Verbrauchsgüter ausgegeben werden. Beispiele: Biersteuer, Tabaksteuer, Kaffeesteuer, Mineralölsteuer
b) Bei **Verkehrsteuern** werden bestimmte Vorgänge besteuert, z. B.
  – ein Warenumsatz (Mehrwertsteuer)
  – ein Grundstücksverkauf (Grunderwerbsteuer)

81 Man unterscheidet Besitzsteuern, Verkehrsteuern, Verbrauchsteuern, direkte und indirekte Steuern. Ordnen Sie die folgenden Steuern der entsprechenden Steuerart zu: Kaffeesteuer, Grundsteuer, Grunderwerbsteuer, Biersteuer, Erbschaftsteuer, Kraftfahrzeugsteuer, Schaumweinsteuer, Einkommensteuer, Gewerbesteuer, Mehrwertsteuer.

a) **Besitzsteuern:** Grundsteuer, Erbschaftsteuer, Einkommensteuer, Gewerbesteuer
b) **Verkehrsteuern:** Grunderwerbsteuer, Kraftfahrzeugsteuer, Mehrwertsteuer
c) **Verbrauchsteuern:** Kaffeesteuer, Biersteuer, Schaumweinsteuer
d) **Direkte Steuern:** Grundsteuer, Erbschaftsteuer, Einkommensteuer, Gewerbesteuer, Grunderwerbsteuer, Kraftfahrzeugsteuer
e) **Indirekte Steuern:** Mehrwertsteuer, Kaffeesteuer, Biersteuer, Schaumweinsteuer

82 Teilen Sie Steuern nach dem Empfänger ein.

Nach dem Empfänger teilt man ein:
- Bundessteuern
- Ländersteuern
- Gemeindesteuern
- gemeinschaftliche Steuern

Wirtschaftskompetenz

83 Das Einkommensteuer-gesetz unterscheidet sieben Einkunftsarten.
Nennen Sie diese.

1. Einkünfte aus Land- und Forstwirt-schaft
2. Einkünfte aus Gewerbebetrieb
3. Einkünfte aus selbstständiger Arbeit
4. Einkünfte aus nichtselbstständiger Arbeit
5. Einkünfte aus Kapitalvermögen
6. Einkünfte aus Vermietung und Verpachtung
7. sonstige Einkünfte

84 Ordnen Sie den entsprechenden Einkunftsarten zu:
a) Zinsgutschrift der Bank für Bundesanleihen
b) Mieter überweist die fällige Miete
c) Ausbildungsvergütung
d) Einkünfte eines sebstständigen Bäckermeisters

a) Einkünfte aus Kapitalvermögen
b) Einkünfte aus Vermietung und Verpachtung
c) Einkünfte aus nichtselbstständiger Arbeit
d) Einkünfte aus Gewerbebetrieb

85 Erklären Sie, was man unter einer Steuererklärung versteht.

Die **Steuererklärung** ist ein Vordruck, der dem Finanzamt mit den entsprechenden Belegen und allen verlangten Angaben eingereicht werden muss. Sie ist die Grundlage für die Berechnung der Steuerschuld.

86 Wann erhält der Steuerpflichtige seinen Steuerbescheid?

Das Finanzamt prüft die abgegebene *Steuererklärung* und teilt das Ergebnis in Form eines **Steuerbescheides** mit.

87 Welcher Unterschied besteht zwischen Einkommensteuer und Lohnsteuer?

Die **Lohnsteuer** ist keine eigenständige Steuerart, sondern eine besondere Erhebungsform der Einkommensteuer bei Lohn- und Gehaltsempfängern.
Der **Einkommensteuer** unterliegen natürliche Personen, deren Einnahmen aus den sieben Einkunftsarten stammen.

88 Weshalb werden die Arbeitnehmer bei der Lohnsteuererhebung in Steuerklassen eingeteilt?

Man unterscheidet die Steuerklassen I – VI.
Durch die Einteilung in **Steuerklassen** sollen die persönlichen Verhältnisse wie z. B. Familienstand, Kinderzahl usw. berücksichtigt werden. In den einzelnen Steuerklassen ist die Steuer deshalb unterschiedlich hoch.

89 Teilen Sie folgende Arbeitnehmer in die entsprechenden Steuerklassen ein:
a) einen ledigen Arbeitnehmer,
b) einen verheirateten Arbeitnehmer, dessen Frau nicht arbeitet
c) Herr Bauer verdient 2000,00 €, Frau Bauer 2200,00 €

a) Klasse I
b) Klasse III
c) beide in Klasse IV

90 Begründen Sie, weshalb ein Arbeitnehmer eine Antragsveranlagung zur Einkommensteuer (= „freiwillige Einkommensteuererklärung") beantragen kann.

Die Lohnsteuer ist eine *Jahressteuer,* die jedoch *monatlich* erhoben wird. Dies kann zu Überzahlungen führen, wenn sich während des Jahres steuerliche Veränderungen ergeben. So werden z. B. Arbeitnehmer nach Gehaltserhöhungen so besteuert, als würde das höhere Gehalt das ganze Jahr über bezogen. Weitere Gründe:
– Werbungskosten übersteigen Pauschbetrag
– Sonderausgaben übersteigen Pauschbetrag
– außergewöhnliche Belastungen sind entstanden
– durch Heirat erfolgte Steuerklassenänderung
– schwankende Einkommenshöhe wegen Arbeitslosigkeit oder Krankheit
– eine Arbeitnehmersparzulage wird beantragt
Die zu viel bezahlten Steuern werden auf Antrag („freiwillige Einkommensteuererklärung") zurückbezahlt.

91 Erklären Sie, was man bei einer „freiwilligen Einkommensteuererklärung" (Antragsveranlagung) unter Werbungskosten versteht.

Werbungskosten sind Aufwendungen, die durch das Arbeitsverhältnis verursacht worden sind, z. B.:
– Arbeitskleidung
– Fahrtkosten
– Beiträge zu Berufsverbänden
Die Werbungskosten sind in einem Arbeitnehmer-Pauschbetrag von 1 000,00 € (Stand: 2019) enthalten. Dieser ist in die Steuertabellen eingearbeitet und wird bei der monatlichen Lohnsteuerberechnung automatisch berücksichtigt. Nachgewiesene höhere Kosten können geltend gemacht werden.

92 a) Einem Arbeitnehmer sind im vergangenen Jahr 800,00 € Werbungskosten entstanden.
Wie wirkt sich dieser Betrag in seiner Einkommensteuererklärung aus?
b) Einem Arbeitnehmer sind im vergangenen Jahr 1 500,00 € Werbungskosten entstanden.
Welchen Betrag erhält er hierfür bei seiner Einkommensteuererklärung zurückerstattet, wenn sein durchschnittlicher Steuersatz 25 % beträgt?

a) In die Steuertabellen ist der Arbeitnehmer-Pauschbetrag von 1 000,00 € bereits eingearbeitet, d. h., er wird beim Steuerabzug schon berücksichtigt. Deshalb wirken sich nur Werbungskosten aus, die über 1 000,00 € liegen.
b) 1 500,00 € – 1 000,00 € = 500,00 €
→ 25 % von 500,00 € = **125,00 €**

93 Wovon hängt die Höhe der zu zahlenden Lohnsteuer ab? Nennen Sie drei Faktoren.

Die Höhe der Lohnsteuer hängt ab:
– vom Familienstand
– von der Steuerklasse
– vom Alter (Altersentlastungsbetrag)
– von der Kinderzahl
– von der Einkommenshöhe
– vom Steuertarif

94 Wie wird das zu versteuernde Einkommen eines Arbeitnehmers ermittelt?

Einnahmen
– Werbungskosten (Arbeitnehmer-Pauschbetrag)
– Sonderausgaben
– außergewöhnliche Belastungen

= zu versteuerndes Einkommen

95 Im Zusammenhang mit der Einkommensteuer spricht man von der Steuerprogression. Erklären Sie diesen Begriff.

Mit zunehmendem Einkommen steigt der Steuersatz, d. h. wer mehr verdient, bezahlt nicht nur *absolut,* sondern auch *prozentual mehr Steuern.*

96 Der Einkommensteuertarif unterscheidet verschiedene Zonen mit unterschiedlichen Steuersätzen.
Nennen Sie diese.

1. Nullzone (0 %)
2. Progressionszone (14–42 %)
3. Proportionalzone (42 %)

Anmerkung:
Auf private Einkommen über 265 326 € bei Ledigen und 530 652 € bei Verheirateten wird ein Zuschlag von 3 Prozentpunkten auf den Spitzensteuersatz erhoben. Für diese Einkommen gilt also ein Spitzensteuersatz von 45 %.

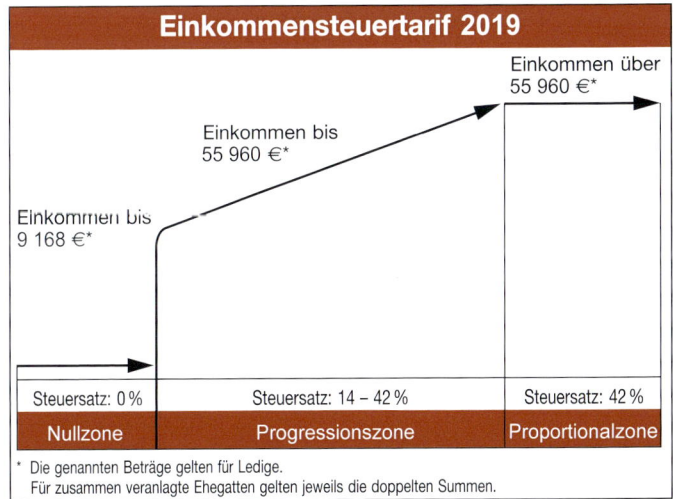

Einkommensteuertarif 2019

Einkommen über 55 960 €*

Einkommen bis 55 960 €*

Einkommen bis 9 168 €*

Steuersatz: 0 %	Steuersatz: 14 – 42 %	Steuersatz: 42 %
Nullzone	**Progressionszone**	**Proportionalzone**

* Die genannten Beträge gelten für Ledige.
Für zusammen veranlagte Ehegatten gelten jeweils die doppelten Summen.

Wirtschaftskompetenz

Simulation einer Unternehmensgründung

Unternehmensziele

1 Welche Unternehmen lassen sich hinsichtlich ihrer Zielsetzung unterscheiden?

a) erwerbswirtschaftliche Unternehmen
b) öffentliche Unternehmen

2 Wer ist Eigentümer
a) erwerbswirtschaftlicher und
b) öffentlicher Unternehmen?

a) private Personen (natürliche und/oder juristische Personen)
b) öffentlich-rechtliche Körperschaften wie z. B. Bund, Länder, Gemeinden

3 Nennen Sie wichtige Ziele erwerbswirtschaftlicher Unternehmen.

1. Gewinnmaximierung
2. hohe Rentabilität
3. großer Marktanteil

4 Nennen Sie wichtige Ziele öffentlicher Unternehmen.

a) **Bedarfsdeckungsprinzip:** Gleichmäßige und preisgünstige Versorgung der Bevölkerung mit wichtigen Gütern und Dienstleistungen, z. B. Krankenhäuser, Verkehrsbetriebe, Wasserwerke.

b) **Verlustminimierung:** Diese Unternehmen können ihre Leistungen nicht kostendeckend anbieten. Verluste werden durch die öffentliche Hand gedeckt, z. B. Theater, öffentliche Verkehrsbetriebe.

c) **Kostendeckungsprinzip:** Die Kosten der Tätigkeit sollen durch die Preise gedeckt werden. Ein Gewinn wird nicht erzielt, z. B. Müllbeseitigung, Wasserwerke.

d) **Angemessener Gewinn:** Diese Unternehmen wollen einen angemessenen Gewinn erzielen, z. B. Energieversorgungsunternehmen.

handwerk-technik.de

5 Welcher Grundgedanke war ausschlaggebend für die Gründung von Genossenschaften?

Ausgangspunkt war der Grundgedanke der **gegenseitigen Hilfe.** Nur durch Zusammenschluss und gemeinschaftliches Handeln konnten sich wirtschaftlich schwächere Handwerker und Landwirte gegenüber Großbetrieben behaupten. Sie vereinbarten deshalb Maßnahmen zur Selbsthilfe, wie z. B. den gemeinsamen Einkauf von Rohstoffen.

6 Nach dem verfolgten Zweck unterscheidet man mehrere Arten von Genossenschaften.
Nennen Sie vier davon.

1. Absatzgenossenschaft
2. Einkaufsgenossenschaft
3. Betriebsgenossenschaft
4. Baugenossenschaft
5. Produktionsgenossenschaft
6. Kreditgenossenschaft
7. Konsumgenossenschaft

Standort und Gründung

7 Nennen Sie fünf Faktoren, die bei der Wahl des Standortes berücksichtigt werden müssen.
Standortfaktoren:

– Kundennähe
– Konkurrenz
– Verkehrsanbindung
– Arbeitskräfte
– behördliche Auflagen
– Kosten (z. B. Mieten, Steuern, Energiekosten)

8 Weshalb ist die Standortwahl meist ein Kompromiss?

Es ist selten möglich, alle Standortfaktoren gleichermaßen zu berücksichtigen. So sind z. B. beim einen Standort die Kosten höher, dafür ist die Konkurrenzsituation besser. Ein anderer Standort hat z. B. niedrigere Kosten, dafür bestehen behördliche Auflagen usw. Standortentscheidungen sind deshalb Kompromisse. Gewählt wird meist der kostengünstigste Standort.

Wirtschaftskompetenz

9 Nennen Sie die berufsbezogenen Voraussetzungen für die Gründung eines Handwerksbetriebes.

Eintrag in der Handwerksrolle, Voraussetzung hierzu ist bei fast allen Handwerksberufen die Meisterprüfung oder 6 Jahre Berufspraxis als Geselle.

10 Welche Ansprechpartner bieten für Existenzgründer erste Informationen?

a) Berufsständische Organisationen wie Industrie- und Handelskammern, Handwerkskammern
b) Fachverbände und verschiedene Institute der Wirtschaft
c) staatliche Einrichtungen
d) Rechtsanwälte und Notare
e) Steuerberater
f) Unternehmensberater

11 Nennen Sie die wichtigsten öffentlichen Förderprogramme für Unternehmensgründungen.

a) Eigenkapitalhilfedarlehen
b) Existenzgründungsdarlehen

12 Welche Vorteile bieten diese Darlehen dem Kreditnehmer?

Sie bieten z. B.
– tilgungsfreie Jahre,
– verbilligte Zinssätze
– Verzicht auf Sicherheiten.

13 Wo muss das gegründete Unternehmen angemeldet werden?

a) bei der Handwerkskammer bzw. Industrie- und Handelskammer
b) beim Finanzamt
c) beim Gewerbeamt
d) bei der Berufsgenossenschaft
Anmerkung: siehe auch S. 468 f. berufsständische Organisationen

14 Viele Existenzgründer wählen das Franchise-Verfahren. Erläutern Sie, was man darunter versteht.

Franchising:
Ein Franchise-Geber räumt einem Franchise-Nehmer das Recht ein, seine Waren und Dienstleistungen zu verkaufen. Er bietet ihm Marke, Know-how und Marketing sowie einen Gebietsschutz an. Beispiele: McDonalds, Eismann, Coca-Cola, Obi, Photo-Porst, Pizza Hut.

15 Welche Vorteile und Nachteile bietet das Franchising für den Franchise-Nehmer?

Vorteile:
Der Franchise-Geber
– führt Markttests durch
– bietet Kalkulationshilfen
– bietet laufende geschäftliche Beratung und Betreuung
– übernimmt Werbung
– gewährleistet Ausbildung und Fortbildung
– bietet evtl. Sicherheitsnetz
– bietet Gebietsschutz

Nachteile:
– Einschränkung des Entscheidungsspielraums
– vertragliche Bindung
– geringerer Gewinn

Wahl der Rechtsform eines Unternehmens

16 Nennen Sie drei Merkmale einer Einzelunternehmung.

Der Unternehmer
– trägt allein die volle Verantwortung für die Unternehmung,
– ist alleiniger Eigentümer des Geschäftsvermögens,
– trifft alle wesentlichen Entscheidungen selbst,
– erhält den erzielten Gewinn allein,
– haftet auch mit seinem Privatvermögen.

17 Nennen Sie je zwei Unternehmensformen, die
a) den Personengesellschaften und
b) den Kapitalgesellschaften zuzurechnen sind.

Personengesellschaften
– Kommanditgesellschaft (KG)
– Offene Handelsgesellschaft (OHG)
– BGB-Gesellschaft

Kapitalgesellschaften
– Aktiengesellschaft (AG)
– Gesellschaft mit beschränkter Haftung (GmbH)

Wirtschaftskompetenz

18 Eine sehr häufig anzutreffende Unternehmensform ist die Gesellschaft des bürgerlichen Rechts (BGB-Gesellschaft bzw. GbR).
Nennen Sie deren Merkmale.

Folgende Merkmale gelten für die BGB-Gesellschaft (GbR):
– Rechtsgrundlage ist das BGB (daher der Name).
– Zwei oder mehr Personen schließen sich vertraglich zusammen, um ein bestimmtes Geschäft abzuwickeln.
– Durch die Rechtsprechung des Bundesgerichtshofes wird der GbR nach außen eine **Teilrechtsfähigkeit** zugebilligt. So kann sie eigene Rechte und Pflichten begründen, beispielsweise unter ihrem Namen klagen oder verklagt werden.
– Die gemeinschaftliche Geschäftsführung erfordert die Zustimmung aller Gesellschafter; die Vertretung der Gesellschaft erfolgt gemeinschaftlich.
– Die Gesellschafter haften als Gesamtschuldner.

19 Zählen Sie drei Beispiele für eine GbR (BGB-Gesellschaft) auf.

1. Mehrere Personen spielen gemeinsam Lotto.
2. Mehrere Personen bilden eine Fahrgemeinschaft.
3. Konditoreiverkäuferinnen betreiben zusammen ein Café.
4. Ärzte schließen sich zu einer Gemeinschaftspraxis zusammen.

20 Erstellen Sie eine Übersicht, in der Sie die Einzelunternehmung und die GmbH hinsichtlich folgender Merkmale vergleichen:
a) Gründung, b) Geschäftsführung und Vertretung, c) Haftung, d) wichtige Gesellschaftsorgane, e) Gewinnverteilung.

	Gründung	Geschäftsführung und Vertretung	Haftung	wichtige Gesellschaftsorgane	Gewinnverteilung
Einzelunternehmung	allein von Einzelunternehmer	allein von Einzelunternehmer	allein und unbeschränkt	–	allein an Einzelunternehmer
GmbH (Gesellschaft mit beschränkter Haftung)	mindestens: 1 Person, 25 000 € Stammkapital	der Geschäftsführer	nur mit den Geschäftsanteilen	Gesellschafterversammlung, Geschäftsführer	nach Geschäftsanteilen

466

21 Aus unterschiedlichen Gründen wechseln Unternehmen ihre Rechtsform. Welches sind hierfür die häufigsten Gründe?

– Persönliche Gründe wie Alter, Erbfall
– Verteilung der Arbeitsbelastung
– Beteiligung von Fachkräften
– Kapitalbeschaffung
– Beschränkung der Haftung
– steuerliche Vorteile

22 Nennen Sie die wesentlichen Merkmale einer GmbH.

Die wesentlichen Merkmale einer GmbH sind:
– Eine GmbH ist eine juristische Person.
– Das Stammkapital beträgt mindestens 25 000 €.
– Die Haftung der Gesellschafter erstreckt sich nur auf das Gesellschaftsvermögen.
– Die Gewinnverteilung erfolgt entsprechend den Anteilen am Stammkapital.
– Der Firmenname muss die Bezeichnung „mit beschränkter Haftung" enthalten.

23 Eine zweite Variante der GmbH ist die Unternehmergesellschaft (UG).
Nennen Sie die wesentlichen Merkmale einer UG.

Wesentliche Merkmale der UG:
– Das Mindestkapital beträgt 1 €.
– Die Gründung ist einfacher als bei einer normalen GmbH.
– Der Firmenname muss folgende Bezeichnung enthalten: Unternehmergesellschaft oder UG (haftungsbeschränkt).
– Ein Viertel des Jahresgewinns muss angespart werden, bis das Mindestkapital (25 000 €) erreicht ist.
– Die UG ist eine juristische Person.
– Die Haftung der Gesellschafter ist auf das Gesellschaftsvermögen beschränkt.
– Die Gewinnverteilung erfolgt entsprechend den Anteilen am Stammkapital.

Wirtschaftskompetenz

Berufsständische Organisationen

24 In welche Organisationen ist das Handwerk fachlich und regional gegliedert?

a) **Fachliche Gliederung:**
   – Innungen; – Landesinnungsver-
   bände; – Bundesinnungsverbände

b) **regionale Gliederung:**
   – Kreishandwerkerschaften
   – Handwerkskammern
   – Deutscher Handwerkskammertag

25 In welchen Handwerksorganisationen ist der selbstständige Handwerker
a) Pflichtmitglied
b) freiwilliges Mitglied?

a) **Pflicht:**
   Handwerkskammer

b) **freiwillig:**
   Innung

26 Aus welchen Mitgliedern setzt sich eine Kreishandwerkerschaft zusammen?

Kreishandwerkerschaften umfassen alle Innungen eines Stadt- oder Landkreises.

27 Wer ist in der Innung Mitglied?

Innung: *Freiwillige* Mitgliedschaften von *selbstständigen Meistern eines Handwerks,* i. B. Bäckerinnung, Friseurinnung

28 Nennen Sie vier wichtige Aufgaben einer Innung.

Pflege von Gemeingeist und Berufsehre; Überwachung der Lehrlingsausbildung im Auftrag der Handwerkskammer; fachliche und wirtschaftliche Beratung der Mitglieder; evtl. Abnahme der Gesellenprüfung im Auftrag der Handwerkskammer; Förderung und Beratung der Berufsausbildung; evtl. Schlichtung bei Streitigkeiten zwischen Mitgliedern und deren Kunden; evtl. Einrichtung von Innungskrankenkassen.

29 Zählen Sie vier wichtige Aufgaben der Handwerkskammern auf.

Führung der Handwerksrolle; Genehmigung von Innungen und Kreishandwerkerschaften; Regelung und Überwachung der Berufsausbildung; Erlass von Gesellen- und Meisterprüfungsordnungen; Durchführen von Ausbildungsseminaren; Überwachung von Innungen und Kreishandwerkerschaften; Abnahme von Gesellen- und Meisterprüfungen.

Finanzierung

30 Unterscheiden Sie zwischen Eigenfinanzierung und Fremdfinanzierung.

a) **Eigenfinanzierung:**
Die Kapitalgeber sind **Miteigentümer,** d. h. sie
– haben Einfluss auf die Geschäftsleitung,
– sind am Gewinn beteiligt,
– haften für die Verbindlichkeiten des Unternehmens.

b) **Fremdfinanzierung:**
Die Kapitalgeber sind **Kreditgeber** (= Finanzierung erfolgt durch Fremdkapital), d. h., sie
– haben keinen direkten Einfluss auf die Geschäftsleitung,
– haben Anspruch auf Zinsen,
– übernehmen keine Haftung, sondern sind Gläubiger des Unternehmens.

31 Welche Bedeutung hat Eigenkapital bei einer Unternehmensgründung?

Eigenkapital
– kann zur Finanzierung eingesetzt werden. Dadurch werden weniger Kredite benötigt und die finanzielle Belastung ist geringer,
– dient als Sicherheitspolster zur Überbrückung finanzieller Engpässe,
– erhöht die Kreditwürdigkeit.

32 Welche wichtigen Finanzierungsregeln sind zu beachten für die Finanzierung des
a) Anlagevermögens,
b) Umlaufvermögens?

a) **Anlagevermögen** sollte möglichst durch Eigenkapital finanziert werden. Ist dies nicht möglich, dann zumindest mit langfristigem Fremdkapital.

b) **Umlaufvermögen** kann mit kurzfristigem Fremdkapital finanziert werden.

33 Weshalb sollte die Laufzeit der Fremdkapitalaufnahme die Nutzungsdauer der damit finanzierten Maschinen nicht übersteigen?

Können Maschinen nicht mehr genutzt werden, müssen neue beschafft, also neue Kredite aufgenommen werden. Wäre der Kredit für die alten Maschinen noch nicht getilgt, würde eine finanzielle Doppelbelastung entstehen.

Wirtschaftskompetenz

34 Voraussetzung für die Fremdfinanzierung ist die Kreditwürdigkeit.
Wovon hängt die Kreditwürdigkeit eines Unternehmens ab?

Die Kreditwürdigkeit ist abhängig
– von der Rechtsform des Unternehmens (Einzelunternehmen, Personen- oder Kapitalgesellschaft),
– von der Haftung der Gesellschafter (persönliche und unbeschränkte Haftung oder auf die Kapitaleinlage beschränkte Haftung),
– von der Höhe des vorhandenen Eigenkapitals und vorhandener Vermögenswerte als Sicherheiten,
– von den Jahresabschlüssen des Unternehmens und einer Auswertung der letzten Geschäftsjahre sowie der zukünftigen Ertragsaussicht.

35 Erklären Sie die Funktionsweise des Lieferantenkredits.

Der Käufer nutzt die Zahlungsfrist aus, verliert aber evtl. die Möglichkeit des Skontoabzugs. Die Folge: Bis zum vereinbarten Zahlungstermin entstehen ihm keine Finanzierungskosten. Er kann vorhandene Gelder anderweitig anlegen. Der Lieferant erhält sein Geld später. Unter Umständen muss er selbst zwischenfinanzieren, was den Gewinn schmälert.

36 Erläutern Sie den Unterschied zwischen einem Kontokorrentkredit und einem Bankdarlehen.

a) Beim **Kontokorrentkredit** kann das Geschäftskonto bis zur vereinbarten Höhe überzogen werden (Kreditlimit).
b) Ein **Bankdarlehen** wird in einer bestimmten Höhe ausbezahlt und in der Regel mit festen Tilgungsraten zurückbezahlt.

37 Beschreiben Sie drei verschiedene Kreditsicherungen, die bei Unternehmenskrediten üblich sind.

1. Bei der **Bürgschaft** kann der Gläubiger (Bank) vom Bürgen die Zahlung verlangen, wenn der Schuldner seinen Zahlungsverpflichtungen nicht nachkommt.

→

▷ *Fortsetzung der Antwort* ▷

2. Bei der **Verpfändung** von Wertpapieren, Waren und sonstigen Vermögenswerten geht das Pfandobjekt in den Besitz des Gläubigers über. Dieser kann es verwerten, wenn der Schuldner seine Verpflichtungen nicht erfüllt.

3. Bei der **Sicherungsübereignung von beweglichen Sachen** wird das Eigentum an dem sicherungsübereigneten Gegenstand auf den Kreditgeber übertragen. Der Schuldner bleibt Besitzer und kann den Gegenstand weiterhin nutzen.

4. Eine **Hypothek oder Grundschuld** wird im Grundbuch eingetragen, wenn Gebäude oder Grundstücke als Sicherheit dienen.

38 Die Effektivverzinsung hilft verschiedene Kreditangebote zu vergleichen. Erläutern Sie diese Aussage.

Die Effektivverzinsung gibt Auskunft über die tatsächliche Belastung durch einen Kredit, da sie die Zinsen, alle Gebühren und sonstige Kosten berücksichtigt.
Anmerkung: Gemäß Preisangabenverordnung und BGB ist bei Verbraucherkrediten der effektive Jahreszins anzugeben.

39 a) Erklären Sie die Besonderheiten eines Leasingvertrages.
b) Nennen Sie drei Vorteile des Leasing.

a) Der **Leasingvertrag** hat große Ähnlichkeit mit dem Miet- und Pachtvertrag. Ein Leasingnehmer zahlt an den Leasinggeber die Leasingrate. Dafür wird ihm der langfristige Gebrauch einer Sache gestattet, die er am Ende der vereinbarten Leasingzeit zurückgeben muss oder erwerben kann. Beispiele: Leasing von Autos, Maschinen, Computern usw.
b) *Vorteile des Leasing:*
 – Statt hoher Investitionskosten fallen Leasingraten an, die sich über die gesamte Vertragsdauer verteilen.
 – Es werden weder Eigenkapital noch Bankkredite zur Finanzierung der Investitionen benötigt.   →

Wirtschaftskompetenz

▷ *Fortsetzung der Antwort* ▷

– Die Leasinggesellschaft betreut und berät ihre Kunden.
– Durch Leasing kann man immer über die neueste Technik verfügen.

Betriebliche Kosten

40 **Erklären Sie folgende Begriffe:**
a) Kosten,
b) betriebliche Leistungen.

a) **Kosten:**
Kosten sind der in Geld ausgedrückte Verbrauch von Gütern und Dienstleistungen zur Erstellung der betrieblichen Leistungen, z. B. Kosten für Rohstoffe, Lohnkosten, Stromkosten, Mieten usw.

b) **Betriebliche Leistungen:**
Als betriebliche Leistungen bezeichnet man den Wert der hergestellten Erzeugnisse (Sachgüter und/oder Dienstleistungen).

41 **Von wem werden die betrieblichen Kosten letztendlich bezahlt?**

Kosten gehen in die Kostenrechnung ein und werden letztendlich vom Kunden bezahlt.

42 **Erklären Sie, was man unter Einzelkosten versteht, und geben Sie zusätzlich ein Beispiel an.**

Einzelkosten sind **direkte Kosten,** d. h. sie lassen sich der einzelnen betrieblichen Leistung unmittelbar (direkt) zurechnen, z. B.
– das für ein Produkt verbrauchte Material
– Lohnkosten (direkt erfassbare Fertigungslöhne)

43 **Erläutern Sie, was man unter Gemeinkosten versteht und geben Sie zusätzlich ein Beispiel an.**

Gemeinkosten sind **indirekte Kosten,** d. h., sie lassen sich der einzelnen betrieblichen Leistung nicht unmittelbar (direkt) zurechnen, weil sie für den Gesamtbetrieb anfallen, z. B.
– Energiekosten
– Pacht für die Geschäftsräume

44 Welche der folgenden Kosten sind Einzelkosten, welche sind Gemeinkosten?
– **Fertigungsmaterial (Rohstoffe)**
– **Gehälter der Verwaltung**
– **Akkordlöhne**
– **Kosten der EDV-Anlage**
– **Miete für Ausstellungsräume**

a) *Einzelkosten:*
   – Fertigungsmaterial
   – Akkordlöhne
b) *Gemeinkosten:*
   – Gehälter der Verwaltung
   – Kosten der EDV-Anlage
   – Miete für Ausstellungsräume

45 In der nachfolgenden Abbildung sehen Sie den Verlauf von fixen Kosten und von variablen Kosten.
Erklären Sie diese Kostenarten und geben Sie jeweils ein Beispiel dazu an.

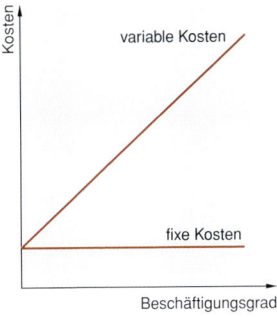

a) **Fixe Kosten** sind Kosten, die vom Beschäftigungsgrad unabhängig sind, d. h. sie fallen auch dann an, wenn nicht produziert wird.
   Zum Beispiel:
   – Mieten
   – Kreditzinsen
   – Abschreibungen
b) **Variable Kosten** sind Kosten, die vom Beschäftigungsgrad abhängig sind, d. h. je mehr produziert wird, desto höher sind die variablen Kosten.
   Zum Beispiel:
   – Fertigungsmaterial (Rohstoffe)
   – Fertigungslöhne

Wirtschaftskompetenz

46 Bei der Produktion von 12 000 Stück einer Ware sind folgende Kosten entstanden: Fertigungslöhne 60 000 €, Stromkosten für Maschinen 800 €, Gehälter der Verwaltung 40 000 €, Kreditzinsen 8 000 €, Fertigungsmaterial 27 200 €, Miete für Werkräume 4 000 €, Abschreibungen 16 000 €.

a) Welche der angefallenen Kosten sind Einzelkosten, welche sind Gemeinkosten?

b) Wie hoch sind die fixen Kosten?

c) Wie hoch sind die variablen Kosten?

d) Wie hoch sind die Stückkosten?

a) Einzelkosten:
   – Fertigungslöhne
   – Fertigungsmaterial

   Gemeinkosten:
   – Stromkosten
   – Gehälter der Verwaltung
   – Miete für Werkräume
   – Abschreibungen
   – Kreditzinsen

b)		
	Gehälter	40 000 €
	Miete	4 000 €
	Abschreibungen	16 000 €
+	Kreditzinsen	8 000 €
	Fixe Kosten	**68 000 €**

c)		
	Stromkosten	800 €
	Fertigungslöhne	60 000 €
+	Fertigungsmaterial	27 200 €
	Variable Kosten	**88 000 €**

d)		
	Fixe Kosten	68 000 €
+	variable Kosten	88 000 €
	Gesamtkosten	**156 000 €**

156 000 € : 12 000 Stück
= **13 € Stückkosten**

47 Zuschlagskalkulation: Berechnen Sie die Selbstkosten eines Werkstücks, wenn bei der Herstellung folgende Kosten berücksichtigt werden: Fertigungslöhne 800,00 €, Fertigungsmaterial 2 000,00 €, Materialgemeinkosten 15 %, Fertigungsgemeinkosten 120 %, Verwaltungsgemeinkosten 5 %, Vertriebsgemeinkosten 3 %

	Fertigungsmaterial	2 000,00 €
+	Materialgemeinkosten	300,00 €
=	Materialkosten	2 300,00 €
	Fertigungslöhne	800,00 €
+	Fertigungsgemeinkosten	960,00 €
=	Herstellkosten	4 060,00 €
	Verwaltungsgemeinkosten	203,00 €
+	Vertriebsgemeinkosten	121,80 €
=	**Selbstkosten**	**4 384,80 €**

Marketing

48 Erläutern Sie den Begriff „Marketing".

Mit **Marketing** sind alle Maßnahmen gemeint, die für ein Unternehmen und seine Produkte Märkte schaffen bzw. den Markt beeinflussen und Nachfrage produzieren.

49 Welche Aufgaben hat die Marktforschung?

Die Marktforschung untersucht
– Absatzmärkte,
– das Verhalten von Marktkonkurrenten,
– das Verbraucherverhalten.

50 Was versteht man unter Marketing-Mix?

Marketing-Mix ist der zielgerichtete Einsatz und die Kombination der verschiedenen Marketinginstrumente wie
– Produkt- und Sortimentsgestaltung,
– Preisgestaltung,
– Werbung,
– Kundenbetreuung,
– Vertrieb und Verkauf,
– Kundenservice.

51 Ein Handwerksbetrieb kann durch seine Produktpolitik den Absatz beeinflussen. Die wichtigsten Problemfelder der Produktpolitik sind die <u>Produktmodifikation</u>, die <u>Produktvariation</u> und die <u>Produktselektion</u>. Erlautern Sie die unterstrichenen Begriffe.

a) **Produktmodifikation:** Ein Produkt wird ständig an neue Trends, technische Entwicklungen und Kundenbedürfnisse angepasst, z. B. Farben in der Mode, LED-Schweinwerfer beim Auto.

b) **Produktvariation:** Ein bestimmtes Produkt wird in verschiedenen Produktvarianten angeboten, um unterschiedliche Zielgruppen anzusprechen, z. B. Auto als Limousine, Cabrio oder Variant.

c) **Produktselektion:** Produkte werden bewusst gefördert oder aus dem Programm genommen, je nachdem wie erfolgreich sie verkauft werden, →

Wirtschaftskompetenz

▷ *Fortzetzung der Antwort* ▷

z. B. Trend zu Trekkingrädern – diese werden in größeren Stückzahlen produziert, während normale Fahrräder ohne Gangschaltung nicht mehr gefragt sind – diese werden nicht mehr hergestellt.

52 Welche Fragen muss ein Unternehmen bei seiner Preisgestaltung beachten?

a) Welchen Preis akzeptiert der Kunde?
b) Wie reagiert er auf Preisveränderungen?
c) Wie hoch sind die Produktionskosten?
d) Wie sind die Preise der Konkurrenten?
e) Was kosten mögliche Ersatzprodukte?
f) Ab welchem Preis steigt der Kunde auf Ersatzprodukte um?

53 Erläutern Sie den Begriff *Werbung.*

Unter **Werbung** versteht man die Meinungsbeeinflussung des Kunden, damit er die Produkte bzw. die Leistungen des Unternehmens kauft. Sie enthält alle Maßnahmen, die geeignet sind, den Absatz zu fördern.

54 Nennen Sie fünf Aufgaben der *Werbung.*

Aufgaben der Werbung sind:
– alte Kunden erhalten und neue gewinnen
– neue Produkte oder Leistungen am Markt einführen
– den Verbraucher informieren
– ein Firmen- oder Markenimage aufbauen
– psychologische Anreize bieten, um ein bestimmtes Produkt zu kaufen

55 Nennen Sie drei Gesetze, die den Verbraucher vor manipulierender Werbung schützen?

1. Gesetz gegen den unlauteren Wettbewerb
2. Mess- und Eichgesetz
3. Preisangabenverordnung
4. EU-Textilkennzeichnungsverordnung

56 Wie beurteilen kritische Verbraucher die Werbung?

– Werbung ist sehr teuer. Da sie über die Preise hereingeholt werden muss, zahlt sie letztendlich der Verbraucher.
– Werbeinhalte versprechen, was die Produkte oft nicht halten können.
– Fehlende Markttransparenz, Fachkenntnisse und Erfahrung schwächen die Position des Verbrauchers.

57 Erläutern Sie den Begriff „Public Relations".

Public Relations (Öffentlichkeitsarbeit) hat das Ziel die Unternehmung öffentlich bekannt zu machen. Genießt ein Unternehmen in der Öffentlichkeit Ansehen und Vertrauen, dann werden auch seine Werbemaßnahmen erfolgreicher sein und der Absatz steigt. Während die Werbung Produkte empfiehlt, wendet sich Public Relations im vertrauensbildenden Sinne stets an die gesamte Öffentlichkeit, z. B. durch Zeitungsberichte, Unterstützung von sozialen Einrichtungen, Sponsorentätigkeit für Sportvereine usw.

58 Begründen Sie die zunehmende Bedeutung des Ökomarketing.

1. Verbraucher achten zunehmend auf umweltfreundliche Produkte und auf betrieblichen Umweltschutz.
2. Energiesparmaßnahmen führen zu Kostensenkungen, dadurch können Preiserhöhungen vermieden werden.
3. Umweltschutz verbessert deshalb das Unternehmensimage.
4. Durch Umweltschutz und umweltfreundliche Produkte lassen sich neue Märkte und Käufergruppen erschließen.

Wirtschaftskompetenz

59 Weshalb sind Kundenservice und -beratung gerade im Handwerk besonders wichtig?

a) Da viele Produkte und Dienstleistungen heute in Beschaffenheit und Preis sehr ähnlich sind, kommt es darauf an, die eigenen Erzeugnisse von denen der Konkurrenz abzuheben. Dies erfolgt häufig über guten Service und fachkundige Beratung.

b) Das Handwerk kann auf die individuellen Bedürfnisse des Kunden besser eingehen.

60 Ein wichtiger Marketingbereich ist die Qualitätssicherung. Welche Folgen können sich ergeben, wenn schlechte Qualität produziert und verkauft wird?

Mögliche Folgen schlechter Qualität:
– höhere Prüf- und Folgekosten (z. B. Reparaturleistungen)
– höhere Herstellkosten
– weniger Gewinn
– Kundenreklamationen
– Verlust von Marktanteilen, da Kunden verloren gehen

478

Originalabschlussprüfungen

Vorbemerkung

Die Prüfungsmodalitäten in den einzelnen Bundesländern weichen zum Teil erheblich voneinander ab. Exemplarisch werden deshalb die Prüfungsanforderungen von einem Bundesland (hier: Baden-Württemberg) vorgestellt. Erkundigen Sie sich daher bei Ihren Fachlehrern, ob die hier vorgestellten Aufgabentypen den Prüfungsaufgaben in Ihrem Bundesland entsprechen.

Abschlussprüfungen in Berufstheorie

1 Sommer 2018

Berufstheorie I (projektbezogen)

Bearbeitungshinweis:

Die Prüfung umfasst die Prüfungsbereiche Umgang mit Waren, Verkauf und Beratung (Bearbeitungszeit 90 Minuten) sowie Betriebswirtschaftliches Handeln (Bearbeitungszeit 30 Minuten). Dabei sind jeweils alle Aufgaben zu lösen. Als Hilfsmittel ist ein nicht programmierbarer Taschenrechner zugelassen. Die Aufgaben eines Prüfungsbereichs aus den Prüfungsblöcken Berufstheorie I und Berufstheorie II werden zusammen gewertet.

> **Projekt: Sommerfest der Seniorenvilla „Sonnenschein"**
>
> Die Seniorenvilla „Sonnenschein" veranstaltet auch in diesem Sommer ein Sommerfest. Angehörige der Bewohner und Mitarbeiter der Seniorenvilla sind dazu herzlich eingeladen. Die Leiterin der Seniorenvilla wünscht sich ein Frühstücksbüfett und anschließend verschiedene „kleine Speisen".
> Sie sollen die Planung, Gestaltung und Umsetzung dieses Sommerfestes übernehmen.

Prüfungsbereich: Umgang mit Waren, Verkauf und Beratung I

1 Planung

Sie besprechen mit der Leiterin der Seniorenvilla alle Einzelheiten für das Fest.

1.1 Welche Fragen (mindestens fünf) stellen Sie an die Leiterin, damit Sie planen können?

1.2 Den Bewohnern der Seniorenvilla ist es besonders wichtig, dass es auch Aktionen für Kinder geben soll. Nennen Sie drei Kinderaktionen, die mit Produkten aus Ihrem Fachgeschäft zu tun haben.

Lösungen auf Seite 507

2   Frühstück
Sie planen mit der Leiterin das Frühstücksbüfett.
2.1   Erstellen Sie eine Liste für Arbeitsmaterialien, Maschinen und Geräte.
2.2   Zählen Sie mindestens 20 Produkte auf, die auf Ihrem Frühstücksbüfett nicht fehlen dürfen.
2.3   Beschreiben Sie die Herstellung eines klassischen Omeletts mit Hilfe eines Fließschemas.
2.4   Nennen Sie drei Variationen des klassischen Omeletts.

3   Kleine Gerichte
Zur Mittagszeit sollen den Gästen verschiedene kleine Gerichte angeboten werden.
3.1   Empfehlen Sie fünf verschiedene Gerichte. Begründen Sie Ihre Auswahl.
3.2   Beschreiben Sie die Herstellung eines Ihrer genannten Gerichte.

4   Besondere Anforderungen an die Fachkraft
4.1   Sie sind als Servicekraft für das Sommerfest eingeteilt. Worauf achten Sie besonders im Umgang mit Senioren?
4.2   Wählen Sie drei Backwaren des Frühstücksbüfetts aus. Erstellen Sie für jede Backware eine Allergenliste.
4.3   Ihre Kollegin Helga fragt: „Was müssen wir hinsichtlich des Kaffeeangebotes beachten?" Begründen Sie.

5   Speiseeis
Als besondere Attraktion bieten Sie Speiseeis an. Sie entscheiden sich für Milch- und Fruchteis.
5.1   Welche rechtlichen Bestimmungen gelten für diese beiden Speiseeissorten?
5.2   Das Anbieten von Speiseeis erfordert eine besondere Sorgfalt. Erstellen sie eine Checkliste, was Sie in Bezug auf Hygiene beachten müssen.

6   Einladung
6.1   Entwerfen und gestalten Sie für das Sommerfest der Seniorenvilla eine Einladung an die Familienangehörigen im Format DIN A4.

Lösungen auf Seite 507/508/509

Prüfungsbereich: Betriebswirtschaftliches Handeln I

1   Nährwertberechnung

Folgende Angaben sind von der Dinkel-Chiasamen-Stange, die auf dem Frühstücksbüfett angeboten wird, bekannt:

	pro 100 g	verwendete Menge
Dinkelstange	1.056 kJ	70 g
Frischkäse	626 kJ	12 g
Putenbrust	447 kJ	3 Scheiben je 10 g
Eisbergsalat	55 kJ	75 g
Gurke	50 kJ	5 Scheiben je 3 g
Tomate	248 kJ	3 Scheiben je 5 g
Chiasamen	1.832 kJ	35 g

1.1   Berechnen Sie die Gesamtenergiemenge.

1.2   Ihre Kollegin macht Ihnen den Vorschlag, die Putenbrust zu ersetzen. Sie möchte vier Scheiben je 10 g Hähnchenbrust verwenden.

Hähnchenbrust: je 100 g: 6,2 g Fett
0,0 g Kohlenhydrate
22,2 g Eiweiß

Sie ist der Meinung, dass dieser Austausch den Energiegehalt der Dinkel-Chiasamen-Stange senken wird. Überprüfen Sie rechnerisch, ob die Kollegin Recht hat.

2   Rechnungserstellung

2.1   Berechnen Sie den Betrag, den die Seniorenvilla für das Sommerfest an Ihre Bäckerei bezahlen muss.

Rechnungsendbetrag	1.045,53 €
Rabatt	12 %
3 % Skonto bei Zahlung innerhalb von 10 Tagen	

Lösungen auf Seite 510/511

Berufstheorie II

Bearbeitungshinweis:

Die Prüfung umfasst die Prüfungsbereiche *Umgang mit Waren, Verkauf und Beratung* (Bearbeitungszeit 60 Minuten; 4 von 5 Aufgaben sind zu lösen) sowie *Betriebswirtschaftliches Handeln* (Bearbeitungszeit 60 Minuten; 4 von 5 Aufgaben sind zu lösen, Aufgabe 5 ist Pflichtaufgabe). Als Hilfsmittel ist ein nicht programmierbarer Taschenrechner zugelassen.

Die Gesamtnote wird nach den zeitlichen Anteilen der Prüfungsbereiche ermittelt:

Umgang mit Waren, Verkauf und Beratung I : Umgang mit Waren, Verkauf und Beratung II = 3:2

Betriebswirtschaftliches Handeln I : Betriebswirtschaftliches Handeln II = 1:2

Prüfungsbereich: Umgang mit Waren, Verkauf und Beratung II

1   Arbeitssicherheit

Im Aufenthaltsraum Ihres Betriebes hängt ein Poster der BGN (Berufsgenossenschaft Nahrungsmittel und Gastgewerbe) mit der Aufschrift: „Stolpern, Stürzen, Fallen – Nicht in unserem Betrieb!"

1.1   Nennen Sie drei Beispiele, wodurch Unfälle dieser Art in Ihrem Betrieb geschehen können.

1.2   Und es ist doch passiert: Ihre Kollegin Bea ist während der Arbeitszeit gestürzt und hat eine Verletzung am Arm. Welche Sofortmaßnahmen leiten Sie ein?

1.3   Die Zahl der Arbeitsunfälle ist vor allem bei Auszubildenden besonders hoch. Erklären Sie diese Tatsache.

2   Brot

Der Meister Ihrer Bäckerei hat vor kurzem ein Sechskornsaatenbrot entwickelt und will dieses in naher Zukunft in das Brotsortiment aufnehmen.

2.1   Nennen Sie die Zutaten dieses Brotes gemäß den Leitsätzen.

2.2   Geben Sie drei Möglichkeiten an, um dieses Brot bei Ihrer Kundschaft bekannt zu machen.

2.3   Formulieren Sie mindestens drei Verkaufsargumente für dieses Brot.

Lösungen auf Seite 511/512

3   **Siedegebäck**
In der Faschingszeit sind Berliner Pfannkuchen das meistverkaufte Gebäck der Bäckereien/Konditoreien.

3.1   Nennen Sie die Zutaten des Teiges für Berliner Pfannkuchen.

3.2   Eine wichtige Rolle bei der Herstellung von Berliner Pfannkuchen spielt das Siedefett.

3.2.1 Welche Fette eignen sich dafür?

3.2.2 Welche Anforderungen (vier) muss ein Siedefett erfüllen?

3.3   Bäckermeister Karl sagt: „Am Kragen des Berliners erkennt man seine Qualität." Erklären Sie diese Aussage.

4   **Verkaufsalltag**
Ein arbeitsreicher Tag geht zu Ende, der Feierabend naht. Das Verkaufsteam teilt sich die noch anstehenden Arbeiten auf.

4.1   Verkäuferin Sabrina kümmert sich darum, dass die Theke einwandfrei verlassen wird. Dabei achtet sie auch auf die Betriebshygiene.
Welche Tätigkeiten sind zu erledigen? Geben Sie fünf Beispiele.

4.2   Fünf Minuten vor Ladenschluss betritt völlig außer Atem Ihre Stammkundin Frau Sieg den Laden. „Ich bräuchte noch dringend ..., oh, Sie haben schon Feierabend." Sie blickt auf die leeren Regale und die ausgeräumte Theke.
Wie reagieren Sie angemessen? Führen Sie ein kundenorientiertes Verkaufsgespräch (wörtliche Rede).

4.3   Bei der abschließenden Kassenabrechnung ergibt sich ein Fehlbetrag.

4.3.1 Nennen Sie vier mögliche Ursachen.

4.3.2 Beschreiben Sie einen korrekten Kassiervorgang, wenn mit einem großen Geldschein bezahlt wird.

5   **Torten**
Verkaufsschlager im Sommer sind Obsttorten. In Ihrer Bäckerei ist es die Erdbeertorte.

5.1   Beschreiben Sie den Aufbau einer klassischen Erdbeertorte.

5.2   Auch Ihre Erdbeersahnetorte ist sehr beliebt bei Ihren Kunden. Erstellen Sie hierzu ein Produktinformationsblatt.

5.3   Beschreiben Sie ausführlich, wie Sie dem Kunden vier Stückchen Erdbeersahnetorte transportsicher verpacken.

Lösungen auf Seite 512/513

Prüfungsbereich: Betriebswirtschaftliches Handeln II

1 Mikroorganismen

Trotz guter Personalhygiene befinden sich auf Tinas sauber gewaschener Hand 50 Keime, die sich alle 20 Minuten verdoppeln.

1.1 Berechnen Sie, wie viele Keime sich nach 3 Stunden ohne Waschen auf Tinas Hand befinden.

1.2 Ein neues Desinfektionsmittel verspricht „85 % weniger Keime – eine saubere Sache!" Berechnen Sie, wie viele Keime sich trotz Desinfektion noch auf Tinas Hand befinden, wenn sie drei Stunden lang ihre Hand nicht wäscht.

2 Verlustrechnen

Bäckermeister Fröhlich möchte seinen Kunden 20 Packungen Zwieback zu je 150 g im Laden anbieten.

2.1 Wie viel Teig muss in der Backstube hergestellt werden, wenn beim Backen 7 %, beim Schneiden 5 %, beim Rösten 8 % und beim Verpacken 2 % Verluste entstehen?

3 Gewogener Durchschnitt

In der Vorweihnachtszeit sind gemischte Präsenttüten der Verkaufshit in Ihrer Bäckerei/Konditorei. Sie mischen dafür die folgenden 4 Sorten in einem Verhältnis 3:1:6:2.

Die Ladenpreise für die Sorten sind:

Schwarz-Weiß-Gebäck	1,55 €/100 g
Mini-Schweinsohren	3,20 €/250 g
Teegebäck	2,75 €/125 g
Vanillekipferl	2,50 €/150 g

3.1 Berechnen Sie, wie viel Gramm von jeder Sorte benötigt werden, wenn von dem Schwarz-Weiß-Gebäck nur noch 3,750 kg bereit liegen.

3.2 Ihre Stammkundin Frau Weiß kauft eine 250 g-Tüte. Wie viel € muss Frau Weiß bezahlen.

Lösungen auf Seite 514/515

4   Kassenbericht
Verkäuferin Ina zählt zum Ladenschluss in ihrer Kasse 148,12 €. Dieser Betrag überrascht sie, denn sie denkt, dies sei zu wenig.
Im Laufe des Tages sind folgende Beträge aus der Kasse entnommen worden: Mehllieferung 275,00 €, Paketdienst 9,23 €, Lohn für Aushilfe 168,00 €, Dekoration/Blumen 64,00 € sowie eine Einzahlung bei der Bank in Höhe von 330,00 €.

4.1   Überprüfen Sie, ob Ina mit Ihrer Vermutung richtig liegt, wenn sich laut dem Kassenstreifen die Einnahmen auf 738,87 € beliefen und Ina am Morgen 255,48 € in der Kasse zählte.

5   Kalkulation (Pflichtaufgabe)
Ihre Mini-Prinzregententorte verkaufen Sie im Laden für 36,00 €. Die Materialkosten für die ganze Torte betragen 5,80 €. Der Meister kalkuliert mit einer Herstellungszeit von 22 Minuten/Torte und einem Stundenkostensatz von 51,00 €.

5.1   Berechnen Sie Gewinn und Risiko in %.

5.2   Die Minitorte wird in 10 Stücke geschnitten. Wie viel muss für ein Stück Torte bezahlt werden, wenn der Caféaufschlag 33 % beträgt?

Lösungen auf Seite 515/516

2 Winter 2018/19
Berufstheorie I

Bearbeitungshinweis:

Die Prüfung umfasst die Prüfungsbereiche *Umgang mit Waren, Verkauf und Beratung* (Bearbeitungszeit 90 Minuten) sowie *Betriebswirtschaftliches Handeln* (Bearbeitungszeit 30 Minuten). Dabei sind jeweils alle Aufgaben zu lösen Als Hilfsmittel ist ein nicht programmierbarer Taschenrechner zugelassen. Die Aufgaben eines Prüfungsbereichs aus den Prüfungsblöcken Berufstheorie I und Berufstheorie II werden zusammen gewertet.

Projekt: Spendenaktion Kindertagesstätte

Ihre Bäckerei hat beschlossen, eine Aktion durchzuführen, um Spendengelder für die Kindertagesstätte in Ihrer Stadt zu sammeln. Am Samstag, den 19. Januar, soll ein kleines Fest zum Abschluss der Spendenaktion veranstaltet werden.

Prüfungsbereich: Umgang mit Waren, Verkauf und Beratung I

1 Planung
Um die Aktion zum Erfolg werden zu lassen, ist eine gute Vorbereitung und Planung nötig.

1.1 Nennen Sie zehn Punkte, die Sie bei der Planung der Aktion beachten müssen.

1.2 Formulieren Sie zwei Vorschläge für ein Motto, unter dem die Aktion startet.

1.3 Wählen Sie für diese Aktion fünf besondere Backwaren aus.

1.4 Begründen Sie die Wahl Ihrer genannten Backwaren.

2 Werbemaßnahmen
Damit die Spendenaktion zum Erfolg wird, müssen Sie Werbung machen.

2.1 Entwerfen Sie ein Schaufensterplakat (Zeichenkarton DIN A4), mit dem Sie auf die Spendenaktion aufmerksam machen.

2.2 Welche weiteren Werbemöglichkeiten eignen sich für die Aktion?

Lösungen auf Seite 517

3 Aktionswoche in Ihrer Bäckerei

Um genügend Spenden zu sammeln, führen Sie eine Aktionswoche in Ihrer Bäckerei durch.

3.1 Machen Sie Vorschläge für die Dekoration Ihres Verkaufsraumes.

3.2 Sie bieten ein Aktionsbrot an. Für jedes verkaufte Brot erhält die Kindertagesstätte 0,30 €. Finden Sie einen kreativen Namen und erstellen Sie für dieses Brot einen Produktpass.

Am Samstag, den 19. Januar, werden die Spendengelder in einem Festzelt von Ihrer Bäckerei übergeben.

3.3 Im Festzelt werden kalte und warme Getränke angeboten. Beschreiben Sie die Herstellung eines Kinderpunsches und eines Punsches für Erwachsene.

3.4 Sie möchten zum Punsch Fingerfood reichen. Geben Sie sechs Beispiele an.

3.5 Sie bieten auch Kanapees an. Erstellen Sie ein Fließschema zur Herstellung eines Kanapees Ihrer Wahl.

4 Kennzeichnung von Backwaren

Zum Punsch bieten Sie auch verpackte Mini-Linzertorten zum Verkauf an.

4.1 Entwerfen Sie das Etikett für diese Fertigverpackung.

5 Bewertung der Aktion

Ihr Chef möchte wissen, wie diese Aktion bei den Kunden und Gästen angekommen ist.

5.1 Erstellen Sie einen Fragebogen, der Ihnen Auskunft über den Erfolg der Spendenaktion gibt.

5.2 Begründen Sie, weshalb die Planung und die Durchführung solcher Aktionen auch langfristig für den Betrieb von Vorteil sein können.

Lösungen auf Seite 517/518

Prüfungsbereich: Betriebswirtschaftliches Handeln I

1   Berechnung von Werbekosten
Die Linzertörtchen werden im Schaukasten präsentiert.
Die ansprechende Schaukastendekoration wird zum Blickfang für die
Spendenaktion.
Ihr Schaukasten hat die Innenmaße: 135 cm breit, 95 cm hoch und 70 cm
tief.

1.1   Berechnen Sie die gesamte Fläche von Boden, Rückwand und Seitenwänden in cm².

1.2   Für die Aktion benötigen Sie 3.000 Flyer. Es liegen zwei Angebote vor:

Druckerei 1:
Ab 2.500 Stück gilt der Verkaufspreis von 2,70 € je 10 Stück und es wird
ein Mengenrabatt von 5 % gewährt.

Druckerei 2:
2,60 € je 10 Flyer, kein Mengenrabatt, dafür bei Bezahlung innerhalb von
10 Tagen 3 % Skonto.

Welche Druckerei hat das günstigere Angebot, wenn Sie innerhalb von
10 Tagen bezahlen?

(Hinweis: Beim Preisvergleich ist die Mehrwertsteuer nicht zu berücksichtigen.)

2   Prozentrechnen
Ein Aktionsbrot kostet netto 4,75 €. Davon werden 0,30 € gespendet.

2.1   Berechnen Sie, wie viel Prozent vom Netto-Verkaufspreis die Spende
beträgt.

3   Kalkulation
Höhepunkt des Festes ist der Verkauf einer Riesen-Linzertorte, deren Erlös
komplett in die Spendenkasse fließen soll.

3.1   Errechnen Sie den Bruttoverkaufspreis für eine Schnitte der Linzertorte
(Größe 10 cm x 7 cm) mit folgenden Kalkulationsgrundlagen:
Materialkosten: 0,77 €
Arbeitszeit: 1,77 Minuten
Stundenkostensatz: 55,00 €
Risikozuschlag: 17 %
Mehrwertsteuer wie beim Ladenkauf

Lösungen auf Seite 518/519

3.2 Wie hoch ist der Verkaufserlös, wenn die Torte 7 Meter lang und 30 cm breit ist?
Beachten Sie: Eine Schnitte hat die Maße 10 cm x 7 cm.

3.3 Wie viel Euro landen in der Spendenkasse, wenn Sie berücksichtigen, dass 7 % Mehrwertsteuer an das Finanzamt abzuführen sind?

Berufstheorie II

Bearbeitungshinweis:

Die Prüfung umfasst die Prüfungsbereiche *Umgang mit Waren, Verkauf und Beratung* (Bearbeitungszeit 60 Minuten; 4 von 5 Aufgaben sind zu lösen) sowie *Betriebswirtschaftliches Handeln* (Bearbeitungszeit 60 Minuten; 4 von 5 Aufgaben sind zu lösen, Aufgabe 5 ist Pflichtaufgabe). Als Hilfsmittel ist ein nicht programmierbarer Taschenrechner zugelassen.

Die Gesamtnote wird nach den zeitlichen Anteilen der Prüfungsbereiche ermittelt:

Umgang mit Waren, Verkauf und Beratung I : Umgang mit Waren, Verkauf und Beratung II = 3:2
Betriebswirtschaftliches Handeln I : Betriebswirtschaftliches Handeln II = 1:2

Prüfungsbereich: Umgang mit Waren, Verkauf und Beratung II

1   Ernährung
Die Lebenserwartung in Deutschland ist in den vergangenen Jahren stetig gestiegen. Dies ist unter anderem auf eine vernünftige Ernährung und einen gesunden Lebensstil zurückzuführen.

1.1 Geben Sie Ihren Kunden fünf Tipps für eine gesunde Lebensweise.

1.2 Mineralstoffe und Vitamine werden auch als Wirkstoffe bezeichnet. Erklären Sie anhand eines Beispiels den Begriff Wirkstoffe.

1.3 Vollkornbackwaren sind ein wichtiger Lieferant von Vitaminen und Mineralstoffen. Auf welche Vitamine und Mineralstoffe würden Sie in einem Verkaufsgespräch hinweisen.

2   Besondere Kundengruppen
Jeder Kunde möchte individuell bedient werden.

2.1 Nennen Sie fünf verschiedene Kundengruppen.

2.2 Sie bedienen einen Kunden mit geringen Deutschkenntnissen. Wie gestalten Sie das Verkaufsgespräch?

Lösungen auf Seite 519/520

2.3 Jeden Morgen vor der Schule kommt der achtjährige Fritz bei Ihnen vorbei, um sich etwas für seine Frühstückspause zu kaufen. Was müssen Sie beim Umgang mit Fritz beachten?

3 Marzipan
Zur Winterszeit bieten Sie eine Reihe verschiedener Marzipanartikel an. Ihre Chefin möchte, dass Sie für den Verkauf dieser Artikel geschult sind und die Kunden mit Fachwissen überzeugen.

3.1 Ihr Kunde Herr Gruber fragt nach dem Unterschied der Zusammensetzung zwischen Marzipan und Marzipanrohmasse.
3.1.1 Erklären Sie den Unterschied.
3.1.2 Geben Sie jeweils zwei Verwendungsmöglichkeiten an.
3.2 In Ihrem Sortiment haben Sie das Lübecker Marzipan und das Königsberger Marzipan. Beschreiben Sie dem Kunden die jeweiligen Besonderheiten.
3.3 Herr Gruber wundert sich, dass Sie Persipanstollen und Marzipanstollen anbieten. Erklären Sie den Unterschied.

4 Kleingebäck
Nirgendwo sonst haben die Kunden eine größere Vielfalt an Brötchen und anderen Kleingebäcken als in Deutschland.

4.1 Welche lebensmittelrechtliche Vorschrift gilt für Kleingebäck?
4.2 Vergleichen Sie anhand einer Tabelle Wasserbrötchen und Milchbrötchen bezüglich der Zutaten, Krumenbeschaffenheit, Kruste, Geschmack und Frischhaltung.
4.3 Zu den beliebtesten Kleingebäcken gehören die Laugengebäcke.
4.3.1 Zählen Sie fünf gelaugte Kleingebäcke auf.
4.3.2 Beim Belaugen von Gebäcken gelten Sicherheitsvorschriften. Welche Maßnahmen schützen Sie vor den Gefahren?
4.3.3 Brezellauge ist ätzend. Begründen Sie, warum belaugte Gebäcke nach dem Backen genießbar sind.

5 Sahnetorten – Sahnekremtorten
Zu jeder Festtagstafel gehören Sahne- und Sahnekremtorten.

5.1 Beschreiben Sie den Aufbau einer klassischen Schwarzwälder Kirschtorte.
5.2 Formulieren Sie ein Verkaufsgespräch für die Schwarzwälder Kirschtorte mit fünf Verkaufsargumenten.

Lösungen auf Seite 520/521/522

5.3 Die Käsesahnetorte gilt als besonders leichte, erfrischende Torte. Welche Vorschrift gilt für den Schlagsahneanteil in der Sahnekrem?

Prüfungsbereich: Betriebswirtschaftliches Handeln II

1 Kassenbericht

Am Morgen sind 300,00 € in der Kasse. Sie machen abends den Kassenabschluss. Bei der Kassenabrechnung befinden sich 725,90 € in der Kasse. Folgende Kassenbewegungen fanden heute statt:

Tageseinnahmen laut Kontrollstreifen	2.723,50 €
Bankeinzahlung	1.700,00 €
Privatentnahme des Chefs	150,00 €
Rechnung des Getränkelieferanten	486,39 €

1.1 Überprüfen Sie, ob die Kasse stimmt.

2 Verlustberechnungen

Eine Bäckerei kauft eine Kiste Mayonnaise bei der BÄKO. In einer Kiste befinden sich 50 Dosierflaschen mit insgesamt 45 kg Inhalt. Ca. 5 % Verlust entsteht bei der Entnahme der Mayonnaise aus der Flasche.

2.1 Wie viel g Verlust entsteht bei einer Flasche?

2.2 Ihr Chef benötigt aber 45 kg Mayonnaise. Wie viele Flaschen muss er zusätzlich kaufen, damit er auch tatsächlich 45 kg Mayonnaise heraus bekommt?

3 Verhältnisrechnung

Ihr Betrieb präsentiert sich erstmals auf dem Weihnachtsmarkt und bietet verschiedene Heißgetränke an.

3.1 Sie stellen einen Punsch aus Rotwein und fertig gebrühtem Tee her. Der Punsch soll einen Alkoholgehalt von 4 % haben. In welchem Verhältnis mischen Sie den Rotwein (Alkoholgehalt 12 %) mit Tee, damit das gewünschte Verhältnis erreicht wird?

3.2 Wie viel Liter Rotwein und Tee benötigen Sie für die Herstellung von 45 Litern Punsch?

3.3 Für einen Kinderpunsch mischen Sie Orangensaft, Apfelsaft und Früchtetee im Verhältnis 1:2:5.
Wie viel Orangensaft und Apfelsaft messen Sie ab, wenn Sie 16,5 Liter Früchtetee verarbeiten wollen und wie viel Liter Punsch erhalten Sie insgesamt?

Lösungen auf Seite 523/524

4   Nährwertberechnung
Evi bestellt im Café ein Stück Apfelstrudel (150 g) mit einer Portion
Schlagsahne (40 g). Ihre Freundin Carolin nimmt lieber ein Stück Sahne-
torte (120 g).

4.1   Wer von beiden nimmt rechnerisch weniger Energie zu sich?
       100 g Apfelstrudel enthalten 852 kJ.
       100 g Sahnetorte enthalten 1.430 kJ.
       100 g Schlagsahne enthalten 3,4 g Kohlenhydrate, 31 g Fett und 2,4 g
       Eiweiß.

5   Rückkalkulation (Pflichtaufgabe)
Ihr Chef plant die Erweiterung der Salatauswahl in Ihrer Filiale. Erfahrungsgemäß weiß er, dass die Kunden nicht bereit sind, mehr als 4,00 €
für einen Salat zum Mitnehmen auszugeben.

5.1   Wie hoch dürfen die Materialkosten pro Salat sein?
       Folgende Werte werden für acht Salate veranschlagt:
       • Zubereitungszeit 22 Minuten
       • Stundenkostensatz 47,00 €
       • Risiko und Gewinn 17 %

5.2   Errechnen Sie die Materialkosten der folgenden Salatrezeptur und stellen
       Sie fest, ob damit die 4,00 € Verkaufspreis pro Salat eingehalten werden
       können.
       Rezeptur: Gurkensalat mit Schafskäse (8 Portionen)

       Salat:
       2 Salatgurken   0,76 €/Stück
       200 g frischer Spinat   3,39 €/kg
       1 Kopf Eisbergsalat   1,39 €/Stück
       40 g schwarze Oliven ohne Stein   1,19 €/100 g
       300 g Schafskäse   1,89 €/200 g

       Dressing:
       2 Becher Sahnejoghurt zu je 150 g   0,59 €/Becher
       100 ml Olivenöl   3,40 €/Liter
       Gewürze   0,25 €

Lösungen auf Seite 524/525

Abschlussprüfungen in Wirtschafts- und Sozialkunde

☐1 Sommer 2018

Bearbeitungshinweis:

Alle Aufgaben müssen bearbeitet werden. Die Bearbeitungszeit beträgt 60 Minuten. Ein nicht programmierbarer Taschenrechner kann verwendet werden.

1   Die Rolle des Mitarbeiters in der Arbeitswelt aktiv ausüben / Als Konsument rechtliche Bestimmungen in Alltagssituationen anwenden

---

Situationsbeschreibung

Nach bestandener Abschlussprüfung haben Sie eine Anstellung als Fachkraft für Metalltechnik bei einem mittelständischen Unternehmen gefunden. Der Einstiegslohn liegt bei 2.100 € brutto. Leider ist der Betrieb mit öffentlichen Verkehrsmitteln nur schwer zu erreichen, besonders zu Schichtzeiten ist es nicht möglich, mit Bus und Bahn zu fahren. Da Sie seit einiger Zeit stolzer Besitzer eines Motorradführerscheins sind, erscheint Ihnen dieses Problem jedoch lösbar. Sie haben entschieden, Ihren ersten Lohn für den Kauf eines Zweirades zu verwenden. Um Ihren zukünftigen Nettolohn zu erfahren, haben Sie im Internet nach einem Gehaltsrechner recherchiert. Den Link für den Gehaltsrechner gaben Sie auch an Ihren Freund Sascha Kleinmayer weiter, der mit gleichem Einstiegslohn ebenfalls seine erste Stelle antritt.
Kurz darauf erhalten Sie von Sascha folgende E-Mail:

Von: Sascha.Kleinmayer@web.de

An: mich

Hallo Du,
ich habe gerade den Gehaltsrechner ausprobiert. Wundere mich ein bisschen, dass dabei nur drei Sozialversicherungen berücksichtigt werden. Es gab doch noch mehr Sozialversicherungen, oder? Wurde von dem Portal etwas vergessen??? Nicht, dass ich mich auf zu viel Lohn freue und es nichts wird.

Kannst du mir bitte alle Sozialversicherungen noch mal nennen?
Warum sind manche Sozialversicherungen nicht angegeben?
Außerdem fiel mir auf, dass in der Berechnung der Name der Krankenversicherung verlangt wird – spielt das für die Berechnung des Lohns eine Rolle? Danke.
Viele Grüße
Sascha

1.1 Verfassen Sie eine Mail an Sascha, die alle seine Fragen beantwortet.
1.2 Sascha schickt mit der Mail einen Screenshot des Gehaltsrechners mit seinen Angaben (Anlage 1). Sie wollen den Gehaltsrechner für sich nutzen. Erstellen Sie eine Liste mit Ihren kompletten eigenen Angaben für den Gehaltsrechner.
Begründen Sie die Auswahl Ihrer eigenen Lohnsteuerklasse (Anlage 2).

> Laut Gehaltsrechner können Sie mit einem Monatslohn von 1.430,00 € rechnen. Deshalb schauen Sie sich nach geeigneten Zweirädern um. In der Zeitung finden Sie eine Anzeige (Anlage 3). Nach einer Testfahrt und einem Gespräch mit dem Verkäufer sind Sie begeistert von dem Zweirad, bitten aber um einen Tag Bedenkzeit. Abends treffen Sie sich mit Sascha und erzählen ihm von dem Angebot.

1.3 Sascha meint, dass er nichts davon halte, schließlich sei das Zweirad schon gebraucht und falls ein Mangel auftrete, bestehe somit keine Gewährleistung. Begründen Sie, ob Sascha mit seiner Aussage recht hat (Anlage 4).
1.4 Sie entscheiden sich trotz der Warnung von Sascha für den Kauf des Zweirads. Der Verkäufer schlägt Ihnen vor, den Kauf per Handschlag zu besiegeln. Ihnen wäre ein schriftlicher Kaufvertrag wichtig.
Stellen Sie die beiden Abschlussvarianten für den Vertrag in einer Tabelle anhand von zwei Merkmalen gegenüber.
1.5 Bei der ersten Hauptuntersuchung sagt Ihnen der Mitarbeiter der Kfz-Prüfstelle, dass der Kilometerstand manipuliert wurde.
Formulieren Sie den Inhalt eines Schreibens an den Verkäufer, in dem Sie Ihre Rechte mit Begründung geltend machen (Anlage 4).

Lösungen auf Seite 526/527/528/529

Anlage 1: Screenshot

Bruttolohn (Monat)	[ ] €
Geburtsjahr	1998
Lohnsteuerklasse (bitte zutreffende markieren)	1 2 3 4 5 6

Kirchensteuer ja [x]

nein [ ]

Haben Sie Kinder? ja [ ]

nein [x]

Krankenversicherung AOK Baden-Württemberg ▼

Rentenversicherung gesetzlich [ ]

nicht gesetzlich [ ]

Arbeitslosenversicherung gesetzlich [ ]

nicht gesetzlich [ ]

Anlage 2: Steuerklassen

STEUERKLASSEN	
Steuer-klassen	
I	Ledige, Geschiedene, Verwitwete oder dauerhaft getrennt lebende Ehepartner.
II	Alleinerziehende mit mindestens einem Kind, für das sie einen Kinderfreibetrag erhalten.
III	Gilt für Ehepartner, wenn entweder nur einer der beiden Arbeitslohn bezieht oder wenn beide Arbeitslohn beziehen und der andere die Steuerklasse V wählt.
IV	Gilt für Ehepartner, wenn beide Arbeitslohn beziehen (es sei denn, dass einer die Steuerklasse V wählt).
V	Wenn beide Ehepartner Arbeitslohn beziehen, kann einer der beiden die Steuerklasse V, der andere Klasse III wählen.
VI	Die Steuerklasse VI wird eingetragen, wenn ein Arbeitnehmer eine Lohnsteuerkarte für ein zweites oder weiteres Dienstverhältnis benötigt. Das bedeutet, dass zusätzlich zur Steuerklasse VI immer auch eine andere Steuerklasse vorhanden sein muss, die für das erste Arbeitsverhältnis gilt.

Anlage 3: Anzeige

Kymco Agility 125 City

Kilometerstand: 4.550 km
Baujahr: 04/2014, scheckheftgepflegt
Preis 1.200 € (VHB)

Ansprechpartner: Herr Heise, Zweiräder und Mehr GmbH, Hauptstätterstr. 17, 73230 Kirchheim/T.

Anlage 4: Bürgerliches Gesetzbuch (BGB), Auszug

§ 119 Anfechtbarkeit wegen Irrtums

(1) Wer bei der Abgabe einer Willenserklärung über deren Inhalt im Irrtum war oder eine Erklärung dieses Inhalts überhaupt nicht abgeben wollte, kann die Erklärung anfechten, wenn anzunehmen ist, dass er sie bei Kenntnis der Sachlage und bei verständiger Würdigung des Falles nicht abgegeben haben würde.

(2) Als Irrtum über den Inhalt der Erklärung gilt auch der Irrtum über solche Eigenschaften der Person oder der Sache, die im Verkehr als wesentlich angesehen werden.

123 Anfechtbarkeit wegen Täuschung oder Drohung

(1) Wer zur Abgabe einer Willenserklärung durch arglistige Täuschung oder widerrechtlich durch Drohung bestimmt worden ist, kann die Erklärung anfechten.

(2) Hat ein Dritter die Täuschung verübt, so ist eine Erklärung, die einem anderen gegenüber abzugeben war, nur dann anfechtbar, wenn dieser die Täuschung kannte oder kennen musste. Soweit ein anderer als derjenige, welchem gegenüber die Erklärung abzugeben war, aus der Erklärung unmittelbar ein Recht erworben hat, ist Erklärung ihm gegenüber anfechtbar, wenn er die Täuschung kannte oder kennen musste.

§ 125 Nichtigkeit wegen Formmangels

Ein Rechtsgeschäft, welches der durch Gesetz vorgeschriebenen Form ermangelt, ist nichtig. Der Mangel der durch Rechtsgeschäft bestimmten Form hat im Zweifel gleichfalls Nichtigkeit zur Folge.

§ 433 Vertragstypische Pflichten beim Kaufvertrag

(1) Durch den Kaufvertrag wird der Verkäufer einer Sache verpflichtet, dem Käufer die Sache zu übergeben und das Eigentum an der Sache zu verschaffen. Der Verkäufer hat dem Käufer die Sache frei von Sach- und Rechtsmängeln zu verschaffen.

(2) Der Käufer ist verpflichtet, dem Verkäufer den vereinbarten Kaufpreis zu zahlen und die gekaufte Sache abzunehmen.

$\rightarrow$

§ 434 Sachmangel
(1) Die Sache ist frei von Sachmängeln, wenn sie bei Gefahrübergang die vereinbarte Beschaffenheit hat. Soweit die Beschaffenheit nicht vereinbart ist, ist die Sache frei von Sachmängeln,
1. wenn sie sich für die nach dem Vertrag vorausgesetzte Verwendung eignet, sonst
2. wenn sie sich für die gewöhnliche Verwendung eignet und eine Beschaffenheit aufweist, die bei Sachen der gleichen Art üblich ist und die der Käufer nach der Art der Sache erwarten kann. (...)

§ 437 Rechte des Käufers bei Mängeln
Ist die Sache mangelhaft, kann der Käufer, wenn die Voraussetzungen der folgenden Vorschriften vorliegen und soweit nicht ein anderes bestimmt ist,
1. nach § 439 Nacherfüllung verlangen,
2. nach den §§ 440, 323 und 326 Abs. 5 von dem Vertrag zurücktreten oder nach § 441 den Kaufpreis mindern und
3. nach den §§ 440, 280, 281, 283 und 311a Schadensersatz oder nach § 284 Ersatz vergeblicher Aufwendungen verlangen.

§ 438 Verjährung der Mängelansprüche
(1) Die in § 437 Nr. 1 und 3 bezeichneten Ansprüche verjähren (...)
2. in fünf Jahren
    a) bei einem Bauwerk (...)
3. im Übrigen in zwei Jahren.
(2) Die Verjährung beginnt bei Grundstücken mit der Übergabe, im Übrigen mit der Ablieferung der Sache.
(3) Abweichend von Absatz 1 Nr. 2 und 3 und Absatz 2 verjähren die Ansprüche in der regelmäßigen Verjährungsfrist, wenn der Verkäufer den Mangel arglistig verschwiegen hat. Im Falle des Absatzes 1 Nr. 2 tritt die Verjährung jedoch nicht vor Ablauf der dort bestimmten Frist ein.
(...)

§ 475 Abweichende Vereinbarungen
(...)
(2) Die Verjährung der in § 437 bezeichneten Ansprüche kann vor Mitteilung eines Mangels an den Unternehmer nicht durch Rechtsgeschäft erleichtert werden, wenn die Vereinbarung zu einer Verjährungsfrist ab dem gesetzlichen Verjährungsbeginn von weniger als zwei Jahren, bei gebrauchten Sachen von weniger als einem Jahr führt.
(...)

2 Wirtschaftliches Handeln in der sozialen Marktwirtschaft beurteilen / Entscheidungen im Rahmen einer beruflichen Selbstständigkeit treffen

Situationsbeschreibung

Ihre Freundin Marie Schreiber möchte sich nach ihrer bestandenen Meisterprüfung als Friseurin selbstständig machen. Ihr Plan ist es, zuerst mit einem kleinen Laden in Wiesloch zu beginnen und sich dann schrittweise zu vergrößern. In Wiesloch wohnen 26.000 Menschen.
Sie hat 5.000 € Eigenkapital angespart und hat einen kleinen PKW.
Zur Vorbereitung eines Bankgesprächs macht sie sich Notizen für den Businessplan und möchte diese Notizen mit Ihnen besprechen.

2.1 Im ersten Punkt des Businessplans stellt Marie Schreiber ihre Unternehmenspersönlichkeit vor. Erstellen Sie eine Übersicht, welche allgemeinen Eigenschaften für einen Unternehmer wichtig sind (fünf Angaben mit Begründung).

2.2 Im Businessplan hat sich Marie aus drei Angeboten für einen Standort entschieden (Anlage 1). Erstellen Sie eine Liste mit sechs allgemeinen Kriterien zur Standortwahl.

2.3 Begründen Sie anhand von vier Kriterien, für welchen Standort sich Marie Schreiber entscheiden soll.

2.4 Marie Schreiber muss sich für eine passende Rechtsform entscheiden. Zur Wahl stehen ein Einzelunternehmen oder eine GmbH. Unterscheiden Sie tabellarisch das Einzelunternehmen und die GmbH anhand von drei Merkmalen.

2.5 Begründen Sie, für welche Rechtsform sich Marie Schreiber entscheiden soll.

2.6 Im Businessplan muss Marie Schreiber die Konkurrenzsituation darstellen. Im Umkreis von 10 km des zukünftigen Standorts gibt es 14 Friseursalons. Bestimmen Sie die vorliegende Marktform und erklären Sie die Auswirkung dieser Marktform auf die Preisbildung in der Theorie.

2.7 Um ihre eigenen Preise festzulegen, ermittelt Marie Schreiber die Preise der 14 nächsten Konkurrenten. Außerdem fragt sie im Bekanntenkreis 20 Personen, wie viel sie für einen Haarschnitt mit Waschen ausgeben würden. Sie erfasst alle Angaben in einer Tabelle (Anlage 2). Zeichnen Sie aufgrund dieser Daten die Angebots- und Nachfragekurve und ermitteln Sie grafisch den Gleichgewichtspreis.
(Maßstab: Preise: 5 € ≙ 1 cm; Anzahl: 2 Salons/Kunden ≙ 1 cm)

Lösungen auf Seite 529/530/531

Anlage 1: Standortdaten

Standort 1:
100 m² große Ladenfläche im Industriegebiet zu vermieten. Insgesamt aufgeteilt in zwei Räume.
Raum 1: 80 m²
Raum 2: 20 m²
Lage direkt an der Landesstraße am Rande des Industriegebietes.
Nächste Autobahnauffahrt ist nur 2 km entfernt. Keine Bushaltestelle in der Nähe.
Große Fensterfrontscheibe

Standort 2:
120 m² große Ladenfläche in der Fußgängerzone von Wiesloch zu vermieten.
Aufteilung in vier Räume zu je 30 m².
Ladenfläche befindet sich am Ende der Fußgängerzone. Bushaltestelle in 250 m Entfernung.
Gute Anbindung an die Hauptverkehrsstraße in Wiesloch. Nächste Parkmöglichkeiten befinden sich 300 m entfernt.
Kleine Fensterfrontscheibe

Standort 3:
90 m² große Ladenfläche (Erweiterungsmöglichkeiten) zentral in Wiesloch zu vermieten.
Ladenfläche befindet sich in der Mitte der Fußgängerzone. Bushaltestelle in 50 m Entfernung.
Nächste Parkmöglichkeiten sind 2 km entfernt, keine direkte Anfahrt mit Auto möglich.
Größere Fensterfrontscheibe

Anlage 2: Tabelle

Angebot summiert	Preis	Nachfrage summiert
4 Salons	20,00 €	20 Kunden
8 Salons	25,00 €	16 Kunden
10 Salons	30,00 €	10 Kunden
14 Salons	35,00 €	4 Kunden

Abschlussprüfungen in Wirtschafts- und Sozialkunde

2 Winter 2018/19 (nach neuem Bildungsplan)

Bearbeitungshinweis:

Alle Aufgaben müssen bearbeitet werden. Die Bearbeitungszeit beträgt 60 Minuten. Ein nicht programmierbarer Taschenrechner kann verwendet werden.

1 Die Rolle des Mitarbeiters in der Arbeitswelt aktiv ausüben / Wirtschaftliches Handeln in der Sozialen Marktwirtschaft beurteilen

Ausgangssituation

In der Pause treffen Sie Ihren Freund Nils Fuchs. Er ist wie Sie im 3. Ausbildungsjahr und lernt Maurer. Er zeigt Ihnen folgenden Zeitungsartikel:

ENDE DER TARIFVERHANDLUNGEN: Deutlich mehr Geld für Bauarbeiter

Nach einer langen Nacht der Verhandlungen gibt es eine Einigung im Bau-Tarifstreit: Die Löhne von Bauarbeitern sollen kräftig steigen. Noch fehlt aber die Zustimmung der Tarifparteien.

Die Tarifverhandlungen für rund 800.000 Bauarbeiter sind mit einem Schiedsspruch des Schlichters Wolfgang Clement beendet worden. Das teilten die Arbeitgeberverbände und die Gewerkschaft IG BAU am Samstagmorgen nach einer rund 19-stündigen Schlichtungsrunde in Berlin mit.

Laut Schlichterspruch sollen die Beschäftigten im Westen zum 1. Mai rückwirkend eine Lohnerhöhung um 5,7 Prozent erhalten bei einer Vertragslaufzeit von 26 Monaten.

Die Gewerkschaft hatte sechs Prozent mehr Lohn gefordert für zwölf Monate Laufzeit. Die Baubranche boomt seit Jahren wegen der niedrigen Zinsen. Die Arbeitgeberverbände hatten ein Plus von 4,2 Prozent angeboten, bei einer Laufzeit von 22 Monaten.

„Die Tarifparteien haben jetzt 14 Tage Zeit, um dem Schlichterspruch zuzustimmen", sagte Clement. „Ich bin sehr zuversichtlich, dass sie das auch tun werden."

Quelle: vgl. http://www.faz.net/aktuell/wirtschaft/deutlich-mehr-geld-bau-tariverhandlungen-beendet-15586029.html

---

Da Nils Fuchs Mitglied in der Jugend- und Auszubildendenvertretung ist, soll er eine Präsentation erstellen, in der das Thema erläutert wird. Er bittet Sie um Hilfe bei nachfolgenden Aufgaben.

1.1 Stellen Sie die zwei Tarifparteien und deren allgemeine Forderungen (drei Angaben) in einer Tabelle gegenüber.

1.2 Der Zeitungsartikel behandelt den Entgelttarifvertrag/Lohntarifvertrag. Erstellen Sie einen Merkzettel, auf dem Sie Entgelttarifverträge und Manteltarifverträge bezüglich Inhalt und Dauer unterscheiden.

1.3 Stellen Sie den Ablauf von Tarifverhandlungen auf Ihrem Lösungsblatt in einem Schema dar.
Verwenden Sie hierzu die in Anlage 1 verwendeten Begriffe.

1.4 In die Präsentation soll ein Schaubild (Anlage 2) eingefügt werden.
Erklären Sie Nils Fuchs die im Schaubild verwendeten Begriffe und berechnen Sie die Reallohnentwicklung.

1.5 Nils Fuchs schreibt Ihnen eine Nachricht und bedankt sich. Er versteht allerdings den Zusammenhang zwischen dem Boom der Baubranche und den niedrigen Zinsen nicht, der im Zeitungsartikel erwähnt wird.
Erläutern Sie in einer Kurznachricht den Zusammenhang zwischen dem Boom der Baubranche und den niedrigen Zinsen.

1.6 Der Boom ist eine Phase des Konjunkturzyklus.
Skizzieren Sie einen idealtypischen Konjunkturzyklus und beschriften Sie die einzelnen Phasen.

Lösungen auf Seite 532/533/534

Anlage 1:

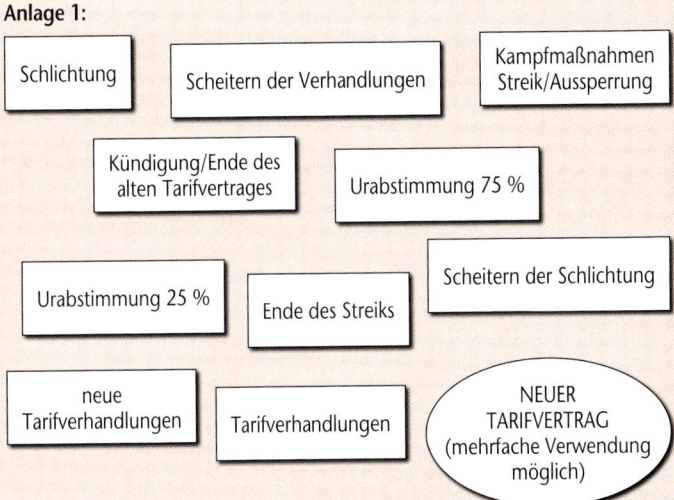

Anlage 2

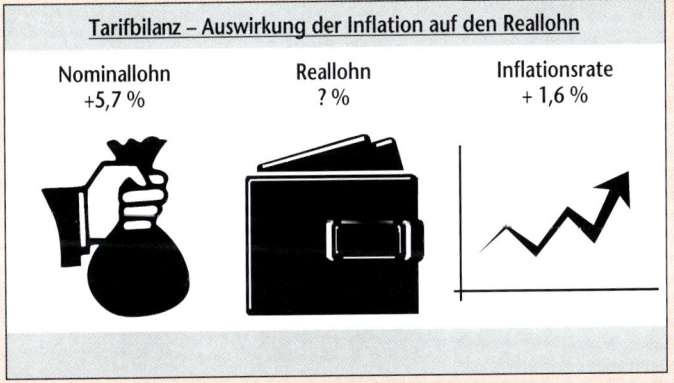

2 Als Konsument rechtliche Bestimmungen in Alltagssituationen anwenden / Entscheidungen im Rahmen einer beruflichen Selbstständigkeit treffen

---

Ausgangssituation

Sie machen eine Berufsausbildung zum Fliesenleger und treffen sich mit Maik Keller und Ina Haussmann. Beide haben ihre Berufsausbildung bereits beendet.

Maik: Bin ich froh, dass meine Ausbildung zu Ende ist. Nun bin ich mein eigener Chef bei der Paketzustellung und kann mir die Zeit frei einteilen.

Ina Ich genieße es, jetzt einen unbefristeten Arbeitsvertrag zu haben. Endlich kann ich mir eine eigene kleine Wohnung mieten. Ich habe mit meinem zukünftigen Vermieter schon einen Dreijahresvertrag für eine Zweizimmerwohnung aufgesetzt. Da gibt's dann nicht so viel Stress mit meiner Mutter. Als Erstes werde ich mir jetzt einen großen Fernseher kaufen.

Sie: Direkt nach meiner Ausbildung übernehme ich den Betrieb meines Chefs. Dafür nehme ich einen Kredit auf. Und außerdem möchte ich von zu Hause ausziehen.

Maik: Mann, da hab' ich eine Idee. Wir können uns ja zusammentun. Ich habe ein kleines Haus gekauft.

2.1 Für bestimmte Rechtsgeschäfte gibt es Formvorschriften, für andere nicht. Erstellen Sie zu den Formvorschriften eine Mindmap. Ordnen Sie vier Rechtsgeschäfte zu, die im obigen Text angesprochen werden (Anlage 1).

2.2 Im Rahmen der Betriebsübernahme benötigen Sie einen Kredit in Höhe von 3.487,00 €. Ihre Bank bietet Ihnen einen Ratenkredit mit 36 Monaten Laufzeit bei 1,7 % Sollzins (Nominalzins) pro Jahr an.
Berechnen Sie die monatliche Rate.

2.3 Maik schreibt Ihnen am Abend eine Nachricht, dass er im Internet ein günstigeres Kreditangebot gefunden hat. Allerdings versteht er den Unterschied zwischen Nominal- und Effektivzins nicht.
Erklären Sie ihm die beiden Begriffe.

2.4 Im Zusammenhang mit Ihrer Betriebsübernahme machen Sie sich Gedanken über Chancen und Risiken der Selbstständigkeit.
Führen Sie in einer Tabelle jeweils zwei Argumente auf, die für eine Selbstständigkeit bzw. gegen eine Selbstständigkeit sprechen.

Lösungen auf Seite 534/535

2.5 Sie wollen das Fliesenleger-Geschäft erweitern und einen Ausstellungs- und Verkaufsraum anmieten. Sie haben zwei Angebote zur Wahl (Anlage 2). Nach der Durchsicht haben Sie sich für ein Objekt entschieden und wollen sich eine zweite Meinung einholen.

Teilen Sie Ihrem ehemaligen Chef Ihre Entscheidung einschließlich Begründung (drei Argumente) per E-Mail mit.

Anlage 1

Es gibt für Mietverträge keine gesetzlichen Formvorschriften. Eine Besonderheit ergibt sich jedoch aus den §§ 550, 578 BGB: Bei befristeten Mietverträgen mit einer Mietdauer von mehr als einem Jahr ist ein schriftlicher Mietvertrag abzuschließen. Eine Nichtbeachtung dieser Formvorschrift führt dazu, dass der Mietvertrag als unbefristet geschlossen gilt.
Quelle: vgl. https://www.mietrecht-hilfe.de/mietvertrag/form-des-mietvertrages.html

§ 2 Nachweisgesetz (NachwG)
(1) Der Arbeitgeber hat spätestens einen Monat nach dem vereinbarten Beginn des Arbeitsverhältnisses die wesentlichen Vertragsbedingungen schriftlich niederzulegen, die Niederschrift zu unterzeichnen und dem Arbeitnehmer auszuhändigen. (…)

§ 11 Berufsbildungsgesetz (BBiG)
(1) Ausbildende haben unverzüglich nach Abschluss des Berufsausbildungsvertrages, spätestens vor Beginn der Berufsausbildung, den wesentlichen Inhalt des Vertrages gemäß Satz 2 schriftlich niederzulegen; die elektronische Form ist ausgeschlossen. (…)

§ 492 Bürgerliches Gesetzbuch (BGB)
(1) Verbraucherdarlehensverträge sind, soweit nicht eine strengere Form vorgeschrieben ist, schriftlich abzuschließen. Der Schriftform ist genügt, wenn Antrag und Annahme durch die Vertragsparteien jeweils getrennt schriftlich erklärt werden. Die Erklärung des Darlehensgebers bedarf keiner Unterzeichnung, wenn sie mit Hilfe einer automatischen Einrichtung erstellt wird.
(2) Der Vertrag muss die für den Verbraucherdarlehensvertrag vorgeschriebenen Angaben nach Artikel 247 §§ 6 bis 13 des Einführungsgesetzes zum Bürgerlichen Gesetzbuche enthalten. (…)

Lösungen auf Seite 536   →

§ 873 Bürgerliches Gesetzbuch (BGB)
(1) Zur Übertragung des Eigentums an einem Grundstück (…) ist die Einigung des Berechtigten und des anderen Teils über den Eintritt der Rechtsänderung und die Eintragung der Rechtsänderung in das Grundbuch erforderlich, soweit nicht das Gesetz ein anderes vorschreibt.
(2) Vor der Eintragung sind die Beteiligten an die Einigung nur gebunden, wenn die Erklärungen notariell beurkundet (…) sind (…).

Anlage 2

	Objekt 1	**Objekt 2**
monatliche Miete	12,00 € pro m²	18,75 € pro m²
Provision	einmalig 300,00 €	provisionsfrei (übernimmt der Vermieter)
Gesamtfläche	40 m², auf 100 m² erweiterbar	50 m²
Ausstattung	• zwei große Schaufenster für Außenwerbung • ausreichend kostenlose Parkplätze • barrierefrei	• moderne und attraktive Ladenfläche • kostenpflichtiges Parkhaus in der Nähe • großer Lagerraum im Keller
Lage	ruhige Lage in einem Vorort – vom Zentrum nur 30 km entfernt	attraktive Lage in der Innenstadt – Laufkundschaft garantiert
Verkehrsanbindung	Bushaltestelle fünf Minuten Fußweg entfernt	• Hauptbahnhof fünf Gehminuten entfernt • Straßenbahnhaltestelle vor der Tür

Lösungen zu den Abschlussprüfungen

Berufstheorie

1 Sommer 2018

Berufstheorie I (projektbezogen)

Prüfungsbereich: Umgang mit Waren, Verkauf und Beratung I

1 Planung
1.1 – Ort, Datum, Uhrzeit und Dauer der Veranstaltung
 – Anzahl der zu erwartenden Personen
 – Besondere Vorlieben hinsichtlich Essgewohnheiten
 – Spezielle Besonderheiten hinsichtlich Ernährung und körperlicher Beeinträchtigungen
 – örtliche Gegebenheiten, z. B. Räumlichkeiten, Kühlung, Abstellmöglichkeiten
 – Motto der Veranstaltung
1.2 – Herstellen von Figurengebäck
 – Modellieren von Marzipanfiguren
 – Herstellen von zum Motto passenden Dekomaterial
 – Dekorieren von Amerikanern, Muffins

2 Frühstück
2.1 – Tischdecken
 – Servietten
 – Platten
 – Geschirr (Teller, Tassen, Gefäße für Milch und Zucker)
 – Gläser
 – Besteck, Brotmesser
 – Kaffeemaschinen, Kaffeekannen
 – Sektkühler
 – Tischabfallbehälter
2.2 – Backwaren (verschiedene Brötchen, Brezeln, Brotscheiben, Hörnchen; süßes Kaffeegebäck)
 – Auflagen (Wurst, Schinken, Käse)
 – Aufstrich (Butter, Marmelade, Konfitüre, Honig, Nugatcreme)
 – Milch, Zucker
 – Frühstückseier, Eispeisen

- Joghurt, Müsli
- Obst, Obstzubereitungen, Gemüse, Salate
- Kaffee, Tee, Sekt
- Alkoholfreie Getränke

2.3
- Eier aufschlagen
- kräftig durchrühren (z. B. mit Handbesen oder Rührgerät)
- Butter in der Pfanne erhitzen
- verrührte Eier zugeben
- Eimasse in der Pfanne gleichmäßig verteilen
- Omelette durch Schräghalten der Pfanne auf eine Hälfte einschlagen
- Omelette auf vorgewärmten Teller gleiten lassen und sofort heiß servieren

2.4
- Schinkenomelette
- Käseomelette
- Pilzomelette
- Tomatenomelette
- Spargelomelette
- Kräuteromelette

3   Kleine Gerichte

3.1
- Wurstsalat mit Brötchen oder Bratkartoffeln: herzhaft, sättigend
- Salate: erfrischend, ballaststoff-, mineralstoff- und vitaminreich
- Suppen: klassische Speisen
- Käsespätzle: deftig, sättigend
- Pasta: verschiedene Geschmacksrichtungen, Urlaubserinnerungen
- Omeletts: lockere, leicht bekömmliche Speisen
- Pfannkuchen, Crepes: willkommene Süßspeise

3.2   individuelle Antworten

4   Besondere Anforderungen an die Fachkraft

4.1
- deutlich, langsam und laut sprechen
- guten Blickkontakt halten
- viel Geduld entgegenbringen
- ausführlich empfehlen und beraten
- genügend Zeit bei Bestellung und Bezahlung einräumen
- auf Angebote hinweisen
- hilfsbereit behandeln

4.2   individuelle Antwort mit Angabe der deklarationspflichtigen Allergene, z. B. Brezel: glutenhaltiges Getreide, Milch

4.3 – Bohnenkaffe: Rundumgenuss durch alle Bestandteile der Kaffeebohne
– entkoffeinierter Kaffee: eignet sich für Herzkranke und Menschen mit hohem Blutdruck oder Schlafproblemen
– reizstoffarmer Kaffee: säurearmer Kaffee für Kunden mit Magen-, Leber- oder Gallenleiden
– Espresso: gut bekömmlich
– Cappuccino: verleiht Urlaubsfeeling, für die jüngere Generation
– Kaffeespezialitäten: voller Genuss nach eigenem Belieben

5   Speiseeis
5.1 – Milcheis enthält mindestens 70 % Vollmilch. Statt Milch können auch Joghurt, Sauermilch, Buttermilch oder Kefir verwendet werden.
– Fruchteis enthält mindestens 20 % Fruchtanteil. Bei Fruchteis aus Zitrusfrüchten beträgt der Fruchtanteil mindestens 10 %.
5.2 – Kühlkette nicht unterbrechen
– Portionierer vor Verkaufsbeginn unter fließendem Wasser abspülen
– Portionierer in Gefäßen mit durchlaufendem Wasser oder 1,5%iger Zitronen- oder Weinsäure bereithalten
– Geräte und Gegenstände nach Gebrauch gründlich reinigen
– Speiseeis nicht mit Händen berühren
– Speiseeis vor Atemluft und Anhusten schützen
– aufgetautes Speiseeis nicht wieder in Verkehr bringen

6   Einladung
6.1 individuelle Lösungen

Prüfungsbereich: Betriebswirtschaftliches Handeln I

1   Nährwertberechnung

1.1

	kJ pro 100 g	verwendete Menge in g	Nährwert in kJ	
Dinkelstange	1.056	70	739,2	$\frac{70 \times 1.056}{100}$
Frischkäse	626	12	75,1	$\frac{12 \times 626}{100}$
Putenbrust	447	3 x 10 g 30	134,1	$\frac{30 \times 447}{100}$
Eisbergsalat	55	75	41,3	$\frac{75 \times 55}{100}$
Gurke	50	5 x 3 g 15	7,5	$\frac{15 \times 50}{100}$
Tomate	248	3 x 5 g 15	37,2	$\frac{15 \times 248}{100}$
Chiasamen	1.832	35	641,2	$\frac{35 \times 1.832}{100}$
Summe			**1.675,6**	

1.2

	verwendete Menge in g		Nährwert in kJ/g	Nährwert der verw. Menge in kJ	
Fett	2,5	$\frac{40 \times 6,2}{100}$	37	92,5	2,5 x 37
Eiweiß	8,9	$\frac{40 \times 22,2}{100}$	17	151,3	8,9 x 17
Summe				**243,8**	

Die Kollegin hat nicht Recht. Die Hähnchenbrust liefert 243,8 kJ, die Putenbrust 134,1 kJ.

2   Rechnungserstellung

2.1

	Rechnungsbetrag (brutto)	1.045,53 €	
–	MwSt. 7 %	68,40 €	$\dfrac{1.045,53 \times 7}{107}$
=	Rechnungsbetrag (netto)	977,13 €	
–	Rabatt 12 %	117,26 €	$\dfrac{977,13 \times 12}{100}$
=	Rechnungsbetrag (netto)	859,87 €	
+	MwSt. 7 %	60,19 €	$\dfrac{859,87 \times 7}{100}$
=	Rechnungsbetrag (brutto)	920,06 €	
–	Skonto 3 %	27,60 €	$\dfrac{920,06 \times 3}{100}$
=	**Rechnungsbetrag** innerhalb von 10 Tagen	**892,46 €**	

Berufstheorie II

Prüfungsbereich: Umgang mit Waren, Verkauf und Beratung II

1   Arbeitssicherheit

1.1 – Unachtsamkeit
  – unpassendes Schuhwerk
  – frisch gereinigter Fußboden ohne entsprechendes Hinweisschild
  – umherliegende Gegenstände
  – verunreinigter Fußboden
1.2 – beruhigend auf Bea einwirken
  – Verletzungsgrad feststellen
  – evtl. Hilfe- bzw. Notruf 112
  – sachgerechte Lagerung, z. B. stabile Seitenlage
  – Blutung stoppen, kühlen
  – Bea bei Bewusstsein halten

1.3 – Unfallgefahren werden nicht erkannt
   – fehlende berufliche Erfahrung, Unsicherheit
   – Sicherheitsvorschriften werden missachtet
   – Unfallfolgen werden unterschätzt

2 Brot

2.1 – sechs verschiedene Getreidearten mit mind. einem Brotgetreide (z. B. Weizen, Roggen, Dinkel)
   – mind. 5 % der genannten Nichtbrotgetreidearten (z.B. Gerste, Hafer, Mais, Hirse)

2.2 – Kunden ansprechen
   – Produktproben anbieten
   – Werbemittel auslegen, aufstellen (Flyer, Plakate, Werbetafeln)
   – Annonce in Zeitung, Gemeindeblatt
   – Handzettel verteilen

2.3 – aromatisch
   – schmeckt nussig
   – hoher Nährwert
   – hoher Sättigungswert
   – fördert Verdauung
   – gute Lagerfähigkeit

3 Siedegebäck

3.1 Weizenmehl, Milch, Hefe, Vollei/Eigelb, Butter, Zucker, Hefe, Salz, Vanille, Zitrone

3.2.1 Erdnuss-, Kokos- und Butterreinfett, Sonnenblumenöl

3.2.2 – hoher Siedepunkt (ca. 230 Grad Celsius)
   – möglichst geschmacksneutral
   – darf beim Erhitzen nicht spritzen
   – darf beim Ausbacken nicht schäumen

3.3 Optimaler ungebräunter Kragen ca. 2 cm.
   Ein breiter Kragen deutet auf gute Lockerung des Gebäcks und optimale Gare der Teiglinge hin.

4 Verkaufsalltag

4.1 – Theke ausräumen, zu kühlende Ware in Kühlraum bringen
   – Platten und Bleche ausräumen und reinigen
   – Messerabstreifer leeren und reinigen
   – Theke nass reinigen
   – Thekenscheiben reinigen
   – Beleuchtung ausschalten, Kühlung überprüfen

4.2 individuelle Schülerantwort
4.3.1 – Kasse falsch bedient, z. B. falsch eingetippt
 – Wechselgeld falsch zurückgegeben
 – Münzen in fremder Währung angenommen
 – Münzen verwechselt
 – vorsätzlicher Betrug
4.3.2 – Zahlbetrag deutlich nennen
 – erhaltenen Betrag bestätigen
 – erhaltenen Betrag neben/auf die Kasse legen
 – Wechselgeld auf Zahlbetrag hochzählen
 – warten, bis Kunde das Wechselgeld angenommen hat
 – danach den erhaltenen Betrag in die Kasse legen

5 Torten

5.1 – Mürbeteigboden
 – weiterer Boden aus Wiener Masse oder Biskuitmasse
 – Vanillekrem
 – Erdbeeren
 – Tortenguss
 – gehobelte und geröstete Mandeln; Krokantstreusel
5.2 – Verkehrsbezeichnung
 – Warenbezeichnung
 – Zutaten
 – Lockerungsart
 – Allergene
 – Verkaufsargumente
 – Aufbewahrung
5.3 – Kuchentablett in entsprechender Größe auswählen
 – Tortenstücke entgegengesetzt draufsetzen
 – Sahnepapier verwenden
 – Kuchenpapier am Ende einschlagen und stabil verschließen
 – geeignetes Transportbehältnis auswählen, z. B. Tragetasche,
 Tortenkarton

Prüfungsbereich: Betriebswirtschaftliches Handeln II

1 Mikroorganismen

1.1 Verdoppelung alle 20 Minuten

nach Minuten	Keimzahl
0	50
20	100
40	200
60	400
80	800
100	1.600
120	3.200
140	6.400
160	12.800
180	25.600

Nach 3 Stunden beträgt die Keimzahl 25.600.

1.2 Keimzahl mit Verwendung von Desinfektionsmittel

100 % = 25.600 Keime

15 % = 3.840 Keime $\frac{25.600 \times 15}{100}$

Die Keimzahl mit Verwendung von Desinfektionsmittel beträgt 3.840.

2 Verlustrechnen

2.1 20 Packungen zu je 150 g = 3000 g

verpackter Zwieback	98 % = 3.000 g	$\frac{3.000 \times 100}{98}$
unverpackter Zwieback	100 % = 3.061 g	
nach dem Rösten	92 % = 3.061 g	$\frac{3.061 \times 100}{92}$
vor dem Rösten	100 % = 3.327 g	
nach dem Schneiden	95 % = 3.327 g	$\frac{3.327 \times 100}{95}$
vor dem Schneiden	100 % = 3.502 g	
nach dem Backen	93 % = 3.502 g	$\frac{3.502 \times 100}{93}$
vor dem Backen	100 % = 3.766 g	

Es müssen 3.766 g Teig hergestellt werden.

3   Gewogener Durchschnitt

3.1 / 3.2   Schwarz-Weiß-Gebäck

3 Teile =	3.750 g	$\frac{3750}{3}$	
1 Teil =	1.250 g		

Schwarz-Weiß-Gebäck	3 Teile	=	3.750 g	=	58,13 €	$\frac{1{,}55 \times 3.750}{100}$
Mini-Schweinsohren	1 Teil	=	1.250 g	=	16,00 €	$\frac{3{,}20 \times 1.250}{250}$
Teegebäck	6 Teile	=	7.500 g	=	165,00 €	$\frac{2{,}75 \times 7.500}{125}$
Vanillekipferl	2 Teile	=	2.500 g	=	41,67 €	$\frac{2{,}50 \times 2.500}{150}$
Mischung			1.500 g	=	280,80 €	
			250 g	=	4,68 €	$\frac{280{,}80 \times 250}{1500}$

Frau Weiß muss für 250 g Mischung 4,68 € bezahlen.

4   Kassenbericht

4.1

Kassenbestand am Morgen	255,48 €
+ Tageseinnahmen	738,87 €
– Mehllieferung	275,00 €
– Paketdienst	9,23 €
– Aushilfe	168,00 €
– Deko/Blumen	64,00 €
– Einzahlung bei Bank	330,00 €
= **Kassenbestand nach Ladenschluss**	**148,12 €**

Die Verkäuferin Ina liegt mit ihrer Vermutung falsch, der Kassenbericht ist richtig.

5 Kalkulation (Pflichtaufgabe)

5.1

	Materialkosten		5,80 €	
+	Betriebskosten	22 Minuten	18,70 €	$\frac{51{,}00 \times 22}{60}$
=	Selbstkosten		24,50 €	

	Bruttoverkaufspreis		36,00 €	
–	Mehrwertsteuer	7 %	2,36 €	$\frac{36{,}00 \times 7}{107}$
=	Nettoverkaufspreis		33,64 €	

	Nettoverkaufspreis	33,64 €
–	Selbstkosten	24,50 €
=	Gewinn und Risiko	9,14 €

$$24{,}50\ € = 100\ \%$$
$$9{,}14\ € = 37{,}3\ \% \qquad \frac{100 \times 9{,}14}{24{,}50}$$

Risiko und Gewinn betragen 37,3 %.

5.2

	Nettoverkaufspreis im Laden		33,64 €	
+	Caféaufschlag	33 %	11,10 €	$\frac{33{,}64 \times 33}{100}$
=	Nettoverkaufspreis im Café		44,74 €	
+	Mehrwertsteuer	19 %	8,50 €	$\frac{44{,}74 \times 19}{100}$
=	Bruttoverkaufspreis im Café	10 Stk.	53,24 €	
		1 Stk.	5,32 €	$\frac{53{,}24}{10}$

Für 1 Stück der Minitorte müssen im Café 5,32 € bezahlt werden.

2 Winter 2018/19

Berufstheorie I (projektbezogen)

Prüfungsbereich: Umgang mit Waren, Verkauf und Beratung I

1 Planung

1.1 Motto der Veranstaltung, Uhrzeit und Dauer der Veranstaltung, Warenauswahl und Materialbedarf, Personaleinsatz, Dekoration, Werbemöglichkeiten, Kostenermittlung, Übergabe der Geldspende

1.2 – „Für unsere Zukunft"
– „Ohne Kinder keine Zukunft"
– „Für gute Chancen unserer Kinder"

1.3 – Minigebäcke
– Figurengebäcke
– Gebäcke mit Logo der Kindertagesstätte
– Amerikaner
– Muffins

1.4 – Mini- und Figurengebäcke sind ansprechend und bei Kindern beliebt
– mundgerechte und handliche Größe
– spiegeln Motto der Veranstaltung wider

2 Werbemaßnahmen

2.1 individuelle Lösungen mit Betrieb, Motto, Ort, Zeit …

2.2 Plakate, Flyer, Zeitung, Ortsnachrichtenblatt, regionaler Rundfunk, Homepage des Betriebes

3 Aktionswoche in Ihrer Bäckerei

3.1 bunte Dekorationsmittel, Luftballons, -schlangen, Spielecke, von Kindern hergestellte Bilder

3.2 individuelle Antworten

3.3 *Kinderpunsch*: Saft (Apfel-, Orangen-, Traubensaft), Zimt, Nelken, alles zusammen kurz erhitzen, nach Belieben süßen mit Zucker, Honig, Orangenscheibe gespalten und Sternanis dazugeben
Erwachsenenpunsch (Holunder-Trauben-Punsch): Schwarztee, Vanilleschoten, Holunderbeer-, Trauben-, Orangensaft, Honig, geschlagene Sahne, Zucker, Orangenschale

3.4 Kanapees, Wraps, Schinkenhörnchen, gefüllte Plunder- und Blätterteigkleingebäcke, Gemüsequiche, Gemüsekuchen

3.5 individuelle Antworten

4   Kennzeichnung von Backwaren

4.1 Warenbezeichnung, Verkehrsbezeichnung, Gewicht, MHD, Packungs-
preis, Grundpreis, Zutatenlisten, Allergenkennzeichnung, Hersteller mit
Anschrift

5   Bewertung der Aktion

5.1 Produktauswahl, Personaleinsatz, Dekoration, Werbeaufwand, Anzahl der
Gäste/Teilnehmer, Spendenaufkommen, Kostenaufwand

5.2 Kundengewinnung, Kundenbindung, Imagepflege, Darstellung
der Betriebsleistung, Umsatzsteigerung

Prüfungsbereich: Betriebswirtschaftliches Handeln I

1   Berechnung von Werbekosten

1.1

Boden	135 cm x 70 cm	=	9.450 cm²
Rückwand	135 cm x 95 cm	=	12.825 cm²
Seitenwände	95 cm x 70 cm x 2	=	13.300 cm²
Gesamtfläche		**=**	**35.575 cm²**

1.2 – Druckerei 1:
3.000 Flyer x 2,70 € : 10 = 810,00 €
100 % = 810,00 €
 95 % = 769,50 €

– Druckerei 2:
3.000 Flyer x 2,60 € : 10 = 780,00 €
100 % = 780,00 €
 97 % = 756,60 €

Die Druckerei 2 hat das günstigere Angebot.

2   Prozentrechnen

2.1 4,75 € = 100 % $\frac{100 \times 0,30}{4,75}$
0,30 € = **6,3 %**

3   Kalkulation

3.1

	Materialkosten	0,77 €	
+	Betriebskosten	1,62 €	$\frac{55 \times 1,77}{60}$
=	Selbstkosten	2,39 €	
+	Risiko 17 %	0,41 €	$\frac{2,39 \times 17}{100}$
=	Nettoverkaufspreis	2,80 €	
+	MwSt. 7 %	0,20 €	$\frac{2,80 \times 7}{100}$
=	Bruttoverkaufspreis	3,00 €	

Der Verkaufspreis für eine Schnitte beträgt 3,00 €.

3.2   Torte 700 cm x 30 cm = 21.000 cm²

Schnitte 10 cm x 7 cm =   70 cm²
21.000 cm² : 70 cm²   = 300 Stück

1 Stück   = 3,00 €
300 Stück = 900,00 € 300 x 3

Die Torte ergibt einen Verkaufserlös von 900,00 €.

3.3

	Bruttoverkaufspreis	900,00 €
–	Mehrwertsteuer 7 %	58,88 €
=	Nettoverkaufspreis	841,12 €

In der Spendenkasse landen insgesamt 841,12 €.

Berufstheorie II

Prüfungsbereich: Umgang mit Waren, Verkauf und Beratung II

1 Ernährung

1.1 – ausgewogene Ernährung
– ausreichende Flüssigkeitszufuhr
– naturbelassene Lebensmittel bevorzugen
– negativen Stress vermeiden
– ausreichend Schlaf
– viel Bewegung, möglichst im Freien
– ausreichend Erholungsphasen

1.2 – Wirkstoffe steuern bzw. regulieren Körperfunktionen, wie z. B.
Stoffwechsel. Vitamin A ist beteiligt am Sehvorgang, Vitamin D
an der Knochenbildung und Verdauung.

1.3 In Vollkornprodukten sind viel Vitamine A, E und der B-Gruppe enthalten,
ferner Mineralstoffe wie Eisen, Phosphor und Kalium.

2 Besondere Kundengruppen

2.1 – ältere Menschen
– Kinder
– Ausländer
– Menschen mit Behinderungen
– Menschen mit Lebensmittelunverträglichkeiten bzw. besonderen
Essgewohnheiten

2.2 – Augenkontakt halten
– langsam und deutlich sprechen
– Gespräch in kurzen Sätzen halten
– Ware zeigen
– Preise aufschreiben
– Gespräch evtl. mit Englischkenntnissen unterstützen
– auf Mimik achten
– geduldig bleiben

2.3 – Kinder mit acht Jahren sind beschränkt geschäftsfähig
– Kinder der Reihe nach bedienen
– möglichst mit Vornamen ansprechen
– keine Zusatzverkäufe anbieten
– nur einwandfreie Ware mitgeben
– Ware gut und transportsicher einpacken
– Kassenbon und evtl. kleines Geschenk mitgeben
– Kind freundlich und lobend behandeln

3   Marzipan

3.1.1 – Marzipanrohmasse: aus Mandeln und max. 35 % Zucker
   – Marzipan: 1 Teil Marzipanrohmasse und höchstens bis zu 1 Teil
     Puderzucker

3.1.2 – Marzipanrohmasse: Marzipanfüllungen, Marzipanstollen,
     Marzipanpralinen, Mandelhörnchen
   – Marzipan: zum Modellieren von Figuren, Tortenornamente,
     als Schriftbänder

3.2   *Lübecker Marzipan*:
   – Herkunftsbezeichnung (Erzeugnisse müssen aus Lübeck und
     Umgebung stammen)
   – Edelmarzipan mit heller, kremweißer Farbe und geringem Anteil an
     Puderzucker
   Königsberger Marzipan:
   – Gattungsbezeichnung (beschreibt die Besonderheit, Herkunft nicht
     vorgeschrieben)
   – Edelmarzipan mit geringem Anteil an Puderzucker, abgeflämmter
     Oberfläche und häufig mit Früchten belegt, gelegentlich mit
     Rosenwasser aromatisiert

3.3   Persipan ist ein Erzeugnis aus Aprikosen- und Pfirsichkernen und Zucker.
   Persipan ist durch einen leicht herben Geschmack mit bitterer Note
   erkennbar.

4   Kleingebäck

4.1   Kleingebäcke wiegen bis zu 250 g. Sie entsprechen den Anforderungen an
   Brot. Demnach enthalten sie weniger als 10 Gewichtsteile Fett und/oder
   Zuckerarten auf 90 Gewichtsteile Getreideerzeugnisse.

4.2

Kriterien	Wasserbrötchen	Milchbrötchen
Zutaten	Weizenmehl Type 550, Wasser, Salz, Hefe, Backmittel	Weizenmehl Type 550, Milch, Salz, Hefe, Backmittel
Krume	grobporig	weich, feinporig
Kruste	hellbraun, rösch, leicht glänzend	stärker gebräunt, weich, glänzend
Geschmack	mild aromatisch, neutral	voller, aromatischer
Frisch-haltung	kurze Frischhaltung	durch Milchfettanteil längere Frischhaltung

4.3.1 – Laugenbrezel
  – Laugenbrötchen
  – Laugenstange
  – Laugenknoten
  – Laugenzöpfe

4.3.2 Laugenbehälter deutlich kenntlich machen; Augenschutz und Schutzhandschuhe tragen; auf korrekte Arbeitskleidung mit Schürze achten; vorsichtig arbeiten

4.3.3 Brezellauge dringt nicht in das Teiginnere ein. Der geringe Anteil an Natronlauge wird beim Backen durch das im Backofen befindliche CO_2 (Kohlendioxid) zu Salz (Natriumkarbonat) umgewandelt und somit neutralisiert. Die ätzende Wirkung geht verloren.

5 Sahnetorten – Sahnekremtorten

5.1 – Mürbeteigboden
  – Konfitüre (Himbeer-, Johannisbeer-)
  – Schokoboden (Biskuitmasse und/oder Wiener Masse)
  – gebundene Sauerkirschen
  – Schlagsahne mit Kirschwasser abgeschmeckt
  – Schokospäne
  – Sahnerosetten mit Kirschen

5.2 individuelle Antworten:
  – geeignet für besondere Anlässe
  – passend zu Kaffee, Tee
  – schmeckt fruchtig mit alkoholischer Note
  – gut bekömmlich
  – schmeckt frisch am besten

5.3 Der Schlagsahneanteil in der Sahnekrem beträgt mindestens 20 % und weniger als 60 %.

Prüfungsbereich: Betriebswirtschaftliches Handeln II

1 Kassenbericht

	Wechselgeld	300,00 €
+	Einnahmen	2.723,50 €
=	Summe	3.023,50 €
–	Bankeinzahlung	1.700,00 €
–	Privatentnahme	150,00 €
–	Rechnung Getränkelieferant	486,39 €
=	rechnerischer Kassenbestand	687,11 €
	tatsächlicher Kassenbestand	725,90 €
–	rechnerischer Kassenbestand	687,11 €
=	Überschuss	38,79 €

Es sind 38,79 € zu viel in der Kasse.

2 Verlustberechnungen

2.1 50 Flaschen = 45 kg $45 : 50$
    1 Flasche = 0,9 kg

    100 % = 900 g $\frac{900 \times 5}{100}$
      5 % = 45 g
Der Verlust beträgt 45 g je Flasche

2.2 95 % = 50 Flaschen $\frac{50 \times 5}{95}$
      5 % = 2,6 Flaschen

Es müssen 3 Flaschen zusätzlich gekauft werden.

3   Verhältnisrechnung

3.1   Rotwein   12 %   4 l : 4 =   **1 Teil Rotwein**
       Mischung   4 %
       Tee   0 %   8 l : 4 =   **2 Teile Tee**
                                                   3 Teile

3.2   3 Teile = 45 Liter
       1 Teil = 15 Liter 45:3
       Rotwein 1 Teil = **15 Liter**
       Tee   2 Teile = **30 Liter**

3.3   Früchtetee   5 Teile =   16,5 Liter
       Orangensaft   1 Teil =   **3,3 Liter**   16,5 : 5
       Apfelsaft   2 Teile =   **6,6 Liter**   3,3 x 2
                                       26,4 Liter

Insgesamt ergibt es 26,4 Liter Kinderpunsch.

4   Nährwertberechnung

4.1   **Evi**

	Apfelstrudel	100,0 g		=	852,0 kJ
	Apfelstrudel	150,0 g	$\frac{852 \times 150}{100}$	=	1.278,0 kJ
	Sahne				
	Kohlenhydrate	3,4 g	x 17 kJ	=	57,8 kJ
+	Fett	31,0 g	x 37 kJ	=	1147,0 kJ
+	Eiweiß	2,4 g	x 17 kJ	=	40,8 kJ
		100,0 g		=	1.245,6 kJ
	Sahne	40,0 g	$\frac{1.245,6 \times 40}{100}$	=	498,2 kJ
	Sahne	40,0 g		=	498,2 kJ
+	Apfelstrudel	150,0 g		=	1.278,0 kJ
	Evi gesamt				**1.776,2 kJ**
Carolin					
	Sahnetorte	100,0 g		=	1.430,0 kJ
	Carolin gesamt	120,0 g	$\frac{1.430 \times 120}{100}$	=	**1.716,0 kJ**

Carolin nimmt 60,2 kJ weniger Energie zu sich.

5 Kalkulation

5.1

	Bruttoverkaufspreis	8 x 4,00 €	=	32,00 €	
–	Mehrwertsteuer	7 %	=	2,09 €	$\frac{32,00 \times 7}{107}$
=	Nettoverkaufspreis		=	29,91 €	
–	Risiko und Gewinn	17 %	=	4,35 €	$\frac{29,91 \times 17}{117}$
=	Selbstkosten		=	25,56 €	
–	Betriebskosten	22 Minuten	=	17,23 €	$\frac{47,00 \times 22}{60}$
=	Materialkosten	8 Salate	=	8,33 €	
	Materialkosten	1 Salat	=	**1,04 €**	8,33 : 8

Die Materialkosten dürfen pro Salat 1,04 € betragen.

5.2

2 St.	Salatgurken	=	1,52 €	0,76 x 2
200 g	frischer Spinat	=	0,68 €	$\frac{3,39 \times 200}{1000}$
1 St.	Eisbergsalat	=	1,39 €	
40 g	Oliven	=	0,48 €	$\frac{1,19 \times 40}{100}$
300 g	Schafskäse	=	2,84 €	$\frac{1,89 \times 300}{200}$
	Materialkosten	=	6,91 €	
2 Becher	Sahnejoghurt	=	1,18 €	0,59 x 2
100 ml	Olivenöl	=	0,34 €	$\frac{3,40 \times 100}{1000}$
	Gewürze	=	0,25 €	
	Materialkosten	=	1,77 €	
8 Salate	Gesamtmaterialkosten	=	8,68 €	
1 Salat	Materialkosten	=	**1,09 €**	8,68 : 8

Mit dieser Rezeptur kann der Verkaufspreis von 4,00 € nicht gehalten werden.

Wirtschafts- und Sozialkunde

1 Sommer 2018

1 Die Rolle des Mitarbeiters in der Arbeitswelt aktiv ausüben / Als Konsument rechtliche Bestimmungen in Alltagssituationen anwenden

1.1

Hallo Sascha,

zu den Sozialversicherungen gehören:
- die Krankenversicherung
- die Pflegeversicherung
- die Rentenversicherung
- die Arbeitslosenversicherung
- die Unfallversicherung.

Die Unfallversicherung ist im Gehaltsrechner nicht angegeben, weil sie nur vom Arbeitgeber gezahlt wird und somit den Nettolohn nicht beeinflusst.

Bei der Krankenversicherung muss die Krankenkasse genau angegeben werden, da die einzelnen Kassen unterschiedliche Zusatzbeiträge verlangen. Wird sie nicht extra benannt, rechnen fast alle Gehaltsrechner mit dem höchsten Zusatzbeitrag und die Abrechnung stimmt diesbezüglich nicht.

Die Pflegeversicherung wird ebenfalls immer in der Nettolohnberechnung berücksichtigt, obwohl sie in der Eingabemaske nicht aufgeführt wird. Allerdings ist es wichtig, anzugeben, wie alt man ist und ob man Kinder hat. Andernfalls rechnet der Gehaltsrechner möglicherweise mit dem höchsten Beitrag zur Pflegeversicherung.

Viele Grüße
XXX

1.2

Bruttolohn	2.100,00 €
Geburtsjahr	Angabe abhängig von der Situation des Schülers bzw. der Schülerin
Lohnsteuerklasse	Angabe abhängig von der Situation des Schülers bzw. der Schülerin
Kirchensteuer	Angabe abhängig von der Situation des Schülers bzw. der Schülerin
Kinder	Angabe abhängig von der Situation des Schülers bzw. der Schülerin
Krankenversicherung	Angabe abhängig von der Situation des Schülers bzw. der Schülerin
Rentenversicherung	gesetzlich
Arbeitslosenversicherung	gesetzlich

1.3 Nach § 433 BGB ist der Verkäufer verpflichtet, die Sache mängelfrei zu übergeben, d. h., es dürfen keine Sach- und/oder Rechtsmängel vorhanden sein. Dies ist der Fall, wenn die Sache eine Beschaffenheit aufweist, die bei Sachen gleicher Art üblich ist (§ 434 BGB).
Die Sachmangelhaftung (Gewährleistung) verjährt nach zwei Jahren (§ 438 BGB), bei gebrauchten Waren kann sie vertraglich auf ein Jahr verkürzt werden. Diese Gewährleistungsfristen sind gesetzlich vorgeschrieben und können nicht umgangen werden, wenn Unternehmen an Verbraucher Waren verkaufen.
Nur Privatpersonen können die Sachmangelhaftung (Gewährleistung) ausschließen (§ 475 BGB). Da die Anzeige jedoch von einem Unternehmen bzw. einem Zweiradhändler aufgegeben wurde, besteht ein Anspruch auf Sachenmangelhaftung (Gewährleistung) von mindestens einem Jahr.
Fazit: Sascha hat mit seiner Aussage nicht Recht.

1.4

Merkmal	Handschlag	Schriftlicher Vertrag
Form	formlos, da nach dem Grundsatz der Formfreiheit für normale Kaufverträge keine Formvorschriften bestehen	Schriftform
Aufwand	Vertragsabschluss schnell und problemlos möglich	erhöhter Zeitaufwand durch Abfassen eines schriftlichen Vertrages, den beide Parteien unterschreiben müssen
Beweisbarkeit	Vertragsabschluss und getroffene Vereinbarungen sind schwierig zu beweisen, sofern keine Zeugen anwesend waren.	Vertragsabschluss, getroffene Vereinbarungen, Gewährleistungsansprüche usw. können durch Vorlage des schriftlichen Vertrags mühelos belegt werden.

1.5

Name des Schülers
Straße
Wohnort

Kaufvertragsanfechtung

Sehr geehrter Herr Heise,

am … habe ich bei Ihnen ein Kymo Agility 125 City gekauft. Laut Zeitungsanzeige und schriftlichem Kaufvertrag sollte das Zweirad scheckheftgepflegt sein, einen Kilometerstand von 4.500 km haben und Baujahr 04/2014 sein.

Bei der Hauptuntersuchung am ……. hat ein Mitarbeiter der Kfz-Prüfstelle festgestellt, dass der Kilometerstand manipuliert wurde und nicht bei 4.500 km gestanden haben kann. Er war vor Übergabe des Fahrzeuges erheblich höher. Die schriftliche Bestätigung des Sachverständigen der Prüfstelle …. liegt diesem Schreiben als Anlage bei.

→

Nach § 123 BGB liegt somit eine arglistige Täuschung vor. Aus diesem Grund fechte ich den mit Ihnen geschlossenen Kaufvertrag an und verlange die Rücknahme des Fahrzeugs und die Rückerstattung des Kaufpreises bis spätestens ... .

Mit freundlichen Grüßen
Name des Schülers

2 Wirtschaftliches Handeln in der Sozialen Marktwirtschaft beurteilen / Entscheidungen im Rahmen beruflicher Selbstständigkeit treffen

2.1

Verantwortungs- bewusstsein	Man muss Verantwortung für seine Entscheidungen übernehmen, auch wenn sie manchmal gegen eigene Interessen verstoßen, aber im Sinne von Mitarbeitern oder Kunden sind.
kaufmännische Kenntnisse	Man muss die Buchführung erledigen können und rechtliche Kenntnisse besitzen, z. B. für Verträge.
Entscheidungs- freudigkeit	Entscheidungen in der Gründungsphase müssen schnell erfolgen.
Kreativität	Man muss schnell und unkonventionell entscheiden.
Risiko- bereitschaft	Viele Entscheidungen sind mit Risiken verbunden. Das Unternehmen kann insolvent werden oder man verliert sein Betriebsvermögen.
Organisations- talent	Arbeiten müssen verwaltet, koordiniert und über- tragen werden.
familiärer Rückhalt	Die Familie muss in der Anfangsphase auf viel ver- zichten und den Unternehmer unterstützen.
Durchsetzungs- vermögen	Man darf sich nicht entmutigen lassen, muss Dinge auch erledigen und sich gegenüber Mitarbeitern und Lieferanten durchsetzen.
Führungs- eigenschaften	Mitarbeiter müssen geführt und angespornt werden.
Belastbarkeit	In den ersten Jahren ist die zeitliche, körperliche und psychische Belastung sehr groß. Da Selbststän- dige keine Lohnfortzahlung erhalten, sollte man möglichst wenig krank sein.

2.2 Kriterien für Marie zur Standortwahl :
- Lage bzw. Kundennähe
- Konkurrenz
- Miethöhe
- Verkehrsanbindung (ÖPNV; Parkplätze, Anlieferungsmöglichkeiten)
- Erweiterungsmöglichkeiten
- baurechtliche Vorschriften
- Ausstattung
- Räumlichkeiten, Größe und Aufteilung
- Sichtbarkeit für mögliche Kunden

2.3 Standort 3 wäre am besten geeignet, mögliche Begründung:

Kriterien	Begründung
Lage/ Kundennähe	Durch Lage in der Fußgängerzone kommt viel Laufkundschaft.
Verkehrs- anbindung	Gute Erreichbarkeit mit dem Bus, gut für ganz junge und ältere Kunden.
Räumlich- keiten	Kleinste Räumlichkeit, ausreichend für Existenzgründung, außerdem bestehen Erweiterungsmöglichkeiten.
Ausstattung	Durch die große Fensterfront können Kunden in den Laden sehen → gute Werbung.

Mit entsprechender Begründung wäre auch Standort 2 denkbar. Nicht geeignet wäre Standort 1. Bedingt durch die Lage im Industriegebiet wäre hier mit keiner Laufkundschaft zu rechnen.

2.4

Merkmal	Einzelunternehmung	Gesellschaft mit beschränkter Haftung
Haftung	unbeschränkt, mit Privat- und Geschäftsvermögen	nur mit dem Geschäftsvermögen
Mindest- kapital	kein Mindestkapital erforderlich	25.000 €
Gewinn- verteilung	Einzelunternehmer erhält Gewinn allein	Gewinn wird zwischen Gesellschaftern aufgeteilt
Kapital- beschaffung	Kapitalbeschaffung hängt vom Unternehmer ab	Kreditwürdigkeit der GmbH ist gering, jedoch besteht die Möglichkeit der Aufnahme neuer Gesellschafter

Gründung	ohne große Formalitäten	Formzwang (notarielle Form des Gesellschaftsvertrages, Handelsregistereintrag)
Geschäftsführung	Einzelunternehmer führt die Geschäfte	durch die Gesellschafter

2.5 Die Antwort hängt von der Einschätzung der Schüler ab. Mögliche Antworten wären:

Einzelunternehmung, da hier kein Mindestkapital erforderlich ist und die Gründung ohne größere Formalitäten erfolgen kann. Des Weiteren kann sie allein entscheiden und erhält den Gewinn allein.

GmbH oder **UG**, da sie bei diesen Unternehmensformen nicht mit ihrem Privatvermögen haftet. Außerdem können auch diese Rechtsformen von nur einer Person gegründet bzw. betrieben werden. Hinzu kommt, dass der Unternehmer als Angestellter der GmbH den Vorteil einer Sozialversicherungspflicht in Anspruch nehmen kann.

2.6 Es liegt ein **Polypol** vor, da hier vielen Nachfragern viele Anbieter gegenüberstehen. Keiner der Marktteilnehmer ist stark genug, um den Preis zu beeinflussen. Der Preis bildet sich durch Angebot und Nachfrage (Gleichgewichtspreis).

2.7 Der Gleichgewichtspreis liegt bei 30,00 €.

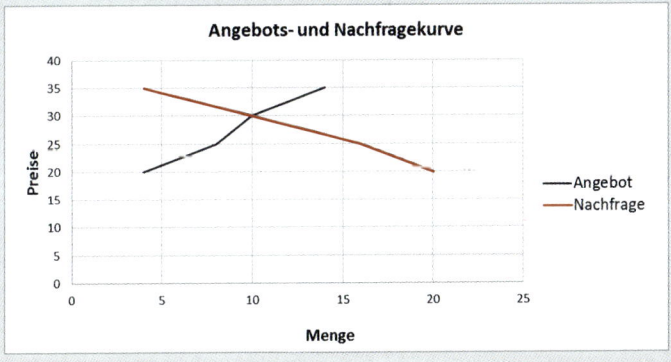

2 Winter 2018/19

1 **Die Rolle des Mitarbeiters in der Arbeitswelt aktiv ausüben / Wirtschaftliches Handeln in der sozialen Marktwirtschaft beurteilen**

1.1

Gewerkschaft (IG Bau)	Arbeitgeberverbände
– höhere Lohnerhöhung	– geringere Lohnerhöhung
– kürzere Vertragslaufzeit	– längere Vertragslaufzeit
– mehr Urlaubsanspruch	– nur gesetzlicher Urlaubsanspruch
– kürzere Wochenarbeitszeit	– längere Wochenarbeitszeit
– mehr Sozialleistungen	– weniger Sozialleistungen
– Arbeitsplatzsicherung	– Möglichkeit von Rationalisierung und Stellenabbau

1.2 **Entgelttarifverträge** (Lohn-/Gehaltstarifverträge) regeln die Höhe der Entlohnung, in der Regel in Gehaltstabellen oder Lohngruppen. Ihre Laufzeit beträgt 1 bis 2 Jahre.

Manteltarifverträge regeln allgemeine Arbeitsbedingungen, wie z. B. Urlaub, Urlaubsgeld, Arbeitszeit, Kündigungsfristen, Pausen, soziale Leistungen, Mehrarbeit. Ihre Laufzeit beträgt in der Regel 3 bis 5 Jahre.

1.3 schülerabhängiger Aufbau, andere Varianten sind denkbar

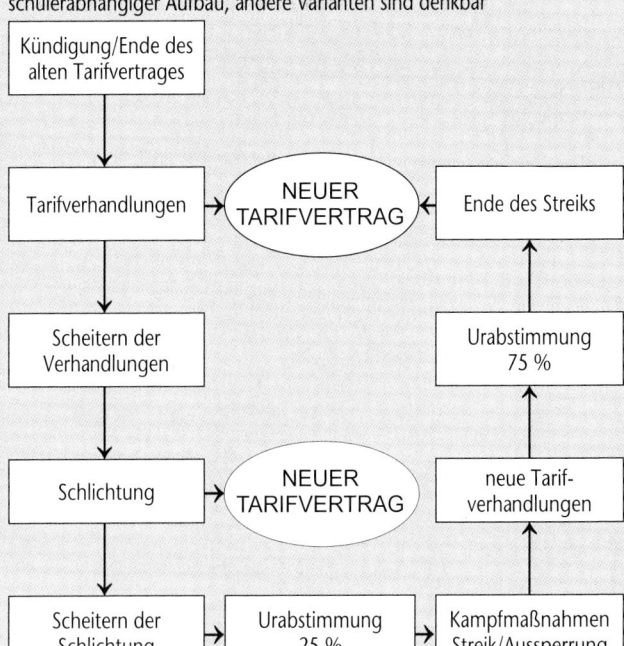

1.4 Der **Nominallohn** ist der in Geld ausgedrückte Lohn. Er gibt an, wie viel jemand in Euro verdient. Da der Nominallohn die Preissteigerungen enthält, berücksichtigt er nicht die Kaufkraft.
Der **Reallohn** berücksichtigt die Kaufkraft, also die Warenmenge, die damit gekauft werden kann. Man ermittelt ihn, indem man jedes Jahr die Preissteigerungen (Inflationsrate) herausrechnet.

Nominallohnsteigerung 5,7% – Inflationsrate 1,6 % =
Reallohnsteigerung 4,1 %

1.5 Durch die niedrigen Zinsen werden Kredite billiger. Deshalb können sich mehr Bürger den Bau von Häusern oder den Kauf von Eigentumswohnungen leisten, was zu einem Boom der Baubranche führt. Hinzu kommt, dass durch niedrige Zinsen die klassischen Sparformen wie Sparkonten, festverzinsliche Wertpapiere, Tagesgeld usw. unattraktive Renditen abwerfen und viele deshalb in Immobilien investieren, da hier in den letzten Jahren erhebliche Preissteigerungen zu verzeichnen waren.

1.6

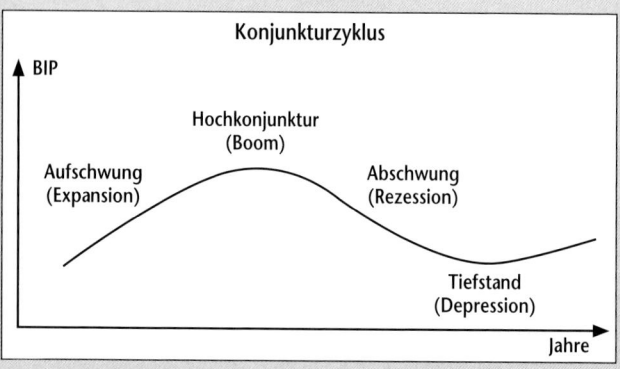

2 Als Konsument rechtliche Bestimmungen in Alltagssituationen anwenden / Entscheidungen im Rahmen einer beruflichen Selbstständigkeit treffen

2.1

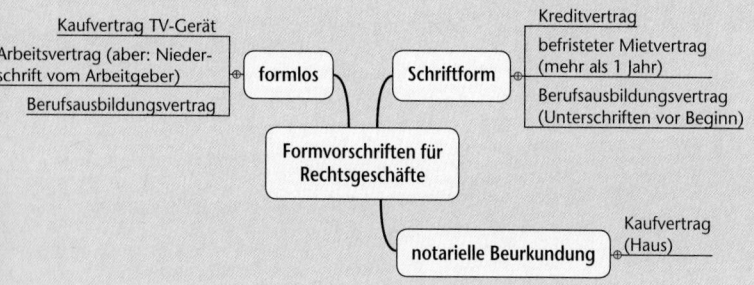

2.2

	Kreditbetrag	3.487,00 €
+	Zinsen (1,7 % x 3 Jahre)	177,84 €
=	Rückzahlungsbetrag	3.664,84 €

Monatliche Rate = 3664,84 € : 36 Monate = **101,80 €/Monat**

2.3 Der **Nominalzins**, hier 1,7 %, gibt an, mit welchem Zinssatz ein Kredit verzinst wird. Der Nominalzins ist der auf den Kreditbetrag bezogene Jahreszins.

Der **Effektivzins** gibt Auskunft über die tatsächliche Belastung durch einen Kredit, da er die Zinsen, alle Gebühren und sonstige Kosten bezogen auf die Laufzeit des Kredits berücksichtigt. Beispielsweise kann ein Kredit mit niedrigem Zins und hohen Nebenkosten oder unterschiedlicher Tilgungsverrechnung sehr teuer sein. Damit man verschiedene Angebote besser vergleichen kann, müssen die Kreditinstitute den effektiven Jahreszins angeben.

2.4

Selbstständigkeit	
Argumente für die Selbstständigkeit	**Argumente gegen die Selbstständigkeit**
kann eigene Ideen umsetzen	hohe Arbeitsbelastung, besonders in der Gründungsphase, Gefahr der Überarbeitung
erzielt evtl. höheres Einkommen, arbeitet im eigenen Interesse	Verdienstausfall bei Krankheit
Unabhängigkeit, man hat keine Vorgesetzten	finanzielles Risiko, wenn Selbstständigkeit misslingt, schlimmstenfalls Verlust des gesamten Vermögens durch Insolvenz
genießt höheres Ansehen in der Öffentlichkeit	Verlust der sozialen Sicherung; Selbstständiger ist nur bedingt sozialversicherungspflichtig, muss selbst für Absicherung sorgen
kann eigene Entscheidungen treffen	anfangs sind erhebliche Investitionen nötig

2.5 Eine mögliche Antwort wäre:

Sehr geehrter Herr ....,

nach reiflicher Überlegung habe ich mich für das Objekt 1 entschieden. Ausschlaggebend war vor allem die sehr viel niedrigere Miete, da ich am Anfang meiner Selbstständigkeit die Ausgaben so gering wie möglich halten will. Einen weiteren Vorteil sehe ich in den kostenlosen Parkplätzen, da die meisten Kunden sicherlich mit dem Auto kommen werden. Die Lage in der Fußgängerzone von Objekt 2 wiegt die höhere Miete wohl nicht auf, da der Laden für Laufkundschaft nicht so interessant sein dürfte. Dass die Möglichkeit besteht, die Ladenfläche auf 100 qm zu vergrößern, hat mich zusätzlich überzeugt. Was halten Sie von meiner Entscheidung?

Mit freundlichen Grüßen

Sachwortverzeichnis

Lernfeldkompass für den Ausbildungsberuf Fachverkäufer/in im Lebensmittelhandwerk Schwerpunkt: Bäckerei/Konditorei

Der bundesweit gültige Rahmenlehrplan (KMK) für den Ausbildungsberuf **Fachverkäufer/in im Lebens**mittelhandwerk Schwerpunkt: Bäckerei/ Konditorei ist in 13 Lernfelder (LF 1.1-1.4, 2.1-2.4 sowie 3.1-3.5) und nicht mehr in Fächer gegliedert.

Im Folgenden finden Sie eine Auflistung der Lernfelder, ihrer Inhalte und die Kapitel Ihres Prüfungsbuchs, in denen diese Inhalte behandelt werden. Dies soll Ihnen helfen, wenn Sie gezielt den Stoff der Lernfelder bearbeiten wollen. Der Lernfeldkompass zeigt Ihnen zudem die Zusammenhänge zwischen dem Lernfeld und dem Fachwissen und dient so als praktisches Instrument bei Ihrer Prüfungsvorbereitung.

Nr.	Lernfelder	Inhalte	Behandelt in Kapitel ab Seite
1.1	Unterweisen eines neuen Mitarbeiters / einer neuen Mitarbeiterin	• berufliches Anforderungsprofil, Berufsgeschichte	• Berufsbildung und Arbeitswelt S. 347, Gewerberechtliche Vorschriften S. 19
		• handwerkliche Arbeitsbedingungen	• Arbeitsplatzgestaltung in Bäckerei und Konditorei S. 9
		• gepflegtes persönliches Erscheinungsbild	• Hygiene S. 54
		• Aus-, Fort- und Weiterbildung	• Berufsbildung und Arbeitswelt S. 347
		• Anforderungen am Arbeitsplatz, Produktions- und Verkaufsräume	• Arbeitsplatzgestaltung in Bäckerei und Konditorei S. 9
		• Berechnungen der Kosten von Betriebseinrichtungen und Betriebsflächen	• Prozentrechnen S. 298, Wertschöpfung S. 323
		• Arbeitsabläufe, Aufgaben und Zusammenarbeit im Team bezüglich Produktion/Verkauf	• Arbeitsplatzgestaltung in Bäckerei und Konditorei S. 10, Grundlagen des Verkaufs S.122
		• Einrichten des Arbeitsplatzes	• Arbeitsplatzgestaltung in Bäckerei und Konditorei S. 13
		• Bedienung und Pflege von Maschinen und Geräten	• Arbeitsplatzgestaltung in Bäckerei und Konditorei S. 13
		• Arbeitsschutz, Unfallverhütung, Brandschutz, erste Hilfe	• Gewerberechtliche Vorschriften S. 21, Unfallgefahren, Unfallverhütung S. 28, Berufsbildung und Arbeitswelt S. 354
		• Berufskrankheiten, Berufsgenossenschaft	• Unfallgefahren, Unfallverhütung S. 31, Berufsbildung und Arbeitswelt S. 354

Nr.	Lernfelder	Inhalte	Behandelt in Kapitel ab Seite
		• Personal-, Betriebs-, Produkthygiene, Lebensmittelkontrolle	• Gewerberechtliche Vorschriften S. 26, Hygiene S. 38, Lebensmittelrechtliche Vorschriften für den Verkauf S. 104
		• Umweltschutz bei Produktion, Reinigung und Entsorgung; Energie- und Wasserverbrauch	• Umweltschutz in Bäckerei und Konditorei S. 36, Hygiene S. 38, Lebensmittelrechtliche Vorschriften für den Verkauf S. 104
		• Anforderungen an das Produkt, Sortimentsübersicht (DLG), sensorische Grundschulung, Prüfverfahren	• Inhaltsstoffe der Nahrungsmittel S. 58, Konservieren von Lebensmitteln S. 93, Lebensmittelrechtliche Vorschriften für den Verkauf S. 104, Feine Backwaren aus Teigen S.147, Lebkuchen und Früchtebrot S. 157, Feine Backwaren aus Massen S. 161, Rohstoff- und Warenkunde S. 169, Brote in der Bäckerei S. 201, Kleingebäcke aus Weizen und Roggen S. 213, Lockerung der Backwaren S. 220, Süßwaren im Bäckerei- und Konditoreiverkauf S. 226, Torten und Desserts im Verkauf S. 236, Speiseeis im Bäckerei-/Konditoreiverkauf S. 245, Getränke und kleine Speisen im Café S. 248
		• Verbraucherschutz	• Verbraucherbewusstes Verhalten S. 386
		• Ernährung unter ökologischen Gesichtspunkten	• Ernährungslehre S.84
1.2	Herstellen einfacher Teige / Massen	• Rezept-/Rohstoffauswahl für einfache Teige/Massen; Gewichts-, Mengen-, Rezeptumrechnung	• Feine Backwaren aus Teigen S. 147, Feine Backwaren aus Massen S. 161, Nährstoff- und Nährwertberechnungen S.309, Qualitätsrichtlinien in Bäckereien und Konditoreien S. 324, Die Herstellung von Teigen und Massen S. 330, Gewichtsabweichungen und Austrocknungsverluste S. 333
		• Angebot, Qualität, Preis, Lagerung, Kontrolle, Verwendung der Hauptrohstoffe	• Rohstoff- und Warenkunde S. 169
		• Ausmahlungsgrad, Mehltype	• Rohstoff- und Warenkunde S. 170
		• Arten und Aufbau der wesentlichen Inhaltsstoffe	• Inhaltsstoffe der Nahrungsmittel S. 58, Rohstoff- und Warenkunde S. 169
		• Herstellung, Arbeitsablauf und dekorative Gestaltung der Produkte; Arbeitszeitberechnung, Teigtemperatur	• Werbung S. 139, Feine Backwaren aus Teigen S.147, Lebkuchen und Früchtebrot S. 157, Feine Backwaren aus Massen S. 161, Rohstoff und Warenkunde S. 169, Brote in der Bäckerei S. 201, Kleingebäcke aus Weizen und Roggen S. 213, Lockerung der Backwaren S. 220, Süßwaren im Bäckerei- und Konditoreiverkauf S. 226, Torten und Desserts im Verkauf S. 236, Speiseeis im Bäckerei-/Konditoreiverkauf S. 245, Getränke und kleine Speisen im Café S. 248,

Nr.	Lernfelder	Inhalte	Behandelt in Kapitel ab Seite
			Qualitätsrichtlinien in Bäckereien und Konditoreien S. 324, Die Herstellung von Teigen und Massen S. 330, Gewichtsabweichungen und Austrocknungsverluste S. 333
		• technologische Bedeutung der Hauptrohstoffe	• Rohstoff und Warenkunde S. 169, Nährstoff- und Nährwertberechnungen S. 309
		• technologische Eigenschaften und Wirkung der wesentlichen Inhaltsstoffe	• Inhaltsstoffe der Nahrungsmittel S. 58, Nährstoff- und Nährwertberechnungen S. 309
		• Beurteilung der technologischen, sensorischen und ernährungsphysiologischen Bedeutung gebäcktypischer Rohstoffe und ihrer Inhaltsstoffe für Teig, Masse und Gebäck	• Inhaltsstoffe der Nahrungsmittel S. 58, Lebensmittelrechtliche Vorschriften für den Verkauf S. 104, Feine Backwaren aus Teigen S.147, Lebkuchen und Früchtebrot S. 157, Feine Backwaren aus Massen S. 161, Rohstoff- und Warenkunde S. 169, Brote in der Bäckerei S. 201, Kleingebäck aus Weizen und Roggen S. 213, Lockerung der Backwaren S. 220, Süßwaren aus Bäckerei- und Konditoreiverkauf S. 226, Torten und Desserts im Verkauf S. 236
1.3	Gestalten, Werben, Beraten und Verkaufen	• Marketing als Instrument der Verkaufsförderung	• Werbung S. 139, Simulation einer Unternehmensgründung S. 475
		• Marktbeobachtung/Bedarfsermittlung; Preisgestaltung	• Grundlagen des Verkaufs S. 136, Kalkulation S.312, Simulation einer Unternehmensgründung S. 475
		• Bestellung, Wareneingangskontrolle	• Grundlagen des Verkaufs S. 128
		• Präsentation der Ware in der Theke, im Regal oder im Schaufenster	• Arbeitsplatzgestaltung in Bäckerei und Konditorei S.15, Werbung S. 141
		• ästhetische Grundsätze, insbesondere Farbgebung, Licht, Form, Anordnung, Umgebung, gestalterische Grundlagen, insbesondere Plakate, Handzettel	• Werbung S. 142, Dekoratives Gestalten S. 340
		• Beratung über gesunde Ernährung; Bedeutung der Inhaltsstoffe von Back- und Konditoreiwaren, insbesondere Mineralstoffe, Ballaststoffe, Verdaulichkeit der Nährstoffe, Zusatzstoffe	• Inhaltsstoffe der Nahrungsmittel S. 58, Ernährungslehre S. 76, Konservieren von Lebensmitteln S. 102, Lebensmittelrechtliche Vorschriften für den Verkauf S. 104, Lockerung der Backwaren S. 220
		• Ernährungstrends	• Ernährungslehre S. 84, Verkauf von kleinen Speisen im Café S. 266
		• Verkaufsvorgang, insbesondere Kaufmotive, Verkaufsargumente, Gesprächsführung	• Arbeitsplatzgestaltung in Bäckerei und Konditorei S. 14, Grundlagen des Verkaufs S. 122

Nr.	Lernfelder	Inhalte	Behandelt in Kapitel ab Seite
		• Abrechnungen und Rechnungserstellung	• Kassenbericht S. 269, Prozentrechnen S. 303
		• Grundlagen des Verpackens	• Werbung S. 145
1.4	Herstellen von Feinen Backwaren aus Teigen	• Grund- und Spezialrezepte, insbesondere Hefefeinteige, Plunderteige, Blätterteige, Mürbeteige, Honigkuchen- und Lebkuchenteige	• Feine Backwaren aus Teigen S. 147, Lebkuchen und Früchtebrot S. 157, Qualitätsrichtlinien in Bäckereien und Konditoreien S. 324, Die Herstellung von Teigen und Massen S. 330, Gewichtsabweichungen und Austrocknungsverluste S.333
		• Rohstoffe, insbesondere Milch, Käse, Spezialfette, Backmittel, Lockerungsmittel, Honig, Obst, Salz, Würzmittel	• Rohstoff- und Warenkunde S. 169, Lockerung der Backwaren S. 220
		• systematische Arbeitsabläufe	• Feine Backwaren aus Teigen S. 147
		• Teigführung: Knetprozess, Teigbildung; Teigausbeute	• Feine Backwaren aus Teigen S. 147, Brote in der Bäckerei S. 201, Kleingebäck aus Weizen und Roggen S. 213, Gewichtsabweichungen und Austrocknungsverluste S. 333
		• biologische, physikalische und chemische Lockerung	• Lockerung der Backwaren S. 220
		• Backprozess: Ofen und Fettbackgerät; Backausbeute, Volumenausbeute	• Feine Backwaren aus Teigen S. 149, Brote in der Bäckerei S. 201, Kleingebäck aus Weizen und Roggen S. 213, Qualitätsrichtlinien in Bäckereien und Konditoreien S. 324, Die Herstellung von Teigen und Massen S. 330, Gewichtsabweichungen und Austrocknungsverluste S.333
		• Fertigstellen der Gebäcke, insbesondere Füllen, Aprikotieren, Glasieren, Dekorieren, Veränderungen nach dem Backen	• Feine Backwaren aus Teigen S. 147, Rohstoff- und Warenkunde S. 169, Süßwaren im Bäckerei- und Konditoreiverkauf S. 230
		• Lager-, Einwiege-, Gär- und Backverlust	• Feine Backwaren aus Teigen S. 147, Brote in der Bäckerei S.208, Kleingebäck aus Weizen und Roggen S. 213, Qualitätsrichtlinien in Bäckereien und Konditoreien S. 324, Die Herstellung von Teigen und Massen S. 330, Gewichtsabweichungen und Austrocknungsverluste S.333
		• Beurteilung von Rohstoff, Teig, Gebäck sowie Qualitätserhaltung	• Konservieren von Lebensmitteln S. 102, Feine Backwaren aus Teigen S. 147, Rohstoff- und Warenkunde S. 169; Brote in der Bäckerei S. 208, Kleingebäcke aus Weizen und Roggen S. 213
		• Ursachen und Vermeidung von Gebäck- und Lagerfehlern	• Konservieren von Lebensmitteln S. 102, Feine Backwaren aus Teigen S. 147, Brote in der Bäckerei S.208, Kleingebäcke aus Weizen und Roggen S. 213